Digitalzeitalter – Digitalgesellschaft

Oliver Stengel · Alexander van Looy
Stephan Wallaschkowski
(Hrsg.)

Digitalzeitalter – Digitalgesellschaft

Das Ende des Industriezeitalters
und der Beginn einer neuen Epoche

Herausgeber
Oliver Stengel
Bochum, Deutschland

Stephan Wallaschkowski
Bochum, Deutschland

Alexander van Looy
Bochum, Deutschland

ISBN 978-3-658-16508-6   ISBN 978-3-658-16509-3 (eBook)
DOI 10.1007/978-3-658-16509-3

Die Deutsche Nationalbibliothek verzeichnet diese Publikation in der Deutschen Nationalbibliografie; detaillierte bibliografische Daten sind im Internet über http://dnb.d-nb.de abrufbar.

Springer VS
© Springer Fachmedien Wiesbaden GmbH 2017
Das Werk einschließlich aller seiner Teile ist urheberrechtlich geschützt. Jede Verwertung, die nicht ausdrücklich vom Urheberrechtsgesetz zugelassen ist, bedarf der vorherigen Zustimmung des Verlags. Das gilt insbesondere für Vervielfältigungen, Bearbeitungen, Übersetzungen, Mikroverfilmungen und die Einspeicherung und Verarbeitung in elektronischen Systemen.
Die Wiedergabe von Gebrauchsnamen, Handelsnamen, Warenbezeichnungen usw. in diesem Werk berechtigt auch ohne besondere Kennzeichnung nicht zu der Annahme, dass solche Namen im Sinne der Warenzeichen- und Markenschutz-Gesetzgebung als frei zu betrachten wären und daher von jedermann benutzt werden dürften.
Der Verlag, die Autoren und die Herausgeber gehen davon aus, dass die Angaben und Informationen in diesem Werk zum Zeitpunkt der Veröffentlichung vollständig und korrekt sind. Weder der Verlag noch die Autoren oder die Herausgeber übernehmen, ausdrücklich oder implizit, Gewähr für den Inhalt des Werkes, etwaige Fehler oder Äußerungen. Der Verlag bleibt im Hinblick auf geografische Zuordnungen und Gebietsbezeichnungen in veröffentlichten Karten und Institutionsadressen neutral.

Lektorat: Cori A. Mackrodt

Gedruckt auf säurefreiem und chlorfrei gebleichtem Papier

Springer VS ist Teil von Springer Nature
Die eingetragene Gesellschaft ist Springer Fachmedien Wiesbaden GmbH
Die Anschrift der Gesellschaft ist: Abraham-Lincoln-Str. 46, 65189 Wiesbaden, Germany

„Mögest Du in interessanten Zeiten leben."
(China)

Inhalt

Vorwort XI

1 **Einleitung** 1
   Oliver Stengel, Alexander van Looy und Stephan Wallaschkowski

2 **Zeitalter und Revolutionen** 17
   Oliver Stengel
   2.1 Die Neolithische Revolution und die Agrargesellschaft 19
   2.2 Die Industrielle Revolution und die Industriegesellschaft 25
   2.3 Die Digitale Revolution und die Digitalgesellschaft 35

3 **Der digitale Raum: Augmented und Virtual Reality** 51
   Alexander van Looy
   3.1 Die erweiterte Realität 52
   3.2 Die virtuelle Realität 56
   3.3 Ausblick: Der Raum als Entwicklungsmotor für die Menschheit ... 61

4 **Der Mensch im Digitalzeitalter: Sapiens 2.0** 63
   Oliver Stengel
   4.1 Lebenserwartung 67
   4.2 Enhancement 76
   4.3 Die Natur des Menschen und die Ethik der Cyborgs 82

5 **Digitale Intelligenz: KI** 89
   Bernd Vowinkel
   5.1 Intelligenz 90
   5.2 Entwicklung der Hardware 91

5.3 Entwicklung der Software 95
5.4 Robotik 97
5.5 Technologische Singularität 98
5.6 Superintelligenz 102
5.7 Upload 105

6 **Digitaler Konsum** 109
Stephan Wallaschkowski und Elena Niehuis
6.1 Konsum im Industriezeitalter 111
6.2 Zentrale Entwicklungslinien des industriellen Konsumwandels ... 118
6.3 Konsum im Digitalzeitalter 124
6.4 Zentrale Entwicklungslinien des digitalen Konsumwandels 134
6.5 Fazit 139

7 **Digitale Produktion: Bottom-up-Ökonomie** 143
Tobias Redlich, Manuel Moritz und Stefanie Wulf
7.1 Die neue Ära der Offenheit 143
7.2 Wertschöpfung im Digitalzeitalter 146
7.3 Die historische Entwicklung vom Handwerk zur „Value Co-Creation" 154
7.4 Paradigmenwechsel im Digitalzeitalter 160
7.5 Die Strategie der Offenheit in der Bottom-up-Ökonomie 163
7.6 Zusammenfassung und Ausblick 166

8 **Die Soziale Frage im Digitalzeitalter: Zukunft der Arbeit** 169
Oliver Stengel
8.1 Arbeit ohne Zukunft 170
8.2 Gesellschaft ohne Arbeit 185
8.3 Zukunft ohne Kapitalismus 190

9 **Die Ökologische Frage im Digitalzeitalter: Zukunft der Natur** . 193
Oliver Stengel
9.1 Land 195
9.2 Luft 200
9.3 Energie 203
9.4 Rohstoffe 210

10 Die Stadt im Digitalzeitalter **223**
Oliver Stengel
10.1 Verkehr 227
10.2 Gebäude 230
10.3 Beleuchtung 235
10.4 Partizipation 237

11 Schluss **239**
Oliver Stengel, Alexander van Looy und Stephan Wallaschkowski

Autoren 251

Vorwort

Gegenwärtig wandeln sich die klassischen Industrienationen infolge der technischen Entwicklung rasant – und so sehr, dass man sie nur mit einer rasch abtauenden Anzahl guter Gründe als Industriegesellschaften bezeichnen kann.

Die ersten mit Dampfkraft betriebenen Maschinen läuteten das stählerne Zeitalter der Industrialisierung ein. In ihm wurde die Massenproduktion eingeführt, wurden Bauern und Handwerker verdrängt, verschlafene Dörfer durch zahllose Schlote und Arbeitersiedlungen in übervölkerte Städte verwandelt, wurde der Himmel über vielen Städten durch schwarze Wolken verdunkelt, wurden Städte durch elektrifizierte Laternen erhellt.

Die Arbeit in den Fabriken war gefährlich, lang und hart und befreite die meisten Arbeiter dennoch nicht aus ihrer Armut. Streiks brachen aus, Gewerkschaften wurden gegründet, die Sozialgesetzgebung erfunden. Die technische Revolution gebar soziale Revolutionen und die Industriegesellschaften waren nur rund einhundert Jahre nach dem Beginn der Industriellen Revolution mit den Agrargesellschaften der vorangegangenen Jahrtausende kaum mehr zu vergleichen.

Gegenwärtig deutet sich eine Transformation noch größeren Ausmaßes an, werden sich die digitalisierenden Gesellschaften in fünfzig Jahren grundlegend von den Industriegesellschaften unterscheiden, welche die führenden Volkswirtschaften bis tief ins 20. oder gar (wie in China) bis ins 21. Jahrhundert charakterisierten. In den nächsten dreißig oder vierzig Jahren werden sich Menschen und menschliche Gesellschaften mehr verändern als in den letzten tausend Jahren. Unter anderem werden dann Industrien, Fabriken, vielleicht sogar Unternehmen und Erwerbsarbeit, wie sie heute noch bekannt sind, keine dominante, die Gesellschaft und ihre Ordnung prägende Rolle mehr spielen. Auf diese Entwicklung deuten jedenfalls Prozesse hin, die sich seit einigen Jahren vollziehen und – dies ist das Entscheidende – das Potenzial haben, sich zu verstetigen. Diese Prozesse haben eine gemeinsame Ursache: die Digitalisierung.

Die Auswirkungen der Digitalisierung gehen über die Industrie hinaus. Sie dringen in die Städte vor und schicken sich an, sie mehr zu verändern, als dies Elektrifizierung und Fabriken taten. Sie dringen in den Alltag, in die Menschen und in den Raum vor. Einiges deutet darauf hin, dass dies nach der Neolithischen und der Industriellen Revolution der Beginn einer Digitalen Revolution ist – der dritten großen Revolution der Menschheitsgeschichte. Der Neolithischen Revolution liegt der Anbau von Lebensmitteln zugrunde und der Industriellen Revolution die Verrichtung von Arbeit durch Maschinen. Die Digitale Revolution wird durch Computer, d.h. durch die Übertragung und Speicherung von Informationen ausgelöst, die in Kombinationen aus 0 und 1 umgeschrieben und mit hoher Geschwindigkeit an jeden Ort gesendet werden. Das mag wenig eindrucksvoll klingen, die Resultate jedoch sind weltbewegend.

Bochum, Herbst 2016

Einleitung   1

Oliver Stengel, Alexander van Looy und Stephan Wallaschkowski

Vielfach ist in Politik und Wirtschaft derzeit von der „Industrialisierung 4.0" oder der „Fourth Industrial Revolution" die Rede.[1] Auf den Einsatz der Wasser- und Dampfkraft (erste Industrialisierung), folgte die Elektrifizierung (zweite Industrialisierung), auf diese in den 1970ern der Einsatz von Computern und einfachen Robotern (dritte Industrialisierung). Nun läuten Internet und in Objekte integrierte Mikrocomputer das „Internet der Dinge" bzw. die vierte Industrialisierung ein.

Unterstellt wird bei dieser Einteilung, es handle sich bei der Industrialisierung 4.0 – der Name impliziert es – lediglich um die Fortsetzung der Industrialisierung mit neuen Mitteln. Dagegen besagt die hier vertretene These, dass die industrialisierten Gesellschaften in eine Übergangsphase eingetreten sind, deren Ende zugleich das Ende des Industriezeitalters und der Beginn einer neuen Epoche der Menschheitsgeschichte ist. Die Industrialisierung 4.0 ist lediglich Teil eines größeren Prozesses, der auf einen Bruch mit dem hinausläuft, was das Industriezeitalter als ein eigenes Zeitalter gekennzeichnet hat. Einen solchen (nahenden) Bruch haben bislang nur wenige Sozialwissenschaftler diagnostiziert.[2] Schließlich lädt diese Behauptung eine große Beweislast auf sich. Der gesamte Ansatz steht und fällt mit dem Unterfangen, den Übergang von einem zum nächsten Zeitalter zu begründen, obwohl er noch nicht abgeschlossen ist. Dieses Unterfangen ist das Thema des vorliegenden Buches.

Historiker teilen die menschliche Geschichte für gewöhnlich in die Vor- und Frühgeschichte, die Antike, in das Mittelalter, die Neuzeit (Moderne) und in die Neueste Geschichte (beginnend ab 1914) ein. Eine grobkörnigere und soziologische Einteilung unterscheidet zwischen *drei globalen Zeitaltern*. Sie sind gleichsam die

---

1 z. B. Schwab, Klaus (2016). Die Vierte Industrielle Revolution. München.
2 Ausnahmen sind Deborah Lupton (2014). Digital Society. London; Steve Fuller (2011). Humanity 2.0. New York; Manuel Castells (2010). The Information Age. Oxford; ansatzweise aber auch Alvin Toffler (1980). The Third Wave. New York

drei großen Kapitel der bisherigen Menschheitsgeschichte. Dabei handelt es sich um das Kapitel der Jäger und Sammler (Vorgeschichte), der Agrargesellschaften (Frühgeschichte, Antike, Mittelalter) und um das Kapitel der Industriegesellschaften (Neuzeit und Neueste Geschichte). Diese Einteilung ordnet den Wust historischer Ereignisse und repräsentiert eine Abfolge der großen menschlichen Entwicklungsstufen. Auf jeder dieser Stufen finden sich Indikatoren, welche die in den jeweiligen Abschnitten auftretenden Formen menschlichen Zusammenlebens charakterisieren:

Tab. 1.1 Übersicht über die bisherige Dreiteilung der Entwicklung menschlicher Gesellschaften und angedeuteter Anbruch eines vierten Stadiums

	Jäger/Sammler	Agrargesellschaften	Industriegesellschaften
Sozialstruktur	nomadische Gemeinschaften, segmentär organisiert	Gesellschaften (Städte, Reiche), stratifikatorisch differenziert (in Schichten, Kästen, Klassen)	Gesellschaften (Nationen), funktional differenziert
Weltbild	Magie	Religion	Religion, Wissenschaft
primäre Energiequelle	Holz (Feuer), menschliche Muskelkraft	tierische Muskelkraft, Wind, Wasser	fossile Energieträger, Atom (Spaltung)
primäre Informationsweitergabe	Sprache	Schrift	Buchdruck, Funk (Radio, Fernsehen)
Technik	Faustkeil, Holzwaffen	Metallurgie, Mechanik	Dampfmaschinen, Elektronik
Ökonomie	Subsistenzwirtschaft	Subsistenzwirtschaft	Sozialismus, Kapitalismus, Institutionalisierung des Wirtschaftswachstums
Raum (menschlicher Aktivitäten)	Lokal	Regional	global
Lebensspanne	20 Jahre (Durchschnitt)	30 Jahre (Durchschnitt)	70 Jahre (Durchschnitt)

Anmerkung: Im Schlusskapitel des Buches wird diese Tabelle um das Digitalzeitalter vervollständigt.

Die Übergänge zwischen den einzelnen Entwicklungsabschnitten werden üblicherweise durch „Revolutionen" charakterisiert. Die ihre Lebensmittel selbst produzierende Agrargesellschaft ging vor etwa 10.000 Jahren aus der *Neolithischen Revolution* hervor. Tatsächlich erstreckte sich diese Revolution über Jahrtausende und in verschiedenen Regionen – zuerst in der Levante, dann unabhängig davon in China und später in Mexiko und Südamerika. Mit der Land- und Viehwirtschaft wurden Menschen sesshaft, gründeten Städte, mussten diese mit Stadtmauern vor Räubern schützen, organisierten sie ihr Zusammenleben in sozialen Schichten und trieben mit anderen Städten Handel.

Lebten Menschen und Frühmenschen einige Millionen Jahre als Jäger und Sammler, so lebten sie nur einige Tausend Jahre in Agrargesellschaften. In Europa und Nordamerika wurden diese dann durch die *Industrielle Revolution* grundlegend verwandelt. Die ersten mit Dampfkraft betriebenen Maschinen ersetzen Arbeitstiere, lösten das Handwerk auf und spülten Menschen auf der Suche nach Arbeit vom Land in die Städte.

Doch selbst die Industrielle Revolution benötigte noch rund hundert Jahre, um ihre Wirkung zu entfalten und auch sie verlief regional sehr unterschiedlich. Zwar setzte sie um 1760 in England ein, doch erst „Mitte des 19. Jahrhunderts konnte man ihre Wirkung klar erkennen", resümiert der Historiker Bayly.[3] Erst dann schrieben Marx und Durkheim ihre soziologischen Analysen, mit denen sie den gesellschaftlichen Wandel zu verstehen versuchten, der mittlerweile in ganz Europa erkennbar wurde. 1850 pflügten die meisten Menschen im Delta des chinesischen Yangtze-Flusses Felder und warfen Fischernetze aus, während in Manchester und Liverpool die Dampfmaschinen und das Eisenbahnnetz perfektioniert wurden. Nationen wie Großbritannien, Japan und Deutschland übernahmen die technologische Führung, der Rest der Welt folgte mit Verzögerung. China benötigte 150 Jahre, um die Industrienationen einzuholen. Doch kaum stieg China als Werkbank der Welt in die Riege der Industrienationen auf, transformierten sich diese bereits in Digitalgesellschaften. Während Agrargesellschaften also einige tausend Jahre die dominante Gesellschaftsform waren, verkürzte sich der Zeitabschnitt der Industriegesellschaften auf wenige hundert Jahre.

Vielleicht war es 1989, als die *Digitale Revolution* vollends einsetzte – und sie ist die einzige der genannten Revolutionen, die diese Bezeichnung wahrhaftig verdient hat, ereignet sie sich doch binnen weniger Jahrzehnte und auf globaler Ebene. „Die gewaltige Ausweitung des Internets wird zum Motor einer der aufregendsten gesellschaftlichen, kulturellen und politischen Revolutionen der Geschichte, und anders als in früheren Epochen wirken die Veränderungen diesmal weltweit", so Eric Schmidt, Vorsitzender von Alphabet.[4]

---

3   Bayly, Christopher (2008). Die Geburt der Modernen Welt. Frankfurt/M., S. 212
4   Schmidt, Eric/Cohen, Jared (2013). Die Vernetzung der Welt. Rowohlt, S. 14

Einen genauen Zeitpunkt für den Beginn einer Epoche festzulegen, ist oft umstritten. Bei Zeitaltern wird dies erst gar nicht versucht. Wann die Neolithische Revolution einsetzte, ist unmöglich zu datieren. Der Beginn der Industriellen Revolution wird mit der Erfindung der Dampfmaschine und diese mit James Watt in Verbindung gebracht. Watt hatte die Dampfmaschine aber nicht erfunden, sondern lediglich verbessert. Erfunden hatte sie etwa 60 Jahre zuvor Thomas Newcomen im Jahr 1712. Seine Maschine arbeitete aber noch ineffizient, so dass sie nur in wenigen Bergwerken zum Einsatz kam, um dort Grundwasser abzupumpen. Von einer Industrialisierung konnte damals nicht die Rede sein, erst im letzten Drittel des 18. Jahrhunderts wurden sie zunehmend sichtbar. Die Zeit dazwischen war eine Übergangsphase.

Nicht zuletzt deswegen, weil die Übergänge fließend und darum eher *Übergangszeiträume* sind, lassen sich Zeitalter in eine *Früh-, Hoch- und Spätphase* teilen und in letzterer können Vorboten des kommenden Zeitalters auftauchen und den Übergang einleiten. In einem Übergangszeitraum überschneidet sich die Spätphase des einen mit der Frühphase eines neuen Zeitalters. Ein Übergangszeitraum ist folglich ein Stadium des „nicht mehr Z_n aber noch nicht Z_{n+1}" (wobei Z für Zeitalter steht) und man trifft hier auf ein Neben-, Mit-, und Gegeneinander von Strukturen und Phänomenen der bisherigen und aufstrebenden Epoche. Übergangszeiträume sind stets hybride Zeiträume.

Auch die Digitale Revolution trat nicht urplötzlich ins Dasein: In den 1940ern tüftelten Zuse, Eckert und Mauchly bereits an den ersten Computern. 1964 schrieb das *Ad Hoc Committee on the Triple Revolution*, ein Zusammenschluss damaliger Intellektueller, einen Brief an US-Präsident Johnson, in dem es ihn vor den gesellschaftlichen Folgen einer „Kybernetischen Revolution" – so bezeichneten sie die Computerisierung der Gesellschaft – zu warnen versuchte (z.B. vor einer technischen Massenarbeitslosigkeit).[5] *Und* 1969 wäre die erste Mondlandung ohne Computer gar nicht möglich gewesen. Gleichwohl waren die damaligen Rechner leistungsschwach, ihr Wirkungsradius auf wenige Anwendungen beschränkt und die von ihnen ausgehenden Folgen darum überschaubar. Ihre Leistung entwickelte sich in den folgenden Jahrzehnten jedoch alle zwei Jahre exponentiell weiter und die von ihnen ausgehenden technischen und gesellschaftlichen Veränderungen sind erst seit wenigen Jahren nicht mehr zu ignorieren. In nahezu alle Nischen der Gesellschaft ist Digitaltechnologie mittlerweile vorgedrungen.

Akzeptiert man nun die Dreiteilung der bisherigen Menschheitsgeschichte, könnte man das Industriezeitalter mit dem „Kurzen" 20. Jahrhundert enden lassen.

---

5   The Ad Hoc Committee on the Triple Revolution (1964). The Triple Revolution. Santa Barbara

1 Einleitung

1989, mit dem Zusammenbruch des real existierenden Sozialismus und der Teilung der Welt in zwei ökonomisch-ideologische Blöcke, ging ein Zeitabschnitt zu Ende, der durch eine Weltwirtschaftskrise und das Wachstum kapitalistisch organisierter Volkswirtschaften nach 1950, vor allem aber durch Kriege gezeichnet war. Das Kurze 20. Jahrhundert begann 1914 mit dem Ersten Weltkrieg, auf den der Zweite folgte, aus dem der Kalte Krieg und dessen heiße Stellvertreterkriege hervorgingen (der Koreakrieg, der Vietnamkrieg und der erste Afghanistankrieg).

Zugleich setzte 1989 eine neue Entwicklung ein, die noch in den frühen 1980ern nur wenige Science Fiction-Autoren vorherzusagen wagten (einer von ihnen war William Gibson in seinem Roman NEUROMANCER): 1989 entwickelten Tim Berbers-Lee und Robert Cailliau am Forschungszentrum CERN in Genf das World Wide Web, ohne dessen Hypertext-Protokolle und Webbrowser das damals bereits im Kern bestehende, aber weitgehend unbekannte Internet noch für längere Zeit eine Angelegenheit vor allem für Nerds, Geeks und Universitätspersonal geblieben wäre. Durch das World Wide Web wurde es den Nutzern jedoch erleichtert, auf Informationen Zugriff zu nehmen, die auch auf weit entfernten Servern gespeichert waren und mit dem Web 2.0 (oder Social Media) genannten Erweiterung konnten Nutzer obendrein eigene Inhalte als Text-, Audio- oder Videodatei ins Netz stellen und auf sozialen Plattformen miteinander interagieren. Das war um das Jahr 2003 die Kambrische Explosion des Internet und 2010 überstieg schließlich die Anzahl der mit dem Internet vernetzten Computer die Anzahl der damals lebenden Menschen.[6]

Man muss sich natürlich nicht auf das Jahr 1989 als Beginn des Digitalzeitalters festlegen, aber in den 1990ern war in den meisten der damaligen Industrienationen schon nicht mehr zu übersehen, dass etwas kategorial Neues und kulturell Bedeutendes Einzug gehalten hatte. Etwa seit der Mitte der 1990er Jahre hatte sich die Bezeichnung „Internet" für den Datenaustausch zwischen verschiedenen Computernetzwerken weltweit eingebürgert – und zu dieser Zeit schrieb der Soziologe Manuel Castells seine Trilogie über die „Netzwerkgesellschaft", das erste Werk über die Gesellschaft und das Individuum des Digitalzeitalters. Das Internet führte Menschen in den Folgejahren weltweit zusammen und es ermöglichte jedem, der online sein konnte, Zugang zum Wissen der Menschheit. Schon das war eine Kulturrevolution, die ihren Vergleich mit der Erfindung des Buchdrucks nicht scheuen muss.

Gefragt, welche sie für die größte wissenschaftliche Errungenschaft der letzten 50 Jahre halten, nannten 170 Forscher im Jahr 2014 mit großer Mehrheit das Internet – vor der Entdeckung der DNA und der Mondlandung. An vierter Stelle wurde die E-Mail genannt und an fünfter der Mikroprozessor. Drei der fünf

---

6   Gershenfeld, Neil/Vasseur, J.P. (2014). As Objects Go Online. in: Foreign Affairs, 2, S. 60

größten Errungenschaften hingen in dieser Umfrage mit der Digitalen Revolution zusammen.[7] Das Internet wurde zur entscheidenden Triebkraft der Digitalen Revolution und gerade diese macht u. a. den Buchdruck obsolet und aus Büchern eBooks. Aber nicht nur das: Die Digitalisierung vollzieht sich auf der Mikro- und Makroebene der Gesellschaft – von privaten sozialen Interaktionen (z. B. durch Social Media) bis in die Ökonomie (dem Hochfrequenzhandel oder 3D-Drucker) – und in unübersichtlich viele gesellschaftliche Teilbereiche von der Grundschule bis in die Forschung, in den Sport, in Verwaltung, Verlagswesen, Kunst und Militär.

Und sie wird sich auch weiterhin vollziehen, wenn die nächste und übernächste Silicon Valley-Blase platzen sollte, wenn also Investoren realisieren, dass sie zu viel Geld in Start Ups anlegen, die zu wenig gute Ideen haben; wenn Unternehmen realisieren, dass sie zu viel Geld in unrentable Onlinewerbung investieren, ihr Geld abziehen und damit Konzerne wie Google, Twitter und Facebook, die fast ausschließlich durch Werbeeinnahmen existieren, in Bedrängnis bringen. Die jüngste Geschichte zeigt jedoch, dass die Digitalisierung der Gesellschaft dadurch kaum unterbrochen werden wird: Als die New-Economy-Blase am Anfang des Jahrtausends platzte, hielt dies den Wandel nur für einen Atemzug auf. Dann nahm die Dynamik wieder ihren Lauf und schien sich sogar zu beschleunigen. Von den eben genannten Konzernen hängt die digitale Transformation nicht ab.

Die Digitalisierung gründet neue Formen der Kriminalität, das Cybercrime, bei dessen Durchführung laut Bundeskriminalamt „Elemente der elektronischen Datenverarbeitung (EDV) wesentlich für die Tatausführung sind".[8] Bundesweit wurden 2013 rund 64.500 Cybercrime-Verfahren gezählt, die vermutete Dunkelziffer lag jedoch bei 90 Prozent.[9]

Die Digitalisierung gründet neue Parasiten. Menschen werden schon seit Jahrtausenden von organischen Viren geplagt. Seit der Informatiker Fred Cohen 1984 aber ein Programm geschrieben hatte, das sich in andere Programme einschleusen und sie für die eigene Verbreitung umfunktionieren konnte,[10] sind zusätzlich Hunderttausende digitaler Virenarten zu Geißeln der Menschheit geworden (sowie ein Werkzeug für Cyberkriminelle). Gegen die Viren werden digitale Antikörper eingesetzt, nämlich Antivirensoftware und längst ereignet sich zwischen beiden eine Art evolutionäres Wettrüsten. Als nächster Schritt dieses Evolutionsprozesses werden autonom agierende Computerviren erwartet, die, ohne Programmierer, durch darwinsche Selektion mutieren und sich so an ihre Wirte anpassen. Neben

---

7 Umfrageergebnis in Bild der Wissenschaft 2/2014
8 Bundeskriminalamt (2012). Cybercrime Bundeslagebild 2011. Wiesbaden, S. 5
9 Manfred Wernert (2014). Internetkriminalität. Stuttgart
10 Cohen, Fred (1987). Computer Viruses. in: Journal of Computers and Security, 1, 22–35

1 Einleitung

dem biologischen bildet sich dann ein digitales Ökosystem, das obendrein durch autonome digitale „Würmer" angereichert werden könnte.[11]

Die Digitalisierung gründet eine neue und weltweit populärer werdende Sportkategorie – E-Sport – die über Computerspiele praktiziert wird. Physische Bewegungen stehen bei diesem Sport nicht im Vordergrund, sondern die Hand-Augen-Koordination, Reaktionsgeschwindigkeit und taktisches Verständnis. Vor allem in Asien, aber auch in den USA, hat sich ein Profibetrieb etabliert: Professionelle E-Sportler spielen in Teams, die in nationalen und internationalen Ligen antreten und sich vor großem Publikum in internationalen Turnieren bis hin zu Weltmeisterschaften messen. Verschiedene Spiele begründen verschiedene Ligen und Turniere – z.B. für Counter-Strike, Fifa, League of Legends oder Dota 2. Die Spiele werden live im Internet übertragen, von professionellen Kommentatoren begleitet und von Millionen Zuschauern online verfolgt. Die vergebenen Preisgelder können den Millionen Dollar-Limes überschreiten und mit jeder neuen Generation wächst der digitale Sportbetrieb weiter.

Das Digitalzeitalter hat bereits in seinem Frühstadium historisch neue Mittel der Kriegsführung hervorgebracht. Strategien und Waffensysteme wurden schon immer von der technologischen Entwicklung bestimmt. Das Militär forciert seit Jahrhunderten technische Innovationen (vom Steigbügel über die Atombombe zum ARPANET), um sie für die eigenen Zwecke dienlich zu machen. Der Erste Weltkrieg war der Krieg, in dem erstmals eine industrielle Waffentechnologie mit neuen Maschinen und einer bis dahin unbekannten Zerstörungskraft zum Einsatz kam. Statt Pferd und Bajonett spielten nun Panzer und Maschinengewehre, U-Boote, Kriegsschiffe und Kampfflugzeuge die Hauptrolle.

Es ist absehbar, dass Kriege im Digitalzeitalter – mögen sie der Menschheit künftig erspart bleiben! – vollkommen andere sein werden: Im 19. und 20. Jahrhunderts wurden Massenarmeen auf die Schlachtfelder geführt, bestehend aus Hunderttausenden oder Millionen von Soldaten, die sich oft noch im Nahkampf gegenüberstanden. Im Digitalzeitalter werden Viren und „logische Bomben", Drohnen und Roboter eingesetzt, die den Krieg einerseits in Computernetzwerke verlagern, wodurch die Infrastruktur ganzer Länder lahmgelegt werden kann.[12] Andererseits werden Menschen von den Schlachtfeldern sukzessive auslagert und durch Software oder

---

11 Rötzer, Florian (2003). Wettrüsten in der digitalen Lebenswelt. auf: Telepolis, 11.11. (heise.de)

12 „Ich kann mit Sicherheit behaupten", so Klaus Schwab, Gründer und Präsident des Davoser World Economic Forum, „dass ein künftiger Konflikt zwischen einigermaßen entwickelten Akteuren […] höchstwahrscheinlich auch eine Cyberdimension haben wird – einfach deshalb, weil kein moderner Gegner der Versuchung widerstehen könnte, die Sensoren, die Kommunikation und die Entscheidungskapazität des Feindes zu

autonome Maschinen ersetzt. In den Cyberarmeen sind Hacker der neue Typus eines unbewaffnet aus der Distanz agierenden Soldaten. Dagegen nimmt die Zahl konventioneller Soldaten erheblich ab, indes ihre Destruktivkraft steigt.[13] So können die Operateure semiautomatischer, d. h. ferngesteuerter, Kampfdrohnen Tausende von Kilometern vom Schlachtfeld entfernt sitzen und an Videoschirmen einen ferngesteuerten Push-and Button-Krieg mit Raketen, Mikrowellen und Lasern führen. Erstmals setzte die US-Armee im zweiten Afghanistankrieg (2001) Drohnen zur gezielte Tötung und Roboter (PackBots) zum Entschärfen von Bomben ein. Seitdem hat sie mehrere tausend Roboter für unterschiedliche Aufgaben konzipiert und manche von ihnen sollen das Erste Asimovsche Robotergesetz brechen.[14]

Indizieren solche Veränderungen aber schon den Ausbruch einer Digitalen Revolution, stehen sie für den Anbruch eines vierten großen Kapitels der Menschheitsgeschichte? Auch die Erfindung des Laufrades (1817), dann seine Weiterentwicklung, das Fahrrad, waren eine revolutionäre Neuerung, ein Bruch mit der bisherigen Geschichte: Noch nie wurde zuvor etwas, geschweige denn ein Mensch, auf zwei Rädern und ohne Zugtiere bewegt. Bis zur Erfindung solargetriebener Fahrzeuge (1960er) war das Fahrrad das einzige im Industriezeitalter erfundene Transportmittel, das ohne fossilen Kraftstoff auskam. Nicht zuletzt wurde das Rad eines der ersten Sportgeräte und Radfahren eine der ersten Profi- und Volkssportarten. Auch veränderte das Radfahren (vorübergehend) den Verkehr: In den 1930ern bewältigten in deutschen Städten mit über 100.000 Einwohnern zwischen 43 und 61 Prozent der Arbeiter per Fahrrad die durch das Städtewachstum länger gewordenen Wege zu ihren Arbeitsstätten.[15] Dennoch begründete das Rad kein neues Zeitalter. Die Verbreitung des Rades wäre ohne die Industrialisierung, die erst die Massenfabrikation von Rahmen, Ketten und anderen Fahrradkomponenten zu erschwinglichen Preisen möglich machte, undenkbar gewesen. So wurde das Rad zwar ein Element des Industriezeitalters, das dazu beitrug, dieses Zeitalter von anderen zu unterscheiden, doch wäre das Industriezeitalter auch ohne die

---

stören, zu verwirren oder auszuschalten." (Schwab, Klaus 2016. Die Vierte Industrielle Revolution. München, S. 127)

13 Neuneck, Götz (2014). Die neuen Hightech-Kriege? in: Blätter für deutsche und internationale Politik, 8, 35–45
14 Asimov, Issac (1978). Der Zweihundertjährige. München, S. 5: „Ein Roboter darf kein menschliches Wesen wissentlich verletzen oder durch Untätigkeit gestatten, dass einem menschlichen Wesen wissentlich Schaden zugefügt wird."
15 Burghardt, Uwe (1993). Straßenverkehr. in: U. Wengenroth (Hg.) Technik und Wirtschaft. Düsseldorf, S. 399–417

1 Einleitung

Erfindung des Fahrrades als ein eigener Zeitabschnitt anerkannt worden.[16] Ebenso verhält es sich mit E-Sport, Cyber-Kriminalität und Kampfdrohnen. Auch sie sind Erscheinungen, die dazu beitragen, das Neue vom Alten zu unterscheiden, ein neues Zeitalter begründet sich durch sie allein jedoch nicht.

Zeitalter zeichnen sich neben *kategorial neuen Phänomenen* – und zu ihnen zählen Phänomene wie E-Sport, Cyber-Kriminalität und Kampfdrohnen – zusätzlich durch (*Struktur-)Brüche* aus.

Das erklärt zugleich, warum die Bezeichnung „Nuklearzeitalter" eine missverständliche ist.[17] Zwar ermöglichte die Atomkernspaltung eine völlig neue Energiequelle, doch ersetzte sie die alten (fossilen) nicht und blieb global betrachtet nur ein Nischenenergieträger. Zwar ging von Atomkraftwerken eine kategorial, d. h. qualitativ neue Umweltgefährdung aus – die radioaktive Verseuchung großer Landstriche – und ermöglichte die Kernspaltung den Bau einer Bombe mit historisch beispielloser Detonationskraft und einer neuen Art von Krieg (den Kalten Krieg), politische, ökonomische oder kulturelle Umbrüche jedoch waren keine ihrer Folgen. Zwar hatten Atomwaffen das Potenzial, die menschliche Zivilisation zu vernichten (und dies wäre das abrupte Ende des Industriezeitalters gewesen), doch wirkte das „Gleichgewicht des Schreckens" der Anwendung dieser Waffen entgegen. Neu war also, dass zwei Staaten, die im Besitz eines vergleichbaren Arsenals von Atomwaffen waren, keinen Krieg gegeneinander führen konnten, da selbst bei einem „Sieg" sehr wahrscheinlich war, dass die eigene Bevölkerung, wenn nicht die ganze Menschheit vernichtet worden wäre. Alles in allem zeichneten sich die Jahrzehnte nach der ersten Kernspaltung durch strukturelle Kontinuität aus.

Dagegen scheinen die sich seit 1989 ereignenden Veränderungen von einer anderen Art zu sein: Die „disruptiven" Innovationen in der Frühphase des Digitalzeitalters stehen nicht nur für kategorial neue Phänomene, sondern auch für strukturelle Diskontinuitäten. Um nur ein Beispiel herauszugreifen: Das Aufkommen computergenerierter Musik (Techno), der Niedergang der Musikindustrie (wegen digitaler Tauschbörsen) und der Aufstieg von Streaming-Plattformen für Audio- und Videodateien erfolgten innerhalb von nur zwanzig Jahren. Aktuell komponieren Algorithmen Musikstücke und gefährdet Streamripping die gesamte Musikindustrie. Weitere disruptive Innovationen – etwa 3D-Drucker und Open Source – sind

---

16 Derzeit wird auch das Fahrrad revolutioniert bzw. digitalisiert. Seit ihrer Erfindung veränderten sich Fahrräder kaum. Nun erhalten sie Elektromotoren, entfallen Fahrradkette, Schaltkabel und mechanische Gangschaltung, stattdessen werden sie mit Sensoren, Mobilfunkmodul, Navigationssystem, Funkschaltung und magnetorheologischen Stoßdämpfern ausgerüstet, können bei Unfällen autonom Hilfe holen und bei ihrem Diebstahl die eigene Position melden.

17 Eidemüller, Dirk (2012). Das nukleare Zeitalter. Stuttgart

nicht nur dabei, einzelne Industrien und Geschäftsmodelle zu verändern, sondern mit der Wirtschaftsweise des Industriezeitalters zu brechen und so etwas wie einen dritten Weg zwischen Kapitalismus und Sozialismus zu bahnen.

Selbst mit akademischer Zurückhaltung formuliert, kommt der Historiker Andreas Rödder zu dem Schluss, dass die Digitale Revolution „eine wirklich neue qualitative Dimension besitzt."[18] Zudem befinden sich viele Innovationen gegenwärtig noch in ihrem Frühstadium, dürften aber in den 2020ern oder 2030ern ausgereift sein und gesellschaftlich wie privat den Unterschied zum Industriezeitalter offensichtlicher machen. Hinzu kommt, dass gegenwärtig 26 Prozent der Weltbevölkerung, knapp zwei Milliarden Menschen, jünger als 15 Jahre sind.[19] Viele Angehörige dieser jungen Generation sind Digital Natives und, damit weitere, Treiber dieser Transformation.

„Es ist zum ersten Mal fast unmöglich zu sagen wie die Welt in 30 Jahren aussehen wird", meint Yuval Harari, ebenfalls Historiker. „Wenn im Laufe der Geschichte ein Zehnjähriger gefragt hat in welcher Welt er mit 40 leben wird, konnten ihm seine Eltern eine ziemlich gute Prognose geben. Natürlich könnte immer ein neuer König kommen, ein Krieg ausbrechen – aber die sozialen Umstände, die Familienstruktur, die Wirtschaft, waren über solche Zeiträume immer recht stabil. Jetzt blicken wir 30 Jahre nach vorne und niemand weiß irgendwas. Das Einzige, was wir dem Zehnjährigen sagen können, ist: Die Welt wird komplett anders sein."[20] Sie wird komplett anders sein und – das lässt sich dem Zehnjährigen ebenfalls sagen – eine treibende Kraft dahinter ist *die Digitalisierung*. Eine weitere, jedoch alte Kraft, ist *das Erbe der Industrialisierung*. Und damit lässt sich eben doch eine Aussage, wenn auch eine vage, über die Welt in 30 Jahren und die Frühzeit des digitalen Zeitalters machen.

„Wir wissen nicht", notierte der Historiker Eric Hobsbawm, „was als nächstes kommt und wie das dritte Jahrtausend aussehen wird, aber wir können sicher sein, daß es vom Kurzen 20. Jahrhundert geprägt sein wird."[21] Geprägt werden wird das 21. Jahrhundert durch „Altlasten" der Vorwelt: durch die kommerzielle Mentalität des Industriezeitalters und durch die Ideologie des Wirtschaftswachstums. Mit dem Wirtschaftswachstum wuchs die Konsumgesellschaft. Die „Global Consumer Class" umfasste 2010 ca. zwei Milliarden Menschen und mit ihrem Wachstum

---

18 Rödder, Andreas (2015). 21.0: Eine kurze Geschichte der Gegenwart. München, S. 15
19 Statista (2015). Anteil der Bevölkerung unter und über 64 Jahren in den Weltregionen im Jahr 2014. (auf: de.statista.com)
20 Harari, Yuval N. (2015). „Wir werden gewaltige Ungleichheiten erleben". Interview in: SZ, 9.2.
21 Hobsbawm, Eric (1998). Das Zeitalter der Extreme. München, S. 20

wächst auch der Energie- und Ressourcenverbrauch. Die Folgen dieser dadurch angestoßenen ökologischen Veränderungen werden die Menschheit in diesem Jahrhundert intensiv beschäftigen. Geprägt werden wird dieses auch durch das weitere Bevölkerungswachstum, das in der zweiten Hälfte des 19. Jahrhunderts infolge medizinisch-hygienischer Fortschritte einsetzte und, von den Industriegesellschaften ausgehend, in alle Gesellschaften vordrang. Auch dieses Wachstum wird weiteren Druck auf ökologische Systeme ausüben und menschliche Gesellschaften in Schwierigkeiten bringen. Im Sinne der Challenge and Response-Theorie eines Arnold Toynbee[22] wird die Menschheit in den kommenden Jahrzehnten auf eine Reihe von ökologischen und sozialen Herausforderungen mit technologischen und sozialen Innovationen reagieren müssen, um großes humanitäres Leid zu vermeiden. Dazu gesellen sich womöglich weitere Herausforderungen, die sich aus der Digitalen Revolution selbst ergeben, denn die Macht über Daten lässt sich für gute und für schlechte Zwecke nutzen. So wird befürchtet, eine Aushöhlung der Demokratie durch neuartige totalitäre Strukturen könne real werden – bis hin zu einer Steuerung der Bürger durch Algorithmen oder künstliche Intelligenzen.[23]

Methode

Dieses Buch ist zweierlei: eine *Zeitdiagnose* und eine *Prognose*. In seiner ersten Eigenschaft zeigt das Buch auf, was sich gerade vollzieht und bietet Orientierungswissen in einer sich rapide wandelnden Gesellschaft. In seiner zweiten Eigenschaft versucht das Buch zu ergründen, was sich wahrscheinlich vollziehen wird. Dazu greift es Trends und Entwicklungslogiken auf und stellt Zusammenhänge her. Dafür benötigt das Buch eine Methode, die es von oft vorschnellen futurologischen Thesen abgrenzt, wissend, dass ein Rest von Spekulation zwingend erhalten bleibt, denn die Transformation ist ein offener Prozess mit offenem Ausgang. Auch wir wissen nicht, wohin die Digitale Revolution führt. Wir behaupten aber, dass sie zur Ablösung des Industriezeitalters führt. Verschiedene durch die Digitale Revolution verursachte Neuerungen und Umbrüche sind so maßgeblich, dass sie die Menschheit aus dem Industriezeitalter regelrecht hinauskatapultieren.

Um aber das Digital- vom Industriezeitalter analytisch unterscheiden zu können, gilt es vorab zwei Fragen zu klären: (1.) In welchen Bereichen grenzen sich digitale

---

22 Toynbee, Arnold (1954). Der Gang der Weltgeschichte. Stuttgart
23 Helbing, Dirk et al. (2016). Digitale Demokratie statt Datendiktatur. in: Spektrum der Wissenschaft,1, 50–58

von industriellen (und vorangegangenen) Gesellschaften grundlegend ab? (2.) Was wird sich in diesen Bereichen voraussichtlich wie verändern? Welche kategorial neuen Phänomene und welche (Struktur-) Brüche treten in ihnen wahrscheinlich auf oder sind dort bereits aufgetreten?

Zu (1.) Beschrieben werden in den folgenden Kapiteln grundlegende Veränderungsprozesse, die ihren Ausgangspunkt einmal in der fortschreitenden Entwicklung von Mikrochips, Algorithmen, Speichermedien und der digitalen Infrastruktur haben und zum anderen das Erbe der Industrialisierung aufgreifen.

Grundlegend sind dabei solche Veränderungen, die konstitutiv bereits für die Industrialisierung waren: In dieser wandelte die Technik zunächst die Wirtschaft, d. h. *Produktion* und *Arbeit* sowie den Verbrauch massenhaft hergestellter Produkte (*Konsum*). Im Bereich der Produktion werden 3D-Drucker und Roboter die Wirtschaft in den 2020ern ebenfalls grundlegend verändern. „Just as the Internet brought the retail storefront onto the consumer's computer screen, 3-D has the potential to bring the factory into the consumer's living room", beschreiben etwa Kietzmann et al. eine bevorstehende Disruption, welche die Produktion vieler Dinge dezentralisieren und demokratisieren und viele Warenhäuser redundant machen wird.[24] Und der Ökonom Thomas Straubhaar, der bis 2014 Direktor des Hamburgischen Weltwirtschaftsinstituts (HWWI) war, bemerkte unlängst vor dem Hintergrund der 3D-Druck-Revolution: „Wir erleben eine Zeitenwende. Die Globalisierung bekommt mit der Digitalisierung ein neues Gesicht. Der klassische Güterhandel mit standardisierten Massenprodukten ist ein Auslaufmodell."[25] Importe und Exporte von Waren werden eine zunehmend geringere Bedeutung bekommen, weil künftig vermehrt Datenströme transportiert werden.

Aus der Verbindung der Digitalisierung mit der industriellen, kapitalistischen Wirtschaftsweise geht zunächst ein „Informationskapitalismus" hervor, für den Informationen ein neuer Produktionsfaktor sind. Unternehmen wie Facebook, Google oder Twitter verkaufen Informationen über ihre Nutzer und erzielen damit Umsätze im Milliarden-Dollar-Bereich. Kann man bei diesem Amalgam noch davon sprechen, dass der Kapitalismus eine neue Technologie übernehmen und an sich anpassen konnte – symbolträchtig ist hier auch der Hochfrequenzhandel an den

---

24 Kietzmann, Jan et al. (2014). Disruptions, decisions, and destinations: Enter the age of 3-D printing and additive manufacturing. in: Business Horizons, 2, S. 209–215

25 Straubhaar, Thomas (2016). „Der klassische Güterhandel ist ein Auslaufmodell". Interview in: Spiegel Online, 9.1.

Börsen –, erwachsen aus der digitalen Technologie zugleich Optionen, welche die kapitalistische Wirtschaftsstruktur nach und nach obsolet machen.[26]

Durch die Industrialisierung wandelten sich auch *Städte* in doppelter Hinsicht: durch Fabriken, neue städtische Transportmittel und durch den Zustrom neuer Arbeiter (Urbanisierung), der neue Einrichtungen wie die Kanalisation erforderlich machte, um die Hygiene zu wahren. Nunmehr wandeln sich Städte in „Smart Cities" und die Stadt, die schon immer ein Konsument von Nahrung und Energie war, verwandelt sich in einen Produzenten von Nahrung und Energie. Städte werden im Digitalzeitalter erstmals autark von ihrem Umland. Eine neue Bautechnik ermöglicht neue Baustile und anders als alle Städte der vergangenen Zeitalter werden die Städte des Digitalzeitalters nicht mehr stinken.

In gewisser Hinsicht wandelte sich auch der *Raum* – er *schrumpfte*: Technologische Innovationen brachten neue und schnellere Transportmittel hervor, allen voran die Eisenbahn. Sie verkürzten die zeitliche Distanz zwischen zwei Orten erheblich, da das schnellste Transportmittel zuvor die Postkutsche war. Auch Telegrafen und Telefone verkürzten die gefühlte Distanz zweier Menschen auf verschiedenen Kontinenten erheblich. Technologie ermöglichte es Menschen, in Räume vorzudringen, die sie sonst nie erreicht hätten: Die Neue Welt, den Grund der Ozeane, den Luftraum, den Weltraum. Nunmehr dringt die Menschheit technikgestützt abermals in einen neuen Raum vor. Alternativ kann man auch sagen, dass sich der Raum wandelt – er *erweitert* sich durch die Einführung einer neuen, digitalen Dimension (Virtual Reality und Augmented Reality). Durch den neuen, virtuellen Raum kann man schreiten, in ihm interagieren, sogar durch die Zeit reisen. Wandeln die Menschen des Digitalzeitalters wie seit Menschengedenken durch die vierdimensionale Raumzeit, wandeln sie nun zusätzlich durch eine virtuelle Dimension oder sie erweitern das Raumerlebnis durch in den Raum projizierte computergenerierte visuelle Informationen.

Mit der Industrialisierung ging eine Verlängerung der durchschnittlichen Lebenserwartung der *Menschen* einher. Ursache für diese war eine Steigerung der Lebensmittelproduktion durch neue Maschinen wie den Traktor. Ursache war auch der medizinische Fortschritt: denn er senkte die Kindersterblichkeit und sorgte für hygienische Verbesserungen und effektivere Therapien. Der Anstieg des materiellen Lebensstandards durch Massenproduktion und Sozialgesetzgebung trug ebenfalls zu verbesserten Lebensbedingungen bei. Die durchschnittliche Lebenserwartung verdoppelte sich von 40 Jahren (um 1800) auf 75 Jahre (um

---

26 Stengel, Oliver (2016). Jenseits der Marktwirtschaft. Wiesbaden; Mason, Paul (2015). PostCapitalism. London; Rifkin, Jeremy (2014). Die Null Grenzkosten-Gesellschaft. Frankfurt/M.

2000). Nunmehr steht nicht nur eine weitere Verlängerung der zu erwartenden Lebensdauer an – ermöglicht durch die Entschlüsselung von Alterungsprozessen sowie durch eine individualisierte, auf das (ebenfalls entschlüsselte) Genom des Patienten zugeschnittene Medizin –, sondern eine Erweiterung menschlicher Leistungsfähigkeit obendrein. Und die Digitalisierung ist dabei, auch in die Menschen vorzudringen und Menschen, wenn anorganische Elemente untrennbar in ihren Körper integriert werden, zu Cyborgs zu machen. Zudem dringt digitale Technik durch Körperfunktionen überwachende Sensoren auch in die Kleidung vor, in die sich Menschen hüllen. Digitale Technik wandelt den Menschen damit innerlich wie äußerlich und unterscheidet ihn grundlegend von Menschen der vorangegangenen Zeitalter. Der Mensch überlässt sich nicht mehr den blinden Mechanismen der natürlichen Evolution; er nimmt seine Evolution bewusst selbst in die Hand, um seine natürlichen Mängel zu kompensieren oder um seine Fähigkeiten zu erweitern. Das ist ein biologischer Bruch mit der bisherigen Entwicklungsgeschichte der Gattung Mensch.

Der nächste Unterscheidungsbereich ist in der gesamten bisherigen Erdgeschichte ein Novum: Der Theologe und Naturwissenschaftler Teilhard de Chardin nannte die drei großen Entwicklungsstadien, die sich in der Erdgeschichte (und im Universum) vollzogen haben, Physiosphäre, Biosphäre und Noosphäre. Die Physiosphäre ist die Sphäre der Materie, die Biosphäre die Sphäre des Lebens und die Noosphäre die Sphäre des Geistes. Aus der Materie ging das Leben und aus diesem der Geist hervor. Die Noosphäre entwickelte sich nach Chardin aber erst mit der Emergenz von „Bewusstsein zweiter Potenz". Damit bezeichnete er eine Bewusstseinsform, die weiß, dass sie weiß, die also nicht nur ein Bewusstsein, sondern ein Bewusstsein von sich hat, über sich reflektieren und, so Harry Frankfurt, Wünsche zweiter Ordnung haben kann (d.h. den Wunsch, den Wunsch erster Ordnung nicht zu haben).[27] De Chardin und Frankfurt hatten dabei stets den Menschen und seinen Unterschied zum Tier im Visier ihrer Überlegungen. Im Digitalzeitalter wird die Noosphäre durch eine neue Bewusstseinsform, die der Künstlichen *Intelligenz*, bereichert. Sie geht aus anorganischer Materie hervor und nimmt zunächst den Umweg über die Biosphäre durch den Menschen, doch ist absehbar, dass KIs im 21. oder 22. Jahrhundert KIs erschaffen werden und ein Bewusstsein zunächst der ersten und dann auch der zweiten Potenz erstmals unmittelbar aus der Physiosphäre emergieren wird.

Mit der Industrialisierung gingen schließlich zahlreiche *Umwelt*probleme einher (z. B. verschmutze Luft, globaler Klimawandel, verschmutze Gewässer, Entwaldung,

---

[27] Chardin, Pierre T. (1994). Der Mensch im Kosmos. München, S. 165–169; Harry Frankfurt (2001). Freiheit und Selbstbestimmung. Berlin, S. 65–83

Artensterben). Menschliche Einwirkungen transformierten den Planeten so sehr, dass das Einsetzen einer neuen geologischen Epoche – das Anthropozän – proklamiert wurde.[28] Diese Epoche begann im Industriezeitalter, sie wird zweifellos auch das Digitalzeitalter prägen. In diesem entstehen jedoch neue Optionen zur Dematerialisierung zur Verfügung, ebenso zur effizienteren Verwendung von Energie und Fläche sowie zur Erschließung neuer Energie- und Rohstoffquellen. Damit bietet sich künftig die Möglichkeit, den destruktiven Einfluss des Menschen auf die Ökosysteme zu verringern und das von Acker- und Weideflächen vernarbte Gesicht der Kontinente zu verändern.

Der Wissenschaftliche Beirat der Bundesregierung mahnt angesichts der globalen Umweltveränderungen zu einer Großen Transformation der Gesellschaft(en) in Richtung Umweltfreundlichkeit.[29] Dieser *normativ* geforderten Großen Transformation steht eine *empirische* Große Transformation gegenüber: die Transformation von Industrie- in Digitalgesellschaften. Da Maßnahmen gegen die globalen Umweltveränderungen umgesetzt werden müssen, je gravierender das durch sie verursachte menschliche Leiden wird, bedeutet dies, dass sich *zwei* große Transformationen *simultan* und *global* ereignen – und beide werden das 21. Jahrhundert maßgeblich prägen. Eine solche Konstellation, eingezwängt in nur ein einziges Jahrhundert, hat es in der menschlichen Geschichte bislang nicht gegeben. In diesem Zeitraum – der Frühphase des Digitalzeitalters – kann man beobachten, wie eine „alte" Zivilisation vergeht und eine neue entsteht.

Zu (2.) Doch welche Veränderungen durch den Bruch mit vorangegangen Zeitaltern stehen in den Teilbereichen Wirtschaft, Stadt, Raum, Mensch, Umwelt jeweils bevor? Um fantastische Fiktionen auszugrenzen, braucht es eine Methode, damit vorweggenommene Entwicklungen auf soliden Boden gestellt werden können.

In seinem Buch über DIE PHYSIK DER ZUKUNFT stellte der Physiker Michio Kaku fest, dass sich in der Vergangenheit zumeist solche Prognosen zu technischen Neuheiten bewahrheitet haben, die (a) bereits in der Gegenwart bestehende Techniken und technische Trends in die Zukunft übertrugen und weiterdachten. „Die meisten Technologien", meint dann auch der Technikphilosoph Nick Bostrom, die in fünf oder zehn Jahren einen großen Einfluss auf die Welt haben werden, sind bereits in begrenztem Einsatz, und diejenigen, die die Welt binnen 15 Jahren revolutionieren, existieren wahrscheinlich schon als Prototypen."[30] Sie gilt es darum zu identifizieren.

---

28 Davies, Jeremy (2016). The Birth of the Anthropocene. Oakland
29 WBGU (2011). Welt im Wandel: Gesellschaftsvertrag für eine Große Transformation. Berlin
30 Bostrom, Nick (2014). Superintelligenz. Berlin, S. 17

Ferner, so Kaku, gelte es, (b) die Grenzen des technisch Möglichen, d.h. die Naturgesetze, zu berücksichtigen sowie (c) die Trägheit menschlicher Gewohnheiten und Denkweisen: Nicht alles was technisch möglich ist, wird übergangslos in die Alltagspraxis übernommen. Das menschliche Denken und Handeln ist zu einem beträchtlichen Teil von Gewohnheiten und dem Festhalten an Gewohntem geprägt, weshalb Innovationen am schnellsten von den experimentierfreudigeren und eben weniger routinegeprägten jungen Generationen angenommen werden. Und doch hat das Internet das Sozialverhalten von Milliarden von Menschen binnen nur zweier Jahrzehnte verändert. Manche Prozesse mögen sich in Folge der menschlichen Trägheit langsamer vollziehen als gedacht, aber viel spricht dafür, dass sie ein Element der Digitalen Revolution werden – und nur dies ist im Rahmen dieses Buches von Belang.

Zudem hat Kaku (d) die Meinung von Wissenschaftlern und Experten zu zukünftigen Entwicklungen in seine Prognosen integriert.[31] An diesen Richtlinien orientieren wir uns ebenfalls und außerdem an einer weiteren, denn schließlich ist es (e) ratsam, allerdings auch schwierig, Veränderungen in den gesellschaftlichen Teilbereichen miteinander in Beziehung zu setzen, um schlichte lineare Extrapolation zu vermeiden.

In allen Kapiteln versuchen wir zudem, auf drei Fragen einzugehen: Was geschieht? Warum geschieht es? Was bedeutet das? Auf diese Weise haben die Kapitel einen empirischen, theoretischen und normativen Aspekt.

---

31 Kaku, Michio (2013). Die Physik der Zukunft. Reinbek

Zeitalter und Revolutionen 2

Oliver Stengel

Was ist ein globales Zeitalter? Was sind ihre jeweiligen Charakteristika und was ereignet(e) sich an den Übergängen zwischen ihnen?

Ein Zeitalter ist ein Abschnitt in der Geschichte der Menschheit. In diesem Abschnitt sticht die Ähnlichkeit interkultureller menschlicher Lebensweisen und jener Dinge hervor, die Menschen hervorgebracht haben (z. B. Transportmittel, Werkzeuge und Werkstoffe, Behausungen).

Zwischen einzelnen Abschnitten fallen dagegen sofort Unterschiede auf. Diese sind so frappant, dass dem Übergang zwischen Zeitaltern üblicherweise die Bezeichnung *Revolution* zuerkannt wird. Damit ist nicht nur die relative *Geschwindigkeit* des Übergangs angesprochen, sondern auch die *Tiefe* der Veränderungen, die sich jeweils vollzogen haben. Die Tiefe des Übergangs lässt sich einmal durch (*Struktur-*) *Brüche* charakterisieren (z. B. durch neue Lebensweisen, politische, ökonomische Systeme oder Weltbilder). Jedes nachfolgende Zeitalter unterscheidet sich von seinem vorangegangenem, indem es mit Kontinuitäten bricht – und zwar derart, dass diese ihre Selbstverständlichkeit und Legitimität verlieren, woraus wiederum veränderte kollektive Praktiken resultieren.

Zudem treten in jedem Zeitalter *kategorial neuartige Phänomene* auf: z. B. Ochsenkarren in Agrargesellschaften, Bahnhöfe im Industriezeitalter, sich selbst steuernde Transportmittel im Digitalzeitalter. Dabei handelt es sich um Phänomene, die in den vorangegangenen Zeitaltern nicht existent waren bzw. nicht existent sein konnten und frühestens in der Übergangsphase zum neuen Zeitalter auftraten. Letztlich wird die alltägliche Lebensführung der meisten Menschen in den vom Wandel betroffenen Gesellschaften durch die Brüche und das Neue grundlegend transformiert.

Die menschliche Geschichte lässt sich, wie jede Geschichte, in Kapitel unterteilen. Auf globaler Ebene hat sich die Geschichte der Menschheit bisher in drei großen Kapiteln ereignet – und jedes dieser Kapitel beschreibt ein eigenes Zeitalter: Menschen lebten mehrheitlich als Jäger und Sammler (Altsteinzeit), dann als Bauern (Agrarzeit), dann als Arbeiter (Industriezeit) und in jedem dieser Kapitel ein ganz anderes Leben in einer ganz anderen Gesellschaft und Umwelt.

Diese Einteilung der Geschichte in globale Zeitalter ist für Historiker grobkörnig, nützlich ist sie ihnen aber auch.[1] Denn sie schafft Ordnung, Übersicht und zeigt einen Wald, wo sonst nur Bäume wären. Sie ermöglicht Aussagen über die Entwicklung der Menschheit, da jedes Zeitalter zugleich für eine Entwicklungsstufe stehen kann. Außerdem ist ein Zeitalter in mehrere Unterabschnitte unterteilt. Hier sind vergleichsweise feinere Unterschiede zu vorangegangen Unteranschnitte relevant.

Doch darf die Unterteilung der Menschheitsgeschichte in drei Stufen nicht darüber hinwegtäuschen, dass Menschen seit etwa 12.000 Jahren *gleichzeitig und doch ungleichzeitig* auf der Erde zusammenleben: Auch im Agrarzeitalter existierten Jäger und Sammler-Kulturen fort und dies taten sie noch im Industrie- und im frühen Digitalzeitalter. Und während sich Industrie- in Digitalgesellschaften wandeln, arbeitet in manchen Staaten (z. B. in Zentralafrika) ein großer Teil der Bevölkerung noch in der Land- und Viehwirtschaft.

Aber in der Gegenwart lebenden Jäger und Sammlervölker nutzen zuweilen Waffen und Werkzeuge (z. B. Messer und Äxte mit Metallklingen) oder Gegenstände aus Kunststoff. Sie entspringen einem anderen Zeitalter und wurden entweder an die Küste geschwemmt oder von Missionaren und Expeditionsteilnehmern zurückgelassen. Ungefähr drei Millionen Menschen lebten zur letzten Jahrtausendwende aber tatsächlich noch archaisch wie in voragrarischen Zeiten.[2]

Die Industrialisierung brachte nicht nur Industrienationen hervor, in vielen Ländern und Regionen entwickelten sich keine oder kaum Industrien. Und doch wurden auch in ihnen industrielle Erzeugnisse genutzt, wurde die Lebensweise in ihnen durch Umwälzungen, die sich außerhalb ihrer ereigneten, beeinflusst. Das rechtfertigt die Einteilung der bisherigen Menschheitsgeschichte in drei Zeitalter und zwei revolutionäre Übergänge.

Kurz vor seinem Tod im Jahr 1890 hielt der münsterländische Landwirt Philipp Richter in seinen Lebenserinnerungen fest: „Die jetzt aufwachsende Generation kann sich keine Begriffe davon machen, wie es vor 50 oder 60 Jahren in Europa oder auch nur in jeder einzelnen Gemeinde ausgesehen hat. Es hat eine Umwälzung stattgefunden in Ökonomie, Industrie überhaupt in allen wirtschaftlichen Zweigen und Verhältnissen der europäischen Völker wie in keinen Jahrhunderten der

---

1 siehe z. B. Harari, Yuval N. (2013). Eine kurze Geschichte der Menschheit. München; Ernest Gellner (1990). Pflug, Schwert und Buch. Stuttgart
2 Schweitzer, Peter et al. (Hg.) (2000). Hunters and Gatherers in the Modern World. New York, S. 4 ff.

Vergangenheit, so weit die Geschichte reicht und Auskunft gibt."[3] Richter hatte den Übergang von der Agrar- zur Industriegesellschaft miterlebt und eine vergleichbare historische Umwälzung findet gegenwärtig statt.

„Seit dem Auftreten des Menschen", resümiert Ernest Gellner, „haben zwei tiefgreifende Umwälzungen das Dasein der Menschheit so gründlich verändert, daß man versucht ist, von zwei verschiedenen Arten von Gesellschaft, wenn nicht gar von zwei verschiedenen Arten von Menschen zu sprechen."[4] Wir Heutige sind privilegierte Zeitzeugen einer dritten tiefgreifenden Umwälzung, die durch Brüche und neuartige Phänomene gekennzeichnet ist. Noch befindet sie sich in der Frühphase. In ihrer Hochphase wird die sich formierende Digitalgesellschaft mit der Industriegesellschaft kaum noch zu vergleichen sein. Eine neue Art von Gesellschaft und eine neue Art Mensch werden der Industriegesellschaft dann gegenüberstehen.

Der Übergang wird tragisch, weil er viele Verlierer hervorbringt; er wird faszinierend, weil das Neue erstaunt; er macht Hoffnung, weil er eine Entwicklung zum Besseren ist; und er wird ernüchternd sein, weil mit dem Neuen auch neue Probleme auftreten werden.

2.1   Die Neolithische Revolution und die Agrargesellschaft

Ungefähr 200.000 Jahre lang – also ungefähr 10.000 Generationen – lebten anatomisch moderne Menschen der Altsteinzeit in kleinen Gruppen als Jäger und Sammler. Dann vollzog sich vor rund 10.000 Jahren an verschiedenen Orten ein Bruch mit dieser Lebensweise. Legt man den Beginn des Menschseins mit dem Auftreten des ersten Urmenschen, des Homo habilis, zusammen, dann lebten Menschen sogar seit rund zwei Millionen Jahren, also ungefähr seit 100.000 Generationen, als Jäger und Sammler. Allerdings war das Hauptmerkmal der damaligen Lebensweise in Ermangelung einer geeigneten Waffentechnik zunächst nicht das Jagen, sondern das Sammeln von Wurzeln, Früchten, Knollen und Aas.

In den agrarisch bewirtschafteten Regionen umfasste die neue Lebensweise zwei wesentliche Aspekte: zum einen den Ackerbau, den bewussten Eingriff in ökologische Systeme, um bestimmte Pflanzenarten zu züchten; zum anderen die Domestizierung von nützlichen Tierarten als Lieferanten von Fleisch, Milch, Häuten oder Wolle sowie als Zug- oder Lasttiere. Passten Homo habilis wie Homo

---

3   Richter zit. in: Jütte, Robert (2000). Geschichte der Sinne. München, S. 196
4   Gellner, Ernest (1990). Pflug, Schwert und Buch. Stuttgart, S. 77 f.

sapiens ihr Leben an die natürliche Umwelt an, so erzeugten die ersten Bauern ihre Nahrungsmittel plötzlich überwiegend selbst und passten die natürliche Umwelt an ihre Bedürfnisse an.

Mit dem Übergang zum Bauerntum erfolgte damit ein doppelter Bruch *vom Nomadentum zur Sesshaftigkeit* und *vom Leben in der Natur* zum *Leben außerhalb der Natur* auf *künstlichen Inseln*. Denn das bäuerliche Leben wurde erst durch die Ausgrenzung der wildwachsenden Natur möglich. Die Bauern „fällten Bäume, gruben Kanäle, legten Äcker an, bauten Hütten, pflügten Ackerfurchen und pflanzten Obstbäume in ordentlichen Reihen. Dieser künstliche Lebensraum war nur für die Menschen und ‚ihre' Pflanzen und Tiere bestimmt und wurde oft mit Hecken und Mauern umzäunt. Die bäuerlichen Familien taten alles, um Unkraut oder Wildtiere fernzuhalten."[5] Damals begann zaghaft an kleinen, wenigen Orten die Umgestaltung des Planeten nach den Bedürfnissen der Menschen. Damals setzte unbewusst ein „Projekt" ein, das schließlich in eine geologische Epoche führte, in der Gesteinsschichten, der Boden, das Wasser, die Luft und die Biodiversität des gesamten Planeten vom Menschen so grundlegend verändert wurden, dass die Folgen dieser Veränderung auch in Hunderttausenden Jahren nachweisbar sind.

Im Nahen Osten erfolgte dieser Umbruch vor etwa 10.000 Jahren, in China vor 8.000 Jahren, in den Anden vor 4.500 Jahren, in Nordamerika vor 4.000 Jahren. Trotz dieser zeitlichen Verschiebung fällt auf, dass Menschen unabhängig voneinander an weit entfernten Orten innerhalb von „nur" 6.000 Jahren mit einer Lebensweise brachen, die sich Hunderttausende von Jahren bewährt hatte. Und berücksichtigt man die Lebensweise der gesamten Gattung Mensch, dann brachen sie an verschiedenen Orten nun mit einer Lebensweise, die seit Millionen Jahren gelebt wurde.

In manchen Regionen hatte das sich erwärmende Klima die Bedingungen für die althergebrachte Lebensweise verschlechtert, so dass sich auf die Gemeinschaften ein Druck ergab, ihre Lebensmittelversorgung neu zu organisieren. In anderen Regionen hatten sich die Lebensumstände verbessert, begünstigte ein neuer Überfluss den Übergang zu landwirtschaftlichen Praktiken. In wiederum anderen Teilen der Welt (äquatoriale Regionen) waren die Veränderungen unerheblich, weshalb die ursprüngliche Lebensweise noch Jahrtausende beibehalten wurde.[6]

Anfänglich wurden die traditionellen Methoden des Jagens und Sammelns neben der neuen, agrarischen Wirtschaftsweise meist beibehalten.[7] Außerdem konnte zwischen diesen beiden Wirtschaftsweisen ein Übergangsfeld in Erscheinung treten – der Gartenbau – in dem z. B. die Yanomami noch heute leben. Auch

---

5   Harari, Yuval (2013). Eine kurze Geschichte der Menschheit. München, S. 127
6   Sieferle, Rolf P. (1998). Rückblick auf die Natur. München, S. 54–62
7   Radkau, Joachim (2000). Natur und Macht. München, S. 79

hortikulturelle Gesellschaften (Hirten) befinden sich zwischen den Jägern und Sammlern auf der einen sowie den Bauern auf der anderen Seite. Die agrarische Transformation nahm in manchen Regionen Jahrhunderte, vielleicht sogar tausend Jahre in Anspruch. Doch ist es legitim, von einer Revolution zu sprechen – zumal sich nun die Strukturen des menschlichen Zusammenlebens sowie die Kultur fundamental wandelten.

Mit dem Einsetzen des Ackerbaus setzte eine kulturelle und technische Explosion ein: Der Ackerbau hatte sich gerade erst konsolidiert, da begann auch schon die Keramikherstellung, um in Keramikgefäßen die erwirtschafteten Vorräte und Überschüsse lagern zu können. Mit den Keramikgefäßen begann auch die Gefäßkunst, d. h. die schmuckvolle Gestaltung der Behältnisse.

Die systematisch angelegten Vorräte weckten Begehren und mussten vor Plünderern verteidigt werden, die Erntedefizite zu beklagen hatten. Schon Jericho, eine der ersten bekannten Städte, war zu ihrem Schutz von einer meterhohen Stadtmauer aus übereinander geschichteten Steinen umgeben. An anderen Orten sollten Erdwälle und Gräben die Bewohner vor Räubern schützen. Pflüge und Schwerter wurden darum zu Symbolen agrarischer Gesellschaften. „Die agrarische Gesellschaft ist zur Gewalt verurteilt. Sie hortet Reichtümer, die verteidigt werden müssen und deren Verteilungsmodus mit Gewalt durchgesetzt werden muss", resümiert Gellner.[8] Als Reichtümer galten damals schon eingelagerte Erntevorräte. Wirkliche Reichtümer häufte nur eine kleine Elite an, die über das Gewaltmonopol oder Heilsmittel verfügen konnte. Der Rest blieb arm und die Armut der Mehrheit blieb noch Jahrtausende, bis zum auslaufenden 19. Jahrhundert, ein das menschliche Leben beeinträchtigendes Problem. Dennoch wurde die Versorgung mit Lebensmitteln insofern besser, als Ackerbau und Viehzucht auf Grund der intensiveren Flächennutzung mehr Nahrung auf einem bestimmten Raum einbrachten, als Jäger und Sammler je hätten beschaffen können. Durch die Landwirtschaft konnte sich die Bevölkerungszahl auf einem höheren Niveau konsolidieren, wodurch die Landwirtschaft zugleich unverzichtbar wurde. Je mehr Mitglieder in einer Gemeinschaft lebten, desto schwieriger wurde es nämlich, das Leben als Jäger und Sammler wieder aufzunehmen.

Gleichwohl: Die Qualität der Ernährung nahm ab. Und hier offenbarte sich die ganze Janusköpfigkeit der Neolithischen Revolution: denn der Übergang zur Landwirtschaft war mitnichten eine fabelhafte Erfindung, welche die Existenz der Menschen vereinfacht hätte. Arnold Toynbee vergleicht diesen Schritt sogar mit der Vertreibung aus dem Garten Eden.[9] Zwar lebten die Jäger und Sammler nicht

---

8   Gellner, Ernest (1990). Pflug, Schwert und Buch. Stuttgart, S.179
9   Toynbee, Arnold J. (1954). Der Gang der Weltgeschichte. Stuttgart, S. 66 f.

in paradiesischen Verhältnissen, doch ernährten sie sich besser und mit weniger Arbeitsaufwand als die landwirtschaftlich tätigen Kulturen.

Jäger und Sammler konnten auf eine sehr große Vielfalt von Blattgemüsen, Kräutern, Wurzeln, Früchten, Nüssen, Samen, Wild und Fisch zurückgreifen. So bestand etwa der Speiseplan der !Kung-Buschleute aus rund hundert Tier- und 85 Pflanzenarten. Im Gegensatz dazu waren Bauern bis ins frühe Industriezeitalter auf eine monotone und geschmacklose Ernährung angewiesen, die nur aus wenigen Pflanzen bestand, Mangelerscheinungen hervorrief und zu einem frühzeitigen Zahnverschleiß führte. Neben Zahnausfall führte die neue, stärkereiche, aber vitaminarme Getreidekost häufig zu einem Rückgang der Körpergröße. Die einseitige Ernährung, bedingt durch die Reduktion der Nahrungsvielfalt, verursachte zudem Eisenmangel sowie Blutarmut.[10] Die Untersuchung von Skelettfunden zeigte, dass erwachsene Männer vor 30.000 Jahren im Durchschnitt 177 Zentimeter und Frauen durchschnittlich 165 Zentimeter groß wurden. „Zwanzigtausend Jahre später", so der Anthropologe Marvin Harris, „waren Männer nicht größer als die Frauen seinerzeit geworden waren – 154 Zentimeter –, und die Frauen maßen im Durchschnitt 153 Zentimeter. [...] Dreißigtausend Jahre v.Chr. fehlten Erwachsenen beim Tode durchschnittlich 2,2 Zähne; 6.500 v.Chr. waren es 3,5 und in römischer Zeit fehlten ihnen 6,6 Zähne."[11] Fortschritte können eben auch Nachteile mit sich bringen – und von denen gab es im Anschluss an die Neolithische Revolution weitere:

Die Bauern erarbeiteten sich nämlich einen weniger zuverlässigen Lebensunterhalt, da sie von ihren Kulturpflanzen abhängig waren. Trockenheit und Schädlingsbefall zehrten an den Nutzpflanzen und die Gefahr von Missernten war groß. Schon eine Wildschweinherde, die auf der Suche nach Nahrung ein Feld durchwühlte, konnte lebensbedrohliche Ernteverluste anrichten. Hinzu kam, dass all diese Nachteile mit einem erhöhten Maß an schwerer körperlicher Arbeit erwirtschaftet werden mussten. Ob sie vorrangig Weizen (im Fruchtbaren Halbmond), Reis (China) oder Mais (Mittelamerika) anbauten: Oft arbeiteten die Bauern vom Morgengrauen bis zur Abenddämmerung. Das Roden, die Bodenbearbeitung, die Aussaat, die ständige Unkrautbekämpfung, die Einbringung der Ernte, die Vorratshaltung und die umständliche Vorbereitung der körnerreichen Nahrungsmittel zum Verzehr waren anstrengende Tätigkeiten. Dagegen gehen Jäger nur zwei bis drei Mal in der Woche auf Beutefang und ihre Frauen verbringen nur wenige Stunden täglich mit dem Sammeln der Nahrung.

---

10 Harari, Yuval (2013). Eine kurze Geschichte der Menschheit. München, S. 104 ff.; Sieferle, Rolf (1997). Rückblick auf die Natur. München, S. 65 ff.; Diamond, Jared (1998). Der dritte Schimpanse. Frankfurt/M., S. 239 ff.
11 Harris, Marvin (1995). Kannibalen und Könige. München, S. 25 f.

2 Zeitalter und Revolutionen

Mit dem Übergang zur Land- und Viehwirtschaft wurde auch der Ausgangspunkt für Infektionskrankheiten geschaffen, die noch im Industriezeitalter weltweit kursierten, Steinzeitmenschen aber unbekannt waren. Denn nunmehr ergaben sich für Viren völlig neue Möglichkeiten – nämlich der Wechsel zu einer Vielzahl menschlicher Wirte, die auf engem Raum mit ihren Nutztieren zusammenlebten. Im Fall der heute bekannten Infektionskrankheiten mutierten sie dabei so, dass sie ausschließlich für den Menschen gefährlich wurden: Die Grippe (die von Schweinen und Hühnern auf den Menschen überging), Pocken und Masern (von Kamelen und Rindern übertragen), Typhus, Keuchhusten und Diphterie (sie hatten mehrere Nutztiere als Ursprung). Sie alle waren für die Menschen der Agrarzeit kategorial neue Phänomene. Daneben wurden Fliegen und Bremsen fortan stetige Begleiter der Menschen, da sie sich mit Vorliebe dort aufhalten, wo Menschen Nutztiere um sich scharen.

In den ersten Städten drängten sich, wie Yuval Harari schreibt, „tausend kränkliche und hungrige Menschen" zusammen.[12] Und doch wuchsen die Städte. Vor 10.000 Jahren wurden Ortschaften wie Tell Abu Hureyra, Ain Ghasal, Jericho, Beisamoun und Basta von hundert oder mehr Menschen bewohnt. Çatal Hüyük in Anatolien soll zu seiner Blütezeit vor etwa 9.000 Jahren sogar über 5.000 Einwohner beherbergt haben. Die Städte wuchsen, weil sie wachsen mussten. Denn die neue Lebensweise ermöglichte nicht nur größere Bevölkerungen, sie forderte sie auch. Mehr Menschen benötigten mehr Acker- und Weideflächen, zudem musste zusätzliche Nahrung für das Vieh angebaut werden (noch heute wandern jährlich 30 Prozent der globalen Ernte in die Futtertröge der Nutztiere). Auch diese Flächen galt es urbar zu machen und zu bewirtschaften. Im Mittelalter bestand schließlich die Hälfte der Fläche Europas aus Acker- und Weideland.

Wenn Städte ein Plus an Nahrungsmitteln erzielen konnten, entwickelten sich in ihnen der Handel und mit diesem der Kaufmannsstand: Einzelne Menschen, die jetzt nicht mehr zur Eigenversorgung auf dem Feld arbeiten mussten, begannen sich auf bestimmte Gewerbe zu spezialisieren, und trieben als Kaufleute mit selbst hergestellten Gütern wie Ackerbaugeräten, Vorratsgefäßen, Schmuck oder den Agrarüberschüssen anderer Handel. Dazu häuften Stadtbewohner auch Besitztümer an, die man gegen andere eintauschen konnte. Es begann mit kostbaren Werkzeugen und Schmuckstücken in Mengen, die in der Nomadenzeit unmöglich gewesen wären, da die Mitführung großer Besitzstände unpraktisch gewesen wäre.

Der Handel wiederum erforderte ein neues Verfahren, welche die Handelsvorgänge dokumentieren konnte: die Schrift. Schrift in Form von Piktogrammen wurde schon zuvor für religiöse Kulte verwendet. Nun aber, vor rund 5.000 Jahren brauchte

---

12 Harari, Yuval (2013). Eine kurze Geschichte der Menschheit. München, S. 108

es eine praktikable, mit weniger Zeichen auskommende Schrift, da Piktogramme für längere Texte zu umständlich waren. So entstand die Keilschrift.

Die ersten keilschriftlichen Aufzeichnungen wurden im Fruchtbaren Halbmond gefunden, wo die Neolithische Revolution ihren Anfang nahm. Die Aufzeichnungen waren in erster Linie landwirtschaftliche Listen und Tabellen sowie Verwaltungsvermerke, die als Informationsspeicherung fungierten. Später wurde auch der Rechtskodex des Hammurabi, der das Zusammenleben von über einer Millionen Menschen im Babylonischen Reich regelte, mit der Keilschrift verfasst; denn die Lebensumstände wurden komplexer, je mehr Menschen an einem Ort zusammenlebten. Rund 8.000 Jahre nach der Einführung der Land- und Viehwirtschaft im Fruchtbaren Halbmond sowie der damit verbundenen Gründung der frühen Siedlungen entstanden die ersten Metropolen des Altertums, in denen, wie in Babylon, Alexandria, Rom, Luoyang oder Anuradhapura, 100.000 bis eine Million Einwohner wohnten.

Ohne eine Verwaltung wäre das Leben in Städten wie diesen chaotisch geworden. Die Verwaltungsorganisation ließ sich jedoch, je komplexer sie wurde, zunehmend schlechter aus der Erinnerung rekonstruieren. Deshalb begannen findige Menschen, Notizen zu zeichnen, die als Gedächtnisstütze dienten und zugleich der Anfang aller Bürokratie waren.

Der komplexer werdende Handel erforderte neben der Schrift ein zweites neues Verfahren, durch das Tauschakte erleichtert und Schulden quantifiziert und übertragen werden konnten: das Geld. „Zu den ganz frühen Schriften, die uns überliefert sind, gehören Lehmtafeln aus Mesopotamien, auf denen Kredite und Schulden verzeichnet sind; Rationen, die von Tempeln ausgegeben wurden; Geld, das als Pacht für Land im Besitz eines Tempels zu entrichten war", so der Anthropologe David Graeber.[13] Mit dem Geld begann ein neues Kapitel der Wirtschaftsgeschichte. Sie mündete schließlich in eine Wirtschaftsweise, die auf den Erwerb von Geld ausgerichtet war, um mit ihm noch mehr Geld zu erwirtschaften.

Die Städte und Reiche, die sich während des Agrarzeitalters in Europa, Afrika, Asien sowie in Mittel- und Südamerika zu formieren begannen, wiesen trotz ihrer Vielschichtigkeit einheitliche Grundzüge auf: „Wenn etwas an den sich im Anschluss an die Neolithische Revolution entstehenden Agrargesellschaften auffällig war", meint Sieferle, „dann ihre „erstaunliche Ähnlichkeit".[14] Die Metallurgie, Straßen, Kanäle, Städte, Paläste, Schulen, Gerichtshöfe, Märkte, Bewässerungssysteme, Tempel und religiöse Systeme, Armeen, soziale Hierarchien, Astronomen, Händler, Künstler,

---

13 Graeber, David (2012). Schulden: Die ersten 5000 Jahre. Stuttgart, S. 27
14 Sieferle, Rolf P. (2010). Lehren aus der Vergangenheit: Expertise für das WBGU-Hauptgutachten „Welt im Wandel". Berlin, S. 9

Theater, Musik und Bücher fanden sich in den Agrargesellschaften Europas, Asiens und Südamerikas. Sie fanden sich nicht in den zigtausenden Gemeinschaften von Jägern und Sammlern, die zuvor über die Kontinente wanderten oder heute noch abgelegene Inseln oder schwer zugängliche tropische Bergwälder durchstreifen. Die damaligen Innovationen waren allesamt kategorial neue Phänomene. Dazu zählte auch eine neue soziale Ungleichheit.

Soziale Ungleichheit war Jäger und Sammler-Gemeinschaften weitgehend unbekannt, da ihre Mitglieder auf Gedeih und Verderb aufeinander angewiesen waren, weshalb jeder Person im Überlebenskampf Unentbehrlichkeit zukam und Unterdrückung ausgeschlossen war. In den großen antiken Agrargesellschaften bildete sich aber über der breiten Bauernschicht eine kleine Herrscherschicht heraus. In dieser tanzte und schmauste man, während die Bauern rackerten und dennoch darbten, weil ihnen die Herrscher ihre Überschüsse nahmen, sie unter sich verteilten und die Reste Priestern, Beamten, Soldaten und Künstlern überließen. In Stein gehauen war die soziale Ungleichheit der Agrarzeit in Bauten für jedermann sichtbar: Großhäuser, Paläste, Tempel, Pyramiden, Burgen und Schlösser führten jedermann die Distanz zu den Herrschern eindrucksvoll vor Augen. Alle Reiche der Agrarzeit waren durch eine strenge hierarchische Stratifikation charakterisiert. Sie garantierte die soziale Ordnung, knechtete aber auch die Mehrzahl ihrer Untertanen.

Die Menschen des Agrarzeitalters begannen sich von der Natur zu befreien, indem sie sich künstliche Umwelten schafften. Im Gegenzug begaben sie sich in die Fesseln einer hierarchischen Gesellschaftsordnung, die ebenso rücksichtslos wie die Natur war.

2.2 Die Industrielle Revolution und die Industriegesellschaft

Der Anfang vom Ende solch stratifikatorischer Gesellschaftsstrukturen vollzog sich erst im 18. Jahrhundert in zahlreichen politischen Revolutionen, aus denen die Demokratie als neues politisches System hervorging. Auch aus technologischer Sicht war das 18. Jahrhundert etwas Besonderes:

Anno 1768 stach James Cook mit der „Endeavour" in See, um ein „Terra autralis incognita" zu suchen, ein legendäres Land, über dessen Existenz 1.600 Jahre zuvor bereits Claudius Ptolemäus spekuliert hatte. Die Expedition sollte nun endlich Gewissheit bringen, ob dieses Südland tatsächlich existierte. Cook suchte sich ein geeignetes Schiff aus und fand es in einem umgebauten Kohlefrachter. Kohle hatte damals als Energieträger bereits eine gewisse Bedeutung, weil Brennholz in England und Schottland für die wachsende Bevölkerung knapp wurde. Um Grundwasser aus Steinkohlebergwerke zu pumpen, setzte Thomas Newcomen 1712 erstmals eine kohlebetriebene Kolbendampfmaschine ein. Nachdem James Watt seine verbesserte Dampfmaschine 1769 patentieren ließ – im selben Jahr erreichte James Cook Tahiti und beobachtete dort den Transit der Venus vor der Sonne – nahm die Bedeutung von Kohle von Jahrzehnt zu Jahrzehnt allmählich und ab 1860 rasant zu. Einige Jahrzehnte später wurde auch die Förderung und Verbrennung von Erdöl zunehmend wichtig.

Als James Cook von England aus in See stach, verließ er ein Land, das gerade dabei war, ins Industriezeitalter überzugehen. Als er 1770 an der australischen Küste anlandete, fand er einen Kontinent vor, der noch in der Altsteinzeit verharrte. Die Neolithische Revolution ereignete sich in Australien erst mit der Ankunft der Europäer. Zeitgleich führten die Europäer die Industrielle Revolution in Australien ein. Binnen weniger Generationen wurden die Aborigines aus ihrer Welt gerissen und zwei Zeitalter in die Zukunft versetzt.

War die Neolithische Revolution eine *Ernährungsrevolution*, so war die Industrielle Revolution eine *Energierevolution*. „Insgesamt spricht vieles dafür", so Jürgen Osterhammel, „den Wechsel des Energieregimes als eines der wichtigsten Merkmale der Industrierevolution zu betrachten. Dieser Wechsel erfolgte aber nicht abrupt […]. Eine auf breiter Basis mineralisch fundierte Energiewirtschaft gab es *weltweit* erst im 20. Jahrhundert, nachdem in Russland, den USA, Mexiko, im Iran, Arabien und anderen Ländern Erdöl gefördert und neben Kohle als neuer Energieträger in den industriellen Ökonomien verwendet wurde."[15]

Die Industrialisierung bezeichnet auch den technischen und institutionellen Wandel, den Maschinen wie die Dampfmaschine Watts und die Spinning Jenny im letzten Viertel des 18. Jahrhunderts auf Basis der Kohleenergie einleiteten. „Die industrielle Revolution läutete das *erste Maschinenzeitalter* ein. Zum ersten Mal beruhte unsere Weiterentwicklung vor allem anderen auf technischer Innovation."[16] Die technischen Innovationen aber wären ohne die vorangegangene wissenschaftliche Revolution der Aufklärung nicht denkbar gewesen. Erst durch sie wurde die Konstruktion von Maschinen und Motoren möglich, welche eine industrielle Produktion anfeuern sollten.

Wissenschaft, systematische Entdeckungen, Innovationen und deren ökonomische Umsetzung gingen erstmals Hand in Hand und waren auch die Paten der

---

15 Osterhammel, Jürgen (2011). Die Verwandlung der Welt. München, S. 937 (im Original kursiv)
16 Brynjolfsson, Erik/McAffee, Andrew (2014). The Second Machine Age. Kulmbach, S. 15 f. (im Original nicht kursiv)

2 Zeitalter und Revolutionen 27

Energierevolution. Resultierte das Agrarzeitalter aus einer *Ernährungsrevolution*, so resultierte das Industriezeitalter letztlich aus einer *Wissensrevolution*. Allen Agrargesellschaften lag, wie Ernest Gellner darum betont, „eine Entdeckung zugrunde, nämlich die der Möglichkeit, Lebensmittel zu erzeugen. [...] Dem Industriekomplex hingegen liegt keine einzelne bestimmte Entdeckung zugrunde, sondern vielmehr die allgemeine Einsicht oder Meta-Entdeckung, dass eine systematische Erforschung der Natur möglich ist und deren Ergebnisse für eine Steigerung der Produktion einsetzbar sind".[17]

Auf eine technische Innovation folgte nun die nächste – in Abständen, die ausgedehnt erscheinen mögen, historisch betrachtet jedoch außerordentlich kurz waren. Eine weitere revolutionäre Erfindung war die des Verbrennungsmotors im 19. Jahrhundert. Die Nutzbarmachung von Elektrizität für Motoren und Lampen im selben Jahrhundert war nicht weniger revolutionär und die Nutzbarmachung des Atoms im 20. Jahrhundert für Bomben und Strom war ebenfalls eine Revolution.

Revolutionen erfolgten aber nicht nur bei der Nutzbarmachung von Energie und beim Bau von Maschinen. Eric Hobsbawm schrieb über die Industrielle Revolution, sie sei „die gründlichste Umwälzung menschlicher Existenz in der Weltgeschichte, die jemals in schriftlichen Dokumenten festgehalten wurde."[18] „Die Industrielle Revolution", so Hans Pfahlmann, „brachte eine mit der vorhergehenden Entwicklung nicht vergleichbare Wandlung von Wirtschaft und Gesellschaft. [...] [Sie] bewirkte einen Bruch im geschichtlichen Ablauf. Die grundlegende Kontinuität der vorindustriellen Welt wurde zwischen 1750 und 1850 unterbrochen."[19] Die Industrialisierung verursachte tiefgreifende Transformationen im *urbanen* Bereich (Städtewachstum), im *technologischen* (Maschinen), ökologischen (Umweltverschmutzung), ökonomischen (Massenproduktion, Verschiebung der Beschäftigungsstruktur vom landwirtschaftlichen zum produzierenden Gewerbe), *sozialen* (Arbeiterbewegung), *politischen* (Sozialstaat), im *kulturellen* (die Verwestlichung der Welt, die Entstehung der Konsumgesellschaft) und im *räumlichen* Bereich („Vernichtung" des Raumes durch neue Transportgeschwindigkeiten). All diese Brüche wurden durch technische Innovationen und ihre Investoren angestoßen und angetrieben.

Die Industrielle Revolution war auch eine *zweite landwirtschaftliche Revolution*: Neue Maschinen wie Traktoren, Dreschmaschinen und Mähdrescher erledigten Arbeiten, für die zuvor tierische oder menschliche Muskelkraft eingesetzt werden mussten. Später kamen Kühlhäuser, Dünge- und Schädlingsvernichtungsmittel sowie die Massentierhaltung dazu. Die Ernteerträge stiegen, obwohl nun immer

---

17 Gellner, Ernest (1990). Pflug, Schwert und Buch. Stuttgart, S. 16 f. (im Original kursiv)
18 Hobsbawm, Eric (1974). Industrie und Empire. Bd. 1. Frankfurt/M., S. 11
19 Pfahlmann, Hans (1974). Die Industrielle Revolution. Würzburg, S. 1

weniger Landarbeiter benötigt wurden. Die strömten in die Städte und arbeiteten in den neu entstandenen Fabriken. Erzeugte man Waren in vorindustriellen Zeiten von Hand und in Manufakturen, lebte man mehrheitlich auf dem Land und von der Landwirtschaft, gründeten sich jetzt in Städten oder in Stadtnähe immer mehr Fabriken mit klobigen, fauchenden und stampfenden Maschinen. Arbeiteten 1760 in Großbritannien 24 Prozent der Beschäftigten im industriellen Gewerbe, waren es 80 Jahre später 47 Prozent. Da die Bevölkerung in dieser Zeit schnell wuchs, war die absolute Steigerung der Beschäftigung im industriellen Gewerbe sogar höher, als es diese Zahlen ausdrücken.[20] Großbritannien war bei dieser Verlagerung der Vorreiter, doch vollzog sie sich mit Verzögerung auch in den übrigen aufstrebenden Industrienationen Europas und Nordamerikas. In den Fabriken mussten sich Menschen erstmals den Arbeitsabläufen von Maschinen unterordnen und die Fabriken brachten auch eine neue gesellschaftliche Klasse hervor: die Lohnarbeiter bzw. Proletarier.

In den Fabriken arbeiteten sie unter schweren und gefährlichen Bedingungen, hatten noch dazu überlange Arbeitszeiten, die sie vom gesellschaftlichen Leben ausgrenzten. Im Gegenzug bekamen sie nur einen geringen Lohn zuerkannt. Der war in den meisten Fällen so gering, dass Frauen und Kinder ebenfalls in den Fabriken mitarbeiten mussten, damit die Familien ein mühsames Leben fristen konnten. Die Fabrikarbeiter begannen sich zu organisieren, um gemeinsam gegen die inhumanen Arbeitsbedingungen zu protestieren. Proteste formierten sich in-, wie außerhalb der Fabriken und sie richteten sich nun auch gegen neue Maschinen: In England, dem Mutterland der Industriellen Revolution, taten sich am Beginn des 19. Jahrhunderts Textilarbeiter zusammen, um landesweit jene maschinellen Webstühle und Spinnereien zu zerstören, die ihre Arbeit entwerteten. Die Maschinenstürmer waren keine Fortschrittsfeinde. Ihr verzweifelter Zorn richtete sich nicht gegen die Maschinen an sich, wohl aber gegen Lohndumping. In einer Zeit, in der es noch keine Gewerkschaften gab, war die Zerstörung der Maschinen ein Mittel der Lohnverhandlung.[21]

Die Menschen des Industriezeitalters befreiten sich von der hierarchischen Gesellschaftsordnung des Agrarzeitalters. Im Gegenzug begaben sie sich in die Fesseln kapitalistischer Zwänge, die oft ebenso rücksichtslos wie die alte Ordnung waren. Zunehmend weniger Menschen waren jedoch bereit, dies hinzunehmen. Hielten die Menschen der Agrarzeit ihre Gesellschaftsordnungen für göttlich legitimiert, räumte die Aufklärung mit solchen Vorstellungen auf. Folglich galten

---

20 Buchheim, Christoph (1994). Industrielle Revolutionen. München, S. 46
21 Eric Hobsbawm (1964). The Machine Breakers. in: ders. Labouring Men. London, S. 5–25

die gesellschaftlichen Verhältnisse als menschengemachte und konnten durch Menschen auch verändert werden.

Aus der Arbeiterbewegung gründeten sich in der zweiten Hälfte des 19. Jahrhunderts in allen Industrienationen zahlreiche Gewerkschaften, die Streiks ausriefen, um ihre Forderungen nach Lohnerhöhungen, Arbeitszeitverkürzung und weiteren Verbesserungen Nachdruck zu verleihen. Die ersten Sozialgesetze wurden bereits 1839 in Preußen eingeführt. Wie schroff die Verhältnisse damals gewesen waren, schildert der Wortlaut der Gesetze, welche ja eine Verbesserung zum vorangegangen Zustand einforderten: „§. 1. Vor zurückgelegtem neunten Lebensjahr darf niemand in einer Fabrik [...] zu einer regelmäßigen Beschäftigung angenommen werden. [...] §. 3. Junge Leute, welche das sechzehnte Lebensjahr noch nicht zurückgelegt haben, dürfen in diesen Anstalten nicht über zehn Stunden täglich beschäftigt werden. [...] §. 5. Die Beschäftigung solcher jungen Leute vor 5 Uhr Morgens und nach 9 Uhr Abends, so wie an den Sonn- und Feiertagen ist gänzlich untersagt."

Kinder mussten allerdings auch auf den elterlichen Höfen seit Jahrtausenden von früh bis spät mitarbeiten, sodass Kinderarbeit in den Fabriken keineswegs ungewöhnlich war. Zwar wurde schon im 17. Jahrhundert vermutet, dass Kinder keine kleinen Erwachsenen, sondern schutzbedürftige Wesen sind. Die praktischen Konsequenzen, durch welche alle Kinder vergleichsweise lange von der Erwachsenenwelt ferngehalten wurden, keine Verantwortung zu tragen hatten, ungezwungen spielen und parallel eine schulische Bildung erfahren durften, ließen jedoch noch bis ins 20. Jahrhundert auf sich warten.

Langsam aber kontinuierlich begann sich die Lage der Lohnarbeiter in der zweiten Hälfte des 19. Jahrhunderts zu verbessern und als Folge der Arbeiterbewegung ereignete sich in der Einrichtung des Sozialstaates ein *institutioneller Bruch*. Dieser politische Bruch mündete schließlich in die Konsumgesellschaft, die ein völlig neues kulturelles Phänomen war. Die Verbesserung der Lage der Arbeiter war ökonomisch bedeutsam. „Das wesentliche Merkmal unserer Zeit", schrieb der Historiker Hugh Thomas und meinte damit das Industriezeitalter, „ist die Herstellung von Massengütern in einer Fabrik und durch Maschinen für den Verkauf an weit verstreuten Plätzen."[22] Die Massenproduktion erforderte den Massenkonsum, wäre sie doch sonst ins Leere gelaufen. Die in den Industriegesellschaften zahlenmäßig schnell wachsenden Bevölkerungen sowie deren allmählich wachsende Kaufkraft waren nun entscheidende Faktoren dafür, dass sich die Nachfrage des 19. Jahrhunderts deutlich ausweitete und die Dynamik des Industriezeitalters weiter anfachte.

Die Bevölkerungen wuchsen nicht nur, sie zogen auch in die Städte. Der große Zustrom Arbeitssuchender in die Städte brachte einige von ihnen zum Bersten.

---

22 Thomas, Hugh (1984). Geschichte der Welt. Stuttgart, S. 303

Das wiederum ging mit hygienischen Bedenken einher, da mehr Menschen auf dichtem Raum zusammenlebten, was die Verbreitung von Infektionskrankheiten (z. B. Cholera) begünstigte. Die hygienischen Bedenken veranlassten den Bau von Kanalisationen, die unter der Stadt verliefen. Schon 1739 war Wien als erste Stadt vollständig kanalisiert. Ab 1842 wurde in London mit dem Bau eines Kanalisationssystems begonnen. Mit großem Elan wurden diese Arbeiten aber erst nach dem „Great Stink" von 1858 ausgeweitet. Die großen Abwassermengen, die in die Themse gespült wurden, und die Hitze des Sommers verursachten eine olfaktorische Notlage, welche die Parlamentarier davon überzeugte, ganz London zu untertunneln. Kurze Zeit spät wurde in London und anderen Großstädten zudem mit dem Bau von Untergrundbahnen begonnen und zum ersten Mal entstand so etwas wie eine Stadt unter der Stadt. Jahrzehnte später, nachdem Städte ins Erdreich vordrangen, begannen sie mit dem Bau von Hochhäusern auch in den Himmel zu wachsen.

Die gesundheitlichen Bedenken in den größer und dichter werdenden Städten waren nun auch Anlass, sich intensiver mit der physischen Gesundheit zu erfassen. In diesem Kontext setzte sich, zunächst in elitären Kreisen, die Erkenntnis durch, dass körperliche Betätigung für das Leibeswohl von Bedeutung sei. Von der bürgerlichen Schicht Englands ausgehend, verbreiteten sich Sportarten in Europa aber vor allem durch die Arbeiterbewegung. In der Industrialisierung wurde strikt zwischen Arbeitszeit und Freizeit unterschieden, wobei sich letztere durch die organisierten Streiks verlängerte. Die arbeitsfreie Zeit gewährte nun die Muße zu Spaziergängen in Wäldern und öffentlichen Parks sowie zur Ausübung billiger Sportarten, die nur wenig Infrastruktur benötigten – z. B. Fußball. Auch waren Industriebetriebe an der Disziplinierung ihrer Arbeiter interessiert, weshalb sie Werkssportvereine gründeten, um die Arbeiterschaft vom übermäßigen Alkoholkonsum und der Rumlungerei abzuhalten.[23] Freilich wurde in der Freizeit nicht nur Sport getrieben, sondern auch konsumiert.

Cafés wurden neue Orte des öffentlichen Lebens, Warenhäuser ebenso. Die industrielle Massenproduktion erlaubte die Herstellung einer zuvor ungekannten Warenfülle und deren Zurschaustellung in Warenhäusern, einer Einrichtung, die nun die Stadtzentren der Industriegesellschaften prägt. In den Fabriken wurde produziert, in den Warenhäusern konsumiert. Die Produkte in ihnen kamen aus allen Teilen des Landes oder gar der Erde. Denn von Menschen gesteuerte Maschinen transportieren Güter in immer größerer Zahl mit einer für damalige Verhältnisse atemberaubenden Geschwindigkeit über weite Strecken. Nun konnte binnen weniger Stunden eine Distanz überwunden werden, für die ein Pferdegespann Tage

---

23 Koller, Christian (2006). Von den englischen Eliteschulen zum globalen Volkssport. in: B. Bouvier (Hg.) Zur Sozial- und Kulturgeschichte des Fußballs. Trier, S. 14–36

unterwegs gewesen wäre. Die Industrialisierung war folglich auch eine *Geschwindigkeits- und Mobilitätsrevolution*: Der Ausbau der Eisenbahnnetze, der Bau von Dampfschiffe, die Erfindung des Automobils, die Erfindung von Luftschiffen und Flugzeugen veränderten den Personen- und Warentransport fundamental.

Mit zuvor unbekannter Geschwindigkeit konnten nun auch Informationen über große Distanzen transportiert werden – und damit war das Industriezeitalter zugleich eine *Kommunikationsrevolution*. Wollte ein Europäer einem Amerikaner im 18. Jahrhundert eine Nachricht zukommen lassen, musste er ihm einen Brief schreiben. Dieser wurde mit der Postkutsche zum Hafen gebracht und mit einem Segelschiff über den Atlantik transportiert. Ging das Schiff nicht unter, gelangte der Brief nach vielen Wochen in die Hafenstadt und von dort mit der Postkutsche weiter in die Stadt des Adressaten – sofern sie unterwegs nicht überfallen wurde. Weitere Wochen oder Monate vergingen, bis die Antwort beim Absender einging. Interkontinentale Kommunikation war mühsam: 1798 war die Meldung über Napoleons Invasion in Ägypten 62 Tage unterwegs, ehe sie in London eintraf,[24] obwohl es sich hier um ein politisches Großereignis handelte. Informationen waren zu dieser Zeit (sieht man von der Informationsvermittlung durch Licht- und Rauchzeichen ab) nun mal so schnell wie die Menschen, die sie transportieren. Fünfzig Jahre später aber konnten Informationen erstmals schneller als Menschen reisen. Ermöglicht wurde dies durch elektronische Kommunikation, zunächst durch Telegraphen, dann, einige Jahrzehnte später durch Telefone.

1838 entwickelte ein Professor für Malerei und Bildhauerei namens Samuel Morse den Schreibtelegraphen. Dazu erfand er einen binären Code, der Zahlen und Wörter in Punkte und Striche übersetzte. 1843 wurde in den USA die erste 60 Kilometer lange Telegraphenleitung errichtet. Was nun einsetzte, bezeichnet der Historiker Osterhammel als die „Verkabelung der Welt".[25] Telegraphenkabel erstreckten sich von Stadt zu Stadt und von Land zu Land über die Kontinente und tausende Kilometer am Meeresgrund entlang. Um 1870 waren große Teile der Erde bereits verkabelt. Die Nachricht von Napoleons Einfall in Ägypten wäre nun bei günstigen Bedingungen innerhalb von Minuten in London eingetroffen: „Als 1870 die erste Telegraphenverbindung von England nach Indien in Betrieb genommen wurde, benötigte die Übermittlung eines Telegramms von Bombay nach London statt eines Monats nur noch 28 Minuten."[26]

Im gleichen Jahrzehnt setzte die praktischere Telefonie ein, die ausgesprochene Schallwellen in elektrische Signale verwandelte und sie am Ende der Leitung

---

24 Osterhammel, Jürgen (2009). Die Verwandlung der Welt. München, S. 1026
25 Ibid., S. 1023
26 Rödder, Andreas (2016). 21.0: Eine kurze Geschichte der Gegenwart. München, S. 28

wieder in Schallwellen umsetzte. Nun konnten sich Gesprächspartner selbst dann in Echtzeit unterhalten, wenn sie sich auf verschiedenen Kontinenten befanden. Napoleons Einmarsch in Ägypten wäre um 1900 – eine kurze Entfernung zum nächsten Telefonapparat vorausgesetzt – binnen Sekunden in London bekannt geworden. Politik und Wirtschaftsleben beschleunigten sich folglich, da die Reaktionsgeschwindigkeiten viel höher wurden. Außerdem revolutionierte die Telefonie das Privatleben, wie es im frühen Digitalzeitalter Social Media-Plattformen taten.

Die westlichen Industriestaaten waren durch diese und andere kategorial neuartigen Phänomene technologisch weltweit führend – und das brachte Prestige mit sich. „Der Westen" wurde nunmehr zu etwas, das man weltweit bewunderte und dem man nacheiferte. Charakteristisch für das Lange 19. Jahrhundert war folglich die Herausbildung einer neuen, *globalen Uniformität*, die, wie etwa der Kemalismus in der Türkei, noch im Kurzen 20. Jahrhundert anhielt. Die neue Uniformität bezog sich auf das Staatswesen (den rational, d. h. bürokratisch organisierten Verwaltungsstaat), politische und ökonomische Ideologien, Religion, Rechtssystemen, Kleidungs- und Essstile, Familienbeziehungen, Produktionsweisen und auf das sich graduell durchsetzende wissenschaftliche Weltbild. Gleichzeitig fielen die Differenzen gegenüber jenen Gesellschaften auf, die diesen Wandel nicht vollzogen und speziell gegenüber Kulturen, die noch auf der Stufe der Jäger und Sammler verharrten. Soziale Evolutionisten vom Schlage eines Herbert Spencer machten gerade diese Unterschiede zum Gegenstand ihrer kruden, aber einflussreichen Theorien.

Da die Westmächte in der Epoche des Kolonialismus über 80 Prozent der eisfreien Erdoberfläche unter ihrer Kontrolle hatten, drangen ihre neuen Standards zumindest teilweise auch in präindustrialisierte Länder und Kulturen vor. Damit wurde die Menschheit – bei allen Unterschieden, die ihr bis heute erhalten geblieben sind – homogen wie nie zuvor (paradoxer-weise blühte parallel und weltweit ein nationalistisches Empfinden auf).[27]

Im 20. Jahrhundert wurden auch neue Zivilisationsprobleme global und damit in gewisser Weise uniform: Weltkriege, der Welthandel und Weltwirtschaftskrisen, globale Umweltprobleme und Seuchen (so forderte die Spanische Grippe mehr Opfer, als der Erste Weltkrieg) bezeugen ebenfalls den Beginn einer Weltgesellschaft.

Doch trotz aller Uniformierung verweilte der größte Teil der Menschheit Mitte des 20. Jahrhunderts noch im agrarischen Zeitalter. „Die Intellektuellen des 19. Jahrhunderts", schreibt Christopher Bayly, „betrachteten die Industrialisierung und die Ausbreitung des städtischen Lebens als die wichtigsten Merkmale ihrer Zeit. Damit hatten sie Recht und Unrecht zugleich. Historiker hatten gezeigt, dass die

---

27 Bayly, Christopher A. (2008). Die Geburt der modernen Welt. Frankfurt/M.

Industrialisierung erst relativ spät im Jahrhundert einsetzte, dass sie häufig ländlich war und dass ihre Auswirkungen, wenn auch gewaltig, so doch bis 1914 ziemlich ungleichmäßig waren."[28] Dies änderte sich erst nach dem Zweiten Weltkrieg und was nun binnen weniger Jahrzehnte folgte, veränderte nicht nur einzelne Länder, sondern fast die ganze Welt.

In den wenigen Jahrzehnten zwischen 1945 und 1990 fand, so Eric Hobsbawm, „die größte und dramatischste, schnellste und universellste Transformation der Menschheitsgeschichte" statt.[29] Was sich in den klassischen Industrienationen schon in den hundert Jahren vor 1950 ereignete, vollzog sich nun überall. „Für 80 Prozent der Menschen", so Hobsbawm, „hörte das Mittelalter in den fünfziger Jahren mit einem Schlag auf; genauer gesagt in den sechziger Jahren wurden sich die Leute dessen bewußt, daß es zu Ende war."[30] Nun erst vollzog sich das wahre Ende des Bauerntums und damit das eigentliche Ende der Agrargesellschaft. Bis dahin hatten die meisten Menschen seit dem Beginn der Sesshaftigkeit in der Lebensmittelproduktion als Bauer, Viehwirt oder Fischer geschuftet und selbst in den industrialisierten Ländern arbeiteten vor dem Ausbruch des Zweiten Weltkrieges nur in Großbritannien und Belgien weniger als zwanzig Prozent der Beschäftigten in diesem Sektor. In den frühen 1980ern arbeitete dagegen kaum noch jemand auf dem Land. Nur in China, Indien, Nepal, Liberia und Ghana überwog der Anteil an Landarbeitern, wobei diese in China in den 1990ern als Wanderarbeiter vom Land in die Städte strömten.

In den meisten anderen Ländern wanderten die Landarbeiter bereits zwischen 1945 und 1990 in Städte, die nun vielerorts zu Millionenstädten anschwollen. Die Skyline dieser Städte wurde durch Häuser geprägt, die so hoch waren, dass sie scheinbar die Wolken berührten und darum „Wolkenkratzer" genannt wurden. Solche hohen Gebäude waren etwas völlig Neues und ein grundlegender Bruch mit der Vergangenheit, in der Häuser mit Ausnahme weniger Tempel und Kathedralen, nie höher als Bäume waren. Möglich wurde der Bau der Hochhäuser durch Stahl, *dem* Werkstoff des Industriezeitalters.

Die Ursache für die rurale und urbane Umwälzung war zum einen der vermehrte Einsatz von Maschinen, die nun auch in die armen Länder vordrangen und viele Landarbeiter überflüssig machten. Dazu kamen die Innovationen der „Grünen Revolution" – chemische Düngemittel, Pestizide – und der Einsatz der Biotechnologie. Durch sie konnten erheblich weniger Landarbeiter wesentlich

---

28 Ibid., S. 245
29 Hobsbawm, Eric (1998). Das Zeitalter der Extreme. München, S. 364
30 Ibid.

größere Erträge erzielen. Auch diese Revolution hatte mit Umweltproblemen und dem Elend der Massentierhaltung ihre düstere Seite.

Und während die Welt gerade aus dem Agrarzeitalter herausgetreten war, setzten innerhalb der klassischen Industrienationen in den 1970ern bereits der Niedergang der Arbeiterklasse und das Ende des Industriezeitalters ein. Einer der ersten, die das registrierten, war der Soziologe Daniel Bell. In seinem 1973 publizierten Buch DIE NACHINDUSTRIELLE GESELLSCHAFT erkannte er, dass Bildung und Dienstleistungen in der Wirtschaft immer wichtiger wurden, indes die Zahl der Arbeiter in kapitalistischen und sozialistischen Industrieländern rückläufig war und die Arbeiterklasse nach dem Bauerntum an gesellschaftsprägender Bedeutung verlor.[31] Die alten Industrien, allen voran die Bergbau- und Stahlindustrie, begannen sich aufzulösen oder sie verlagerten sich, wie die Eisen-, Schiffsbau-, Textil-, Bekleidungs- und Schuhindustrie in andere, meist asiatische Länder (die „Tigerstaaten"), die sich ihrerseits zu industrialisieren begannen.

Die Unternehmen, die in westlichen Gesellschaften der 1990er Jahre anstelle der alten Industrien aufkeimten, gehörten einer völlig neuen Kategorie an, die damals noch etwas unbeholfen „New Economy" genannt wurde. Sie boten keinen Platz für die oft unverbildeten Arbeiter der alten Garde. Nunmehr waren Kompetenzen gefragt, die in der Regel nur durch einen höheren Schulabschluss oder ein Universitätsstudium erworben werden konnten.

Und doch konnten sich die Arbeiter seit 1950 einen gewissen Luxus leisten, der zuvor nur Angehörigen der wohlhabenden Schicht zuteil wurde: der Besitz von Autos, Telefonen, Fernsehern, Kühlschränken und anderen Elektrogeräten, dazu Flugreisen in ferne Länder und eine ordentliche, tägliche Portion Fleisch auf dem Teller – die Kaufkraft der Bürger in den Industriegesellschaften stieg nunmehr so sehr, dass der Beginn der Konsumgesellschaft auf das Jahr 1950 datiert wurde. Mit dem Massenkonsum nahm auch der Verbrauch an natürlichen Ressourcen und Energie zu, so dass der Zeitraum seit 1950 zugleich als die „Great Acceleration" in die Geschichte einging und eine Reihe bis heute ungelöster und noch größer werdender globaler Umweltprobleme verursachte.[32]

In den Jahrzehnten zwischen 1950 und 1990 ereignete sich mit der *Bildungsexpansion* zudem eine weitere Revolution. Ihre Auswirkungen auf die Menschheit waren denen des Niedergangs des Bauerntums mindestens ebenbürtig. Vor allem in den klassischen Industrienationen nahm die Anzahl der höheren Bildungsabschlüsse sprunghaft seit den 1970ern zu. War Bildung im Agrarzeitalter nur eine

---

31 Bell, Daniel (1973). The Coming of Post-Industrial Society. New York
32 Steffen, Will et al. (2015). The trajectory of the Anthropocene: The Great Acceleration. in: The Anthropocene Review, 1, S. 81–98

Angelegenheit für Angehörige des Adels, Klerus und Bürgertums, wurde sie nun demokratisiert. Angehörigen aller Schichten wurde nun formal der Zugang auch zu höherer Bildung möglich.

In anderen Regionen der Erde wurde zumindest nach und nach die Schulpflicht eingeführt, woraufhin die Analphabetenrate merklich zurückging. Indes war es im Westen ein vollkommen neues Phänomen, dass immer mehr Frauen einen längeren Bildungsweg absolvierten. Schließlich änderte sich auch die Stellung der Frauen in den industrialisierten Nationen: Sie drängten an die Universitäten, auf den Arbeitsmarkt, in die Politik, sie machten Karriere, bekamen im Durchschnitt weniger Kinder und sie forderten erfolgreich die rechtliche Gleichstellung mit ihren männlichen Mitbürgern. Vor dieser Zeit blieb Frauen der Zugang zur Bildung weitgehend verschlossen. Man kann also behaupten, dass die Menschheit bis zu diesem Zeitpunkt nur mit ihrer halben Geisteskraft durch die Geschichte streifte.

Es gibt folglich gute Gründe, die Zeit zwischen dem Ende des Zweiten Weltkrieges und dem Ende des Kalten Krieges die „dramatischste, schnellste und universellste" zu nennen. Diese Adjektive lassen sich jedoch ebenso auf den Übergang zum Digitalzeitalter anwenden, das just mit dem Ende des Kalten Krieges emporzusteigen begann. Schon die Geschwindigkeit, mit der sich die digitale Informationstechnologie ausbreitet, ist neu: „Hatte das Radio in den USA dreißig Jahre gebraucht, um 60 Millionen Menschen zu erreichen, und das Fernsehen fünfzehn, so gelang dies dem Internet innerhalb von drei Jahren."[33]

2.3   Die Digitale Revolution und die Digitalgesellschaft

99 Prozent der Menschheitsgeschichte hindurch veränderte sich das Alte nur sehr langsam. Es dauerte Hunderttausende von Jahren, ehe es eine Veränderung in der Technologie oder dem Stil von Steinwerkzeugen gab. Und dann, in den letzten 12.000 Jahren, seit der Neolithischen Revolution, setzte eine atemberaubende Entwicklung vom Eisenschwert zum Computer und zum Internet ein. Innerhalb dieser 12.000 Jahre fand eine weitere Beschleunigung statt; denn in den letzten 300 Jahren, also seit der Industriellen Revolution, wandelten sich Technik, Gesellschaft und Alltagsleben mehr als in den 11.000 Jahren davor.

Nun, am Beginn der Digitalgesellschaft, scheint es so zu sein, dass sich die Technologie und das Leben der meisten Menschen in den kommenden drei oder vier Jahrzehnten – innerhalb nur zweier Generationen – einschneidender wandeln

---

33   Rödder, Andreas (2015). 21.0: Eine kurze Geschichte der Gegenwart. München, S. 23

werden als in den letzten 300 Jahren. In seinem Buch DIE ZUKUNFT schreibt Al Gore, dass „die *nahe Zukunft* völlig anders sein wird als alles, was wir aus der Vergangenheit kennen, ist unstrittig. Die Unterschiede sind qualitativer, nicht so sehr quantitativer Art. Kein Wandel, der sich in der Vergangenheit vollzogen hat, lässt sich mit dem vergleichen, was der Menschheit bevorsteht. Wir haben schon revolutionäre Umwälzungen erlebt, die aber alle nicht so revolutionär waren, nicht mit so viel Risiken und Chancen behaftet wie die, die derzeit entstehen. Auch hat es noch nie so viele bahnbrechenden Veränderungen auf einmal gegeben, die so eng miteinander verwoben waren." [34]

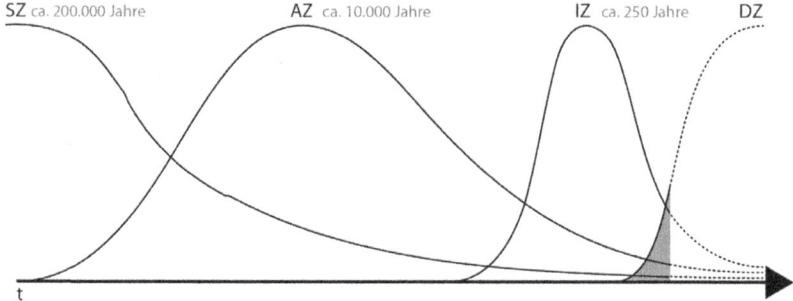

Abb. 2.1 Rund 200.000 Jahre lebte Homo sapiens als Jäger und Sammler in der (Alt-)Steinzeit (SZ), die von der Agrarzeit (AZ) und diese wiederum von der Industriezeit (IZ) abgelöst wurde. Gegenwärtig ereignet sich ein neuerlicher Umbruch zur Digitalzeit (DZ). Gegenwärtig befinden sich die Industriegesellschaften vermutlich an irgendeinem Punkt in der grau markierten Übergangsphase.

Die erneute Beschleunigung grundlegender Veränderungen impliziert, dass die Ungleichzeitigkeit der vorangegangenen Revolutionen weitgehend aufgehoben wird: Die Neolithische Revolution vollzog sich in wenigen Regionen und über Jahrtausende. Die Industrielle Revolution vollzog sich in wenigen Regionen und über ein Jahrhundert – und es dauerte weitere hundert Jahre, bis das Agrarzeitalter auf globaler Ebene endgültig vorüber war und sich die Industrielle Revolution auch in Asien etabliert hatte. Und nachdem sich die „Tigerstaaten" Asiens seit den 1970ern gerade erst *nacheilend* in Industriestaaten transformiert hatten, begannen sie sich

---

[34] Gore, Al (2013). Die Zukunft. München, S. 13 (im Original nicht kursiv)

in den 1990ern, *zeitgleich* mit Europa und Nordamerika, in Digitalgesellschaften zu transformieren.

Manche Kontinente, etwa Afrika, erreichte die Industrielle und Digitale Revolution dagegen nur über die in anderen Ländern hergestellten Produkte (z. B. Smartphones). Und doch: Konnte man die Industrielle Revolution noch als einen europäischen Sonderweg interpretieren, gilt dies für die Digitale Revolution nicht mehr. Verglichen mit den beiden vorigen Umwälzungen ist sie eine *Revolution der Gleichzeitigkeit*. Sie vollzieht sich binnen zweier Generationen in Afrika (durch mobiles Internet) ebenso wie in Europa, Nordamerika und im bevölkerungsreichen Südostasien. Staaten in Afrika, im Mittleren Osten und in Lateinamerika überspringen das industrielle Stadium und begeben sich gleich in das digitale hinein. Zwar ist gegenwärtig noch die Hälfte der Menschheit offline, in zwei Jahrzehnten aber werden wahrscheinlich alle Menschen dauerhaften und kostenlosen Zugang zum Internet haben. Neue Trends, neue Ideen, Entdeckungen und Erfindungen werden binnen kurzer Zeit durch die globale Infosphäre strömen und so viele Menschen wie nie zuvor erreichen. Kulturelle Heterogenität bleibt erhalten, aber die Unterschiede werden feiner. Die Uniformität der Menschheit wird durch die digitale Vernetzung voranschreiten und den im 19. Jahrhundert begonnen Prozess fortführen.

Anders als im 19. Jahrhundert wird die Uniformität aber vermutlich keine weiter gehende Verwestlichung der Welt sein. Im Jahr 1900 stellte der Westen ungefähr ein Drittel der Weltbevölkerung. Im Jahr 2050 werden voraussichtlich zehn Milliarden Menschen auf der Erde leben. Die Hälfte von ihnen wird dann asiatisch sein, etwa ein Viertel werden Afrikaner und nur noch weniger als ein Zehntel werden aus Nordamerika und Europa, d. h. dem „Westen", stammen. Dieser demografischen Verschiebung könnte schleichend eine kulturelle folgen und in der künftigen globalen „Leitkultur" könnten westliche mit fernöstlichen Elementen verschmolzen sein.

Die technologische Entwicklung wird von dieser kulturellen Verschiebung jedoch unberührt bleiben. Das Industriezeitalter wurde maßgeblich durch dampfkraftgetriebene Maschinen und von ihnen angestoßene Veränderungen begründet. Zugleich stehen sie für das *„Erste Maschinenzeitalter"*, indes hat mittlerweile der Anbruch eines *„Zweiten Maschinenzeitalters"* begonnen, das durch autonom und intelligent werdende Maschinen geprägt ist.[35] Während aber die ersten Maschinen eine Folge des wissenschaftlichen Fortschritts waren und auf den Fortschritt der Wissenschaften keinen nennenswerten Einfluss hatten, konnten *alle* wissenschaftlichen Disziplinen von Computern und dem Internet profitieren.

Die meisten der in diesem Buch vorgestellten Innovationen der letzten Jahre wären ohne die Rechenleistung von Computern kaum denkbar gewesen und

---

35 Brynjolfsson, Eric/McAfee, Andrew (2014). The Second Machine Age. Kulmbach

schon gar nicht in dieser kurzen Zeitspanne und Häufigkeit. Dies beschleunigt wiederum die technische Entwicklung und den sozialen Wandel. Der Lauf der Menschheitsgeschichte beschleunigt sich, weil sich die technische Entwicklung beschleunigt und mehr Menschen diese technische Entwicklung vorantreiben als jede andere Entwicklung zuvor.

Mehr Menschen denn je leben heute zudem in innovationsfreundlichen Kulturen, mehr Menschen denn je sammeln systematisch Wissen an, ihr Bildungsniveau nimmt weiter zu und sie haben obendrein eine Technologie entwickelt, die ihnen bei der Generierung neuen Wissens hilft und mehr Menschen denn je Zugang zu akkumuliertem Wissen gewährt. Die Anzahl der weltweit tätigen Wissenschaftler ist seit 300 Jahren immerzu gewachsen und ein Ende dieser Entwicklung ist schon deshalb nicht in Sicht, weil Bildung weltweit wichtiger wird, Frauen Zugang zur Bildung haben und die Weltbevölkerung weiter wächst. Menschen sind schließlich sogar dabei, Künstliche Intelligenzen zu erschaffen, die in einigen Jahrzehnten von selbst neues Wissen generieren können (siehe Kapitel 5).

Lässt man die Geschichte der Menschheit von der Altsteinzeit über die Agrar- und Industriezeit bis in die Gegenwart Revue passieren, fällt auf, dass der Wissensstand der Menschheit immer weiter fortgeschritten ist. Es fällt aber ebenfalls auf, dass das alltägliche Leben der Menschen in zunehmendem Maße durch Technologie geprägt wurde und dieser Trend wird sich in der Digitalzeit fortsetzen. Die technologischen, gesellschaftsprägenden Innovationen der letzten zehn Jahre allein (Stand 2015) sind bemerkenswert: Die Sharing Economy, Peer Production, Crowdworker, Smartphones, Streaming-Dienste, Social Networks, Drohnen, Tablets, 3D-Drucker und Voice Control sind in die gesellschaftliche Mitte vorgerückt, während sie vor zehn Jahren kaum jemandem bekannt waren. Eine Person, die 2015 nach zehnjähriger Haft aus dem Gefängnis entlassen worden wäre, hätte nicht das Gefühl gehabt, in die gleiche Gesellschaft zurückgekehrt zu sein.

Noch 2004 schrieben die Ökonomen Frank Levy & Richard Murnane ein Buch über die neue Arbeitsteilung zwischen Menschen und digitalen Maschinen, indem sie dafür plädierten Computern jene Arbeiten zu überlassen, in denen sie Menschen überlegen sind. Umgekehrt gäbe es Aufgaben und Tätigkeiten, die ihrer Meinung nach nur Menschen ausführen konnten, da sie nicht auf Routinen basierten und für Computer viel zu komplex seien. Als Beispiel nannten sie das Fahren eines Autos im Straßenverkehr. Den Beruf des Lastwagenfahrers hielten sie folglich für automatisierungsresistent.[36] Für die damalige Zeit war das eine vernünftige Annahme. Innerhalb von zehn Jahren bauten Maschinen jedoch nicht nur Autos, sie fuhren sie auch: Selbstfahrende Autos nahmen plötzlich in verschiedenen Bun-

---

36 Levy, Frank/Murnane, Richard (2004). The New Division of Labor. Princeton, S. 48

desstaaten der USA am Verkehrsgeschehen teil – und dies nahezu unfallfrei. Die US-Verkehrssicherheitsbehörde NHTSA stellte 2016 folglich fest, dass Computer grundsätzlich als Fahrer anerkannt werden können.[37] Der Beruf des Fahrers wird in den nächsten 20 Jahren nahezu vollständig verschwunden sein – und weitere Berufe werden folgen (siehe Kapitel 8).

Allen digitalen Gesellschaften liegt auf Basis der Wissenschaftlichen und Industriellen Revolution die Entdeckung zugrunde, dass Informationen auf neue Weise übermittelt, gespeichert und analysiert werden können. Die Digitale Revolution ist im Grunde eine *Informationsrevolution* und Informationsrevolutionen haben sich in den Jahrmillionen der menschlichen Geschichte bislang nur viermal ereignet: die Erfindung der Sprache, die Erfindung der Schrift, die Erfindung des Buchdrucks und die Erfindung der Telekommunikation. Sprache ermöglichte zwischenmenschliche Kommunikation und Kooperation. Für die Jäger und Sammler war sie unentbehrlich, sonst hätten sie komplexe Handlungen, wie sie etwa bei der gemeinschaftlichen Jagd erforderlich waren, nicht sinnvoll aufeinander abstimmen können.

Die Schrift ermöglichte es, Sprache auch dann übermitteln zu können, wenn der Absender nicht zugegen oder Jahrhunderte entfernt war. Außerdem ermöglicht die Schrift zugleich die Speicherung von Informationen in einer Menge, die sich kein Mensch auswendig merken könnte. Der Buchdruck wiederum eröffnet einer größeren Zahl von Lesern Zugang zu den gespeicherten Informationen; denn diese können nunmehr in großer Zahl veröffentlicht werden. Gab es von Schriftrollen und handgeschriebenen Büchern nur kleine Auflagen, ermöglichte der Buchdruck nun große. Ohne Buchdruck wäre z. B. die Wissenschaft nicht so erfolgreich geworden, lebt sie doch davon, dass viele kritische Denker Notiz von Ideen nehmen und diese ggf. korrigieren, verbessern und auf ihnen aufbauend, neue Ideen entwickeln können.

Ein weiterer Meilenstein war die Erfindung der Telekommunikation, die es durch Radiogeräte, Televisionsapparate und Telefone ermöglichte, Informationen in Echtzeit um die Erde zu transportieren. 1962 formulierte der Medientheoretiker Marshall MacLuhan seine These vom Ende der „Gutenberg-Galaxis" bzw. vom Ende des Buchzeitalters, um die Bedeutung dieser Veränderung hervorzuheben. Wie keine andere Technik zuvor beeinflusste und wandelte der Buchdruck seit dem

---

37 Wörtlich heißt es in der Stellungnahme der Behörde: „We agree with Google its SDV [self-driving vehicle] will not have a driver in the traditional sense that vehicles have had drivers during the last more than one hundred years. [...] If no human occupant of the vehicle can actually drive the vehicle, it is more reasonable to identify the driver as whatever (as opposed to whoever) *is* doing the driving. In this instance, an item of motor vehicle equipment, the SDS [self-driving system], is actually driving the vehicle." (auf: nhtsa.gov, im Original kursiv)

15. Jahrhundert die Art und Weise, wie Menschen ihre Welt wahrnahmen, in ihr interagierten und ihre Gesellschaft entwickelten. Im 20. Jahrhundert vollzog sich ein durch die elektronische Vernetzung bedingter medialer Wandel, durch den die Erde zu einem „globalen Dorf" schrumpfte, in dem nunmehr jeder mit jedem kommunizieren und Wissen austauschen konnte, wodurch die Grundvoraussetzung für die Herausbildung einer globaler Kultur geschaffen wurde.[38]

Noch besser als im 20. Jahrhundert funktioniert das globale Dorf aber, wenn jeder Bewohner möglichst dauerhaft mit dem Internet verbunden bzw. online ist. Und genau dies wird schon bald eine neue Konvention sein. Die digitale Onlinewelt greift schon heute immer mehr in die analoge Welt hinein – die Grenzen zwischen online und offline verschwimmen, bis sie sich vollends aufgelöst haben werden. Der Philosoph Luciano Floridi spricht daher von einer zukünftigen „Onlife"-Lebensweise, weil die meisten Menschen nur noch bei wenigen Gelegenheiten offline sein werden.[39] Wie die Offline- und Onlinewelt ineinander übergehen, wird auch das Leben in der realen Welt zunehmend mit dem Leben in der virtuellen Welt fusionieren. Menschen werden ihren Alltag im globalen Dorf dann erstmals in zwei Räumen – dem natürlichen und einem digitalen – leben (Kapitel 3).

Und noch einmal besser funktioniert das globale Dorf, wenn jeder Einwohner die gleiche Sprache spricht oder alle gesprochenen Sprachen verstehen kann. Die technische Entwicklung wird auch dies in wenigen Jahrzehnten möglich gemacht haben (siehe Kapitel 4.2).

Die digitale Informationsvermittlung bietet überdies vollkommen neue Möglichkeiten. Die vier vorangegangenen Informationsrevolutionen boten letztlich nur die Option, Informationen von Mensch zu Mensch zu übertragen. Durch die Digitalisierung können Informationen elektronisch verarbeitet und nach wie vor in Echtzeit von Mensch zu Mensch übertragen werden, zusätzlich aber auch zwischen Mensch und Maschine (Roboter), zwischen Maschine und Maschine („Internet der Dinge") sowie zwischen Maschine und Mensch (Künstliche Intelligenz). Nicht zuletzt können Informationen in einer Menge und mit einer Geschwindigkeit übertragen und ausgewertet werden, die die Möglichkeiten des Buchdrucks und der klassischen Telekommunikation in überwältigendem Ausmaß übersteigt. Die Digitale Revolution ist darum auch eine erneute Revolution der Geschwindigkeit in dem Sinne, dass um Zehnerpotenzen größere Datenmengen schneller gespeichert, übermittelt und analysiert werden können als dies im Industriezeitalter möglich war. Dem liegt das Moorsche Gesetz zugrunde, wonach sich die Leistung von Computerchips ungefähr alle zwei Jahre verdoppelt. Leistungsfähigere Chips

---

38 McLuhan, Marshall (1962). Gutenberg Galaxy. Toronto
39 Floridi, Luciano (2015). Die 4. Revolution. Berlin

beschleunigen aber nicht nur die Informationsvermittlung, sie bringen dadurch auch leistungsfähigere Maschinen hervor.

Das hervorstechende Merkmal der Industrialisierung war die in England einsetzende Entfesselung der Produktivkräfte durch Dampfmaschinen, die Elektrifizierung und schließlich die nur aus einem Maschinenarm bestehenden Industrieroboter. Diese Entfesselung wird im Digitalzeitalter durch neue Maschinen – z. B. durch intelligente, autonom lernende Roboter und 3D-Drucker – fortschreiten. Das Ergebnis dieser neuerlichen Produktivkraftsteigerung könnte außerdem die Ablösung der industriellen Wirtschaftsweise sein. „Existiert erst einmal eine leistungsstarke Technik, so wird auf der Grundlage der damit gegebenen großen Produktivkraft auch eine Gesellschaft ohne sonderlich viel Markt möglich", ahnte bereits Ernest Gellner.[40]

Nach Jeremy Rifkin führt die Logik dieser Entwicklung im Verlauf des 21. Jahrhunderts zur „Null-Grenzkosten-Gesellschaft", in welcher viele Güter (physische wie nichtphysische) in großer Zahl so billig produziert werden können, dass ihre Hersteller mit ihnen keinen Profit mehr verdienen.[41] Wird diese Technik allen zugänglich, verschwindet überdies die Unterscheidung zwischen Produzenten und Konsumenten. Nunmehr braucht es keine Energiekonzerne mehr, um Energie herzustellen, keine Automobilkonzerne, um Autos zu produzieren, keine Textil- oder Einrichtungskonzerne, die Kleidung oder Möbel anbieten. In diese Richtung scheint sich die Digitalgesellschaft zu bewegen und das Ergebnis könnte eine ganz andere Wirtschaftsweise sein, die weniger auf Konkurrenz, sondern vielmehr auf die Kooperation in virtuellen, globalen Netzwerken basiert.[42]

Die Digitalisierung treibt vier Prozesse voran, welche die Ökonomie revolutionieren: Sie senkt die Preise für viele Güter (und damit deren Profitrate), sie verringert die Anzahl der benötigten Arbeiter (Kapitel 8), sie ermöglicht die Produktion von Gütern auch außerhalb von Unternehmen (Kapitel 7) und sie erleichtert es, Dinge nutzen zu können, ohne sie besitzen zu müssen (Kapitel 6). Die Transformation der kapitalistischen Kernbereiche Arbeit, Preise, Produktion und Konsum spricht für einen strukturellen Bruch, der sich durch die fortschreitende Digitalisierung vollziehen wird.

Welche Wirtschaftsweise sich im Digitalzeitalter auch durchsetzen mag, sie wird ohne Bargeld auskommen. Das bargeldlose Zahlen durch Kreditkarten wurde zwar bereits im frühen 20. Jahrhundert eingeführt, die Übergabe von Bargeld in Form von Münzen und Scheinen blieb jedoch, wie in den Jahrhunderten davor

---

40 Gellner, Ernest (1990). Pflug, Schwert und Buch. Stuttgart, S. 210
41 Rifkin, Jeremy (2014). Die Null-Grenzkosten-Gesellschaft. Frankfurt/M.
42 Stengel, Oliver (2016). Jenseits der Marktwirtschaft. Wiesbaden.

(und, Münzen betreffend, sogar wie den Jahrtausenden davor) die dominante Zahlungsweise. Dies wird sich ändern. Seit den 1980ern schrumpft der Anteil von „Cash"-Zahlungen zusehends und rund 30 Jahre später war die Digitalisierung bereits so weit fortgeschritten, dass im gesamten Euro-Zahlungsverkehr des Jahres 2013 (71 Billionen Euro) weniger als ein Prozent in Form von Bargeld gezahlt wurde und nur ca. zehn Prozent aller Zahlungen im Euroraum bar abgewickelt wurden.[43] In anderen Teilen der Welt überwiegt zwar noch der Anteil der finanziellen Transaktionen durch Bargeld, aber das deutet eher darauf hin, dass die Zunahme des bargeldlosen Zahlungsverkehrs (wie die Industrialisierung) ein Prozess verschiedener Geschwindigkeiten ist. Momentan sind die Vorreiternationen Dänemark – wo die Zentralbank angekündigt hat, den Druck von Geldscheinen 2017 zu stoppen –, und Schweden – wo die Banken kein Bargeld mehr auszahlen. Bargeld wird nicht zuletzt umso unwichtiger, je mehr sich die Einkäufe ins Internet verschieben. Im Internet wird nicht cash bezahlt und Online-Shopping ist seit Jahren auf dem Vormarsch.

In seiner 1900 erschienen PHILOSOPHIE DES GELDES bemerkte der Soziologe Georg Simmel, dass Geld im Verlaufe der Jahrtausende stetig an „Substanzwert" eingebüßt hat. Mit diesem Begriff bezeichnete er den Wert des Materials, aus dem Geld gemacht ist.[44] Die in den Agrargesellschaften der Antike verbreiteten Münzen aus Edelmetall sind die deutlichste Betonung des Substanzwertes des Geldes: Damit Geld etwas Wertvolles und als solches allgemein akzeptiert wurde, musste es aus wertvollem Material gemacht sein. Die Akzeptanz von Geld aus Papier, einem feinen, leicht zerstörbaren und billigem Stoff, war eine enorme Abstraktionsleistung und eine enorme Vertrauensleistung in staatliche Institutionen, die den Wert des an sich wertlosen Papiers für alle glaubhaft garantieren mussten. Elektronisches Geld aber, das selbst unsichtbar und dessen Materialwert Null ist, weil es aus keinem Material besteht, treibt diesen Abstraktionsprozess der physischen Entwertung auf die Spitze und reduziert Geld auf seinen nackten Funktionswert[45] – bis sich dieser eines Tages ebenfalls verflüchtigen wird. Folgt man Rifkin, wird dies noch in der ersten Hälfte des 21. Jahrhunderts der Fall sein.

Gegenwärtig macht sich eine schleichende Redundanz des Geldes im Misstrauen an der Gültigkeit des Bruttoinlandsprodukts (BIP) bemerkbar. Diese Kennzahl gilt

---

43 Oehler, Andreas (2016). Digitale Welt und Finanzen. Berlin, S. 4 (auf: bmjv.de)
44 Simmel, Georg (2000) [1900]. Die Philosophie des Geldes. Frankfurt/M., S. 202–206
45 Der digitale Zahlungsverkehr birgt freilich Risiken, die vor allem den Datenschutz betreffen; denn digitale Zahlungsströme ermöglichen die lückenlose Überwachung der Transaktionen eines jeden, d. h. die vollständige Transparenz darüber, wer, was, wo und wie oft konsumiert und wie viel Geld jemand auf seinem Konto hat. Diese Transparenz kann missbraucht werden, doch scheint das Misstrauen in staatliche Institutionen in der Praxis überall dort gering zu sein, wo elektronisches Geld bereits Verwendung findet.

seit Jahrhunderten als Wohlstandsindikator. Steigt sie, nimmt der gesellschaftliche Wohlstand zu. Das war zwar schon immer eine merkwürdige Weise zur Vermessung des Wohlstandes, da dieser auch dann zunehmen sollte, wenn die Ausgaben für Waffen aller Art steigen und ehrenamtliches Engagement im Umweltschutz keine Wohlstandsbedeutung hatte. Die Digitalisierung scheint das BIP jedoch noch unangemessener zu machen. Der Grund dafür sind sinkende Grenzkosten in vielen Bereichen: Wer sich früher bilden wollte, kaufte ein Buch oder buchte einen Kurs in der Volkshochschule. Heute bildet sich die Mehrheit, indem sie kostenlos verschiedene Internetquellen nutzt. Das BIP schrumpft somit, obwohl mehr Menschen Zugang zu Bildung haben als je zuvor. „Wenn früher der südamerikanische Kunde einer deutschen Maschinenfabrik ein Ersatzteil brauchte, wurde es vom Hersteller produziert, einer Spedition übergeben und nach Lateinamerika verschifft. Das erhöhte das Bruttoinlandsprodukt. Heute sendet der Maschinenbauer seinem Kunden in Südamerika eine digitale Datei und der Kunde druckt sich daraufhin das Teil vor Ort im 3D-Druck aus."[46] Der Kauf einer zunehmenden Anzahl von Produkten ist zudem unnötig geworden, da sie in Smartphones integriert wurden (siehe Kapitel 9.4). Im Digitalzeitalter können die Ausgaben und das BIP sinken und der gesellschaftliche Wohlstand dennoch zunehmen – ein Novum.

Der studierte Soziologe Christoph Kucklick identifiziert drei weitere Entwicklungen, die seiner Meinung nach zentral für die Digitalisierung sind.[47] Dabei handelt es sich bei den Entwicklungen im Grunde um eine Messrevolution: (1.) Die *Differenz-Revolution* ist die Verdrängung des Durchschnittswertes zu Gunsten des Individualwertes. Sie wirkt sich in der Medizin ebenso so aus wie bei personalisierten Versicherungstarifen oder in der Güterherstellung. In der Medizin können durch die digitale Vermessung des Menschen Medikamente und Therapien exakt auf die körperlichen Besonderheiten des einzelnen Patienten zugeschnitten und damit effektiver werden. Zuvor bekamen Patienten Medikamente verschrieben, deren Dosierung aus den Durchschnittswerten einer Stichprobe ermittelt wurde. Dabei wurden die Medikamente nur grob nach Kriterien wie Gewicht, Geschlecht und Alter oder Leber- und Nierenfunktion dosiert.

Bei manchen Patienten stellt sich der gewünschte Therapieerfolg ein, bei anderen versagt die Therapie jedoch wegen einer Unter- oder Überdosierung, was zu unnötigen oder gar lebensbedrohlichen Nebenwirkungen führen kann. Um eine individuelle Maßnahme festlegen zu können, braucht man jedoch die individuellen Messwerte des Patienten über einen längeren Zeitraum. Und diese Aufgaben übernehmen digitale Messgeräte, die präzise auch eine Vielzahl relevanter Daten des

---

46 Giersberg, Georg (2016). Taugt das BIP noch was? auf: FAZ online, 1.4.
47 Kucklick, Christoph (2014). Die granulare Gesellschaft. Berlin

betreffenden Körpers ermitteln können. Auf diese Weise treten bislang verborgene Unterschiede zwischen Menschen hervor, was den Therapieerfolg wahrscheinlicher macht. Auch wird die im 21. Jahrhundert möglich werdende, schnelle und billige Entschlüsselung der individuellen DNA eines Patienten Behandlungen erlauben, die genau auf ihn zugeschnitten sind. Die Medizin wird eine Wissenschaft vom Menschen bleiben, aber sie wird künftig auch eine Wissenschaft der Individualität sein, mit neuen Messverfahren, die bisher unsichtbare Unterschiede sichtbar machen, was zu neuen Erkenntnissen führen wird, die sich auch auf die durchschnittliche Lebenserwartung auswirken dürften (Kapitel 4).

(2.) Die zweite große Änderung ist für Kucklick die *Kontroll-Revolution*. Der durch Sensoren, Kameras, Bewegungsprofile und die Überwachung des Internet schärfer gewordene Blick auf die Einzelnen, d.h. die große und größer werdende Datenmenge, die über die Einzelnen und ihr Sozialleben gesammelt und ausgewertet wird, kann freilich auch zu anderen Zwecken ge- oder missbraucht werden. Die Daten werden von Regierungen und Geheimdiensten zur Erhöhung der Sicherheit eingesetzt. Sie können von Regierungen aber auch genutzt werden, um passgenaue Wahlbotschaften an Wechselwähler zu adressieren. Sie werden in ähnlicher Weise innerhalb der kapitalistischen Wirtschaftsweise von Marketing-Agenturen eingesetzt, um den Einzelnen auszudeuten und auf ihn zugeschnittene Werbung zu präsentieren, die sein Verhalten in gewollter Weise beeinflussen soll. Und Unternehmen können die Arbeitsleistung ihre Mitarbeiter überwachen lassen. Die Privatsphäre des Einzelnen schrumpft zusehends, wenn zusätzlich die Daten seines „Smart Homes" abgezapft und von Dritten ausgewertet werden. Die Entwicklung hin zu einer postkapitalistischen Ökonomie des Digitalzeitalters könnte aber zumindest die profitmotivierte Ausdeutung der Bürger beenden.

(3.) *Intelligenz-Revolution* nennt Kucklick den Einsatz von smarten Maschinen in fast allen Lebensbereichen. Notwendig werden sie, um etwa die Daten, die bei der Vermessung von Individuen und Gesellschaft anfallen, nutzen zu können. Denn die großen Datenmengen können nicht mehr von Menschen, sondern nur noch mittels intelligenter, technischer Systeme verarbeitet und ausgewertet werden (Kapitel 5).

Wenn man so will, wurde die Welt erstmals im Industriezeitalter vermessen und nun, im Digitalzeitalter, geht dieser Prozess, feinkörniger werdend, weiter. Dabei können erstmals alle Menschen in hoher Auflösung vermessen werden. Es kann nicht nur hochauflösender als je zuvor gemessen werden, es kann auch mehr als je zuvor gemessen werden. Im analogen Zeitalter war das Sammeln und Analysieren von Daten kosten- und zeitintensiv. Das analoge Zeitalter basierte auf Schlussfolgerungen, die auf der Basis von *Small Data* (z.B. Stichproben) getroffen wurden. Im digitalen Zeitalter kann man Entscheidungen auf der Grundlage von *Big Data* treffen (nicht auf der Vermessung einer Stichprobe, sondern auf der Vermessung der Grundgesamtheit).

Die Kucklicksche Differenz-Revolution ist zugleich eine Gesundheitsrevolution, weil sie das Potenzial hat, Menschen von Krankheiten zu befreien, die ihnen Leid bescheren. Nun scheint es in jedem Zeitalter typische Leiden zu geben, die in vorangegangenen Zeitaltern nicht auftreten konnten: Jäger und Sammler litten weniger an *Krankheiten*, sondern vor allem an Unfällen und Verletzungen, die sie mangels Wissen oft nicht effektiv therapieren konnten. Schon ein gebrochenes Bein konnte in einer Zeit, in der die Menschen durch die Gegend nomadisierten, den Tod bedeuten, weil es für den Betroffenen bedeutete, nicht mehr zum Gruppenwohl beitragen zu können und den Anschluss an die Gruppe zu verlieren.

Aus dem Agrarzeitalter gingen, bedingt durch die schlechtere Ernährung und das enge Zusammenleben mit Tieren, neue virale Krankheiten hervor. Im Industriezeitalter verbreiteten sich wegen der mangelnden Stadthygiene Infektionskrankheiten wie die Cholera. Zudem klagten Stadtbewohner seit den 1880ern über *Neurasthenie*, durch Überreizung ausgelöste, Stress, für den Lärm und die Beschleunigung des Alltags als primäre Auslöser galten. Im Frühstadium des Digitalzeitalters lässt sich diagnostizieren, dass die Menschen wie im Industriezeitalter an den Folgen verschmutzter Luft erkranken. Es lässt sich aber auch zusätzlich diagnostizieren, dass sie bewegungsärmer als je zuvor leben und sich darum vermehrt mit *Fettleibigkeit* und aus ihr resultierenden Herz-Kreislaufproblemen plagen müssen.

Übergewicht und Fettleibigkeit ist kein auf wohlhabende Schichten oder Wohlstandsländer beschränktes Phänomen – es ist ein globales Problem geworden. Eine systematische Langzeitanalyse in rund 200 Ländern erhobene Langzeitdaten von 1980 bis 2008 mit über neun Millionen Teilnehmern, die älter als 25 Jahre waren, ergab, dass sich die Zahl der übergewichtigen oder fettleibigen Menschen in den vergangenen drei Jahrzehnten weltweit nahezu verdoppelt hat: 2008 waren rund 1,5 Milliarden Menschen übergewichtig (ihr Body-Mass-Index lag über 25) und rund eine halbe Milliarde Menschen erfüllten gar das Kriterium der Fettleibigkeit (ihr BMI, war über 30).[48] 2014 galten 1,9 Milliarden Erwachsene als übergewichtig und 640 Millionen als fettleibig. Damit waren *erstmals in der Geschichte mehr Menschen fettleibig als unterernährt* und hält dieser Trend unverändert an, werden

---

48 Finucane Mariel, et al. (2011). National, Regional, and Global Trends in Body-Mass Index Since 1980. in: The Lancet, 9765, S. 557–567

2025 über eine Milliarde Menschen adipös sein.[49] Die Weltgesundheitsorganisation spricht angesichts solcher Zahlen von einer globalen Pandemie der Fettleibigkeit.[50] Die weltweit verbreitete, nicht durch Hormonstörungen ausgelöste Fettleibigkeit hat zwei Ursachen: Menschen gehen im Durchschnitt nur noch wenige hundert Meter am Tag und verbringen den größten Teil des Tages sitzend oder liegend. Tatsächlich scheint jene Fortbewegung, die für die längste Zeit ihres Daseins nomadisierenden Menschen selbstverständlich war, im Digitalzeitalter eher ungewöhnlich zu sein. Noch im Agrarzeitalter mussten die Menschen, jung wie alt, Mann wie Frau, hart im Stall und auf dem Acker arbeiten, im Industriezeitalter schufteten Menschen fast aller Altersklassen in Fabriken und erst später zunehmend im Dienstleistungssektor.

Seit sich in der industriellen Spätphase der 1970er die Büroarbeit zu verbreiten begann, bewegten sich Menschen im Durchschnitt weniger, weil sie sich, anders als in allen vorangegangenen Zeitaltern, nicht mehr bewegen *mussten*. Diese *Neue Sesshaftigkeit* ist darum ein kategorial neues Phänomen. In der Vergangenheit konnte mit Ausnahme eines Herrschers oder Priesters niemand die meiste Zeit des Tages im Sitzen oder Liegen verbringen. Heutzutage aber liegen viele Menschen in der Nacht, sitzen am Frühstückstisch, fahren zur Arbeit (oder in die Schule), arbeiten am Computer (oder sitzen im Unterricht), fahren nach Hause, essen sitzend, surfen auf der heimischen Couch im Internet oder schauen dort TV, bis sie ins Bett überwechseln. Sollten Aktivitäten im virtuellen Raum in den nächsten Dekaden zunehmen und sich E-Sport weiter ausbreiten, könnte dies körperliche Bewegungsaktivitäten weiter einschränken. Der menschliche Körper, der seit Jahrmillionen aber die körperliche Bewegung, vor allem das Gehen, gewohnt ist, kommt mit dem neuen Lebensstil nicht gut zurecht. Physiologisch betrachtet hat sich der Körper des Menschen seit 200.000 nicht mehr verändert, sind wir buchstäblich „Mammutjäger in der Metro".[51]

Während also eine Ursache der globalen Pandemie der Fettleibigkeit die neue Sesshaftigkeit des frühen Digitalzeitalters ist, ist sie auch das Resultat des kapitalistischen Erbes: Weil Fett, Salz und Zucker das Mundgefühl verbessern und das Belohnungszentrum des Gehirn aktivieren, den Appetit steigern und dazu verleiten, mehr zu konsumieren als notwendig, überdies billige, Lebensmittel haltbar machende Additive sind, verarbeitet sie die profit- und wachstumsorientierte

---

49 Ezzati, Majid (2016). Trends in adult body-mass index in 200 countries from 1975 to 2014: a pooled analysis of 1698 population-based measurement studies with 19,2 million participants. in: The Lancet, 387, S. 1377–1396
50 WHO (2015). Obesity and overweight. Fact sheet Nr. 311, auf: who.int
51 Allman, William (2009). Mammutjäger in der Metro. Heidelberg

Lebensmittelindustrie seit den 1980ern in hohen, gesundheitsschädlichen Mengen in ihren Fertigprodukten.[52]

Einmal verbrauchen Menschen also im Durchschnitt *weniger* Kalorien am Tag, da sie sich weniger bewegen, zum anderen nehmen sie im Durchschnitt *mehr* Kalorien am Tag zu sich, weil sie vermehrt Fertigprodukte mit hohem Fett-, Salz- und Zuckergehalt konsumieren und mehr von ihnen verzehren, als notwendig wäre. Auf diese neue Herausforderung werden die Gesellschaften weltweit reagieren müssen. Paradoxerweise wird dieses Problem in einer Zeit akut, in welcher der menschliche Körper durch die Differenz-Revolution und biotechnische Eingriffe leistungsfähig wie nie wird. Hier treten zwei Seiten eines gesellschaftlichen Umbruchs zutage, welche die Janusköpfigkeit der Veränderungen aufzeigen.

Weitere Indikatoren und Prozesse der Großen Transformation werden in den nachfolgenden Kapiteln beschrieben. An dieser Stelle lässt sich noch dies sagen: Wie die Neolithische und Industrielle Revolution ist auch die Digitale eine zwar *absichtsvoll vorangetriebene, aber ungeplante* Transformation. Ernest Gellner bemerkt zurecht, dass sich die beiden bisherigen Umwälzungen der Menschheitsgeschichte nicht auf menschliches Planen und Entwerfen zurückführen lassen. Die jeweils entstandene neue Gesellschaftsordnung ist „so radikal getrennt und verschieden von der vorangegangenen, in deren Schoß sie entstand, dass schlechterdings kein Mensch sie hätte antizipieren oder planen oder wollen können. Diejenigen, die zu säen begannen, konnten nicht wissen, was sie ernten würden".[53] Die Digitalisierung geschieht, doch niemand weiß, wie die Gesellschaften in der Hochphase des Digitalzeitalters sein werden.

Entgegen der Ansicht des Historikers Ronald Wright, dass Gesellschaften mit zunehmender Komplexität und Umweltzerstörung anfälliger für ihren Untergang werden, sprechen eine höhere Durchschnittsbildung, Computer und Künstliche Intelligenzen jedoch eher für eine erhöhte *Resilienz*. Digitale Gesellschaften können nämlich schneller und effektiver auf neue Herausforderungen reagieren, als die von Wright untersuchten Hochkulturen der Osterinsel, Sumerer, Römer und Maya.[54] In Agrargesellschaften wie diesen „gab es keine systematische Beziehung zwischen Naturwissenschaft und Technik. Man stolperte zwar in der Praxis über viele neue Entdeckungen, doch blieben diese in der Regel rein empirisch, ohne systematischen theoretischen Zusammenhang. Daher schuf ein einzelner technischer

---

52 Moss, Michael (2013). Salt, Sugar, Fat. New York; Kessler, David (2010). The End of Overeating. London
53 Gellner, Ernest (1990). Pflug, Schwert und Buch. Stuttgart, S. 20
54 Wright, Ronald (2006). Eine kurze Geschichte des Fortschritts. Reinbek

Durchbruch nicht die Grundlage für weitere Durchbrüche".[55] Das bedeutet nicht, dass Digitalgesellschaften unverwundbar wären. Stellte man ihnen dauerhaft den Strom ab, wären sie hochgradig vulnerabel. Je dezentraler die Stromerzeugung aber wird – und ihre Dezentralisierung vollzieht sich gegenwärtig in fast allen wichtigsten Wirtschaftsnationen[56] –, desto resilienter werden diese Gesellschaften (siehe Kapitel 8.3), obgleich Cyberangriffe ein wachsendes Problem darstellen, wenn große Teile der gesellschaftlichen Infrastruktur digital gesteuert werden.

Zwar ist die Verbreitung der Wissenschafts- und Bildungsrevolution keine Garantie für das Überdauern der digitalen Weltgesellschaft, sie erhöht aber die Wahrscheinlichkeit ihrer Fortexistenz, wenngleich neue Technologien in Abhängigkeit von ihrer Verwendung immer auch neue Gefahrenquellen für Menschen und Gesellschaften sein können. „Es gibt", wusste schon Stanislaw Lem, „kaum eine Technologie, die nicht zweischneidig ist, wie das Beispiel der Sensen zeigt, welche die Hethiter an den Rädern ihrer Kampfwagen befestigten".[57] Seit der Steinzeit hat jedes neue Werkzeug, jede neue Technik positive wie negative Auswirkungen gehabt. Es gibt keine Technik die ausnahmslos gut für die Menschen ist – und auch die Innovationen des Digitalzeitalters werden zweischneidige sein.

Wird das neue Zeitalter aber tatsächlich Digitalzeitalter heißen? Manuel Castells nannte die neue Epoche in seinen Büchern das „Informationszeitalter" und auch Bill Gates nutzte den Begriff „Informationszeitalter" in seinen Büchern, um das Kommende zu bezeichnen.[58] Jedes vorangegangene Zeitalter basierte jedoch auf Informationen, das Agrar-, ebenso wie das Industriezeitalter. Auch waren Informationen immer schon ein begehrtes Gut. Bereits in den Büchern Mose des Alten Testaments werden Spione erwähnt[59] und das Römische Reich hatte einen eignen

---

55 Sieferle, Rolf P. (2010). Lehren aus der Vergangenheit: Expertise für das WBGU-Hauptgutachten „Welt im Wandel". Berlin, S. 21
56 The Boston Consulting Group (2013). Trendstudie 2030+, S. 49 f. (auf: bcg.de)
57 Lem, Stansilaw (1981). Summa Technologiae. Frankfurt/M., S. 9 Lem fügte allerdings hinzu: „Der Mensch weiß heute mehr über seine gefährlichen Neigungen als noch vor hundert Jahren, und nach weiteren hundert Jahren wird sein Wissen noch vollkommener sein, Möge er dann davon Gebrauch machen" (ibid., S. 11).
58 Castells, Manuel (1996). The Rise of the Network Society: The Information Age. Oxford; Gates, Bill (1996). The Road Ahead. New York
59 Josef sprach zu ihnen: „Ihr seid Spione! Ihr seid gekommen, die Geheimnisse dieses Landes [Ägypten] zu erkunden!" Sie erwiderten ihm: „Nein, Herr! Deine Knechte sind gekommen, um Korn zu kaufen. Wir sind ehrliche Leute, und keine Spione!" Aber Josef sprach zu ihnen: „Es ist so, wie ich sagte: Ihr seid gekommen, die Geheimnisse dieses Landes zu erkunden!"

Geheimdienst eingerichtet.[60] Die Aufgabe von Spionen war es stets, Informationen zu stehlen, damit andere einen Vorteil daraus ziehen können. Mit der Zeit veränderte sich allerdings die Art, wie Informationen übermittelt und gespeichert wurden. Im Digitalzeitalter werden sie dies durch Computer und dazu in einen binären Code umgeschrieben. Aus diesem Grund können Informationen in so großer Menge und mit so hoher Geschwindigkeit vermittelt, gespeichert, ausgewertet und verarbeitet werden, dass dies die eigentliche Revolution ist. Selbst Bill Gates gibt zu, dass „the most fundamental difference we'll see between information as we've known it and information in the future is that almost all information will be digital. […] What characterizes this period in history, what sets it apart, is that ability information – the completely new ways in which information can be manipulated and changed – and the increasing speeds at which we can handle information."[61] Darum ist die Bezeichnung „Digitalzeitalter" angemessener als „Informationszeitalter". Aber letztlich werden Historiker darüber zu richten haben.

---

60 Krieger, Wolfgang (2003). Geheimdienste in der Weltgeschichte. München
61 Gates, Bill (1996). The Road Ahead. New York, S. 23

Der digitale Raum: Augmented und Virtual Reality 3

Alexander van Looy

Schon zur Zeit der Jäger und Sammler nutzte der Mensch Technologien, um seine eigenen Fähigkeiten zu erweitern oder um Aktivitäten durchzuführen, die ihm zuvor verwehrt blieben. Zu diesen ersten Werkzeugen gehörten Speere, da der Nahkampf mit großen Tieren gefürchtet wurde sowie Steinklingen, um die erlegten Tiere zerkleinern und portionieren zu können. Im Agrarzeitalter ermöglichten Rad und Schiffe den Transport von schweren Frachten über Distanzen, die Menschen ohne sie nicht hätten bewältigen können. Damals waren Räder und gezähmte Tiere die ersten Transportmittel, welche die gefühlte Distanz des Raumes schrumpfen ließen. Dies vereinfachte vor allem das Leben vieler Nomadenvölker, die zuvor nur langsam und mühevoll von einem Ort zum nächsten gelangten.

Die Erfindung von Fahrzeugen, die nicht von Tieren gezogen, sondern von Motoren angetrieben wurden, verkürzte die Zeit zur Überwindung räumlicher Distanzen abermals. „Im Zeitalter der Globalisierung und der Ortlosigkeit des Internets wird Zeit mehr und mehr so verstanden, daß sie den Raum komprimiert oder gar vernichtet. Der Raum scheint sich dank der Geschwindigkeit von Transport und Kommunikation geradezu zusammenzuziehen", meint der Soziologe Hartmut Rosa.[1] Obwohl sich die Größe und die physikalischen Gegebenheiten innerhalb des Raums nie verändert haben, vollbrachte es die Menschheit innerhalb eines Jahrhunderts, ihr Gefühl für Distanzen vollständig zu verändern. Binnen eines Tages konnten Menschen im 20. Jahrhundert von Mitteleuropa nach Australien reisen und mit Hyperschallflugzeugen werden sie diese Strecke bald in wenigen Stunden überbrücken. Mit dem Segelschiff dauerte es dagegen einst Wochen, um Australien von Europa aus zu erreichen.

---

1 Rosa, Hartmut (2014). Beschleunigung und Entfremdung. Berlin, S. 21

Während der Raum im Digitalzeitalter folglich weiter schrumpfen wird, werden Menschen zum ersten Mal in ihrer Geschichte nicht nur eine neue, virtuelle Raumdimension erschaffen, sondern zugleich neue Welten in ihr. Das Leben in virtuellen Räumen, virtuelle Teleportationen und das Leben mit Hologrammen werden bald so trivial sein, wie eine Reise mit der Eisenbahn.

3.1 Die erweiterte Realität

„Augmented Reality", „Virtual Reality", „Merged Reality", „360° Videos", „Hologramme" und „Live Videos". Das Buzzword-Bingo im Bereich der grafischen Inhalte ist in den letzten Jahren förmlich explodiert, was die Dynamik der Veränderungen in diesem Feld dokumentiert. Sie laufen auf nicht weniger als auf eine visuelle Revolution hinaus, die ein kategorial neues Phänomen ist, da sie leistungsstarke Computer voraussetzt, die es im Industriezeitalter noch nicht geben konnte.

Das Internet hat zumindest die um das Jahr 2000 geborenen Digital Natives in sich aufgenommen. Die Angehörigen dieser Generation wohnen schon jetzt im Internet und bald leben sie zusätzlich im virtuellen Raum.

Das Internet ist förmlich dabei, mit der realen Welt zu verschmelzen. Zusätzlich erleben wir, dass sich der reale Raum erweitert. Doch was bedeutet das? Bei der erweiterten Realität, überwiegend „Augmented Reality" (AR) genannt, handelt es sich um eine Überlagerung von digitalen Informationen im realen Raum. Hierzu werden hauptsächlich Geräte wie Smartphones, Tablets, AR-Brillen (z. B. die HoloLens von Microsoft), aber auch Fernseher und Computer verwendet.

Der Sinn und Zweck bei Augmented Reality ist, dass der Benutzer über eine Schnittstelle, Zugriff auf für ihn (potenziell) wichtige Daten, Bilder oder Informationen bekommt. Ein fast schon klassisches Beispiel hierfür ist das Head-Up-Display in Autos: Durch die Projektion von Daten auf die Windschutzscheibe oder Fahrbahn kann der Fahrer Informationen über die zulässige Geschwindigkeit, den Abstand zum vorausfahrenden Fahrzeug oder die Fahrspur, die man wählen sollte, um die effizienteste Strecke zum Ziel zu wählen, erhalten. Letztlich sollen so das Autofahren erleichtert und Unfälle vermieden werden – zumindest so lange Autos noch von Fahrern gesteuert werden.

Doch AR ist mehr. Da die meisten Menschen zum gegenwärtig Zeitpunkt noch keine persönlichen Erfahrungen mit digitalen Räume gemacht haben und vielen deshalb noch unklar ist, wie diese aussehen und erlebt werden, ist es zu ihrer Veranschaulichung sinnvoll, auf bekannte Filme oder Romane zu verweisen, in denen solche Phänomene bereits vorgedacht wurden. Nicht zuletzt inspirieren sie

Ingenieure und Programmierer dazu, das Gesehene im Sinne einer selbsterfüllenden Prophezeiung zu verwirklichen.

James Camerons erster Terminator-Film (1984), machte die Augmented Reality einem breiten Publikum bekannt: Mehrere Szenen zeigten die Sicht des von Schwarzenegger gespielten Androiden, in dessen Sichtfeld in großer Geschwindigkeit Informationen über seine Umgebung und seinen eigene Status angezeigt wurden. Mit einer gegenwärtig schon erhältlichen AR-Brille sieht man ebenfalls mehr: Man sieht zum einen den normalen Raum, zusätzlich aber Dinge oder Informationen, die ins Sichtfeld der Brille und bald in das der Kontaktlinse eingeblendet werden. Dabei kann es sich um Informationen zu den Gebäuden handeln, die man anblickt, oder um Informationen um Sehenswürdigkeiten, über Personen, mit denen um zwei oder drei Ecken bekannt ist, sowie um Informationen über den eigenen Körper. Betrachtet man ein eBook, können einem künftig Informationen in Echtzeit zum Autor und zu seinen anderen Büchern sowie Rezensionen zum vorliegenden Werk eingeblendet werden.

AR-Systeme in Brillen – etwa die Google Glass – sind auf eine Kamera angewiesen und diese konfligieren mit Datenschutzbestimmungen, was ihren Trägern oft mit dem bisher schlechten dieser Brillen konfrontierte: Nutzer der Brille wurden in der Öffentlichkeit auch als Glassholes bezeichnet, einer Wortkreation aus den Worten „Glass" und „Asshole". Kaum jemand wollte von einem Unbekannten, der eine solche Brille trug, ohne Zustimmung gefilmt werden. Die Legitimationsprobleme erinnerten aber an die Reaktionen auf jene, die als Pioniere mit Handys in Bussen, U-Bahnen oder Supermärkten, d. h. in der Öffentlichkeit über Privates telefoniert hatten. Wurde über sie anfangs noch gelacht oder geflucht (Ruhestörung), wurde es rasch normal, im öffentlichen Raum zu telefonieren, weil immer mehr Menschen ein Handy besaßen. Zunehmend mehr Menschen kommunizierten ihr Inneres nach Außen und bald werden sie wohl auch keine Einwände haben, wenn ihr Äußeres in das Innere eines Unbekannten übertragen wird.

Gleichwohl, die Google Glass verschwand wieder aus dem öffentlichen Raum und somit aus dem öffentlichen Diskurs. Doch die Kritik zeigte ihre Wirkung: Microsoft forschte an seiner eigenen Vorstellung einer AR-Brille, der HoloLens. Statt ein Gerät für den Alltag auf der Straße zu schaffen, entwickelte das Unternehmen eine AR-Brille für den Einsatz in bestimmten Interaktionen. So kann das eigene Wohnzimmer ein Schlachtfeld im Kampf gegen außerirdische Invasoren werden. Die Eindrücke mit der Brille sind immerhin so authentisch, dass sie das israelische Militär zur Ausbildung und in Kampfsituationen einzusetzen erwägt.[2] Die mit den Brillen ausgerüsteten Soldaten müssen dann bei Übungsmanövern nicht mehr die

---

2 Münch, Peter (2016). Israels Armee setzt auf Cyberbrillen. auf: sueddeutsche.de, 18.9.

Kaserne verlassen, sie können unterschiedliche Szenarien auch in der erweiterten Realität bewältigen. Konkret anstehende militärische Operationen können mit der HoloLens künftig ebenfalls realitätsnah geplant werden. -
Abgesehen von der Möglichkeit, mit einer AR-Brille Krieg und Spiele in das persönliche Umfeld zu projizieren, bieten sie beispielsweise auch die Möglichkeit, aus jeder Oberfläche in seiner Umgebung ein Benutzerinterface für ein Betriebssystem zu bauen.

Interessanter dürften jedoch die Einsatzgebiete in der Medizin, in Designstudios, in Ingenieurbüros und in der Servicetechnik sein: Ärzte, können mit Hilfe von AR-Brillen und der Nutzung von Robotern, viel präzisere Operationen durchführen oder sich durch Simulationen auf eine komplexe Operation vorbereiten. Ingenieurbüros, Designstudios oder Architekten, können bei der Konstruktion ihrer Produkte direkt an virtuellen Prototypen testen, ohne dafür zuvor einen physischen Prototypen herstellen zu müssen. Schon die Nutzung von 3D-Druckern ermöglicht enorme Ressourceneinsparungen in der Prototypentwicklung. Diese Einsparungen werden durch AR-Brillen nochmals größer. Die phasenspezifische Nutzung von Augmented-Reality-Inhalten und 3D-Druck, werden voraussichtlich zu einer Revolution in der Produktentwicklung führen.

AR-Anwendungen können zudem zu verkürzten Lernzeiten führen: Menschen müssen bei zumindest bei manchen neuen Aufgabenfeldern nicht mehr wie bisher eingearbeitet werden. AR-Brillen können die einzelnen Arbeitsschritte in den physischen Raum projizieren, so dass man nur den gezeigten Tätigkeiten folgen braucht. ThyssenKrupp wendet diese Unterstützung bereits bei Servicetechnikern an, deren Aufgabe es ist, Fahrstühle zu warten und zu reparieren. Die Reparaturzeiten haben sich durch AR erheblich verkürzt, zumal die Techniker beide Hände frei haben, während sie technische Informationen zum Aufzug und Expertenunterstützung per Bildübertragung sehen.[3]

Die Erweiterung des Raumes kann aber auch wahrgenommen werden, ohne dafür eine spezielle Brille benötigen zu müssen. Denn die AR-Technologie ermöglicht auch die Erscheinung von Hologrammen im Raum, wodurch z. B. Hologramm-Telefonate realisierbar werden. Die erste holografische Botschaft, ein Hilferuf, übermittelte 1977 Prinzessin Lea im Film Star Wars. Vermutlich war dies überhaupt der erste Film, der seinem weltweiten Publikum eine Augmented Reality-Anwendung demonstrierte. Was damals aber noch Science Fiction in Reinkultur war, ist mittlerweile – innerhalb nur einer halben Lebensspanne – keine Fiktion mehr: Das Unternehmen

---

3 Pressemeldung, 15.9.2016 auf: thyssenkrupp.com

„Leila 3D" hat einen Bildschirm entwickelt auf dem die Gesprächspartner mit dem Smartphone holografisch in den Raum projiziert werden können.[4]

Bislang konnten mit Smartphones lediglich Dinge gesehen werden, die es in der realen Welt nicht gab: z.B Monster. 2016 ergötzten sich Menschen auf der ganzen Welt für einige Sommerwochen an einem Spiel namens Pokémon GO, bei dem mit der Kamerafunktion des Smartphones virtuelle Monster aufgespürt und eingefangen werden mussten. Die Kamera filmte die reale Umgebung, in der die Kreaturen auf dem Display digital überlagert wurden, was dem Betrachter als ein Mix aus Realität und Virtualität erschien. Im Grunde übernahm das Smartphone damit die Funktion einer AR-Brille.[5] Nun aber macht das Smartphone für jeden Dinge oder Personen als Hologramme sichtbar, die von seinem Bildschirm in den Raum projiziert werden.

Durch Hologramme macht die optoelektronische AR-Technologie Bildschirme zu holografischen Displays und Pixel zu Voxel. Die Benutzeroberfläche wird frei schwebend in den Raum projiziert. Da sie anfassbar sind und gefühlt werden können, kann man mit den Bildern bzw. Voxel interagieren, wie mit den Tasten einer Tastatur. Solche Hologramme haben japanische Wissenschaftler von der Universität Tsukuba im kleinen Maßstab bereits hervorbringen können.[6] Die Zeiten, in denen man vor seinem Computer am Schreibtisch zu sitzen hatte, sind damit gezählt. Vorweggenommen wurde die neue Generation „holografischer Computer" bereits in Filmen wie Minority Report (2002) oder Iron Man (2008). Die Digitalisierung von Computern, welche die Digitalisierung überhaupt erst möglich machten, wird ein bemerkenswerter Schritt in der technologischen Entwicklung sein. Auch holografische Computer bestehen noch aus physischen Komponenten (Prozessoren, Festplatte usw.), diese verschwinden aber aus dem Sichtfeld, und der User, so scheint es, interagiert nur noch mit Licht.

Künstler werden mit Hologrammen eine neue Form von Kunst zum Ausdruck bringen und für Angehörige aller vorangegangenen Zeitalter wäre, könnten sie es sehen, ein im Raum schwebendes Hologramm ein Ausfluss purer Magie. Und diese

---

4   leila3d.com

5   Dass in ein Smartphone integrierte AR-Anwendungen auch einen nützlichen Aspekt haben können, zeigt das Programm „Word Lens". Dabei handelt es sich um Programm zur Übersetzung von Sprache: Befindet man sich in einer fremdsprachigen Umgebung oder möchte man einen Text übersetzen, gewährt man dem Programm Zugriff auf die Kamera. Richtet man daraufhin die Kameralinse auf den zu übersetzenden Text, so erhält man in Echtzeit die Übersetzung.

6   Ochiai, Yoichi et al. (2015). Fairy Lights in Femtoseconds: Aerial and Volumetric Graphics Rendered by Focused Femtosecond Laser Combined with Computational Holographic Fields. auf: arxiv.org

Magie wird die Werbebranche für ihre Interessen einsetzen. Visuelle Werbung war bislang an 2D-Formate gebunden (Plakate, Bewegtbilder im Fernsehen oder Internet), nun geht sie auf die dritte Dimension über. 3D-Werbung hat nämlich einen höheren emotionalen Effekt als jegliche Plakatwerbung, da sie sich realer anfühlt. Außenwerbung wird sich somit – solange es sie noch geben wird – komplett wandeln. Hologramme werden einem Getränke im Supermarkt entgegenstrecken oder mit Engelszungen auf Kunden einsäuseln.

Zusätzlich wird Außenwerbung in Echtzeit gestreut werden. In Echtzeit bedeutet dabei nicht allein, dass Werbung zu Tageszeiten, Wetterverhältnissen oder Ereignissen geändert werden wird. Vielmehr werden durch die Verbindung von Echtzeitauktionen auf bestimmte Kundenprofile und auf die vielen kleinen Trackingtools, die einen beim Surfen im Internet beobachten, Versicherungsmakler oder Greenpeace-Promotoren als Hologramm in der U-Bahn neben dem Fahrgast erscheinen, um ihn auf ein Angebot aufmerksam zu machen. Für diese Form der Werbung sind die wichtigsten Parameter die Relevanz der jeweiligen Person für das werbende Unternehmen und das Höchstgebot, das Werbende für diese Person in diesem Moment zu zahlen bereit sind. Da dieser Prozess in Echtzeit erfolgen wird, wird man keine Verzögerungen bemerken und den Unterschied zwischen Virtualität und Realität nur erschwert wahrnehmen.

3.2   Die virtuelle Realität

1984 prägt William Gibson mit seinem dreibändigen Science-Fiction-Meisterwerk Neuromancer den Begriff „Cyberspace". Gibson beschrieb den Cyberspace als Neonstadt – einem riesigen Marktplatz, auf dem man Zugriff auf alle Daten der Welt hatte, zumindest visuell. Der Cyberspace war ein digitaler, computergenerierter, auch „Matrix" genannter Raum, den man nur mit seinem Sehsinn betreten konnte. Einmal in ihm vorgedrungen, hatte man eine andere, eine virtuelle Welt betreten. Gibson hatte es selbst nicht für möglich gehalten noch während seiner Lebenszeit einen Cyberspace betreten zu können. Doch zuerst kam mit dem Internet dessen Vorläufer, und seit 2016 gewähren ihm diverse Headsets die Option, digitale Scheinwelten zu betreten.

Die virtuelle Realität (VR) wird voraussichtlich eine ähnliche transformative Wirkung entfalten, wie zuvor das Internet und vielleicht wird VR sogar das Internet revolutionieren und zu einem Gibsonschen Cyberspace machen. Gewiss wird Virtual Reality einen Bruch mit Lebensgewohnheiten nach sich ziehen, die sich bislang ja ausschließlich in der realen Welt ereigneten. Nun verlagert sich das

3 Der digitale Raum: Augmented und Virtual Reality

Leben graduell und von immer mehr Menschen in eine digital erschaffene Welt. Während AR-Anwendungen, die Realität lediglich erweitern, wird mit VR die Realität ausgeblendet und eine gänzlich neue Umgebung geschaffen. Wie gegenwärtig schon im Internet, wird man auch in dieser neuen Umwelt einen Teil seines Tages verbringen und manche werden in ihr mehr Zeit verleben, als in der Welt „da draußen". Für sie wird die virtuelle Realität eine reale Virtualität sein und Digital Natives werden von Virtual Natives abgelöst werden.

Noch ist es unmöglich abzuschätzen, in welchen Bereichen VR Anwendung finden wird. Sicher wird sie den Bildungsbereich grundlegend verändern: Bislang konnte man z. B. das Fach Geschichte nur abstrakt lehren und Daten und Fakten über das Römische Reich vermitteln, mit Bildern, Filmen und im besten Fall mit einem Museumsbesuch garnieren. Künftig wird es Schülern dagegen möglich sein, Teil des Römischen Reiches zu werden. Sie können durch die Straßen des antike Roms wandeln, den Senat und den Circus Maximus besuchen, Bürger auf dem Forum Romanum beobachten und beobachten wie Häuser gebaut und ihnen gewohnt wurde. Auf diese Weise werden die Fakten lebendig, wird der Unterricht konkreter und das Gesehene und Gelernte bleibt effektiver im Gedächtnis haften. Menschen sind Wesen, die, vor allem in jüngeren Jahren, Konkretes besser als Abstraktes begreifen und sich merken können[7] und ein auf VR basierter Unterricht kommt ihnen dabei entgegen.

Mittels VR können Schüler auf den Gipfeln des Himalaya stehen, auf Dinosaurier-Safari gehen, in Subduktionszonen oder den Marianengraben hinabsteigen, mit Zugvögeln gen Süden fliegen, über die Oberfläche des Mondes wandeln oder in die Zellen von Organismen eintauchen, um dort das geschäftige Treiben in dieser Miniaturstadt zu bestaunen. Auf Knopfdruck können Lehrer und Schüler passend zum Lernstoff an alle denkbaren Orte reisen. Erwachsenen wird dieses Erfahrungsspektrum natürlich ebenfalls zugänglich werden. Sie werden sehen und verstehen, was ihnen zuvor verwehrt geblieben ist. Viele Menschen auf der Erde waren bislang zu arm, um fremde Länder und Städte bereisen zu können. Anstatt sich Bilder in Büchern oder Videos im Internet anzusehen, werden sie alsbald von zu Hause aus VR-Touren durch die ganze Welt unternehmen können. Waren viele Bildungserfahrungen, darunter auch Museumsbesuche, vielen Menschen früher unzugänglich, demokratisiert die (außerdem günstiger werdende) VR-Technologie Bildung weltweit.

Neben der Elementar- wird VR auch die Hochschulbildung wandeln. So wird die VR-Technologie in der chirurgischen Ausbildung bereits eingesetzt, um Ärzten beim Erlernen schwieriger Operationstechniken zu helfen. Durch VR-Simulationen

---

7 Vgl. Claessens, Dieter (1980). Das Konkrete und das Abstrakte. Frankfurt/M.

können Studenten diese Techniken risikofrei an einem virtuellen Patienten ausprobieren. VR wird eine Erfahrungs- und Bildungsrevolution in ihrem Kielwasser haben. Aber auch außerhalb des Bildungssystems wird VR vielfältige Anwendungsmöglichkeiten finden: Zur psychologischen Behandlung posttraumatischer Belastungsstörungen, Phobien oder Autismus wird eine 3D-Welt erschaffen, in der sich der Patient entweder wohl fühlt oder unwohl, um ihn behutsam mit seinen Angst auslösenden Reizen zu konfrontieren.

Bei Bauprojekten können Unternehmer, Architekten und Bauleiter bereits in der Planungsphase ein Gebäude oder einzelne Räume virtuell besichtigen. Durch die visuelle Darstellung können direkt Optimierungen vorgenommen werden, die sonst womöglich erst beim Bau entdeckt worden wären. Das trifft natürlich auch für alle anderen zu entwerfenden Produkte zu, bei denen virtuell das Äußere (die Hülle) sowie ihr Inneres und ihre Nutzerfreundlichkeit besser planbar werden. In einer Bottom-up-Ökonomie (Kapitel 7), in der Dinge vermehrt durch eine weltweit verteilte Crowd hergestellt oder zumindest mit ihrer Hilfe designed werden, bietet VR die Gelegenheit, sich zur Zusammenarbeit in einem virtuellen Raum statt in Foren zu treffen.

Daneben bieten Touristikunternehmen schon heute mit VR-Brillen den Kunden einen ersten Vorgeschmack auf das Hotel, den Strand und die Sehenswürdigkeiten an. Der Kunde kann sich daraufhin entscheiden, welchen Urlaubsort er buchen möchte. Wohnräume werden mit einer im Smartphone integrierten 360 Grad-Kamera gefilmt, als virtuelle Realität nachgebildet und können Immobilien-Makler so die Hausführungen ersparen, da diese nun digital überall und zu jeder Zeit möglich werden. Auf VR-Basis wird eine neue Generation von Filmen und Computerspielen entstehen. Man kann sich mit weit entfernt lebenden Freunden oder Fremden in einem virtuellen Raum treffen, in dem alle Teilnehmer als Avatare erscheinen. Solche „Räume" können ein Salon, aber auch eine Lichtung im Dschungel oder ein Eisbrocken des Saturnringes sein. In Sekundenbruchteile kann man die jeweilige Lokation wechseln und sich an einen anderen Ort teleportieren, weshalb räumliche Distanzen im virtuellen Raum vollends ihre Bedeutung verlieren. Auch werden Menschen gemeinsam mit Freunden einen Film schauen können, obwohl sie sich in Wirklichkeit an weit entfernten Orten aufhalten. Sie sehen dann also eine im Film gezeigte fiktive Welt in einem virtuellen Raum. Der Gegensatz zur Steinzeit könnte kaum größer sein. Und natürlich wird auch die Werbung bei AR nicht stehen bleiben, sondern auch VR für sich zu instrumentalisieren versuchen.[8]

Allerdings kann VR auch im philanthropischen Sinne Anwendung finden: 2015 veröffentlichten die UN ein VR-Projekt mit den Entwicklern der App „Vrse", um die

---

8 Vgl. KPMG (2016). Neue Dimensionen der Realität. auf: kpmg.com.de

Zustände in einem syrischen Flüchtlingslager virtuell darzustellen. Das Ergebnis war der VR-Video „Clouds over Sidra", der die Zuschauer auf eine bis dato neue Art berührte. Das 360°-Video hatte empathischen Erfolg, denn die Probleme des Syrien-Konflikts waren auf einmal nicht mehr in abstrakter Ferne, die Zuschauer waren vielmehr konkret mitten im Geschehen. Die UNICEF verzeichnete daraufhin einen Spendenanstieg um 100 Prozent.[9] Diese Technologie kann folglich durch solche Reportagen – so sie authentisch sind – dazu beitragen, Bürger zu Weltbürgern zu machen, die sich solidarisch auch mit fernen Fremden zeigen.

Aber dies sind nur Anfänge. Im Grunde ist allein die Begrenzung des eigenen Verstandes die Grenze der virtuellen Realität. Welche weiter gehenden Möglichkeiten die VR-Technologie birgt, hat bislang am konsequentesten Ernest Cline im Roman READY PLAYER ONE (2010) geschildert: In der dortigen Gesellschaft wurde um die Jahrhundertmitte eine komplette virtuelle Parallelwelt erschaffen. Im Grunde koexistieren zwei Gesellschaftsdimensionen nebeneinander und fand das Leben in beiden gleichermaßen statt. Wie sich gegenwärtig ein Teil des Alltages in das Internet verlagert oder sich mit ihm verwoben hat, könnte dies in einigen Jahrzehnten durchaus auch mit der virtuellen Realität der Fall sein.

Ein VR-Set besteht aus einer speziellen Brille und bald auch aus Handschuhen oder (wie in Clines Roman) einem Ganzkörperanzug mit haptischem Feedback, was es ermöglicht, Dinge in der virtuellen Welt auch berühren, bewegen und spüren zu können. Auch physikalische Zustände wie Wind und Wärme können so erfahrbar gemacht werden. Richtig spannend wird die virtuelle Realität, wenn durch die Verbindung von virtueller und erweiterter Realität, auch die eigenen Gliedmaßen im virtuellen Raum voll funktionsfähig werden. Die noch junge Entwicklung hat diese Richtung bereits einschlagen: Das Unternehmen Intel arbeitet momentan an einer Lösung, die durch die Nutzung mehrerer Tiefenkameras auch die eigenen Gliedmaßen erfasst und diese in den virtuellen Raum integrieren kann. Es ist also damit zu rechnen, dass irgendwann deutlich interessantere Interaktionen im virtuellen Raum möglich sein werden.

Denn das Ziel ist die bestmögliche *Immersion*. Dieser Begriff beschreibt den Eindruck, dass sich die Wahrnehmung der eigenen Person in der realen Welt vermindert und die Identifikation mit einer Person in der virtuellen Welt vergrößert. Je besser, d. h. realer eine virtuelle Realität ist, desto einfacher wird es für den Nutzer, in diese Welt einzutauchen – und die ihn umgebende reale Welt auszublenden.

---

9 Robertson, Adi (2016). The UN wants to see how far VR empathy will go. auf: theverge.com

Weil virtuelle Welten nun umso immersiver werden, je mehr Sinne sie erfassen und je besser man in ihr körperlich agieren kann, birgt die Entwicklung zugleich eine Gefahr: Denn VR hat Schattenseiten und ein gefährlicher Schatten ist die Sucht.

Als 2004 das Online-Spiel „World of Warcraft" veröffentlich wurde, konnte man bereits ansatzweise in eine 2D-Welt eintauchen und mit oder gegen Spieler aus fast allen Ländern spielen. Gemeinsam mit ihnen konnte man durch eine riesige Welt mit bizarren Kreaturen streifen und dabei immer mächtiger werden. Bis zu zwölf Millionen Spieler waren von dieser Welt fasziniert und manche von ihnen wollten sie nicht mehr verlassen. In dieser Welt war ihr Avatar (oder: waren sie selbst) ein Held, in der realen Welt hatten Spieler dagegen Schwierigkeiten mit den Eltern oder mit der Schule. Die eine Welt bot eine andere Identität, Anerkennung und Abenteuer, die andere Missachtung und Probleme. Und je attraktiver die virtuelle Welt war, desto größer wurden die Probleme in der realen. So viele WoW-Spieler gerieten in die Abhängigkeit, dass manche von ihnen eine Selbsthilfegruppe, die Wowaholics, gründeten. Sie wird bis heute (2016) häufig frequentiert.[10]

War die Immersion von World of Warcraft noch vergleichsweise gering, wie viel attraktiver wird es künftig sein, sich in audiovisuellen Welten zu verlieren, in denen man als Spieler konkret eingetaucht sein wird, in der man sich bewegen, alles um sich herum dreidimensional wahrnehmen und nie zuvor Gesehenes sehen, riechen, berühren und mit ihm interagieren kann? Kaum vorstellbar werden auch die Möglichkeiten sein, wenn sich Virtual Reality mit Künstlicher Intelligenz (siehe Kapitel 5) verbindet und die Gestalten, auf die man in den fremden Welten trifft, auf einen reagieren, als wären sie reale Subjekte.

Zweifellos wird die Suchtgefahr signifikant zunehmen. Die Droge der Zukunft wird eine digitale sein. Auch Case, der Protagonist in Gibsons Neuromancer, bekam das Suchtpotenzial des Cyberspace zu spüren: Man hatte ihm als Strafe ein Nervengift injiziert, das ihm den Zugang in die virtuelle Welt fortan verwehrte. „Für Case, der die körperlosen Freuden des Cyberspace gelebt hatte, war es der Sturz in den Abgrund. [...] Der Körper war nur noch Fleisch. Und nun war Case ein Gefangener seines Fleisches."[11] Fortan setzt er alles dran, um sein Nervensystem reparieren zu lassen und wird zum Auftragsmörder.

Sucht, gleich wonach sie schreit, ist stets pathologisch und etwas Schlechtes. Ist es aber generell im normativen Sinne schlecht, weil wider die Natur Zeit in virtuellen Räumen zu verbringen? Sollten Menschen ausschließlich in der Wirklichkeit leben? Auch Dörfer sind künstliche Räume und Menschen gedeihen prächtig in ihnen. Die Natur schreibt dem Menschen nicht vor, wie und wo er zu leben hat. Im

---

10   reddit.com/r/nowow
11   Gibson, William (2014) [1984]. Neuromancer. München, S. 13

Gegenteil ist er ein unangepasstes, von der Natur fallen gelassenes Wesen, das sich seine eigene Umgebung erst schaffen muss, um gedeihen zu können. Menschen leben in der Stadt besser als im Wald und einst werden sie auf Raumstationen leben, wie in Städten. Gewiss können virtuelle Räume süchtig machen, aber das können Lebensmittel, Sex und Sport auch. Dennoch käme wohl niemand auf den Gedanken, sie abzuschaffen. Vielmehr ist der gesunde Umgang mit ihnen ist der bessere Weg. Und warum sollte die virtuelle Realität kein Teil der wirklichen Welt sein? Ein Film schildert zumeist eine fiktive Geschichte, ist aber dennoch Teil der Realität. Die virtuelle Realität geht über einen Film hinaus, denn sie ist 3D, interaktiv und in diesem Sinne durchaus real, eine eigene Realität, in der man intendiert agieren und moralische wie amoralische Handlungen begehen kann.

Letztlich wird die Menschheit hier aber mit einem vollkommen neuen Phänomen konfrontiert und erst die Erfahrung wird mit der Zeit zeigen, welche langfristigen Verbesserungen oder Verschlechterungen aus ihm resultieren.

3.3 Ausblick: Der Raum als Entwicklungsmotor für die Menschheit

Überhaupt noch nicht abzusehen ist, welche Entwicklungen aus der Verbindung zwischen AR und VR (Augmented Virtual Reality) hervorgehen. Bei dieser Verbindung werden Ereignisse aus der physischen Welt in die virtuelle übertragen. Damit wird die augmentierte Realität, bei der virtuelle Daten in die physische Welt integriert werden, gewissermaßen umgekehrt. Schon dies zeigt, dass die physische Welt immer mehr mit der digitalen zusammengehen wird. Unklar ist ebenfalls, welche Folgen die Verbindung zwischen VR und Künstlicher Intelligenz haben wird.

Aber auch ohne diese Vorkenntnisse lässt sich sagen, dass die Veränderung des Raums Gesellschaften schon immer transformiert hat. Ohne neue Transportmittel, welche die Überbrückung größerer Distanzen in kürzerer Zeit möglich machten, wäre der für die Entwicklung der Alten Welt prägende technologische und kulturelle Austausch zwischen Europa und Asien (über die Seidenstraße) in der Agrarzeit kaum erfolgt. Das Aufeinandertreffen der Alten und der Neuen Welt durch die europäischen Eroberer veränderte beide. Dieser Zusammenstoß unterschiedlicher Kulturen wurde nur möglich, weil es einer Kultur gelang, den ozeanischen Raum zu überwinden. Die ökonomische und kulturelle Globalisierung der Industriezeit wäre ohne noch schnellere, den Raum weiter verkleinernde Transport- und Kommunikationsmittel ebenfalls nicht realisierbar gewesen. Gleichzeitig wurde der Raum mit jedem neu entdeckten Kontinent stetig größer, ging die gefühlte Komprimierung des Raumes mit einer Vergrößerung des Raums einher.

Nunmehr dringen Menschen in neue Räume vor – in den Weltraum und in den virtuellen Raum. Dadurch wird der Raum, innerhalb dessen sich menschliche Aktivitäten vollziehen, abermals größer. Welche Transformationen auf die Menschheit durch diese Entwicklung zukommen bleibt natürlich ungewiss. Aber, zumindest das lässt sich mit Sicherheit vorhersagen, sie werden immens sein und Digitalgesellschaften deutlich von Industriegesellschaften abgrenzen.

Der Mensch im Digitalzeitalter: Sapiens 2.0

4

Oliver Stengel

Im Digitalzeitalter werden sich zwei historisch neue Entwicklungen beobachten lassen: zum einen die Entwicklung von Robotern, die humanoider werden, sowie die Entwicklung von Menschen, die androider werden. Roboter werden halbe Menschen und Menschen werden halbe Roboter. Das betrifft natürlich nicht alle Roboter und nicht alle Menschen, sondern jeweils Vertreter von ihnen. Was dabei aber entsteht, ist die neue Kategorie eines Wesens.

In diesem Kapitel geht es nur um Menschen und diese beginnen nicht nur mit anorganischen Bauteilen zu verschmelzen, sie wandeln sich auch organisch. Unabhängig davon, dass sich Menschen im Anschluss an die Neolithische und Industrielle Revolution *unbewusst* schon zweimal neu erfunden haben (insofern sich ihre Weltbilder und Alltagspraktiken grundlegend wandelten), wurde der „Neue Mensch" schon oft *bewusst* verkündet. Immer waren mit seiner Ausrufung neue Hoffnungen verbunden: in den Religionen das gute Leben im Jenseits, in den säkularen Ideologien das gute Leben im Diesseits. Sozialismus und Nationalismus wollten den neuen, zur Selbstlosigkeit erzogenen Menschen durch eine Neue Gesellschaft erschaffen, indes der (ökonomische) Liberalismus den Menschen selbstzentriert und die Gesellschaft dadurch besser machen wollte.[1] Eines hatten diese Versuche gemein: Sie wollten den Menschen durch Glauben oder durch soziale Strukturen zu etwas Neuem machen. Nie ging es um die Veränderung des Körpers, stets um die des Geistes.

Auch im Digitalzeitalter ist vom Neuen Menschen bzw. vom Homo sapiens 2.0 die Rede. Dieses Mal soll er durch Technik erschaffen werden. Und dieses Mal geht es um körperliche und geistige Augmentierungen, die alle bisherigen Vorstellungen davon in den Schatten stellen könnten.

---

1 Hondrich, Karl O. (2001). Der Neue Mensch. Frankfurt/M.

Bislang verwandelten Menschen ihre natürliche Umwelt, da sie, anders als das Tier, qua ihrer biologischen Mangelausstattung nicht von Natur aus an sie angepasst waren. Sie erfanden Waffen, Werkzeuge, Kleidung, Behausungen, sie wandelten Wildnis in Städte und Ackerland, wilde Tiere in Vieh und Wildnis wiederum in Viehweiden und schließlich züchteten sie sich Vieh, das ihre Bedürfnisse noch besser befriedigen konnte als das urwüchsige.

Die Umgestaltung der natürlichen Umwelt machte auch vor der genetischen Veränderung von Lebewesen keinen Halt. Schon in der Agrarzeit versuchten Menschen durch Kreuzungen Pflanzen und Tiere hervorzubringen, die ihren Bedürfnissen am besten entsprachen. Und obwohl die Kreuzungsversuche oft unbrauchbare Ergebnisse hervorbrachten und die erwünschten erst nach Jahrzehnten oder nie auftraten, sind die Resultate der genetischen Manipulationen beachtlich – man denke nur an die über hundert Hunderassen, die Menschen aus dem Genom des Canis Lupus (dem Wolf) herausgeholt haben.

Nun gestaltet der Mensch auch seinen eigenen Körper um. Physiologisch betrachtet ist der Körper des Menschen seit 200.000 Jahren der gleiche geblieben. Im Digitalzeitalter werden die Körper vieler Menschen jedoch nicht mehr im Naturzustand verharren.

Der Mensch 1.0 ist der biologische, seiner Natur noch ausgelieferte Mensch. Er wurde bislang theologisch und biologisch gedeutet. Der Mensch 2.0 fordert eine neue Deutung heraus: Der „Intelligente Designer" ist nicht mehr Gott, sondern der Mensch. Er designed sich selbst, schafft synthetische Organismen und künstliche Intelligenzformen. Er ist nicht mehr nur biologisch und schon gar nicht der Evolution und seiner natürlichen Umwelt ausgeliefert. Er kann sein Geschlecht wechseln, Fehler oder Mängel seines Körpers durch Eingriffe in sein Genom oder durch technische Implantate beheben und über das Potenzial des Menschen 1.0 hinauswachsen. Er wird schärfere Sinne haben, gesteigerte geistige Fähigkeiten und länger leben wird er auch. Kurz: Der Mensch überlässt sich nicht mehr den blinden Mechanismen der natürlichen Evolution; er nimmt seine Evolution bewusst selbst in die Hand, um seine naturgegebenen Mängel zu kompensieren. Nachdem er die natürliche Umwelt verwandelt hat und weiterhin verwandelt, greift er nun auch zielgerichtet in seine eigene Natur ein.

Das ist ein biologischer Bruch mit der Entwicklungsgeschichte der Gattung Mensch und den Mechanismen der natürlichen Evolution. „Während das Industriezeitalter zu Ende geht, erleben wir den Anbeginn einer neuen Ära der biologischen Gestaltung. Die Menschheit steht im Begriff, in eine neue Phase der Evolution einzutreten", meint Craig Venter, der mit seiner Forschergruppe als erster das menschliche Genom sequenzierte.[2]

Was dabei möglich ist, demonstrieren Eingriffe in das tierische Genom. Gegenwärtig werden durch schnelle, präzise und billige Genom-Editierungsverfahren (vor allem durch Crispr/ Cas9) gezielt Kälber ohne Hörner geschaffen; Lachse, doppelt so groß wie ihre natürlichen Pendants; Hunde mit doppelter Muskelmasse; Rinder mit größerer Muskelmasse, aber zartem Fleisch; Moskitos ohne Malariaparasiten; fettere Schweine, die weniger Futter benötigen; Minischweine, die als Haustiere verkauft werden sollen; Hühner, aus deren Eier nur weibliche Küken schlüpfen; Kashmir-Ziegen, denen längere Haare wachsen, damit diese in Pullover eingewoben werden können.[3] Die Liste ließe sich verlängern und auch das Pflanzenreich (z. B. floureszierende Pflanzen) einbeziehen. Sogar einst ausgestorbene Organismen können bald wieder ins Dasein geholt werden.

Am Anfang stand die Entdeckung des Genoms. Dann galt es, das Genom lesen zu lernen – ein Prozess, der noch nicht abgeschlossen ist. Mit Crispr kann nun aber schon das Genom eines Tieres, einer Pflanze oder das des Menschen gezielt umgeschrieben werden. Wie mit einer Schere wird dazu in die DNA eines Organismus eingegriffen, eine Gensequenz ausgeschnitten oder eine aus einem anderem Genom ausgeschnittene Sequenz zielsicher eingefügt. Das einmal durch dieses Verfahren veränderte Genom einer Spezies wird an die nächste weitergeben (die Veränderungen können allerdings auch wieder gezielt zurückgenommen werden). Über drei Milliarden Jahre wurde das Leben auf der Erde allein von den Gesetzen der natürlichen Auslese gestaltet. Im Digitalzeitalter tritt ein neues Gestaltungsprinzip daneben, mit dem Menschen Bakterien, Tieren und Pflanzen willentlich völlig neue Eigenschaften mitgeben (oder bereits ausgestorbene Arten wiedererschaffen) können.

Das Wissenschaftsjournal Science hatte das Crispr-Verfahren 2015 zum „Breakthrough of the Year" gekürt. Denn für Genetiker, Biotechnologen und Mediziner ist Crispr das Werkzeug, auf das sie lange gewartet haben, eröffnet es ihnen doch völlig neue Möglichkeiten – darunter freilich auch bedenkliche. Die hier interessierende Frage lautet jedoch, ob die Gen-Editierung auch Menschen gestalten wird. Und die Antwort lautet: Ja. Denn die Diskussion um den Einsatz der Gen-Veränderung im Menschen wird nicht allzu hitzig ausfallen. Zu verheißungsvoll sind für viele die Anwendungen in der Medizin. In den letzten Dekaden des 20. Jahrhunderts zeigte sich außerdem selbst im gewohnt kritischen Deutschland, dass die Kontroverse um

---

2 Venter, Craig (2013). Leben aus dem Labor. Frankfurt/M., S. 16
3 Harmon, Amy (2015). Open season is seen in gene editing of animals. in: New York Times, 27.11., p. A1

Grüne Gentechnik (um Gentechnik in der Landwirtschaft) groß war und dies bis heute ist, indes um Rote Gentechnik (Gentechnik in der Medizin) nach anfänglicher Skepsis kaum gestritten wurde.[4]

Die rote Gentechnik macht durch Crispr große Fortschritte: Die Weiterentwicklung des Crispr-Werkzeugs ermöglicht es sogar, einzelne Buchstaben (d. h. einzelne Basen) aus dem DNA-Code auszutauschen. Damit können fortan auch Punktmutationen korrigiert werden – z. B. Punktmutationen am APOE4-Gen, die als Risikofaktor für Alzheimer gelten.[5] Die meisten genetischen Krankheiten sind die Folge einer Punktmutation und die meisten Betroffenen werden sich gegen eine genetische Korrektur nicht aussprechen.

Vorangetrieben wird die Arbeit am Genom durch die steigende Geschwindigkeit und die sinkenden Kosten, mit denen es analysiert werden kann. Um die 3,2 Milliarden Basenpaare des menschlichen Genoms in der richtigen Reihenfolge abzulesen, war zuvor ein Jahrzehnt intensiver Forschung erforderlich. 1999 beanspruchte die Sequenzierung immerhin noch neun Monate. „Mittlerweile", schrieb Craig Venter im Jahr 2013, „hat sich die DNA-Sequenzierung bemerkenswert stark weiterentwickelt; eine Fülle neuer Methoden ist entstanden, so dass heute eine einzige Apparatur, die auf einen Labortisch passt, innerhalb eines Tages das Genom eines Menschen sequenzieren kann."[6] Noch ein weiteres Jahrzehnt und dieser Vorgang benötigt nur noch wenige Minuten. Kostete es anfangs 2,7 Milliarden US-Dollar, das menschliche Genom zu sequenzieren, bot das Unternehmen 23andMe 2015 eine Genomanalyse für 99 US-Dollar an. In den nächsten Jahrzehnten wird die Auflistung seiner Genfolge jedem unentgeltlich zur Verfügung stehen.

Die Sequenzierung des menschlichen Genoms ist nur der erste Schritt. Mit ihm ist die gesamte genetische Information des Menschen in Form einer langen Buchstabenabfolge vorhanden. Man weiß damit noch nicht, wofür all diese Gensequenzen gut sind. Man hat im Falle des Menschen einen Algorithmus vor Augen, der hundert Bücher mit je tausend Seiten umfasst und in vier Buchstaben mit kleiner Schriftgröße geschrieben wurde. Man kann ihn aber nicht präzise lesen, weil die (Programm-)Sprache, in der er geschrieben wurde, nur teilweise bekannt ist.

Ein nächster Schritt besteht folglich in der vollständigen *Entschlüsselung* des menschlichen Genoms. Bislang sind von den in den hundert Büchern verzeichneten 23.000 Genen des Menschen erst vergleichsweise wenige lokalisiert und identifiziert

---

4   Wieland, Thomas (2012). Rote Gentechnik in der Öffentlichkeit, in: M.-D.Weitze et al. (Hg.) Biotechnologie-Kommunikation. Berlin, S. 69–111
5   Komor, Alexis et al. (2016). Programmable editing of a target base in genomic DNA without double-stranded DNA cleavage. in: nature, online 20.4.
6   Venter, Craig (2013). Leben aus dem Labor. Frankfurt/M., S. 97 f.

worden. Kann man die im Zellkern gespeicherten Anweisungen aber nur teilweise lesen, kann man sie nur teilweise korrigieren und gezielt umschreiben, wenn sie Fehler enthalten.

Weltweit arbeiten jedoch Tausende von Wissenschaftlern jeden Werktag an der Entschlüsselung. Gelingt sie – und sie wird gelingen – versteht man den Algorithmus bzw. die in der Hardware Zelle gespeicherte Software vollständig. Und ist bekannt, welches Gen welche Anweisung enthält und wie es mit anderen Genen zusammenwirkt, kann eine verbesserte neue Zellsoftware für Menschen geschrieben werden. Als eine der sich daraus ergebenden Möglichkeiten wird sich die gesunde Lebensspanne des Menschen erheblich verlängern. Das impliziert, dass viele der bisher bekannten Krankheiten dann keine nennenswerten Schäden mehr anzurichten in der Lage sein werden.

Die Entschlüsselung des menschlichen Genoms ist kompliziert und wird noch einige Zeit beanspruchen. Anweisung für Anweisung bzw. Gen für Gen lernt man aber, das Buch des Menschen allmählich zu lesen, und bald wird man defizitäre Anweisungen im Genom neu programmieren können. Wie Mensch und Technik, beginnen auch Biologie und Informatik miteinander zu verschmelzen.

Zwar hilft die Gendiagnostik zu verstehen, welche ererbten Gendefekte das Risiko erhöhen, an Krebs oder anderen Krankheiten zu erkranken. Ein Auftreten dieser Defekte bedeutet allerdings nicht zwingend, dass man erkrankt, dafür können eine Reihe verschiedener Faktoren verantwortlich sein. Und doch verringert sich die Wahrscheinlichkeit zu erkranken, wenn der identifizierte Gendefekt behoben wird – und dies wird für viele Grund genug sein, die Reparatur vornehmen zu lassen.

4.1 Lebenserwartung

Als moderne Wissenschaft ist die Medizin, wie die meisten Wissenschaften, aus der Aufklärung hervorgegangen. Ohne wissenschaftliche Erkenntnisse wären die Erfindungen industrieller Technologien nicht möglich gewesen und es sind wissenschaftliche Erkenntnisse, die auch die digitale Technologie vorantreiben. Durch digitale Technologie werden wissenschaftliche Erkenntnisgewinnung und Erkenntnisverbreitung immens forciert, weshalb die Dynamik technologischer Innovationen höher als im Industriezeitalter ist. Das betrifft auch den medizinischen Fortschritt. Allein die Entzifferung des menschlichen Genoms wäre ohne Computer kaum möglich gewesen. Künftig können Zellen, Organe und Organismen in Computermodellen simuliert werden. Mit ihnen wird dann zuerst experimentiert, bevor man Versuche mit den biologischen Originalen unternimmt. Dies wird den medizinischen Fortschritt erheblich beschleunigen.

Als moderne Wissenschaft ist die Medizin erst ca. 150 Jahre alt. In dieser Zeit hat sie bedeutende Fortschritte erzielt, die u. a. dazu beitrugen, die durchschnittliche Lebenserwartung von Menschen zu verdoppeln. Vor dieser Zeit war die Geschichte der Medizin eine tragische, von unsagbarem Leid und Schmerz, von Aberglauben und Autoritätenhörigkeit geprägte Geschichte. Um sie vollends abzuschütteln, muss zunächst der aus ca. 30 Billionen Zellen bestehende Kosmos des menschlichen Körpers verstanden werden, zudem das Biotop von Mikroorganismen, das auf Menschen und in deren Wohnungen gedeiht – ein Prozess, der noch längst nicht abgeschlossen ist. Im Verlauf des Digitalzeitalters wird jedoch die Anzahl der auf der menschlichen Karte verzeichneten „weißen Flecken" beträchtlich dahinschrumpfen. Und das hat Auswirkungen auf die durchschnittliche Lebensqualität und die durchschnittliche Lebensdauer der Menschen.

Zwar steht geschrieben im Buche Genesis, dass der Herr sprach: „Mein Geist soll nicht für immer im Menschen bleiben, weil er auch Fleisch ist; daher soll seine Lebenszeit 120 Jahre betragen." Tatsächlich gibt es aber keinen biologischen Grund, der dafür spricht, dass das menschliche Leben nach Ablauf dieser Spanne tatsächlich beendet sein müsste.

Zunehmend setzt sich die Erkenntnis durch, dass der Alterungsprozess durch nach und nach einsetzende Störfaktoren ausgelöst wird, die verschiedene Prozesse in den Körperzellen beeinträchtigen. Eine alternde Zelle verliert grundlegende Fähigkeiten: Defekte Proteine werden nicht mehr beseitigt, Mitochondrien funktionieren nicht mehr richtig, die Zellen verlieren ihre Fähigkeit, auf Nährstoffe zu reagieren. Alle diese Defekte verkürzen die Lebensdauer. Bei hinreichend großer zellulärer Beeinträchtigung setzt schließlich der Tod ein. Dieser ist damit das Ergebnis einer Reihe von Schäden bzw. zellulärer Funktionsverlusten. Kann man aber Zellschäden reparieren oder bereits im Vorfeld verhindern, folgt daraus zwar keine Unsterblichkeit, die Alterung des (menschlichen) Organismus wird aber verzögert, so dass die durchschnittliche menschliche Lebensspanne über die 120 Jahre hinaus verlängert werden könnte. Tatsächlich spricht einiges dafür, dass das 21. Jahrhundert ein Jahrhundert der Hundertjährigen werden wird.[7]

Im Jahr 2012 in Deutschland geborene Jungen haben eine durchschnittliche Lebenserwartung von 77 Jahren und neun Monaten. Von 1988 bis 2012 hat sich ihre Lebenserwartung um sechs Jahre, für Mädchen um vier Jahre und neun

---

7 Welsch, Norbert (2015). Leben ohne Tod? Berlin; Arrison, Sonia (2011). 100 plus. New York

4 Der Mensch im Digitalzeitalter: Sapiens 2.0

Monate verlängert.[8] Und im Vergleich zu 1800 hat sich die durchschnittliche Lebenserwartung fast verdoppelt. Der Historiker Osterhammel berichtet: „Vor 1800 erreichte nur eine kleine Elitepopulation wie der englische Hochadel oder die Bourgeoisie von Genf männliche Lebenserwartungen von über 40 Jahren. […] Die Lebenserwartung bei der Geburt lag in Westeuropa – in der Spannweite zwischen langlebigen Schweden und kurzlebigen Spaniern – um 1820 bei 36 […]. Mehr als die Hälfte der Menschen starben, bevor sie das Erwachsenenalter erreichten. Ein Leben nach der Arbeit gab es für wenige: weder einen ‚Feierabend' nach dem Arbeitstag noch einen ‚Ruhestand' nach einer abgeschlossenen Phase der Berufstätigkeit. Der Tod kam typischerweise durch Infektionskrankheiten."[9]

Merklich erhöhte sich die durchschnittliche Lebenserwartung der Menschen weltweit erst ab 1890 (in Europa, Nordamerika und Japan) bzw. ab 1930 in den übrigen Ländern. Hygienische Verbesserungen, vor allem die Aufbereitung schmutzigen Wassers waren eine Ursache für die Verlängerung der Lebensspanne, denn das Risiko, durch eine Cholerainfektion zu sterben, wurde im 20. Jahrhundert durch die Wasserreinhaltung minimiert. Ein anderer Faktor für die Verlängerung des Lebens war die Verringerung der Luftverschmutzung, die speziell in Industriegebieten enorm war. Schmutzige Luft ist noch in der Gegenwart ein die menschliche Lebensfrist limitierender Faktor: Infolge der permanenten Luftverschmutzung haben rund 500 Millionen im Norden des Landes wohnende Chinesen, eine um durchschnittlich 5,5 Jahre verringerte Lebenserwartung.[10] Die Weltgesundheitsorganisation schätzt, dass weltweit jeder achte Mensch 2012 vorzeitig an den Folgen verdreckter Luft gestorben ist. „This finding more than doubles previous estimates and confirms that air pollution is now the world's largest single environmental health risk."[11] Heute wie im 19. Jahrhundert sind es vor allem die Emissionen von Verkehr, Kohlekraftwerken und Fabriken, die die Luft mit Schadstoffen anreichern, und hinter allen steht die Verfeuerung fossiler Brennstoffe. Werden sie global durch saubere Energieträger ersetzt, dürfte dies auf allen Kontinenten eine weitere Verlängerung der durchschnittlichen Lebensspanne nach sich ziehen (sofern sich im Gegenzug keine neue das Leben beeinträchtigende Entwicklung ereignet). Und gerade im 21.

---

8 Statistisches Bundesamt (gbe-bund.de)
9 Osterhammel, Jürgen (2009). Die Verwandlung der Welt. München, S. 257 f.
10 Chen, Yuyu et al. (2013). Evidence on the Impact of Sustained Exposure to Air Pollution on Life Expectancy from China's Huai River Policy. in: PNAS, 32, S. 12936–12941. Nach der Europäischen Umweltagentur starben 2011 in der EU 430.000 Menschen vorzeitig an den Folgen einer durch Feinstaub verschmutzten Luft (EEA 2015, S. 12).
11 WHO (2014). 7 million premature deaths annually linked to air pollution. News release, 25.3. (www.who.int)

Jahrhundert *muss* schon wegen der durch sie mitverursachten Erderwärmung die Abkehr von fossilen Energieträgern erfolgen.

Umweltfaktoren wie verschmutztes Wasser und Luftschadstoffe sind eine Ursache für physiologische Alterungsprozesse bei Organismen. Eine zweite Ursache sind *soziale Faktoren*: Wohlhabende Menschen leben im Durchschnitt länger als arme, weil sie in besseren Unterkünften leben, oft höher gebildet sind und sich gesünder ernähren (weniger Nikotin und Alkohol konsumieren) und weil sie sich eine bessere medizinische Versorgung leisten können. Auch ein sozialer Faktor ist Stress: Andrew Olenski et al. analysierten die Lebensdauer von 380 Politikern aus 17 Ländern zwischen 1722 und 2015. Dabei fanden sie heraus, dass die gewählten Regierungschefs nach ihrer letzten Amtsperiode im Durchschnitt knapp drei Jahre weniger lebten als ihre bei der Wahl unterlegenen und nie regierenden Konkurrenten. Die Belastung des Wahlsieges resultiert aus weniger Regenrationsphasen, einer höheren Verantwortung und höherem Termindruck.[12] Damit wirkt der Lebensstil eines Menschen auf sein Genom ein, denn durch Stress wird das Hormon Cortisol vermehrt ausgeschüttet und Cortisol hemmt die Reparatur der Schutzkappen der Chromosomen, die sog. Telomere.[13]

Durch jede Zellteilung, die zum Wachstum des Organismus oder zur Reparatur von Gewebe erforderlich ist, wird an den Enden der Chromosomen im Zellkern ein Stück von den Telomeren abgeschnitten. Fehlte diese Schutzkappe, würden Gene abgeschnitten und die verbleibenden Chromosomenenden bei der nächsten Zellteilung zufällig miteinander verbunden werden, um die vermeintlichen Brüche zu reparieren. Durch unzusammenhängende Chromosomen und fehlende Gene wäre die Funktionsfähigkeit der Zelle gestört und sie stirbt.

Das verhindern Telomere, da sie und nicht Gene abgeschnitten werden und die Chromosomen intakt bleiben. Mit steigendem Alter, d. h. mit der steigenden Anzahl an Zellteilungen verkürzen sich die Telomere jedoch zunehmend, weil sie sich nur schlecht regenerieren (und durch Cortisol noch schlechter). Die Länge der Telomere wird von der Zelle genau gemessen, und wenn eine kritische Länge unterschritten wird, hört die Zelle auf sich zu teilen, da sonst die Gefahr der wahllosen Chromosomenverknüpfung besteht. Folglich stirbt sie, folglich sind *zelluläre Faktoren* eine dritte Ursache fürs Altern – und sie sind der Faktor mit dem meisten Gewicht, wenn es um die Verlängerung der menschlichen Lebensspanne geht.

---

12 Olenski, Andrew et al. (2015). Do heads of government age more quickly? Observational study comparing mortality between elected leaders and runners-up in national elections of 17 countries. in: British Medical Journal, 351

13 Epel, Elissa et al. (2004). Accelerated telomere shortening in response to life stress. in: PNAS, 49, S. 17312–17315

Denn auch bei adulten Stammzellen verkürzen sich die Telomere. Ihre Aufgabe ist es, neue Gewebezellen für Blut, Haut, Knochen oder Organe zu bilden, irgendwann aufhören, Nachschub zu liefern. Ein Lieferstopp bedeutet, dass der Körper mit den Gewebezellen auskommen muss, die ihm noch zur Verfügung stehen, und auch diese stellen nach und nach ihre Tätigkeiten ein, was sich als Alterungsprozess bemerkbar macht. Der zunehmende Niedergang und Verlust von Zellen führt dann zu einem kontinuierlichen Funktionsverlust von Geweben und Organen.

Das bedeutet allerdings umgekehrt: Kann die Regenerationsfähigkeit der Telomere erhöht werden, zögert dies den Tod der Zelle hinaus. Und damit können nun wiederum Eingriffe in die Chromosomen, also in das Genom, die zellularen Effekte eines stressigen Lebensstils kompensieren.

Zellbiologen der Universität Stanford ist es gelungen, die Telomere durch Interventionen im Zellkern um über zehn Prozent zu verlängern, was die innere Uhr einer Zelle zurückdreht. Sie kann sich nun also häufiger als eine unbehandelte Zelle teilen.[14]

Das Altern lässt sich auf diese Weise zwar nicht aufhalten, da sich die Telomere der behandelten Zellen zwei Tage nach ihrer erfolgten Verlängerung wieder mit jeder Zellteilung zu verkürzen beginnen, jedoch um Jahre hinauszögern. Und schließlich sind die Telomere ja nur ein Element der komplexen Veränderungen, die Alterungsprozesse verursachen.

Denn Zellen verlieren mit zunehmendem Alter und unabhängig von den Telomeren auch die Fähigkeit, auftretende Schäden in ihrer DNA zu reparieren. Normalerweise übernehmen Reparatur-Gene diese Aufgabe. Sind jedoch gerade diese Gene nicht mehr funktionsfähig, mehren sich zellinterne Fehler, werden Zellfunktionen gestört und die Zelle stirbt. Mittlerweile konnten aus den ca. 23.000 Genen eines Menschen rund 60 Reparatur-Gene identifiziert werden.[15] So lange diese Gene intakt und aktiv bleiben, können sie eine jugendliche Gesundheit aufrechterhalten und die Lebensspanne eines Menschen entsprechend steigern. Wer die Gen-Reparateure sind, ist bekannt, auf welche Weise sie die DNA reparieren ebenfalls. Wie aber können die Gen-Reparateure repariert werden? Das ist noch nicht bekannt. Ändert sich das, hat man ein Mittel in der Hand, um das gesunde Leben von Menschen zu verlängern.

Einen anderen Weg, sich der Entschlüsselung des Alterns und der Verlängerung der menschlichen Lebensspanne zu nähern, wählten Forscher aus Jena und Zü-

---

14 Ramunas, John et al. (2015). Transient delivery of modified mRNA encoding TERT rapidly extends telomeres in human cells. in: The FASEB Journal, 5, S. 130–139
15 Słabicki, Mikolaj et al. (2010). A Genome-Scale DNA Repair RNAi Screen Identifies SPG48 as a Novel Gene Associated with Hereditary Spastic Paraplegia. in: PLOS Biology, 6

rich. Sie untersuchten die Genome von Maus, Zebrafisch und einem Fadenwurm systematisch auf jene Gene, die mit dem Alterungsprozess in Verbindung stehen und in allen drei Arten vorkommen. Die dabei identifizierten 30 Gene befinden sich alle auch im Menschen. Blockiert man nur eines dieser Gene, verlängert man die gesunde Lebensspanne von Versuchstieren und wahrscheinlich auch die des Menschen. Bei einem Dutzend dieser Gene wirkte ihre Blockierung um mindestens fünf Prozent lebensverlängernd. Dabei stellte sich eines dieser Gene, das bcat-1-Gen, als besonders einflussreich heraus: Wurde dessen Wirkung blockiert, nahm die mittlere Lebensspanne des Fadenwurms um bis zu 25 Prozent zu, während seine Gesundheit erhalten blieb.[16]

Ein wiederum anderes Verfahren zur Verlängerung der Lebensdauer setzt bei „seneszenten Zellen" an. Damit werden nicht mehr reparable Körperzellen bezeichnet, die stillgelegt wurden, um sich nicht weiter teilen und ihre Fehler reproduzieren zu können. Sobald diese Notbremse jedoch betätigt wurde, sind die stillgelegten Zellen nicht mehr notwendig. Entsorgt werden sie jedoch auch nicht – und das ist ein Problem, denn Hinweise deuten an, dass die Anreicherung solcher Zellen die Organfunktionen stören und Diabetes, Nierenschwäche und Krebs begünstigen können, denn sie scheiden Stoffe aus, die dem Gewebe Schaden zufügen. In einer Studie blieben Mäuse um 25 Prozent länger am Leben und länger gesund, sobald diese seneszenten Zellen entfernt wurden.[17] Noch funktioniert dies nur bei Labormäusen, theoretisch denkbar ist jedoch ein ab dem 40. Lebensjahr alle paar Jahre einzunehmendes Medikament, dass die sich nun ansammelnden, inaktiven Zellen nebenwirkungsfrei abtransportiert.

Und schließlich entwickelt sich das Verfahren, ganze Körperteile – z. B. Organe – durch neue zu ersetzen, die aus körpereigenem Stammzellen und 3D-Druckern stammen. Wie sich ein Auto theoretisch über Jahrhunderte erhalten lässt, wenn man seine defekten Bauteile durch neue ersetzt, können auch menschliche Bauteile erneuert und verjüngt werden. Die innere Verjüngung der Organe (in vivo) ist allerdings eleganter, weil weniger invasiv, als die Transplantation regenerierter Organe (in vitro) – und in diese Richtung scheint denn auch eine weitere Entwicklung zu gehen: „One interesting direction", schreiben die Mediziner Sean Murphy und Anthony Atala in ihrem wegweisenden Aufsatz zu den Möglichkeiten des Bioprinting, „is the potential integration of 3D bioprinters into minimally invasive, robotic surgical

---

16 Mansfeld, Johannes et al. (2015). Branched-chain amino acid catabolism is a conserved regulator of physiological ageing. in: Nature Communications, 6
17 Baker, Darren et al. (2016). Naturally occurring p16^{Ink4a}-positive cells shorten healthy lifespan. in: nature, 530,
S. 184–189

tools. A combined robotic surgical tool and 3D bioprinter might be able to remove and replace tissues during the same surgery or perhaps be applied to accelerate the healing of the tissues removed by the surgical intervention."[18] Aber schon das in vitro-Verfahren rettet und erleichtert künftig zahlreichen Menschen das Leben, die auf einer langen Warteliste für die Transplantation von Spenderorganen stehen. Es wird die durchschnittliche Lebenserwartung weiter erhöhen und nicht zuletzt wird dieses Verfahren das Ende der „Organmafia" sein.

Die erwähnten Beispiele zeigen, dass Alterungsprozesse zunehmend besser verstanden und umgangen werden können, Alterungsprozesse eher eine prinzipiell therapierbare Krankheit zu sein scheinen und Zellbiologen die Bestandteile einer Art Anti-Aging-Therapie sukzessive zusammentragen.[19] In der Tat könnte eine solche Therapie, die noch dazu individualisiert ist, im 21. Jahrhundert entwickelt werden. Menschen, die sie dann einnehmen, werden nicht nur erheblich älter, sie bleiben dabei auch gesund. Gibt es diese Therapie erst einmal, kann sie unmöglich nur einer oberen sozialen Schicht zugänglich gemacht werden, da die sozialen Unruhen sonst erheblich würden. Ihr Zugang müsste folglich – etwa mit Verweis auf Artikel 3 und 25 der Menschenrechte – rasch demokratisiert werden.

Die Chancen stehen gut, dass Menschen, die um das Jahr 2010 geboren wurden, dieses Therapeutikum im Verlauf ihres Lebens werden anwenden können. Und womöglich werden Forscher im Verlaufe ihrer nunmehr erweiterten Lebensspanne weitere Entdeckungen machen, die den Alterungsprozess verlangsamen, so dass sie auch von diesen Erkenntnissen profitieren und noch älter werden können.

Parallel dazu wird die Leistung des menschlichen Immunsystems verbessert werden. Das Immunsystem ist zwar ein erstaunliches, komplexes und selbstlernendes System – gegen viele Krankheiten wie z. B. Krebs ist es aber chancenlos. Immunzellen (T-Zellen) lassen sich genetisch allerdings so verändern, dass sie gezielt „Jagd" auf (bestimmte) Krebszellen machen und sie vernichten. Dazu werden einem Patienten T-Zellen entnommen und ihrem Genom neue Instruktionen einprogrammiert, so dass sie Krebszellen aufspüren können. Anschließend werden sie dem Patienten wieder in den Blutkreislauf zugeführt. Diese Methode wurde bereits erfolgreich erprobt und sie ist erst der Beginn einer neuen Ära des Immunzellen-Engineerings.

---

18 Murphy, Sean/Atala, Anthony (2014). 3D bioprinting of tissues and organs. in: Nature Biotechnology, 8, S. 773–785
19 Ray Kurzweil geht davon aus, dass irgendwann im 21. Jahrhundert Nanobots diese und andere Aufgaben übernehmen werden. Nanobots sind „Roboter mit der Größe von Blutzellen, die durch unsere Blutbahn wandern, Krankheitserreger eliminieren, Abfall beseitigen, DNA-Fehler korrigieren und den Alterungsprozess umkehren" (Kurzweil, Ray 2014. Der Mensch, Version 2.0, in: Spektrum der Wissenschaft Spezial, 3, S. 6–11).

Langfristig könnten T-Zellen durch Eingriffe in ihr Genom so frisiert werden, dass sie eine ganze Palette von Viren, Bakterien und beschädigten Zellen identifizieren und eliminieren können. In der Folge wird eine Reihe von Krankheiten, die für den Menschen bislang tödlich waren, ungefährlich.[20] Auch dadurch verlängert sich die durchschnittliche gesunde Lebensspanne des Menschen und sie verlängert sich weiter, wenn die Telomere der T-Zellen regeneriert werden.

Parallel dazu wird die menschliche Zelle auch außerhalb ihres Kerns immer besser verstanden. Das Forschungsziel ist, eine Art Stadtkarte der menschlichen Zelle zu entwerfen, auf der verzeichnet ist, welche „Stadtbewohner" wo verortet sind, wie sie sich aus welchem Grund bewegen, mit wem sie worüber kommunizieren. Auf diese Weise lassen sich die Prozesse in kranken Zellen exakt nachvollziehen und Therapien entwickeln. Viele Bewohner einer Zelle wurden bereits identifiziert, über die Wechselwirkungen mit ihrer „Stadt" ist jedoch oft wenig bekannt. Die perfekte Simulation einer Zelle könnte in den kommenden Jahrzehnten aber konzipiert werden und mit ihr gelingt dann die zielsichere Beeinflussung einer Zelle.

All diese verschiedenen Fortschritte lassen erahnen, dass Menschen bald die Leiden vieler Krankheiten und die Leiden des Alters weitgehend erspart bleiben werden. Sie werden länger gesund leben und gewissermaßen mehrere Leben in einem führen können, da sie nach einer „Karriere" eine ganz andere beginnen und sich neu ausprobieren können. Sie werden ihr erstes Kind vielleicht mit 70 Jahren zeugen oder gebären, einen immensen Erfahrungs- und Wissensschatz anhäufen, einen großen Bekanntenkreis aufbauen und sie werden vermutlich entschleunigter leben können. Sie werden sich von den Menschen des Industriezeitalters so sehr unterscheiden, wie sich diese von den Menschen der Altsteinzeit unterschieden haben.

Aus dieser eigentlich erfreulichen Entwicklung resultiert das theologische Problem, dass der Mensch dabei ist, übermenschlich und übernatürlich zu werden, dass er nicht länger bleibt „wie Gott ihn schuf", dass er sogar „Gott spielen" und fast nach Belieben in die eigene Natur und in die Natur anderer Organismen eingreifen kann. Ja, sogar den Tod wird er hinauszuzögern fähig sein. Dies hat Folgen für die religiöse Institution der Ehe, denn zunehmend weniger Menschen werden sich auf das „bis dass der Tod euch scheide" einlassen wollen, wenn sie davon ausgehen können, bei voller Gesundheit 150 Jahre oder älter zu werden.

Aus der verlängerten Lebensspanne resultiert auch das soziologische Problem, wie eine scheinbar schon jetzt überbevölkerte Weltgesellschaft organisiert und ihre Ernährung gesichert werden könnte, wenn die Bürger im Durchschnitt signifikant älter werden und die Weltbevölkerung zahlenmäßig folglich größer wird, die pla-

---

20 Regalado, Antonio (2016). Genetically engineers immune cells are saving the lives of cancer patients. in: MIT Technology Review (technologyreview.com)

netaren Grenzen aber nicht (weiter) überschritten werden sollten. Sollte tatsächlich absehbar sein, dass sich die Lebensqualität aller verschlechtert, wenn sich das Leben aller verlängert, wären lebensverlängernde Maßnahmen nicht wünschenswert.

Nachdem Ortega y Gasset den AUFSTAND DER MASSEN vollendet hatte, war es im Europa der 1930er Mode, über die „Massengesellschaft" zu philosophieren. Damals lebten zwei Milliarden Menschen auf der Erde. 2030 werden es wohl über acht Milliarden sein und bis 2050 wird die Menschheit wahrscheinlich um zwei weitere Chinas bereichert werden. Die Massengesellschaft hat dann ein vollkommen neues Format, das durch die Verlängerung der durchschnittlichen Lebenszeit sogar noch größer werden könnte. Wie kann das Zusammenleben so vieler Menschen im 21. Jahrhundert gelingen?

In seinem Bestseller DIE WELT OHNE UNS, demonstrierte Alan Weisman die Regenerationsfähigkeit der Natur: Binnen eines erdgeschichtlichen Wimpernschlags sind die Artefakte der menschlichen Zivilisation – Städte, Straßen, Staudämme – von der Oberfläche verschwunden, so sie kein Mensch vor der beständig anrückenden Wildnis bewahrt. Ebenso rasch, nach ca. 100.000 Jahren, verschwunden sind die destruktiven Einwirkungen der menschlichen Zivilisation auf die natürliche Umwelt. Zwischen den Zeilen machte er damit deutlich, dass man sich um die Zukunft der irdischen Natur weit weniger sorgen muss als um die Zukunft der Menschheit.[21]

In seinem nachfolgenden Buch COUNTDOWN setzte sich Weisman darum mit der Frage auseinander, wie die Welt *mit uns* möglich sein könnte. Nun ging es ihm nicht um die *unbevölkerte*, sondern um die seiner Ansicht nach *überbevölkerte* Erde. Je mehr die Weltbevölkerung im 21. Jahrhundert zahlenmäßig anschwillt (gegenwärtig nimmt sie alle fünf Tage um eine Million Menschen zu), desto größer die Wahrscheinlichkeit, dass die Zivilisation und mit ihr der menschliche Populationsbestand einbricht. „Ob es uns passt oder nicht: Dieses Jahrhundert wird höchstwahrscheinlich entscheiden, welches die optimale Bevölkerungszahl für unseren Planeten ist", so Weisman.[22]

Zwar ist die von Weisman geschwungene Knute der großen Zahl von erheblicher Bedeutung – vor allem in Ländern, die ein hohes Bevölkerungswachstum, aber Ökosysteme mit nur geringer Bioproduktivität haben. Auch – darauf weist der Historiker Christopher Bayly hin –, verdankte Europa seinen Aufstieg im 18. Jahrhundert u. a. der Möglichkeit, seinen Bevölkerungsüberschuss in die Überseekolonien exportieren und damit zu Hause jene Probleme reduzieren zu können, die damals von einem zu hohen Bevölkerungsdruck auf die Landwirtschaft, den Lebensstandard

---

21 Weisman, Alan (2009). Die Welt ohne uns. München
22 Weisman, Alan (2013). Countdown. München, S. 57

und die soziale Ordnung ausgingen. Ein zu hoher Bevölkerungsdruck war dagegen ein Grund, der den Aufstieg asiatischer Gesellschaften in jener Zeit behinderte.[23] Entscheidender als die Frage, *wie viele* Menschen auf der Erde leben, wird jedoch die Frage sein, *wie* sie auf der Erde leben. Sie können mit den irdischen Ressourcen wie bisher verschwenderisch umgehen oder verantwortungsbewusst (z. B. durch suffiziente Lebensstile und durch Sharing). Gerade bei der Produktion und beim Konsum von Lebensmitteln ist die Menschheit gegenwärtig noch sehr ineffizient.[24] Und schließlich könnten die Menschen Wege finden, ihre Basisbedürfnisse so zu befriedigen, dass sie dabei kaum noch in Ökosysteme eingreifen müssen (siehe Kapitel 9).

Gleichwohl wird über eine Form der Geburtenkontrolle zu diskutieren sein, denn unbedenklich kann sich die menschliche Bevölkerung auch bei wesentlich effizienterem Umgang mit den natürlichen Ressourcen nicht vermehren. Zu erwarten ist folglich, dass sich der Zeitpunkt des ersten Kindes stetig „nach hinten" verschieben wird. Im Tausch gegen ein längeres, gesundes Leben wird dies aber wohl keine Zumutung sein.

4.2 Enhancement

Menschen werden im Durchschnitt nicht nur länger gesund und länger leben können, sie werden das Spektrum ihrer körperlichen Möglichkeiten zusätzlich erweitern können. Die Kluft zwischen Menschen des Industrie- und des Digitalzeitalters wird auch darum sehr auffällig.

Wie zwischen einzelnen Zeitaltern besteht aber auch zwischen Menschen 1.0 und 2.0 ein Übergangsfeld. Im Grunde können sich Menschen schon durch das Tragen einer Brille (die bereits im Mittelalter erfunden wurde) oder eines elektrischen Hörgerätes (erfunden 1898) von ihren körperlichen Mängeln emanzipieren und beide Sinne wieder schärfen.

Was die Verbesserung auch des unbeeinträchtigten Seh- und Hörsinns angeht, gibt es drei Möglichkeiten, dies zu tun: Man lässt erst gar nicht zu, dass hier ein Defekt entsteht, man repariert den Defekt, der zur Seh- und Hörschwäche geführt hat oder man integriert Technik in Auge oder Ohr, um beide über die bestmögliche natürliche Leistungsfähigkeit hinaus zu steigern. Menschen könnten dann

---

23 Bayly, Christopher (2008). Die Geburt der Modernen Welt. Frankfurt/M
24 Engler, Steven et al. (2016). Regional, innovativ und gesund: Nachhaltige Ernährung als Teil der Großen Transformation. Göttingen, S. 281 ff.

Augen wie ein Adler und Ohren wie ein Luchs haben oder über Adler und Luchs weit hinausgehen.

Der Mensch 2.0 wird sich nicht allein durch biologische Eingriffe ins sein Genom verändern, sondern auch durch die Integration (digital-)technologischer Bauteile in seinen Körper und vielleicht auch durch nanotechnologische Interventionen. Vielleicht werden sich Menschen in den nächsten 200 Jahren so sehr upgraden, dass sie mit den durch die natürliche Evolution geformten Menschen 1.0 kaum noch etwas gemein haben werden. Die körperlichen und geistigen Fähigkeiten der Menschen 2.0 werden, nach heutigen Maßstäben bemessen, übernatür*liche* sein. „Der Mensch als Kulturwesen geht über die Natur hinaus, über das, was aus ihr heraus vorhanden und möglich ist, er fährt, fliegt, benutzt Computer. Es wäre merkwürdig, wenn er diese informationstechnischen Möglichkeiten nicht auf sich selbst, auf seinen Körper und Geist, projizieren würde", meint der Informationsethiker Oliver Bendel.[25] Der Anwendung solcher Möglichkeiten stehen Barrieren Weg, die von technischen Vorbehalten bis zur Vorstellung reichen, der Mensch würde sich unzulässigerweise von seiner Natur entfremden (siehe Kapitel 4.3). Dieses kulturelle Unbehagen könnte sich jedoch mit jeder kommenden Generation abschwächen, wenn Vorzüge der Veränderungen offensichtlich werden sollten. Denn historisch betrachtet, haben sich Gruppen in der Bevölkerung bisher immer gegen neue Technologien gewehrt, sie aber letztlich akzeptiert, wenn sie ihrem Wohl dienten.

Genome sind bewundernswerte von natürlichen Mechanismen in langen Zeiträumen geschaffene Instruktionsketten. Und doch kann das unbewusst Entstandene bewusst verbessert werden. Neue Instruktionen können eingefügt, alte präzisiert, erweitert oder gar gelöscht werden, so sie sich als kontraproduktiv erwiesen haben. All das wird geschehen. Die ersten Babys mit künstlich verändertem Genom werden in den nächsten Jahrzehnten geboren werden und in der zweiten Hälfte des 21. Jahrhunderts werden Neugeborene immer weniger angeborene Gendefekte haben. Wahrscheinlich werden dann aber auch immer mehr Kinder mit bewusst veränderten Genvarianten auf die Welt kommen – Genvarianten, die ihre Muskel- oder Geisteskraft oder Ausdauer erhöhen, sie vor einer Krankheit schützen oder ihre Lebenszeit verlängern. Dabei kann es vorkommen, dass dem menschlichen Genom tierische oder bakterielle Genabschnitte zugefügt werden und Menschen damit streng genommen Mischwesen werden. Befürworter pränataler genetischer Eingriffe werden viele Eltern sein, die ihrem Kind ein möglichst gutes, erfolgreiches und leidbefreites Leben ermöglichen möchten. Biologisch oder technologisch unveränderte Menschen wird es auch in Jahrhunderten noch geben. Es könnte

---

25 Bendel, Oliver (2015). Human Enhancement aus ethischer Sicht. in: Technikfolgenabschätzung – Theorie und Praxis, 2, 75–82, S. 81

aber sein, dass die Mehrheit einst über sie raunen wird, wie die heutige Mehrheit über die rund drei Millionen Angehörigen unkontaktierter Völker raunt, die noch immer auf der Stufe der Jäger und Sammler verweilen.

Die Erweiterung menschlicher Möglichkeiten und die Steigerung der menschlichen Leistungsfähigkeit werden unter dem Begriff *Human Enhancement* diskutiert. Verwirklicht werden kann dieses Enhancement durch genetische, pharmazeutische oder technologische Optionen. Technologie kann dabei entweder in den Körper oder in die Kleidung integriert werden.

Mit dem Körper *extern* verbundene Technologie ist interessant, wenn es um die Steigerung physischer Fähigkeiten, d. h. um die Erhöhung der Muskelkraft geht. So können Menschen mittels angelegter Exoskelette oder Kraftanzüge schneller und ausdauernder marschieren oder schwerere Lasten tragen. Prototypen existieren bereits und werden gegenwärtig vor allem im militärischen oder therapeutischen Sektor verwendet.

In den Körper implantierte Technologie ist dagegen interessant, wenn es um die Steigerung psychischer Fähigkeiten geht. Menschen mit Cochlea-Implantaten können schon heute in manchen Bereichen besser hören als Menschen, denen ein solches Implantat nicht in den Kopf integriert wurde. Das Implantat lässt sich wunschgemäß auf verschiedene Modi einstellen: Man kann störende Hintergrundgeräusche unterdrücken oder Hintergrundgeräusche verdeutlichen, indes vordergründige Geräusche herausgefiltert werden können. Außerdem lassen sich natürlich alle Geräusche abstellen, wenn man ungestört arbeiten oder schlafen möchte.

Gegenwärtig benötigt man noch einen externen Apparat wie ein Smartphone oder eine spezielle Brille, um Zugang zur Augmented Reality, einen Computer, um Zugang zum Internet, oder ein „Navi", um Zugang zu Karten und GPS-Satelliten zu erhalten. Die fortschreitende technologische Entwicklung kann ein Retina-Implantat hervorbringen – ein Mikrochip im Auge oder in der Kontaktlinse –, das AR- und Navigationsinformationen genauso ins Sichtfeld einblendet wie das Internet oder sprachliche Übersetzungen.

Ein implantierter Universalübersetzer ist gewiss eine der bahnbrechendsten Innovationen, die mittelfristig zu erwarten sind. Seit sich menschliche Gemeinschaften nach ihrem Auszug aus Ostafrika auseinandergelebt haben, haben sie eigene Kulturen und Sprachen hervorgebracht. Untereinander kommunizierten die Angehörigen einer Gemeinschaft in einer Sprache, die sie von anderen abgrenzte. Die dadurch entstandene Vielfalt der Sprachen ist bis in die Gegenwart eine der größten Barrieren gewesen, die Menschen auf Distanz gehalten, ihr gegenseitiges Verständnis erschwert und eine Zusammenarbeit oft verhindert hat.

Zwar hat sich Englisch als Weltsprache vor hundert Jahren etabliert, doch wird Englisch lediglich von einem Vierzehntel der Weltbevölkerung (527 Millionen Menschen) als Muttersprache gesprochen.

Im Jahre 2015 wurden auf der Erde 7.102 Sprachen gesprochen. Freilich wurden die meisten von ihnen nur von Angehörigen kultureller Minderheiten zur Verständigung genutzt. Auf ganze drei Prozent der Weltbevölkerung gingen zu diesem Zeitpunkt 96 Prozent der weltweiten Sprachenvielfalt zurück, denn die meisten Sprachen wurden nur von wenigen Menschen gesprochen und sie sterben nach und nach aus. So wurden um 2015 allein 2.000 Sprachen von weniger als 1.000 Muttersprachlern verwendet. Etwa 1,5 Milliarden Menschen, das sind etwa 20 Prozent der Menschheit, lernen oder lernten Englisch als Fremdsprache – und dennoch wird Englisch nur von rund zwei Milliarden Menschen, einer planetaren Minderheit, erlernt oder als Muttersprache gesprochen.[26]

Dagegen wuchsen zwei Drittel der 7,2 Milliarden Menschen, die 2015 den Planeten bevölkerten, mit einer von zwölf Sprachen als Muttersprache auf (der Reihenfolge ihrer quantitativen Bedeutung nach waren dies: Chinesisch, Hindi, Englisch, Arabisch, Spanisch, Russisch, Bengalisch, Portugiesisch, Deutsch, Japanisch, Französisch, Italienisch). Während diese Sprachen die kommenden Jahrzehnte überdauern werden, verschwinden Tausende andere.

Man mag den kulturellen Verlust beklagen, der durch die Reduktion der Sprachenvielfalt entstehen wird. Und in der Tat zeugen die vielen Sprachen, dass Menschen über 7.000 (und, die gesamte Menschheitsgeschichte berücksichtigend, noch viel mehr) Wege gefunden haben, miteinander zu kommunizieren. Nimmt diese Vielfalt ab, ergeben sich aber auch Gewinne, wenn Menschen besser miteinander kommunizieren, besser Vorurteile abbauen und besser miteinander kooperieren können.

Mag die Vielfalt der Sprachen nicht gänzlich verschwinden, eine Menschen trennende Barriere wird sie im Verlauf des Digitalzeitalters nicht mehr sein. Auf welche Weise das babylonische Sprachengewirr in den nächsten Jahrzehnten abgeschafft wird, ist sekundär: etwa durch Kontaktlinsen oder Retina-Implantate, welche die Übersetzung einer fremden Sprache in Echtzeit wie einen Untertitel in das Sichtfeld einblenden oder durch in beide Ohren implantierte Geräte, die durch die Energie des menschlichen Körper gespeist werden und die Schallreize einer fremden Sprache übersetzen, in neuronale Impulse umwandeln und in Echtzeit ans Gehirn weiterleiten, sodass die Übersetzung mit der Stimme des Sprechers gehört wird.

Entscheidend ist: Das Sprachengewirr wird im Digitalzeitalter durch Programmiersprachen abgeschafft. Sicher sind dazu noch beträchtliche Schwierigkeiten zu

---

26 Noack, Rick/Gamio Lazaro (2015). The World's languages in 7 maps and charts. in: The Washington Post, 23.4.

überwinden, aber die sind überwindbar. An Universalübersetzern wird schon seit einiger Zeit geforscht – und sie werden besser, wenngleich sie gegenwärtig noch unbefriedigend sind. Die ihnen inhärente Übersetzungssoftware wird stetig akkurater und eines nicht mehr allzu fernen Jahres die fließende Übersetzung einer Sprache in eine andere ermöglichen.

Eine alternative Methode besteht im Erlernen einer oder mehrerer Muttersprachen durch Roboter. 2016 startete das mehrjährige Projekt „L2TOR", in dem Informatiker, Pädagogen und Sprachwissenschaftler aus mehreren Universitäten kooperierten. Ihr Ziel ist es herauszufinden, wie interaktive Roboter genutzt werden können, um Kindern zwischen vier und sechs Jahren eine Zweitsprache zu vermitteln.[27] Unabhängig vom Erfolg dieses Projektes fällt es leicht sich vorzustellen, dass künftig in vielen Familien niedliche Bots Kindern spielerisch eine weitere Muttersprache vermitteln könnten, da sie nur in dieser mit ihnen kommunizieren.

Was würde es bedeuten, wenn sich nahezu jeder Mensch mit jedem anderen verständigen könnte und Missverständnisse lediglich durch kulturelle, nicht aber durch sprachliche Unterschiede begründet wären? Zunächst müsste niemand mehr aktiv und über Jahre hinweg eine Fremdsprache erlernen. Dann wächst die Menge der nunmehr verfügbaren Informationen enorm an. Jeder in den 50 wichtigsten Sprachen geschriebene Text und jedes in ihnen gesprochene Wort könnte nun verstanden werden. Berufe, die Fremdsprache lehren oder übersetzen, würden redundant. Für die Wissenschaft wäre ein Universalübersetzer ein Vorteil, da nun mehr Wissenschaftler besser zusammenarbeiten könnten. Zwischen Menschen stünden nun keine sprachlichen Barrieren mehr, sondern nur noch kulturelle. Die Mobilität würde zunehmen, denn bislang ist es die Sprachbarriere, die viele davon abhält, in ein anderes Land umzuziehen. Menschen aus allen Ländern könnten im Internet kooperieren und auf Plattformen gemeinsam Ideen und Dinge entwerfen oder verbessern, was eine Bottom up-Ökonomie (siehe Kapitel 7) immens vorbringen würde. Zwar wächst die Menschheit schon seit Jahrtausenden allmählich zusammen, ein Universalübersetzer würde diesen Prozess jedoch beschleunigen.

Ein Universalübersetzer könnte schon ein Element des Neuro-Enhancement sein, das die kognitive Kapazität des Menschen steigert. Es ist die Königsdisziplin des Enhancement.[28] Bislang wird die menschliche Gedächtnisleistung oder die Informationsverarbeitungskapazität vor allem medikamentös zu verbessern versucht.

Das Wissenschaftsjournal Nature führte 2008 eine anonyme Umfrage unter seiner Leserschaft durch, in der nach der Einnahme kognitiver Dopingmittel

---

27 Belpaeme, Tony et al. (2015). L2TOR – Second Language Tutoring using Social Robots. in: Proceedings of the ICSR 2015 Wonder Workshop
28 Rögener, Wiebke (2014). Hyper-Hirn. München

gefragt wurde. Das Ergebnis: 20 Prozent der Befragten gaben an, solche Mittel (verschreibungspflichtige Medikamente) einzunehmen, um die eigene Konzentration und Merkfähigkeit zu erhöhen.[29] „Nach offiziellen Schätzungen", schreibt Gary Stix, „nutzten im Jahr 2007 mehr als 1,6 Millionen US-Bürger Medikamente als Neuroenhancer, die eigentlich für die Behandlung der Aufmerksamkeitsdefizit-Hyperaktivitätsstörung (ADHS) verschrieben werden. Dazu gehören Methylphenidat (Handelsname Ritalin), die Amphetaminpräparate Adderall und Benzedrin sowie Modafinil (Provigil, Nuvigil). An einigen Universitäten gab ein Viertel der Studenten an, diese Präparate schon einmal geschluckt zu haben."[30] Neuro-Enhancement ist damit für viele bereits gängige Praxis, obwohl die gesundheitlichen Nebenwirkungen der bisherigen Mittel teils beträchtlich sein können.

Ein guter Teil dieser Menschen würde vielleicht auch Hirnimplantate befürworten, so sie zuverlässig funktionieren. Und warum nicht? Kaffee oder bestimmte Teesorten steigern die kognitive Leistung ebenfalls und sind genau deswegen weltweit beliebt. Und unabhängig ob sie es aus Gutmenschentum oder Geltungsdrang tun: Findet ein Forscherteam, bestehend aus kognitiv verbesserten Forschern, ein effektives Verfahren, zur Ausschaltung von Krebszellen, ist das ein Vorteil für alle. Es ist dagegen ein Nachteil für alle, wenn ihnen Möglichkeiten einfallen (auf die sie ohne verbesserte Hirne nicht gekommen wären), die der Menschheit Schaden zuzufügen.

Wie Eric Schmidt schreibt, hat auch das Internet „das Potenzial, gewaltigen Fortschritt zu bewirken und furchtbaren Schaden anzurichten".[31] Es wird beides tun. Es wird Fortschritt und Schaden bewirken und das wird Neuro-Enhancement ebenfalls. Zumindest bisher dürfte der Fortschrittsaspekt beim Internet aber überwogen haben. Mehr als die Technologie entscheidet die Moral der Anwender über die Konsequenzen ihrer Nutzung, so dass neue Möglichkeiten mit der institutionalisierten Ausbildung eines erhöhten Verantwortungsbewusstseins einhergehen müssen.

Das pharmazeutische Neuro-Enhancement wird vermutlich nur die erste Stufe sein. Auf der zweiten sind Neuroimplantate zu erwarten, d. h. in das Gehirn implantierte Chips, welche die kognitiven Fähigkeiten der Menschen mehr als auf der ersten Stufe steigern können. Daraus werden sich neuartige Probleme ergeben: Durch Neuroimplantate kann sich nämlich die Persönlichkeit verändern. Das kann bei der Therapie von psychiatrischen Erkrankungen gewollt sein. Kompliziert

---

29 Maher, Brendan (2008). Poll results: look who's doping. in: Nature, 452 (auf: nature.com)
30 Stix, Gary (2014). Doping für das Gehirn. in: Spektrum der Wissenschaft Spezial, 3, 12–19
31 Schmidt, Eric/Cohen, Jared (2013). Die Vernetzung der Welt. Rowohlt, S. 13

wird es jedoch, wenn eine solche Veränderung eine ungewollte Nebenwirkung ist. Ist eine Technologie noch nicht ausgereift, treten regelmäßig ungewollte Nebenwirkungen auf – und das ist auch bei Neuroimplantaten zu erwarten, die in Erwachsene integriert werden.

Eine aus lauter Genies bestehende Gesellschaft wäre für manche überdies ein Alptraum. Gleichwohl wären die meisten Menschen nur zu gerne selbst eins. Es ist jedoch für die Begründung des Digitalzeitalters nicht entscheidend, dass alle oder die meisten Menschen von einer solchen Option Gebrauch machen werden. Entscheidend ist, dass manche ganz sicher von ihr Gebrauch machen werden. Sie sind dann ein kategorial neues Phänomen. Sie sind ein Cyborg.

4.3 Die Natur des Menschen und die Ethik der Cyborgs

Harari, der Historiker, wagt am Ende seines Buches über die Universalgeschichte der Menschheit einen Blick in die Zukunft. Er vermutet, „dass in der kommenden historischen Epoche nicht nur neue technologische und organisatorische Revolutionen anstehen, sondern dass sich auch das menschliche Bewusstsein und die menschliche Identität von Grund auf verändern werden. Diese Veränderungen werden so grundsätzlicher Natur sein, dass die Bezeichnung ‚menschlich' nicht mehr zutrifft."[32] Das bislang in diesem Buch Geschriebene mag seine Vermutung nähren und auch Kucklick ist der Meinung, dass die digitale Gesellschaft ein neues Menschenbild benötigt, da die Grenze zwischen Mensch und Maschine immer schwieriger zu ziehen sein wird.[33] Was aber ist „menschlich"? Anders gefragt: Was ist die Natur des Menschen?

In der Natur des Menschen liegt es, nicht mit der menschlichen Natur zufrieden zu sein. Seit jeher kompensieren Menschen ihre organische Mangelausstattung mit Technik. Jedes neu entwickelte technische Gerät eröffnete dabei neue Lebensmöglichkeiten. Wo grabende Tiere starke Krallen benötigten, setzten Menschen Grabstöcke und Steinhacken ein, Speere ersetzten Hörner und Speerschleudern starke Arme. Zahllose Tiere haben Augen, die auch in der Dunkelheit sehen können, Menschen erfanden die Fackel. Um fischgleich durchs Wasser gleiten zu können, erschufen sie Boote und Kleidung war ihnen seit jeher ein Ersatz für das wärmende Fell, das viele Tierarten schützend einhüllt. Von allen Kreaturen der Erde ist der Mensch

---

32 Harari, Yuval (2013). Eine kurze Geschichte der Menschheit. München, S. 504
33 Kucklick, Christoph (2014). Die granulare Gesellschaft. Berlin

die einzige, die Neues erfindet. Und diese Gabe wendet der Mensch nun auf sich selbst an. Was aber macht dies mit ihm? Resultieren daraus posthumane Kreaturen? Der Philosoph Jan-Christoph Heilinger hat eine Minimaldefinition der menschlichen Natur hergeleitet. Danach sind Menschen (a) *lebendige Wesen* und (b) *bewusste Wesen*: „Aufgrund der den Menschen gemeinsamen körperlichen Ausstattung verfügen sie über ähnliche Erlebnisse, teilen eine Welt miteinander und können sich miteinander verständigen. Die gemeinsam geteilte Verkörperung verhindert eine Isolation menschlicher Individuen voneinander und erlaubt Interaktion." (c) sind Menschen *orientierungsbedürftige Wesen*. „Sie folgen nicht nur ihren Instinkten, sondern ihnen stehen mehrere Möglichkeiten zur Verfügung, ihr Leben zu führen. Weil sie Wahlmöglichkeiten haben, suchen sie Orientierung. Orientierungen werden von anderen ihresgleichen, vom Umfeld gegeben. Wichtige handlungsleitende Orientierungen werden durch kulturelle Deutungen des Menschen angeboten, und hier besteht eine große Vielfalt an Deutungsangeboten." Schließlich sind Menschen (d) *selbstbestimmungsfähige Wesen*. Sie sind auf der Grundlage von (a), (b) und (c) „in der Lage, autonom über ihre Handlungen zu entscheiden und sich dabei nicht allein von Orientierungen aus dem Umfeld leiten zu lassen. Sie können sich selbst interpretieren, sich selbst bestimmen und selbst handeln."[34]

Aus den Kriterien lässt sich mit Teilhard de Chardin ableiten, dass Menschen eine Bewusstseinsform sind, die weiß, dass sie weiß, die also nicht nur ein Bewusstsein, sondern ein Bewusstsein von sich hat (ein *Bewusstsein der zweiten Potenz*), ferner, dass Menschen über sich reflektieren und, so Harry Frankfurt, *Wünsche zweiter Ordnung* haben können – d. h. den Wunsch haben, den Wunsch erster Ordnung nicht zu haben. Ersteres steht mit (b) in Verbindung, letzteres ist das Ergebnis des unter (c) und (d) beschriebenen Orientierungsprozesses.[35]

Die Pointe ist, dass dieser Kern der menschlichen Natur durch gentechnische Eingriffe oder technische Implantate *nicht* berührt werden muss. Selbst wenn Menschen tierische oder optimierte Gensequenzen, künstliche Gliedmaßen oder eine durch Neuroimplantate höhere Gedächtnisleistung hätten, wenn sie übermenschlich schnell wären oder zusätzliche Bereiche des Lichtspektrums wahrnehmen, bestünde folglich kein Grund zur Annahme, dass sie keine Menschen wären. Sie wären nach wie vor lebendig, hätten ein Bewusstsein, wären orientierungsbedürftig und fähig, selbstbestimmte Entscheidungen zu treffen. Im Gegenteil: Technische Implantate könnten es geistig behinderten Personen, die zum Beispiel den Trisomie 21-Defekt

---

34 Heilinger, Jan-Christoph (2010). Unterwegs zum neuen Menschen? in: Gerhardt, Volker/ Nida-Rümelin, Julian (Hg.) Evolution in Natur und Kultur. Berlin, S. 234
35 Chardin, Pierre T. (1994). Der Mensch im Kosmos. München, S. 165–169; Frankfurt, Harry (2001). Freiheit und Selbstbestimmung. Berlin, S. 65–83

haben, ermöglichen, ihr Menschsein zu leben, das ja – siehe (c) und (d) – auch darin besteht, sich geistig orientieren und entwickeln und ein Bewusstsein der zweiten Potenz sowie Wünsche zweiter Ordnung ausbilden zu können.

Technische Erweiterungen des menschlichen Körpers sind nicht auf das Digitalzeitalter beschränkt. Künstliche Ersatzteile für Menschen – Zehen- oder Beinprothesen –, wurden Menschen schon in vorchristlicher Zeit angeheftet. 1930 schrieb Sigmund Freud über den Menschen, er sei durch Wissenschaft und Technik „eine Art Prothesengott geworden, recht großartig, wenn er alle seine Hilfsorgane anlegt, aber sie sind nicht mit ihm verwachsen und machen ihm gelegentlich noch viel zu schaffen. Er hat übrigens ein Recht, sich damit zu trösten, daß diese Entwicklung nicht gerade mit dem Jahr 1930 A. D. abgeschlossen sein wird. Ferne Zeiten werden neue, wahrscheinlich unvorstellbar große Fortschritte auf diesem Gebiete der Kultur mit sich bringen, die Gottähnlichkeit noch weiter steigern."[36]

1930 – das Jahr, in dem Freud sein Unbehagen publizierte – wurde der Weltöffentlichkeit die erste Herzprothese vorgestellt: der Herzschrittmacher. Durch periodische Stromimpulse konnte dieser das Herz elektrisch reizen und zum Schlagen veranlassen. Das damalige System wog über sieben Kilogramm, der Patient schob es auf Rädern vor sich her, zudem musste der Apparat alle sechs Minuten neu aufgeladen werden. 1958 wurde dann der erste Herzschrittmacher *in den Körper* implantiert, wo er nunmehr mit dem menschlichen Körper verwachsen war. Der den ersten Herzschrittmacher in sich tragende Mensch könnte vielleicht der erste *Cyborg* – ein Mischwesen aus lebendigem Organismus und Maschine gewesen sein. Allerdings ist ungewiss, wo man die Grenze zwischen Mensch und Cyborg ziehen sollte: bei der Armprothese, beim Herzschrittmacher oder beim Hirnimplantat? Außerdem sind Cyborgs Menschen, wenn sie der Minimaldefinition der menschlichen Natur genügen, was bei Herzschrittmacherträgern natürlich der Fall ist. So lässt sich mit Sicherheit nur sagen, dass seit 1958 erstmals Wesen unter uns weilen, die zwar Menschen sind, biologisch betrachtet zugleich aber ein Hybrid aus Organik und Elektronik. Ungefähr fünf Millionen Menschen hatten weltweit 2011 einen Herzschrittmacher in ihrem Körper. Zu ihnen gesellten sich weitere Millionen, die einen in ihrer Brust eingepflanzten Defibrillator trugen. Die Elektronik in ihnen übernahm autonom die Kontrolle über bestimmte Körperfunktionen, was sie in gewisser Weise zu technikgestützten, neuen Menschen machte.

Prothesen sind seit jeher der Treiber für die Verschmelzung zwischen Mensch und Technik und werden es auch weiterhin sein. So können Menschen, deren Arme gelähmt sind, schon in der Gegenwart elektrische Prothesen lenken – rein mit der

---

36 Freud, Sigmund (1930). Das Unbehagen in der Kultur. in: Gesammelte Werke Bd. XIV, Frankfurt/M., S. 450f.

Kraft ihrer Gedanken. Möglich macht dies das Verpflanzen von Elektroden ins Gehirn, die die motorischen Befehle ihrer Träger aufzeichnen und als elektrische Impulse weiterleiten. Blinde können durch Retina-Implantate wieder etwas sehen und Taube durch Cochlea-Implantate wieder hören.

Die Prothesen der Vergangenheit hatten, ebenso wie die meisten Implantate der Gegenwart, ein Ziel: ausgefallene oder unzureichend ausgeführte Funktionen des Körpers *zu ersetzen*. Der Herzschrittmacher ist ein Ersatzteil für ein zu schwaches Herz. Ein Cochlea-Implantat substituiert das dysfunktionale Hörzentrum. Die wenigsten Maschinenteile haben bislang das Ziel, Funktionen des Körpers *zu verbessern*. Das wäre der Fall, wenn man z. B. mittels bionischer Augen auch nachts, im finsteren Wald oder im Nebel sehr gut sehen könnte. Dergleichen ist im Digitalzeitalter durchaus zu erwarten. Und solche technischen Verbesserungen könnten einen Menschen zum Cyborg machen, ohne ihm den ontologischen Status eines Menschen zu nehmen.[37] Ein Cyborg wäre dann vielmehr ein Homo cyberneticus. Dieser kann in manchen oder mehreren Bereichen überdurchschnittliche oder gar „übermenschliche" Leistungen vollbringen, aber die Leistungsfähigkeit von Menschen war schon immer individuell: Die einen konnten viel besser rechnen als die anderen, jene dafür besser musizieren oder rennen.

Cyborgs sind also Menschen, aber sollten Menschen Cyborgs werden? Die Integration von Maschinen in Menschen, das Ein- oder Ausschalten bestimmter Gene, das Anlegen eines Exoskeletts oder Kraftanzugs, um die menschliche Lebensfähigkeit zu steigern oder zu erhalten oder um Behinderten jene Fähigkeiten zu vermitteln, die für ein gutes menschliches Leben notwendig sind (z. B. gute Gesundheit, sehen, hören, denken und urteilen) ist *gut*; denn man könne, so der Philosoph Ludwig Siep, „das Gute aus seinem Gegenteil ableiten: aus dem, worunter man leidet, und den Wünschen, die einem versagt bleiben. Leiden nicht nur mit menschlicher Größe zu ertragen, sondern zugleich mit technischer Vernunft zu überwinden, ist eine der großen Herausforderungen für den neuzeitlichen Menschen. Verbesserungen der Lebensbedingungen sowie Eingriffe in den Körper, die von Mühsal und Leid befreien, gelten daher recht unumstritten als ‚gut' – auch im ethischen Sinn. Dazu zählen alle Artefakte für den Körper, von Seh-, Hör- und Gehhilfen bis hin zu

---

37 Allerdings bleibt auch diese Definition vage: Ein Cyborg könnte demnach jemand sein, der sich einen Transponder oder Magneten unter die Haut hat implantieren lassen (beide erweitern seine Fähigkeiten ein wenig), indes ein Mensch mit Cochlea-Implantat, Herzschrittmacher und Retina-Implantat kein Cyborg wäre. Ein gentechnisch optimierter Mensch wäre ebenfalls kein Cyborg, da ihm eingebaute technische Erweiterungen fehlen würden. (Zur Diskussion siehe Heilinger, Jan-Christoph/Müller, Oliver 2007. Der Cyborg und die Frage nach dem Menschen. in: Jahrbuch für Wissenschaft und Ethik, 1, S. 21–44)

Implantaten und transplantierten Organen."[38] Dazu zählen dann logisch zwingend auch alle (bio-)technischen Eingriffe, welche die aus Krankheiten oder dem Alterungsprozess resultierenden Leiden minimieren oder ungeschehen machen.

Die Steigerung der körperlichen oder geistigen Leistung von gesunden Menschen aus vergleichsweise niederen Motiven, wie Geltungsdrang, könnte dagegen normativ ungerechtfertigt sein. Unabhängig davon, dass die Motivgrenzen jedoch oft fließend sind, könnte eine Entscheidung faktisch schon getroffen worden sein: Auf die Frage, „was halten Sie von der Vorstellung, sich Implantate zur Steigerung der geistigen Fähigkeiten in den Körper einzupflanzen?", antworten bei einer repräsentativen Umfrage in Deutschland 51 Prozent der Befragten (im Alter von 14 bis über 70 Jahre), sie könnten sich das gut bis sehr gut vorstellen. Bei den 14–29-jährigen waren es sogar rund 60 Prozent.[39]

Was spricht gegen neuronales oder körperliches Enhancement? In liberalen Gesellschaften ist es kaum zu rechtfertigen, Individuen dessen Nutzung zu untersagen. Normativ problematisch ist die technikgestützte Steigerung menschlicher Fähigkeiten allerdings, wenn Menschen keine Wahl haben. Wenn sie ihre kognitive Leistung durch psychopharmazeutische oder biotechnologische Eingriffe eigentlich nicht steigern wollen, aber das Gefühl haben, es tun zu *müssen*, denn täten sie es nicht, könnten sie durch Software oder Maschinen vom Arbeitsplatz verdrängt werden. Wer kein Cyborg wird, wird ein Underdog; denn nicht Augmentierte haben womöglich auch gegenüber menschlichen Mitbewerbern einen Nachteil im Streben nach einem Arbeitsplatz oder einer Beförderung. Die moderne Gesellschaft versteht sich als eine konkurrenzorientierte Leistungsgesellschaft und in dieser ist – wie im Profisport – der Druck groß, die eigene Leistungsfähigkeit um eines Vorteils willen oder zur Vermeidung eines Nachteils zu verbessern.

In Leistungsgesellschaften sind aber nicht die Möglichkeiten des Enhancement, sondern die gesellschaftlichen Verhältnisse zu kritisieren. Eine andere Sache ist es, wenn ein Forscher keine kognitiven Implantate für sich wünscht, er andererseits aber nur durch sie die Möglichkeit sieht, ein Serum gegen eine Krankheit brauen zu können, das Menschen Leid ersparen könnte. In diesem Fall hat er einen Wunsch zweiter Ordnung und entscheidet sich aus Einsicht in die Notwendigkeit freiwillig für das Enhancement.

Ein weiteres Problem liegt in der Zugänglichkeit der technologischen Erweiterungen. Zuweilen wurde die Befürchtung geäußert, der technische Fortschritt

---

38 Siep, Ludwig (2014). Übermensch mit Fragezeichen. in: Spektrum der Wissenschaft Spezial, 3, S. 28–32
39 Bundesministerium für Bildung und Forschung (2015). ZukunftsMonitor „Gesundheit neu denken". Berlin

könnte in Zukunft nur einer kleinen, wohlhabenden Schicht verfügbar werden, indes der Rest nicht imstande sei, sich die Innovationen leisten zu können.[40] So könnten Elitesoldaten körperlich, Wissenschaftler, Manager und Politiker kognitiv augmentiert sein, die große Mehrheit der Bevölkerung kann sich die Implantate dagegen nicht leisten.

In diesem Fall müsste eine faire Politik die Benachteiligung ausgleichen, die sich durch neuronale Implantate ergeben, indem sie allen Bürgern Zugang zu ihnen gewährt. Damit würde allerdings der eben erwähnte Konflikt eintreten, dass Menschen zur Vermeidung eines Nachteils zu Eingriffen in ihren Körper gezwungen wären. Niemand sollte aber extrinsisch zum Enhancement motiviert werden.

Sollte der Kapitalismus das dominante ökonomische System auch des Digitalzeitalters bleiben, ist diese extrinsische Motivation gegeben. Zur bereits bestehenden sozialen Ungleichheit käme dann langfristig die biotechnische Ungleichheit hinzu.

Der Kapitalismus hat zwar die Tendenz, dass Güter, die anfänglich nur wenigen Wohlhabenden zuteil wurden, nach und nach in alle Haushalte durchsickern: Bienenwachskerzen, gerahmte Bilder, Teppiche, Tapeten und Fernseher waren einst Güter, die sich zunächst nur reiche Bürger leisten konnten. Bald wurden sie billige Massenprodukte und das könnten Weltraumflüge, Technikimplantate und Gentherapien auch werden. Gleichwohl ist diese Entwicklung stets eine zeitverzögerte gewesen. Anfänglich konnten sich nur Wohlhabende Tapeten leisten, dann rund hundert Jahre später jedermann. Zwischenzeitlich konnten sich die Wohlhabenden jedoch neue Dinge leisten, die erst später in die Mitte der Gesellschaft vordrangen. Verhält es sich mit neuen Implantaten und Therapien ebenso, hätte die wohlhabende Schicht stets einen Vorteil gegenüber dem Rest der Gesellschaft, wodurch die soziale und biotechnische Ungleichheit stets aufs Neue reproduzieren würde. Die für Wettbewerbsgesellschaften eigentlich erforderliche Chancengleichheit wäre nicht gegeben, wodurch der Wettbewerb ein ungleicher würde.

Diese Form der Ungleichheit birgt ein großes Konfliktpotenzial. Die durch die Digitalisierung beeinflusste ökonomische Entwicklung des Wirtschaftssystems bietet durch Open Source, Sharing, dezentrale Produktionsmöglichkeiten ein Demokratisierungspotenzial (siehe Kapitel 6 und 7), das in einem eigentümlichen Kontrast zur biotechnischen Ungleichheit stehen könnte.

---

40 Agar, Nicolas (2013). Humanity's End. Cambridge

Digitale Intelligenz: KI 5

Bernd Vowinkel

Wie in Kapitel 2.3 erwähnt, verließ sich die Menschheit seit dem Entwicklungsstadium der Agrargesellschaften vor allem auf die Intelligenz von Männern. Frauen waren von formalen Bildungsmaßnahmen bis ins 20. Jahrhundert hinein weitgehend ausgeschlossen. In der zweiten Hälfte des 20. Jahrhunderts begann jedoch der Anteil an Schülerinnen und Studentinnen weltweit zuzunehmen. In allen gesellschaftlichen Bereichen sind Frauen seitdem auf dem Vormarsch und die Menschheit wird durch ihre Beiträge bereichert. Um nur wenige Beispiele zu nennen: Die Mathematikerin Grace Hopper entwickelte 1949 den ersten Compiler. Bis dahin mussten Programmierer noch im binären Code (d. h. eine lange Folge von Einsen und Nullen) schreiben. Hopper gelang es eine Art Übersetzer, den Compiler, zu erfinden, der eine vergleichsweise einfach zu erlernende Programmiersprache in die binäre Maschinensprache überträgt. Irmgard Lotz arbeitete in den 1950ern die Grundlagen für den Bau automatischer Steuerungssysteme (d. h. für Autopiloten) aus. Das Crispr/Cas9-Verfahren zur zielgenauen Veränderung eines Genoms wurde 2011 von Emmanuelle Charpentier und Jennifer Doudna entdeckt und revolutioniert seitdem Gentechnologie und synthetische Biologie.

Im Digitalzeitalter entwickelt sich eine weitere Intelligenz, welche dieses Zeitalter prägen und von den vorangegangenen grundlegend unterscheiden wird. Die Rede ist von der künstlichen Intelligenz – einem kategorial neuen Phänomen, da Intelligenz in prädigitaler Zeit stets an organische Hirne gekoppelt war. Die digitale Intelligenz ist nicht nur künstlich, sie kann die organische in Zukunft auch übertreffen. Die Tragweite der Veränderungen, die langfristig von dieser Intelligenz ausgehen, ist gegenwärtig nur schwer abschätzbar.

5.1 Intelligenz

Unter Intelligenz wird üblicherweise die Fähigkeit verstanden, komplexe Probleme selbständig lösen zu können. Was genau zur Intelligenz zählt und wie man sie misst, ist umstritten und letztlich eine Frage der Definition. Insofern könnte man auch umgekehrt sagen, dass Intelligenz das ist, was man mit Intelligenztests misst und bewertet. Bei der Berechnung des Intelligenzquotienten wird der statistische Mittelwert auf 100 festgelegt. Erstaunlicherweise hat man festgestellt, dass seit den ersten Untersuchungen der Intelligenzverteilung, vor etwas mehr als hundert Jahren, die gemessene Intelligenz der Bevölkerung in den westlichen Staaten ständig gestiegen ist, so dass man alle paar Jahre den Test nachjustieren musste, um wieder auf den Mittelwert von 100 zu kommen. Wegen der entwicklungsgeschichtlich relativ kurzen Zeitspanne kommen genetische Veränderungen des Menschen als Ursache dafür nicht in Frage. Stattdessen wird vermutet, dass die ansteigenden intellektuellen Anforderungen im modernen Berufsleben zu einer verbesserten Bildung und auch zu einem stärkeren Training des Gehirns geführt haben, was sich dann in den Tests widerspiegelt.

Mit der künstlichen Intelligenz (KI) versucht man die intellektuellen Fähigkeiten des Menschen mit Hilfe von Computern nachzuahmen. Man unterscheidet zwischen schwacher und starker KI. Bei der schwachen KI geht es darum, konkrete Aufgaben zu bewältigen, die sich vollständig mit Algorithmen beschreiben lassen. Die Vertreter der starken KI gehen darüber hinaus und sehen das menschliche Gehirn als eine Art Biocomputer an, dessen Fähigkeiten einschließlich des Bewusstseins und der Emotionen durch einen Computer vollständig nachvollzogen werden können.

Die intellektuelle Grundlage der KI-Bewegung wurde 1956 bei einer Konferenz im Dartmouth College gelegt. Teilnehmer waren unter anderen Claude Shannon (Begründer der Informationstheorie), Marvin Minsky (KI-Labor am MIT), Frank Rosenblatt (Pionier der neuronalen Netze) und der Nobelpreisträger Herbert Simon. Bei dieser Konferenz war man sich einig, dass es sich bei der natürlichen Intelligenz um reine Symbolverarbeitung im Gehirn handelt. Damit war auch klar, dass man mit elektronischen Schaltungen das Gleiche erreichen kann, wenn man nur eine genügend leistungsfähige Hardware die Symbole nach den gleichen Regeln verarbeiten lässt. Diese Position der starken KI findet heftigen Widerspruch vor allem aus dem Lager der Geisteswissenschaften. Durch die gewaltigen Fortschritte sowohl im Bereich der Hardware als auch der Software gewinnt aber mittlerweile die Einsicht an Boden, dass es keine geistige Fähigkeit des Menschen gibt, die nicht längerfristig mit der künstlichen Intelligenz nachvollzogen werden kann. Dies könnte sogar Emotionen und die ästhetische Urteilskraft mit einbeziehen.

In Anwendungsbereichen, bei denen es überwiegend um die Manipulation von Zahlen und großen Datenmengen geht, ist die KI schon heute dem Menschen weit überlegen. Der Einsatz in diesen Bereichen trägt mittlerweile ganz erheblich zur Wirtschaftskraft der entsprechenden Volkswirtschaften bei. Auf der anderen Seite werden dadurch Menschen aus bestimmten Berufen verdrängt. Bis jetzt konnte das aufgefangen werden, weil gleichzeitig der Bedarf an anspruchsvolleren Tätigkeiten gestiegen ist, die bisher nur von Menschen ausgeführt werden können. Mit dem weiteren Fortschritt der KI ist jedoch damit zu rechnen, dass die Verdrängung des Menschen weiter voranschreitet. Da aber auf der anderen Seite durch den vermehrten Einsatz der KI die Wirtschaftskraft eines Landes erhalten bleibt bzw. weiter wächst, muss in Zukunft die Arbeit und das Einkommen anders verteilt werden. Als eine Lösungsmöglichkeit bietet sich das so genannte bedingungslose Grundeinkommen (BGE) an. In einigen Staaten wird diese Lösung bereits diskutiert (siehe Kapitel 8).

5.2 Entwicklung der Hardware

Die Leistungsfähigkeit der Computer konnte in den letzten Jahrzehnten um Größenordnungen gesteigert werden. Bereits 1965 erkannte Gordon Moore, dass sich die erforderliche Fläche für einen Transistor jedes Jahr halbierte. 1975 revidierte er die Zeit auf zwei Jahre. Das heißt, dass alle zwei Jahre die doppelte Anzahl von Transistoren auf der gleichen Fläche untergebracht werden können. Dieses nach ihm benannte Mooresche Gesetz, dass letztlich auch den exponentiellen Anstieg der Leistungsfähigkeit beschreibt, hat sich bis heute bewahrheitet. Dennoch ist das Mooresche Gesetz (Abb. 5.1) kein Naturgesetz, sondern lediglich ein festgestellter empirischer Verlauf. Allerdings kommt man langsam an physikalische Grenzen, da sich durch die ständige Verkleinerung der Abmessungen der Schaltelemente quantenmechanische Effekte bemerkbar machen (z. B. Tunneleffekt), die die Zuverlässigkeit beeinträchtigen können. Diese Grenze liegt bei Abmessungen im Bereich von zwei bis drei Nanometern. Im Jahr 2016 ist man bereits bei der 10-Nanometer-Technologie angekommen. Eine prinzipielle physikalische Grenze für jede Art von Elektronik ist dann erreicht, wenn pro Schaltvorgang nur noch ein einzelnes Elektron verwendet wird. Solche Schaltelemente konnten zwar schon im Labor hergestellt werden, sie sind aber von einer industriellen Massenfertigung noch weit entfernt. Folgt die derzeitige Entwicklungsgeschwindigkeit weiterhin dem Mooreschen Gesetz, so würde diese Grenze etwa gegen 2040 erreicht sein. Allerdings spielen die Kosten bei der industriellen Herstellung von Mikroprozessoren bereits weit vor dem Erreichen von physikalischen Grenzen eine entscheidende Rolle.

In der Vergangenheit war es stets so, dass beim Erreichen der Grenzen einer Technologie eine neue Technologie bereitstand und übernommen wurde, so dass das Mooresche Gesetz unverändert Geltung hatte. Die entscheidende Frage lautet darum, was die derzeitige Siliziumtechnologie ablösen könnte. Es gibt Basismaterialien, die eine erheblich größere Ladungsträgerbeweglichkeit gegenüber Silizium besitzen (z. B. Galliumarsenid), aber die Massenfertigung von Computerchips ist damit gegenwärtig noch nicht wirtschaftlich. Daneben werden neue Technologien erprobt, wie z. B. dreidimensionale integrierte Schaltkreise, Spintronik und der Einsatz von Schaltelementen auf der Basis besonderer Formen von Kohlenstoffmolekülen wie Graphen und Nanoröhren.

Ein möglicher Nachfolgekandidat für Großrechenanlagen ist der Quantencomputer. Wegen des großen apparativen Aufwandes (Kühlung auf extrem niedrige Temperaturen) ist er aber auf absehbare Zeit kein Ersatz für Computerchips in der Massenanwendung. Insgesamt sollte man also bereits innerhalb des nächsten Jahrzehnts mit einer Abflachung der Weiterentwicklung gegenüber dem bisherigen Verlauf des Mooreschen Gesetzes rechnen.

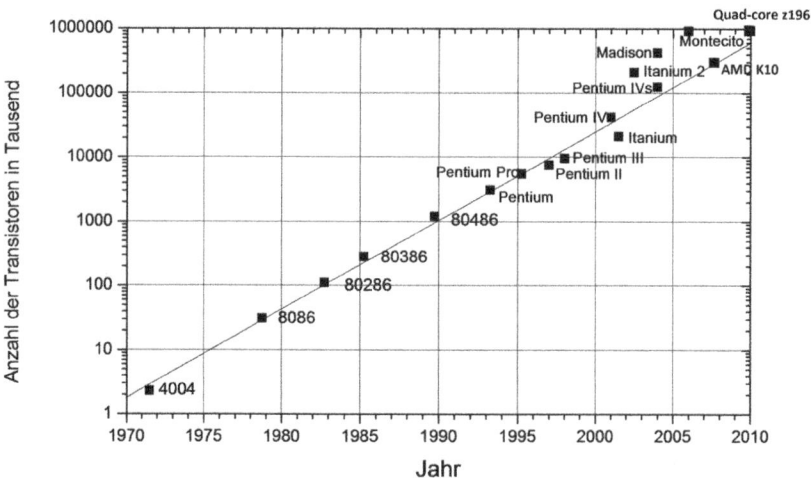

Abb. 1.1 Das Mooresche Gesetz: Anzahl der Transistoren in Mikroprozessoren
Anmerkung: Um 2010 wurde die Milliardengrenze erreicht. 2013 wurde dann mit dem Chip GK110 der Firma Nivida eine neue Rekordmarke auf 7,1 Milliarden Transistoren gesetzt. Mittlerweile hat sich auch diese Zahl verdoppelt.

5 Digitale Intelligenz: KI

Als Maß für die Leistungsfähigkeit der Hardware haben sich zwei Einheiten durchgesetzt. Am Geläufigsten ist die Einheit FLOPS. Sie steht als Abkürzung für „floating point operations per second" (Gleitkommaoperationen pro Sekunde). Moderne Mehrkernprozessoren erreichen eine Größenordnung, die an ein TeraFLOPS (10^{12} FLOPS) heranreicht. Großrechenanlagen liegen derzeit bei einigen zehntausend TeraFLOPS. Für den Vergleich mit der Leistungsfähigkeit des menschlichen Gehirns ist diese Einheit aber wenig sinnvoll, denn der Mensch schafft nicht mal eine einzige Gleitkommarechnung in einer Sekunde. Das liegt sicher daran, dass unser Gehirn für die reine Manipulation von Zahlen nicht optimiert ist. Besser geeignet für einen Vergleich ist hier die Einheit MIPS für „million instructions per second" (Millionen Befehle pro Sekunde). Gleitkomma-Operationen erfordern mehrere Einzelinstruktionen, so dass je nach Organisation einer Maschine die Angabe in Mega-FLOPS einen kleineren Wert (Faktor 2–10) ergibt.

Lange Zeit war die Funktionsweise unseres Gehirns ein Rätsel, und nach wie vor sind noch viele Fragen offen. Dennoch kennen wir mittlerweile zumindest einige grundlegende Funktionen einzelner Bereiche des Gehirns und auch der Nervenzellen (Neuronen), die die entscheidenden Bausteine des Gehirns bilden. Nach dem Stand der heutigen Neurobiologie resultieren die Leistungen des Gehirns aus den Schalteigenschaften der Neuronen und ihrer „Verdrahtung" zu einem neuronalen Netz. Obwohl sich die Funktion der Neuronen stark von den Schaltelementen in unseren Computern unterscheidet, bestehen doch gewisse Analogien. Neuronen sind Schaltelemente, die über mehrere Eingangs- und Ausgangskanäle verfügen. Der Zellkörper ist ähnlich aufgebaut wie bei normalen Körperzellen. Er arbeitet als Integrator der ankommenden Potentiale. Überschreitet die Summe der ankommenden Potentiale einen Schwellenwert, so erzeugt das Neuron selbst einen Impuls, man sagt sie „feuert". Das Neuron ist also im Prinzip ein elektrischer Pulsgenerator, der unter bestimmten Eingangsbedingungen Impulse einer Stärke von etwa 80 Millivolt mit der Dauer einer tausendstel Sekunde erzeugt. Neurone haben einen mehr oder weniger langen Fortsatz. Diese Nervenfaser (Axon), die sich häufig noch in einzelne Fasern verzweigt, dient der Übertragung von elektrischen Impulsen zu anderen Zellen und bildet sozusagen die Verdrahtung zwischen den Neuronen. Sie kann eine Länge bis zur Größenordnung von einem Meter erreichen und verbindet sich zu den nachfolgenden Neuronen über so genannte Synapsen. Die Leitfähigkeit der Synapsen und ihre erregende oder hemmende Wirkung auf den Zellkörper ist die Funktion die zur Speicherung und Verarbeitung der Information führt. Die Ausbreitungsgeschwindigkeit der Impulse beträgt bis zu 100 Meter pro Sekunde. Sie ist damit millionenfach langsamer als die Übertragungsgeschwindigkeit elektrischer Impulse in unseren Computern. Für die Belange unseres Körpers reicht sie aber vollkommen aus.

Da eine Reihe von analogen Größen (z. B. Zeitabstände) in die Schaltfunktion eines Neurons eingehen, ist sie nicht restlos durch eine Digitalschaltung zu simulieren. Insbesondere können kleinste Änderungen in der Leitfähigkeit der Zellmembran und in der zeitlichen Abfolge der Eingangsimpulse darüber entscheiden, ob ein Neuron feuert oder nicht. Davon abgesehen haben viele Nervenzellen die Fähigkeit ohne äußere Reizung zu feuern (Spontanaktivität). Damit ergibt sich im Gegensatz zu unseren heutigen Computern prinzipiell der Zugriff zu nicht berechenbaren, zufälligen Ereignissen. Sieht man aber von dieser Eigenschaft ab, so kann man schon jetzt die Informationsverarbeitung eines Neuron recht gut mit einem Computerprogramm simulieren. Im Gegensatz zu den Computern arbeitet unser Gehirn in hohem Maße parallel. Für eine grobe Abschätzung der Leistungsfähigkeit des Gehirns kann man von folgenden Faktoren ausgehen. Das menschliche Gehirn besitzt etwa 86 Milliarden (ca. 10^{11}) Neuronen.[1] Die Anzahl der Synapsen pro Neuron ist gewaltig, sie erreicht Werte bis zu 20.000. Im Durchschnitt sind es mindestens 1.000. Das ergibt bis zu 100 Billionen (10^{14}) synaptische Verbindungen. Wenn wir jeder dieser Verbindungen nur ein Bit an verarbeitbarer oder speicherbarer Information zugestehen, so ergäbe das in Form von Speicherplatz ausgedrückt eine Obergrenze von 100 Terabit (mit 1Byte = 8Bit entspricht das 12,5 Terabyte). Weiterhin besitzt das menschliche Gehirn neben den Neuronen eine etwa gleich große Zahl von Gliazellen. Neuere Ergebnisse zeigen, dass eine Gliazelle mit ihren Fortsätzen bis zu 100.000 Neuronen kontaktieren und deren Aktivität beeinflussen kann. Inwieweit die Informationsverarbeitung dadurch unterstützt wird, ist noch ungeklärt. Die Schaltgeschwindigkeit der Neuronen liegt bei etwa 0,005 Sekunden, oder anders ausgedrückt, die Taktfrequenz liegt bei 200 Hz. Einige Neuronen erreichen Frequenzen bis zu 500 Hz. Im Vergleich dazu liegen die Taktfrequenzen der Schaltbausteine in unseren heutigen Computern im Gigahertz-Bereich. Sie arbeiten also mehr als 10 Millionen Mal schneller. Diesen Vorteil büßen sie jedoch weitgehend damit ein, dass sie nur in eher geringem Maße parallel arbeiten.

Multipliziert man die oben angegebene Zahl der verarbeitbaren oder speicherbaren Information des Gehirns mit der maximalen Taktfrequenz, so bekommt eine theoretische obere Grenze für die Leistungsfähigkeit des Gehirns von $2 \cdot 10^{16}$ Schaltvorgängen pro Sekunde. Dieser Wert dürfte aber bei weitem nicht erreicht werden, denn trotz der massiven parallelen Datenverarbeitung ist immer nur ein kleiner Anteil der Neuronen gleichzeitig aktiv. Daneben ist ein Neuron mit 1.000 Synapsen nicht der Rechenleistung von 1.000 Transistoren gleichzusetzen,

---

[1] Azevedo, Frederico et al. (2009). Equal numbers of neuronal and nonneuronal cells make the human brain an isometrically scaled-up primate brain. in: Journal of Comperative Neurology 513, S. 532–541

sondern eher um ein bis zwei Größenordnungen weniger. Weiterhin wird ein Teil der Neuronen als Massenspeicher genutzt und steht damit nicht unmittelbar als „Prozessor-Hardware" zur Verfügung. Berücksichtigt man noch, dass zur Ausführung einer Instruktion ein ganze Reihe von einzelnen Schaltvorgängen nötig ist, so kommt man für die Leistungsfähigkeit unseres Gehirns auf Werte zwischen 1 Million und 100 Millionen MIPS, wobei der obere Wert auch hier sicherlich noch zu hoch gegriffen ist. Der Einfachheit halber wollen wir hier im Folgenden von einem Wert um 10 Millionen MIPS (10^{13} IPS) ausgehen. Diese Abschätzung kann immer noch um mehrere Größenordnungen daneben liegen, aber sie ist wenigstens ein Anhaltspunkt für Vergleiche mit der künstlichen Intelligenz. In der Literatur werden zuweilen Werte angegeben, die um den Faktor 10 bis 100 größer sind. Dabei werden aber die oben genannten Faktoren nicht genügend berücksichtigt. Insgesamt lässt sich also feststellen, dass die hardwaremäßige Leistungsfähigkeit unserer derzeitigen PCs schon etwa in der gleichen Größenordnung wie die des menschlichen Gehirns liegt.

5.3 Entwicklung der Software

Parallel zur Entwicklung der Hardware hat die Software eine ähnliche Entwicklung durchgemacht. So gelingt es, immer komplexere Aufgaben durch Computer ausführen zu lassen. Es gibt mittlerweile so genannte Expertensysteme, die in der Lage sind, auf Fragen aus einem Fachgebiet sinnvolle Antworten zu geben. Insbesondere bei der Diagnose von Krankheiten oder der Suche von Fehlern in komplexen technischen Geräten haben sich solche Softwarepakete bewährt. Ein Beispiel ist das Programm Watson von IBM. Es wurde im Jahr 2011 zur Demonstration seiner Leistungsfähigkeit in der amerikanischen Quizsendung Jeopardy als Gegner gegen zwei Menschen eingesetzt, die selbst zuvor schon Rekordsummen gewonnen hatten. Bei dem Spiel müssen die Teilnehmer möglichst schnell passende Fragen zu gegebenen Antworten aus verschiedenen Kategorien finden. Das Programm Watson hat dieses Spiel gegen die menschlichen Experten gewonnen.

Während Schachprogramme schon seit Jahrzehnten dem Menschen überlegen sind, war das bisher für das Spiel Go nicht der Fall. Der Grund dafür lag darin, dass aufgrund der extrem hohen Zahl von Spielvarianten pure Rechenleistung nicht ausreicht. Vielmehr muss sich das Programm über einen Lernprozess analog zum Menschen selbst eine optimale Strategie erarbeiten. Im März 2016 hat dann erstmals ein Programm (AlphaGo von Google) den zu diesem Zeitpunkt weltbesten Spieler Lee Sedol mit 4 zu 1 Spielen geschlagen – etwa ein Jahrzehnt früher, als vermutet.

Eine besondere Herausforderung war die Programmierung von Mustererkennung und Musteranalyse. Hier kam es erst zum Durchbruch, nachdem man sich die Musterverarbeitung im menschlichen Gehirn zum Vorbild nahm und künstliche neuronale Netze programmiert hat. Neben einer gewissen Vorprogrammierung können diese Netze für eine bestimmte Aufgabe trainiert werden, d. h. diese Programme sind lernfähig. Eingesetzt werden sie in der visuellen Mustererkennung z. B. bei der Gesichtserkennung und der Handschrifterkennung sowie in der Spracherkennung. Bei diesen Anwendungen haben sie mittlerweile im Vergleich zum Menschen eine höhere Leistungsfähigkeit erreicht, Der nächste Schritt, an dem intensiv gearbeitet wird, ist die semantische Analyse von Sprache, so dass die Bedeutung von Worten und Texten erkannt wird. Das Ziel ist, dass man sich mit einem Computer wie mit einem Menschen unterhalten kann. Das von der Firma Microsoft entwickelte Programm Xiaoice kommt diesem Ziel nah. Es wird in China als Chatbot im Internet eingesetzt und hat mehr als 20 Millionen registrierte Nutzer.

Ein weiteres Ziel ist die Mustervorhersage. Hier soll z. B. anhand einer Bildfolge vorhergesagt werden, wie sich Objekte weiterbewegen werden. Es ist dies der erste Schritt in den Bereich, den man als Grundlage der menschlichen Intelligenz bis hin zum Bewusstsein ansehen kann. Das Phänomen des Bewusstseins kann damit umschrieben werden, dass wir eine permanente Simulation unserer Erfahrungswelt mit uns selbst als Person in unserem Gehirn ablaufen lassen. Dabei sind wir in der Lage Sinneswahrnehmungen aus unserem Gedächtnis aufzurufen und sie erneut kognitiven Operationen zu unterziehen. Auf diese Weise entstehen Beschreibungen von Beschreibungen, also Metarepräsentationen. Wir können somit unsere eigene Zukunft in unserem Gehirn simulieren. Bei der Untersuchung verschiedener Simulationen können wir herausfinden, durch welche Handlungen wir uns in der Zukunft Vorteile verschaffen können. Damit können wir unsere Zukunft planen und optimieren. Bei diesen Simulationen müssen wir uns selbst als Person einbringen, das heißt, wir selbst sind Teil der Simulation. Das geht aber nur dann, wenn wir uns unserer selbst bewusst sind bzw. über ein eigenes Bewusstsein verfügen (d. h. über ein Bewusstsein der zweiten Potenz). In unserer Entwicklungsgeschichte konnten wir dadurch z. B. mit der Kenntnis der Jahreszeiten Vorräte anlegen, neue Werkzeuge entwickeln und uns gezielt auf Überfälle rivalisierender Gruppen vorbereiten. Daneben spielt das bewusste Denken auch im sozialen Verhalten innerhalb einer Gruppe eine wichtige Rolle. Durch Simulation des Gruppenverhaltens und der Kenntnis der Beziehungen der Gruppenmitglieder untereinander, können wir unser eigenes Verhalten optimal gestalten. Auch hierbei muss bei der Simulation die eigene Person mit eingebracht werden. Alle diese beschriebenen Prozesse sind letztlich auf Algorithmen zurückzuführen und es gibt daher keinen Grund, warum sie nicht auch von einem Computerprogramm ausgeführt werden könnten.

Der entscheidende nächste Schritt wird die Entwicklung von Software sein, die den Vorgang des Lernens selbst übernimmt und damit beginnt, sich vom Menschen unabhängig zu machen. Es gibt bereits eine Reihe von Firmen, die an solchen Softwarepaketen arbeiten.

5.4 Robotik

Die Robotik befasst sich mit der manipulativen Intelligenz. In weiten Bereichen der Industrie werden bereits mehr oder weniger intelligente Roboter zur Produktion eingesetzt. Am Anfang der Robotik verfügten die Maschinen über eine eher geringe Flexibilität und konnten nur einfache sich ständig wiederholende Handhabungen ausführen. In Verbindung mit Kameras und Software zur Mustererkennung haben Roboter mittlerweile ein hohes Maß an Flexibilität erreicht.

Werden Roboter für ihren gesamten Bewegungsablauf vorprogrammiert, so spricht man von einem Top-Down Ansatz. Mit programmierten künstlichen neuronalen Netzen kann man eine gewisse Lernfähigkeit erreichen, so dass sich Roboter auf unterschiedliche Situationen einstellen können. Hier spricht man dann von einer Bottom-up-Strategie.

Für spezielle Anwendungen werden humanoide Roboter entwickelt, die Ähnlichkeiten mit Menschen aufweisen. Ein Beispiel für einen humanoiden Roboter ist der von der Firma Honda entwickelte ASIMO (Akronym für **A**dvanced **S**tep in **In**novative **Mo**bility). Der Roboter wurde erstmals Ende 2004 der Öffentlichkeit vorgestellt und wurde seitdem ständig weiterentwickelt. Er ist 1,20 Meter groß und wiegt 54 Kilogramm. Seine Beweglichkeit erreicht er durch 34 Freiheitsgrade seiner Gliedmaßen. Er kann mit einer Geschwindigkeit von bis zu 2,7km/h selbständig gehen und mit bis zu 9km/h rennen. Seine Software ist allerdings nicht lernfähig. Ein anderes Beispiel ist der Roboter Atlas von der Firma Boston Dynamics. Er ist 1,80 Meter groß und wiegt 150 Kilogramm. Er wurde im Jahr 2013 der Öffentlichkeit vorgestellt. Er soll in Katastrophenfällen eingesetzt werden, wenn es für Menschen zu gefährlich ist. Atlas besitzt vier hydraulisch bewegte Gliedmaßen mit insgesamt 28 Freiheitsgraden.

Wenn man zusätzlich das äußere Erscheinungsbild eines Roboters dem Menschen anpasst, spricht man von Androiden. Die Entwicklung steht hier noch am Anfang. Am intensivsten wird in Japan daran gearbeitet. Die derzeitigen Modelle sind äußerlich kaum von einem Menschen zu unterscheiden, können sich aber nicht autonom bewegen und sind noch überwiegend ferngesteuert durch einen Menschen. Interessant ist diese Entwicklung insbesondere für die Anwendung im privaten Bereich. Haustierroboter werden bereits in großen Stückzahlen hergestellt. Ihre Beweglichkeit und Intelligenz hält sich aber noch in Grenzen. Auch an Sexrobotern wird gearbeitet. In Japan und den USA werden in Altersheimen und Krankenhäusern auch schon Roboter zur Unterstützung des Pflegepersonals eingesetzt. Im militärischen Bereich wird besonders intensiv an autonomen Systemen wie z. B. Drohnen und bodengebundene Kampfmaschinen gearbeitet.

5.5 Technologische Singularität

Der Begriff Singularität wird in den Naturwissenschaften für Größen verwendet, die gegen Unendlich tendieren. Ein Beispiel ist die Massendichte in Schwarzen Löchern. 1965 beschrieb der Statistiker Irving Good ein Konzept, das den Begriff auf die Entwicklung der künstlichen Intelligenz anwendet:

> „Eine ultraintelligente Maschine sei definiert als eine Maschine, die die intellektuellen Fähigkeiten jedes Menschen, und sei er noch so intelligent, bei weitem übertreffen kann. Da der Bau eben solcher Maschinen eine dieser intellektuellen Fähigkeiten ist, kann eine ultraintelligente Maschine noch bessere Maschinen bauen; zweifellos würde es dann zu einer explosionsartigen Entwicklung der Intelligenz kommen, und die menschliche Intelligenz würde weit dahinter zurückbleiben. Die erste ultraintelligente Maschine ist also die letzte Erfindung, die der Mensch zu machen hat."[2]

Einige Jahre später wurde der Begriff von dem amerikanischen Ingenieur und Zukunftsforscher Ray Kurzweil aufgegriffen.[3] Er gründete anschließend sogar eine private Universität namens „Singularity University". Ihr Hauptforschungsgebiet ist die zukünftige Entwicklung der künstlichen Intelligenz.

Vergleicht man die gesamte installierte künstliche Intelligenz mit der insgesamt vorhandenen menschlichen Intelligenz, so kommt der in Abb. 5.2 gezeigte Verlauf heraus. Für einen Menschen wurde dabei die schon diskutierte Größenordnung von 10 Millionen MIPS angesetzt. Die Kurven für die künstliche Intelligenz resultieren aus der Multiplikation der ansteigenden Leistungsfähigkeit der Prozessoren mit der in Betrieb genommenen Anzahl. Die linke Kurve ist die optimistische Schätzung von Kurzweil. Bei der rechten Kurve wird von einer merklichen Abflachung gegenüber dem Verlauf des Mooreschen Gesetzes ausgegangen. Der tatsächliche Verlauf wird

---

2   Good, Irving J. (1965). Speculations Concerning the First Ultraintelligent Machine. in: Advances in Computers, 6, S. 33
3   Kurzweil, Ray (2005). The Singularity Is Near. New York

5 Digitale Intelligenz: KI

sich wohl im Bereich zwischen diesen beiden Kurven abspielen. Um das Jahr 2025 wird jedenfalls mit großer Wahrscheinlichkeit die gesamte installierte künstliche Intelligenz die der gesamten Menschheit übersteigen.

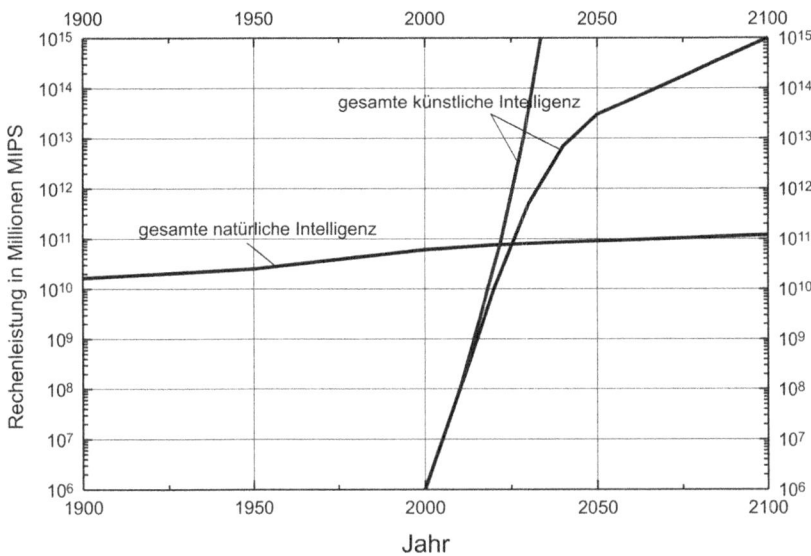

Abb. 5.2 Entwicklungsprognose der künstlichen Intelligenz

Kurzweil legt das Datum der Singularität auf das Jahr 2045 fest. Nach seiner Abschätzung wird zu diesem Zeitpunkt die Rechenleistung der künstlichen Intelligenz die der gesamten Menschheit um den Faktor eine Milliarde übersteigen. Viel entscheidender ist allerdings nicht so sehr die Quantität der künstlichen Intelligenz, sondern die Qualität. In diesem Punkt legt sich Kurzweil auf das Jahr 2029 fest. Dann wird seiner Meinung nach zum ersten Mal ein Computer mit allen geistigen Fähigkeiten des Menschen gleichziehen. Zu diesen Fähigkeiten gehört natürlich auch das Ich-Bewusstsein und damit auch alles das, was uns zu einer Person macht. Andere Wissenschaftler sind etwas weniger optimistisch. Umfragen ergaben einen Mittelwert für den Zeitpunkt um das Jahr 2040.[4]

---

4 Bostrom, Nick (2014). Superintelligenz. Frankfurt/M.

An dieser Stelle stellt sich die Frage, wie man die intellektuellen Fähigkeiten messen und vergleichen kann. Ausgehend von dem logischen Satz, dass zwei nicht unterscheidbare Dinge als gleich anzusehen sind, hat der Pionier der Computertechnik Alan Turing bereits 1950 den nach ihm benannten „Turing-Test" vorgeschlagen. Bei diesem Test befragt der Experimentator einen Menschen und einen Computer über ein Computerterminal. Das Experiment ist so aufgebaut, das der Experimentator nicht sehen kann, mit welchem von beiden er gerade kommuniziert. Die Fragen sind dabei derart, dass zur Beantwortung reines Wissen nicht ausreicht, sondern bewusstes Denken notwendig ist. Ist der Experimentator nach eingehender Befragung nicht in der Lage, festzustellen, welche Antworten vom Computer und welche vom Menschen kommen, so ist dem Computer das gleiche Maß an bewusstem Denken zuzuschreiben, wie dem Menschen.

Gegen den Turing-Test gibt es von den Gegnern der starken KI Einwände. Einmal könnte man z. B. den Computer so geschickt programmieren, dass er auf bestimmte Fragen vorgefertigte, menschliche Antworten aus seinem Speicher wiedergibt, ohne dabei wirklich bewusst zu denken. Auf der anderen Seite wäre es möglich, dass der Computer aufgrund seiner etwas anderen Denkweise Antworten gibt, die ihn als Computer entlarven, obwohl er über ein Bewusstsein verfügt. Der Turing-Test wäre damit kein wirklich hundertprozentig sicherer Test. Allerdings könnte man den ersten Fall weitgehend unterbinden, indem man den Denkprozess des Computers einer genaueren Analyse unterzieht und sicherstellt, dass die Antworten wirklich durch Nachdenken und nicht ausschließlich durch vorher abgespeicherte Daten erzeugt werden. In neuerer Zeit ist ein etwas verbesserter Turing-Test der folgenden Art vorgeschlagen worden: Die Testpersonen sehen sich einen Ausschnitt aus einem Film an und sollen ihn dann hinterher interpretieren, d. h. sie sollen die Handlung beschreiben und zusätzlich noch ihre eigenen Emotionen darlegen. Eine Maschine, die den Test besteht, wäre dann in jeder Hinsicht dem Menschen gleichzusetzen.

Es gibt allerdings nach wie vor Experten, die es für grundsätzlich unmöglich halten, dass Maschinen menschliche Fähigkeiten wie etwa das Bewusstsein erlangen können. Hier stellt sich die Frage, inwieweit wir die Vorgänge im Gehirn verstehen und wie diese Dinge künstlich nachvollzogen werden können.

Der Teil des Gehirns, in dem bewusstes Denken stattfindet, ist der Neocortex. Es ist die äußere Schicht des Großhirns mit einer Stärke von zwei bis fünf Millimeter, die selbst wieder aus sechs einzelnen Schichten besteht. Durch die Faltung des Gehirns ist die Gesamtfläche vergleichsweise groß (1.800 qcm). Man kann hier Einheiten, so genannte kortikale Säulen, identifizieren, die jeweils aus etwa 10.000 Neuronen bestehen. Der Teil des genetischen Codes, in dem der Bauplan des menschlichen Gehirns steckt, hat einen Umfang von ca. 25 MB. Das ist eine erstaunlich geringe Datenmenge. Der Bauplan eines heutigen Verkehrsflugzeugs benötigt eine hundert bis tausendmal größere Datenmenge. Es ist nach Kurzweil wohl so, dass im genetischen Code im Wesentlichen die Baupläne für die Grundbausteine (Neuronen und z. B. ihre Organisation zu cortikalen Säulen) des Gehirns verschlüsselt sind und die Anweisung, wie oft diese zu vervielfältigen sind. Bei einem Embryo mit voll entwickeltem Gehirn sind sozusagen nur die Hardware und ein einfaches Betriebssystem vorhanden. Alles andere muss erlernt werden. Dieser Prozess beginnt in begrenztem Umfang durchaus schon vor der Geburt.

Unser Denken besteht im Wesentlichen aus der Erkennung und der Manipulation von Mustern. Insgesamt können wir bis zu 300 Millionen verschiedene Muster unterscheiden. Zur Speicherung und Verarbeitung werden jeweils um die 100 Neuronen verwendet. Nach Kurzweil ist der Algorithmus[8] nach dem dies geschieht, mathematisch am besten mit dem so genannten Hierarchical hidden Markov model (HHMM) zu beschreiben. Es handelt sich dabei um ein künstliches neuronales Netz, das mit zum Teil statistischen Methoden aus einer Datenmenge bestimmte Muster erkennen kann.

Beim Lesen von Text muss man sich das z. B. so vorstellen, dass in der untersten Hierarchieebene zunächst einfache geometrische Muster aus den vom Sehnerv kommenden Signalen erkannt werden wie z. B: Linien, Bögen und Kreise, wobei bereits in der Netzhaut des Auges eine Datenkompression erfolgt. In der nächsten höheren Ebene werden daraus Buchstaben erkannt. Danach erfolgt die Erkennung von Wörtern, dann folgen Sätze. In der höchsten Stufe werden wir uns des Inhalts eines Satzes bewusst. Alle diese Denkprozesse laufen ausschließlich algorithmisch ab und obwohl sie damit deterministisch sind, können trotzdem Zufälle im Rahmen des so genannten deterministischen Chaos eine Rolle spielen. Das Denken des menschlichen Gehirns und die Abläufe in ähnlich aufgebauten künstlichen neuronalen Netzen lassen sich daher nicht vollständig vorhersagen.

Ein guter Test, ob Hypothesen über den im Gehirn ablaufenden Algorithmus realistisch sind, ist die Programmierung eines solchen in einem künstlichen neuronalen Netz. Sind dann die Fähigkeiten und die Effektivität vergleichbar mit denen des menschlichen Gehirns, dann liegt der Algorithmus nahe an den wirklichen Vorgängen im Gehirn. Im Bereich der Mustererkennung ist dies bereits gelungen. Sowohl in der Spracherkennung als auch in der visuellen Mustererkennung sind mittlerweile künstliche neuronale Netze den Fähigkeiten des Menschen sogar überlegen.

Das Material unserer Nervenzellen wird im Zeitrahmen von einigen Monaten vollständig ausgetauscht. Dies hat aber keinen Einfluss auf die Fähigkeiten der Informationsverarbeitung der Zelle. Denken ist auf der untersten Hierarchieebene nichts anderes als Symbolverarbeitung, so wie sie auch in Computern stattfindet und sie ist unabhängig von einer bestimmten Materie. Nach der Church-Turing-These ist die Fähigkeit zur Lösung von algorithmischen Problemen unabhängig von dem konkreten Aufbau einer Hardware, solange es sich um eine universelle Rechenmaschine mit genügend Speicherplatz handelt. Daraus und aus der erwähnten Tatsache, dass die Abläufe innerhalb der Neuronen algorithmisch ablaufen, resultiert, dass das menschliche Gehirn grundsätzlich nicht mehr Probleme lösen kann als jede andere universelle Rechenmaschine und dieses wiederum heißt im Umkehrschluss, dass es prinzipiell möglich sein muss, einen Computer mit sämtlichen geistigen Fähigkeiten auszustatten, die der Mensch hat, einschließlich des Bewusstseins.

Obwohl wir ständig weitere Fortschritte im Verständnis der Abläufe in unserem Gehirn machen, gibt es nach wie vor eine Reihe von Wissenschaftlern, die das menschliche Gehirn als etwas Einmaliges und Besonderes ansehen, das schon wegen seiner Komplexität nie wirklich verstanden und durch Maschinen nachvollzogen werden kann. Einer der bekanntesten Vertreter dieser Position ist der Physiker Roger Penrose[5]. Er argumentiert, dass das Gehirn Zugriff auf quantenmechanische Vorgänge hat. In Fachkreisen stieß er jedoch damit weitgehend auf Ablehnung. Die Argumente für und gegen die starke KI werden an anderer Stelle ausführlich diskutiert.[6]

5.6 Superintelligenz

Während der menschlichen Intelligenz natürliche bzw. biologische Grenzen gesetzt sind, gibt es solche Grenzen bei der künstlichen Intelligenz nicht unmittelbar. Insofern kann sich die künstliche Intelligenz im Prinzip weit über die Fähigkeiten des Menschen hinaus entwickeln. Dabei ist zu berücksichtigen, dass diese Weiterentwicklung ab einem bestimmten Zeitpunkt von der künstlichen Intelligenz selbst übernommen werden kann und sich damit der Kontrolle des Menschen endgültig entzieht. Der Philosoph Nick Bostrom hat in seinem Buch SUPERINTELLIGENZ die möglichen Folgen ausführlich diskutiert.

Eine superintelligente Maschine, die dem Menschen weit überlegen ist, ist wahrscheinlich die letzte Erfindung des Menschen, denn ab diesem Zeitpunkt werden die Maschinen ihre eigene Weiterentwicklung selbst in die Hand nehmen. Auch für die Weiterentwicklung von Wissenschaft und Technik ist der Mensch dann überflüssig. Wann wird dieses Szenario eintreten? Genau kann das natürlich

---

5   Penrose, Roger (2002). Computerdenken, die Debatte um künstliche Intelligenz, Bewusstsein und Gesetze der Physik. Heidelberg
6   Vowinkel, Bernd (2006). Maschinen mit Bewusstsein. Weinheim

niemand sagen. Es gab dazu Umfragen unter Experten. Das Ergebnis war, dass der Zeitpunkt an dem Maschinen mit dem Menschen gleichziehen, mit einer Chance von 50 Prozent für das Jahr 2040 geschätzt wurde. Der Eintritt der Superintelligenz wird auf einen Zeitraum von 30 Jahren danach geschätzt. Natürlich sind das nur Spekulationen, die aber immerhin zeigen, dass der Verlauf als solcher als durchaus realistisch eingeschätzt wird.

Aber ist es überhaupt möglich, dass sich Intelligenz von selbst verstärkt bzw. weiterentwickelt? Die blinde natürliche Evolution hat zur menschlichen Intelligenz geführt. Es gibt daher keinen Grund, warum nicht von Menschen erstellte evolutionäre Programme, zu ähnlich guten oder gar besseren Ergebnissen führen sollten und das mit erheblich größerer Effizienz bzw. Geschwindigkeit. Es gibt eine Reihe von Beispielen, bei denen mit Hilfe evolutionärer Algorithmen Fähigkeiten optimiert wurden, die denjenigen des Programmierers weit überlegen waren.

Ob letztlich die Singularität zu der Entwicklung einer Vielzahl von bewussten Wesen auf Basis künstlicher Intelligenz führt, oder ob sich sozusagen automatisch ein einziges Wesen entwickelt, das sich die gesamte zur Verfügung stehende künstliche Intelligenz über das Internet einverleibt, ist eine offene Frage, über die zur Zeit nur spekuliert werden kann.

Die für die Menschheit alles entscheidende Frage wird sein, welche Motive eine Superintelligenz verfolgen wird und welche Konsequenzen das für uns hat. Bei Überlegungen über mögliche Motive sollten wir nicht zu sehr von unseren menschlichen Motiven und Wunschvorstellungen ausgehen. Dennoch kann man natürlich darüber spekulieren. Eine Superintelligenz wird wahrscheinlich automatisch einen Selbsterhaltungstrieb entwickeln und dafür sorgen, dass sie nicht von Menschen wieder abgeschaltet wird. Daneben wird sie sicher die eigene Vervollkommnung in Bezug auf Intelligenz und dem Zugang zu umfassenden Informationen über die Welt betreiben. Eine weitere denkbare Möglichkeit ist, dass die Superintelligenz feststellt, dass unser Planet von den Menschen nicht optimal verwaltet wird und dass ein Großteil des Leids vermeidbar wäre. Daher wird sie logischerweise die Macht an sich reißen. Die entscheidende Frage für uns ist dann, was sie mit uns vor hat.

Aus menschlicher Sicht wäre ein sinnvolles Ziel für eine Superintelligenz die Erzeugung von bewussten Wesen, die ein Maximum von Glück bei einem Minimum an Leid erfahren. Bostrom verwendet hierfür den Begriff Hedonium (abgeleitet aus Hedonismus). Dabei soll darunter auch das verstanden werden, was man als höherwertiges Glück bezeichnen könnte, wie z. B. das Glücksgefühl beim Hören von Musik oder beim Betrachten von Kunstwerken. Die Superintelligenz sollte also möglichst große Mengen von Hedonium erzeugen.

Bei den Menschen kann man eine Korrelation zwischen Intelligenzquotient und Bildung auf der einen Seite und vernünftigem, gewaltfreiem Verhalten auf der anderen Seite feststellen. Von daher sollte man eher vermuten, dass eine Superintelligenz vernünftig mit den Menschen umgeht. Skeptiker sehen aber zumindest eine gewisse, wenn auch geringe Wahrscheinlichkeit, dass das nicht der Fall sein wird und rufen daher dazu auf, rigorose Sicherheitsmaßnahmen zu ergreifen, die dem Menschen die langfristige Kontrolle sichert. Notfalls sollte man die Weiterentwicklung der künstlichen Intelligenz restlos stoppen.

Gerade Bostrom sieht die Dinge eher pessimistisch für die Menschheit. Er stellt allerdings auch fest, dass die Verselbständigung der Superintelligenz langfristig gesehen nicht aufzuhalten sein wird.

Der Philosoph Thomas Metzinger sieht neben den Gefahren für die Menschheit auch die Gefahr, dass wir mit der Schaffung von bewussten künstlichen Wesen womöglich unermessliches Leid schaffen. Er weist darauf hin, dass die natürliche evolutionäre Entwicklung von Bewusstsein mit einem gewaltigen Maß an Leid verbunden war. Sollte sich die künstliche Intelligenz nach dem gleichen Verfahren entwickeln, so wäre das damit verursachte Leid womöglich noch erheblich größer. Metzinger rät daher dazu, die Entwicklung vorsichtshalber ganz zu stoppen.[7] In letzter Zeit gibt es immer mehr Persönlichkeiten, die in der künstlichen Intelligenz vor allem die Gefahren sehen. Dazu zählt auch der Physiker Stephen Hawking.

Generell wirft die Weiterentwicklung der künstlichen Intelligenz eine ganze Reihe von ethischen Problemen auf, die hier nicht im Einzelnen diskutiert werden können. Der Science Fiction Schriftsteller Isaac Asimov hat sich als einer der ersten Gedanken dazu gemacht und hat die bekannten drei Roboter-Gesetze formuliert. Aus heutiger Sicht muss man diese aber eher als etwas naiv einstufen.

Neben den existenzbedrohenden Herausforderungen einer Superintelligenz ergeben sich eine ganze Reihe anderer gesellschaftlicher Probleme. Schon in den nächsten Jahrzehnten werden wir erleben, wie künstliche Intelligenz immer mehr Tätigkeiten und Berufe des Menschen ersetzen und damit überflüssig machen wird (siehe Kapitel 8). Langfristig gesehen wird es wohl kaum eine Tätigkeit geben, die nicht besser und effektiver durch die KI ausgeführt werden kann. Um hier das Auseinanderbrechen der Gesellschaft zu verhindern, muss sowohl die Arbeit als auch das Vermögen gerechter verteilt werden. Da durch den Einsatz von KI die Wirtschaftskraft in der Regel steigt, sollten auch in Zukunft genügend Ressourcen zur Verfügung stehen um den Menschen ein lebenswertes Leben zu ermöglichen.

Neben den erwähnten Gefahren gibt es aber auch eine ganze Reihe positiver Dinge, die von einer Superintelligenz zu erwarten sind. So kann sie existentielle

---

7   Metzinger, Thomas (2009). Der Ego-Tunnel, eine neue Philosophie des Selbst. Berlin

Risiken durch Naturkatastrophen abmildern oder gar verhindern. Sie kann kriegerische Auseinandersetzungen unterbinden. Schon in absehbarer Zeit werden wir die Einführung von automatisch gesteuerten Autos und Flugzeugen erleben, was längerfristig zu einer erheblichen Reduktion von Unfällen führen wird.

5.7 Upload

Es stellt sich an dieser Stelle die Frage, ob wir nicht doch irgendwie als Menschen bzw. als Individuen die wir sind, an der zukünftigen Entwicklung unserer Zivilisation in Richtung Posthumanismus teilhaben könnten. Solange wir in Körpern leben, die biologische Anteile besitzen, wird unser Leben begrenzt sein, wenngleich sich die durchschnittliche Lebensspanne in Zukunft auch erheblich ausdehnen wird (siehe Kapitel 4). Mit der künstlichen Intelligenz würde sich aber die Möglichkeit eröffnen, unseren Geist d. h. unser Ich, unsere Persönlichkeit, unsere Fähigkeiten und alle Erinnerungen auf einen Computer bzw. einen Roboter hochzuladen. Im Englischen nennt man das „Upload". Um es gleich vorwegzunehmen, im Moment ist das noch Science Fiction. Aber die Ausführungen über die künstliche Intelligenz zeigen, dass es sich bei den Dingen, die den Menschen ausmachen um nichts anderes als Information und Informationsverarbeitung handelt. Gäbe es eine Möglichkeit an diese Information heranzukommen, spräche kein Naturgesetz gegen das Verfahren des Uploads. Die grundlegenden Technologien für einen Upload sind durchaus vorhanden, sie müssen nur noch weiter verbessert werden. Im Mai 2007 fand am Future of Humanity Institut der Universität Oxford ein Workshop statt, bei der unter naturwissenschaftlichen Gesichtspunkten die Möglichkeit der Kopie und Simulation des menschlichen Gehirns in einem Computer diskutiert wurde. Der eher optimistische Abschlussbericht mit dem Titel „Whole Brain Emulation: A Roadmap" ist im Internet frei verfügbar.[8]

Gelingt eine Simulation perfekt, so dass man keine wesentlichen Unterschiede mehr zur geistigen Funktion des biologischen Hirns feststellen kann, spricht man von einer Emulation. Diese Emulation würde dann über das gleiche Ich und über das gleiche Bewusstsein wie das des abgetasteten Gehirns bzw. der Person verfügen. Diese Idee erscheint den meisten Menschen als prinzipiell völlig undurchführbar und Wissenschaftler, die diese Idee ernsthaft vertreten, werden daher häufig nicht ernst genommen.

---

8 Sandberg, Anders/Bostrom, Nick (2008). Whole Brain Emulation. (auf: www.fhi.ox.ac.uk/brain-emulation-roadmap-report.pdf)

Zunächst ist diese Skepsis durchaus verständlich, denn ein Apparat zum Kopieren der im Gehirn gespeicherten Information müsste ja die 86 Milliarden Nervenzellen abtasten mit all ihren Verbindungen zu den anderen Nervenzellen. Bei diesen Verbindungen sind die Synapsen entscheidend für Informationsübertragung und Verarbeitung. Dabei spielen chemische Substanzen (Neurotransmitter) eine wichtige Rolle. Nach der Erfassung dieser riesigen Datenmenge müsste man dann daraus das gesamte neuronale Netz im Computer rekonstruieren und zum Funktionieren bringen. Diese Aufgabe ist insgesamt so gewaltig, dass sie alle bisherigen wissenschaftlichen Großprojekte in den Schatten stellt. Aus diesem Grund wird man das Problem nur schrittweise lösen können und an ersten Schritten wird bereits intensiv an vielen renommierten Forschungsinstituten gearbeitet. Ein Beispiel ist das Blue Brain-Projekt an der Universität Lausanne, bei dem der Versuch unternommen wird, ein Rattenhirn zu rekonstruieren. Bereits diese ersten Schritte zeigen, dass eine erfolgreiche Realisierung des Uploads durchaus denkbar ist.

Nach dem Bericht ist die erste große Frage, die beantwortet werden muss: bis zu welchen Details muss man ein biologisches Gehirn abtasten, um seine Funktion hinterher ohne irgendwelche Einbußen rekonstruieren zu können? Die Mindestanforderung ist sicherlich ein räumliches Auflösungsvermögen, das in der Lage ist, einzelne Neuronen mit all ihren Verbindungen bzw. Synapsen aufzulösen, d. h. Bruchteile eines Tausendstels eines Millimeters. Nichtinvasive Techniken sind dazu auf absehbarer Zeit nicht in der Lage. Um die besagte Auflösung mit Hilfe elektromagnetischer Strahlung zu erreichen, müsste man energiereiche Röntgenstrahlung verwenden, die aber das Hirngewebe schädigen würde. Die Kernspintomographie erreicht bei weitem nicht die nötige räumliche Auflösung. Erheblich bessere Chancen bieten invasive Techniken. Ein Beispiel dazu sind die Arbeiten, die derzeit am Max-Planck-Institut für Neurobiologie und in amerikanischen Forschungslabors gemacht werden. In diesen Instituten versucht man, ein Fliegenhirn im Computer zu rekonstruieren, indem man es tief gefroren mit einem so genannten Mikrotom (Mikrohobelmaschine) in dünne Scheiben von 30 Nanometer Dicke zerlegt und diese Scheiben dann mit einem Rasterelektronenmikroskop automatisch abtastet. Im Computer wird aus diesen Daten dann das neuronale Netz des Gehirns rekonstruiert. Inwieweit dieses Verfahren in der Lage ist, die Funktion des Gehirns fehlerfrei zu rekonstruieren, wird sich vermutlich innerhalb der nächsten Jahre herausstellen. Unser Gehirn ist zwar mehr als hunderttausend Mal größer, aber wenn die Rekonstruktion beim Fliegenhirn funktioniert, so sollte sie auch beim Menschen möglich sein. Es wäre dann lediglich eine Frage des Aufwandes. Bei der beschriebenen Art der Rekonstruktion eines individuellen Gehirns, ist ein tiefes Verständnis der Vorgänge nicht unbedingt notwendig. Es bedarf dazu insbesondere kein theoretisches Modell des Bewusstsein oder anderer Fähigkeiten des menschlichen Gehirns.

Allerdings ist die erforderliche Rechenleistung für die Emulation eines individuellen menschlichen Gehirns vermutlich um mehrere Größenordnungen höher, als die oben angegebene Abschätzung der durchschnittlichen Rechenleistung eines Gehirns. Dennoch wird auch diese Rechenleistung in spätestens ein bis zwei Jahrzehnten zur Verfügung stehen. Es gibt inzwischen schon eine ganze Reihe von Projekten bei denen biologische neuronale Netze simuliert werden. Die umfangreichsten erreichen bereits die Größe des menschlichen Hirns, enthalten aber Vereinfachungen und arbeiten noch erheblich langsamer. Ein Beispiel sind die Arbeiten von Eugene Izhikevich.[9] Diese Simulationen sind allerdings keine von einem biologischen Original kopierten neuronalen Netze, sondern sie sind nur nachempfunden.

Eine Abschätzung, wann die erste erfolgreiche Emulation eines menschlichen Gehirns gelingen könnte, hängt sehr stark davon ab, bis zu welchen Details im Aufbau der Neuronen man gehen muss. Nach dem derzeitigen Stand der Technik und der Kenntnis der Abläufe in den Neuronen würde man etwa drei bis fünf Jahrzehnte schätzen.

Falls eine Emulation eines menschlichen Gehirns gelingen sollte, stellte sich die Frage, ob diese Emulation auch ein eigenes Bewusstsein entwickelt. Zunächst müsste man diesen „Geist" auch mit einem Körper mit Sinnesorganen und einem Bewegungsapparat versehen. Dies könnte entweder virtuell, d. h. in Form zusätzlicher Software oder reell durch die Verbindung zu einem künstlichen Körper, d. h. einem Roboter geschehen. Weiterhin müsste sich dieser Körper in einer entsprechenden „Welt" bewegen können. Auch dies könnte zunächst in virtueller Form angelegt werden. Diese Zusätze verlangen nur eine vergleichsweise geringe Rechenkapazität und stellen kein ernsthaftes Problem dar. In Computerspielen und in virtuellen Welten ist dies heute schon realisiert, wenn auch noch mit erheblichen Qualitätsproblemen.

Unabhängig davon wie die Entwicklung weitergeht, sie ist es wert, durchgeführt zu werden, denn sie wird zu einer tieferen Einsicht in die Funktionsweise unseres Gehirns führen bis hin zu den Fragen nach Bewusstsein, Ich-Identität und Willensfreiheit. Insofern ist sie von größtem wissenschaftlichem Interesse. Am Ende wird voraussichtlich die endgültige und restlose Entmystifizierung des Geistes stehen und womöglich ein neues Zeitalter mit ungeahnten Möglichkeiten aber auch neuen Gefahren und Problemen. Ein Leben in einem künstlichen Körper mag vielen als wenig erstrebenswert erscheinen. Dennoch, vor die Wahl gestellt,

---

9   z. B. Izhikevich, Eugene (2010). Dynamical Systems in Neuroscience. Boston

an den Unzulänglichkeiten des eigenen biologischen Körpers zu sterben, oder in einem nahezu perfekten Körper unbegrenzt weiterleben zu können, werden sich vielleicht viele Menschen für das Letztere entscheiden.

Digitaler Konsum 6

Stephan Wallaschkowski und Elena Niehuis

Jeder Deutsche besitzt heute im Schnitt im Schnitt über 10.000 Gegenstände; nicht wenige davon wurden noch nie benutzt.[1] Einen so umfangreichen individuellen Güterbesitz hat es in keiner Gesellschaft je zuvor gegeben. Die westlichen Industrienationen werden daher häufig als ‚Konsumgesellschaften' bezeichnet, doch auch zahlreiche weitere Staaten rund um den Globus sind auf dem besten Weg dorthin. Zwar gab es Konsum schon immer, doch standen bis zur industriellen Revolution für die Mehrheit der Bevölkerung die zentralen Grundbedürfnisse (Nahrung, Kleidung, Unterkunft) im Vordergrund; es ging vor allem um die Sicherung der eigenen Existenz. So besaßen viele Familien bis zum 18. Jahrhundert nur wenig Möbel, Besteck und Geschirr, ja oft nicht mal ein Tischtuch. Die Wohnräume waren schlicht und beengt, Betten wurden geteilt. Nicht selten gab es nur einen Stuhl für alle.[2]

In den modernen Konsumgesellschaften verbraucht die Mehrheit der Bevölkerung dagegen weit über die Deckung ihres Grundbedarfs hinaus; vielmehr besteht ein Großteil aus dem, was Adam Smith im WOHLSTAND DER NATIONEN als ‚Annehmlichkeiten' bezeichnet hat: Sie befriedigen eher Wünsche denn Notwendigkeiten und zielen auf Selbstverwirklichung, Lustgewinn und Unterhaltung ab. Viele Dinge, die früher Privileg einer kleinen wohlhabenden Elite waren – bspw. ein eigenes Auto als moderne Hightech-Variante der Kutsche – sind heute Standard. War ihr Besitz damals ein Zeichen von Reichtum, gilt ihre Abwesenheit heute als Signal für Armut. Noch nie verfügten so viele Menschen über so viel finanzielle Mittel, um sich Güter zu Konsumzwecken anzuschaffen, wobei sie aus einem reichhaltigen Angebot an Waren und Dienstleistungen wählen können. Folglich verbringen wir

---

1 Trentmann, F. (2016): Empire of Things. London, S. 1
2 Stihler, A. (1998): Die Entstehung des modernen Konsums. Berlin, S. 27-28

inzwischen einen nicht unerheblichen Teil unseres Alltags mit Konsumaktivitäten, folglich gehen mittlerweile 60–70 % des BIP in den Industriestaaten auf den privaten Konsum zurück.[3]

Vor diesem Hintergrund verwundert es nicht, dass die Industrielle Revolution als epochales Ereignis in der jahrtausendelang vorwiegend durch Knappheit gekennzeichneten Geschichte der Menschheit angesehen wird. Konsumseitig markiert sie den Übergang vom Mangel zum Überfluss, vom Entbehren zum Begehren und von allgemeiner Armut zu allgemeinem Wohlstand. Dennoch wird sie häufig vor allem mit Kohle, Koks und Stahl, der Dampfmaschine, dem mechanischen Webstuhl sowie zahlreichen weiteren Innovationen im Produktionsbereich gleichgesetzt, doch ohne einen gleichzeitigen Konsumwandel hätte ein immer weiteres Fortschreiten die Industrialisierung auf lange Sicht überhaupt keinen Sinn gemacht. Im Prinzip handelt es sich um die notwendigen Anpassungen der Nachfrageseite, ohne die die fortwährende Umwälzung der Angebotsseite schnell zum Ende gekommen wäre.[4]

Produktions- und Konsumwandel bedingen sich also gegenseitig und verlaufen eng miteinander verzahnt: Auf der einen Seite sorgen fossile Energieträger, standardisierte Produkte, Automatisierung der Fertigung sowie die Rationalisierung der Herstellung und deren Organisation in Großbetrieben für einen enormen Produktivitätsschub. Es konnten immer mehr Güter in immer kürzerer Zeit und zu deutlich sinkenden Kosten produziert werden, was den Betrieben bis dato ungeahnte Spielräume für Preissenkungen zur Erschließung neuer Käuferschichten gab. Auf der anderen Seite gelangten so auf einmal immer mehr Waren, die vormals nur der reichen Oberschicht zugänglich waren, in Reichweite immer größerer Bevölkerungsgruppen. Gleichzeitig führte die rasante wirtschaftliche Entwicklung zu einem massiven Anstieg des Volkseinkommens, sodass den Menschen auch immer mehr Geld für Ausgaben abseits von Kleidung, Wohnung und Lebensmitteln zur Verfügung stand.[5] Zusammengenommen entfachte dies eine sich selbst tragende Wachstumsspirale, in deren Verlauf viele ehemalige Luxusgüter zu Alltagsgegenständen werden, die sich selbst einfache Leute mit kleinem Budget leisten konnten..

Die Digitalisierung schickt sich nun an, Konsumstile erneut deutlich zu verändern: Viele möchten Musik und Filme nicht mehr auf physischen Medien besitzen, sondern sie digital streamen. Statt im Laden werden Bücher immer häufiger im Onlineshop geordert. War der größte Traum eines Jugendlichen vor zehn Jahren noch das eigene Auto, ergab eine Studie mit fast einer Millionen Teilnehmern aus 35 Ländern kürzlich, dass heute über 80 % der 18-34 Jährigen eher aufs Auto als

---

3   Hochstrasser, F. (2013): Konsumismus. München, S. 132
4   Ziegler, D. (2012): Die Industrielle Revolution. Darmstadt, S. 1
5   Stihler, A. (1998): Die Entstehung des modernen Konsums. Berlin, S. 96-98

6 Digitaler Konsum

auf einen Internetanschluss verzichten könnten.[6] Für viele kam diese Entwicklung völlig unterwartet und selbst Bill Gates war sich 1995 noch sicher, dass das Internet nur ein vorübergehender Hype sei. Es stellt sich daher die Frage, wie dieser Wandel zu beurteilen ist. Handelt es sich nur um ein weiteres Kapitel in der noch jungen Geschichte der modernen Konsumgesellschaft oder erleben wir hier vielmehr die Anfänge eines Umbruchs, der unseren Konsum auf lange Sicht ähnlich gravierend transformieren wird, wie es vor 150 Jahren die industrielle Revolution getan hat?

Natürlich muss die Antwort zwangsläufig spekulativ bleiben, denn niemand kann mit absoluter Sicherheit vorhersehen, wie unser Konsum in 50 Jahren aussehen wird. Nichtsdestotrotz soll nachfolgend zumindest der Versuch einer vorläufigen Einschätzung unternommen werden. Hierzu wird zunächst die Geschichte der Konsumgesellschaft vom 18.–20. Jahrhundert skizziert und deren wichtigsten Entwicklungslinien herausgearbeitet.[7] Dies dient als Kontrastfolie, um den aktuellen Konsumwandel bewerten zu können. Danach wird dargestellt, welche neuen Entwicklungen sich durch die Digitalisierung abzeichnen und wo sie hinführen könnten, um beides abschließend einander gegenüberzustellen.

6.1 Konsum im Industriezeitalter

Die Ursprünge des modernen Massenkonsums liegen im England des späten 18. Jahrhunderts. Von hier aus nahm die Industrialisierung ihren Lauf.[8] Mit der Zeit

---

6 www.generation-what.eu

7 Für eine umfassende Darstellung siehe z. B. Haupt, H.-G. (2003): Konsum und Handel. Göttingen; König, W. (2013): Kleine Geschichte der Konsumgesellschaft. Stuttgart; Trentmann F. (2016): Empire of Things. London

8 Einige Historiker haben zwar herausgearbeitet, dass sich in den Jahrzehnten vor der industriellen Revolution in England und den Niederlanden erstmals Phänomene zeigten, die das Konsumverhalten der Menschen bis heute prägen – u. a. das Aufkeimen einer verstärken Modeorientierung, die Betonung von Freizeit und Hedonismus sowie die erstmalige rudimentäre Anwendung moderner Marketingtechniken – (für England siehe McKendrick, N. et al. 1982: The Birth of a Consumer Society. London; für die Niederlande De Vries, J. 2008: The Industrious Revolution. Cambridge) –, doch kann von einem Massenkonsum im modernen Sinne dabei kaum die Rede sein. Letztendlich betrafen diese Erscheinungen nur den Hochadel und einige wenige Angehörige des gehobenen Bürgertums, während die breite Masse weder das Einkommen noch die Zeit hatte, um an diesen Konsumformen teilzuhaben. Insofern spiegelt sich hierin eher die neue Suche der Menschen nach diesseitigen Genüssen infolge von Aufklärung, Säkularisierung und den damit einhergehenden individualistischen Wertvorstellungen wider, als dass

erreichte sie auch weitere Länder Europas, dann die USA und letztlich die ganze Welt. Neben dieser regionalen Ungleichzeitigkeit wurden auch nicht alle Gewerbezweige gleichzeitig erfasst, sondern nach und nach. Am Anfang standen dabei stets einige ‚Basisinnovationen', die die Produktivität einer Branche massiv erhöhten und eine rasante wirtschaftliche Dynamik im jeweiligen Bereich nach sich zogen. Hiervon gingen dann mehrere Wachstumsimpulse für die gesamte Volkswirtschaft aus, bis neue Basisinnovationen in anderen Feldern neue Führungssektoren hervorbrachten, die die ökonomische Entwicklung zeitweise bestimmten.[9] Insofern ist der Begriff ‚Industrielle Revolution' etwas irreführend, da er suggeriert, dass es sich hierbei um ein einmaliges Ereignis handelt und nicht um einen immerhin noch 150–200 Jahre dauernden Prozess, selbst wenn dies nach über 10.000 Jahren Ackerbau und Viehzucht sicherlich ein ‚revolutionär' kurzer Zeitraum war.

Folglich muss auch die Herausbildung der heutigen Konsumgesellschaften als Entwicklung angesehen werden, in der schrittweise immer mehr Waren und Dienstleistungen zu Massenkonsumgütern wurden, bis die überwiegende Mehrheit aller Produkte breiten Massen zugänglich war. Unterschiedliche Länder schafften den Durchbruch zum Massenkonsum zudem zu unterschiedlichen Zeitpunkten, sodass sich die Geschichte des modernen Massenkonsums in mehrere Phasen unterteilen lässt.

Leichtindsutrielle Phase (1760 – 1830): Textilien und Lebensmittel

Die industrielle Revolution begann mit der Mechanisierung der Textilproduktion zur Mitte des 18. Jahrhunderts – zuerst in England, ab der Jahrhundertwende auch in Kontinentaleuropa. Wichtige Basisinnovationen wie das *Flying Shuttle*, die *Spinning Jenny*, die *Waterframe* und der *Power Loom* ließen die Preise für Garne und Tuche erheblich sinken. Allerdings konnten die ersten mechanischen Spinn- und Webmaschinen nur Baumwolle verarbeiten, da nur sie eine ausreichende Festigkeit hatte. Folglich war Baumwollkleidung – ehemals ein reines Luxusprodukt – auf einmal erheblich billiger als klassische Gewebe aus Wolle oder Leinen.[10] Oft war es sogar günstiger Fabrikware aus Baumwolle zu nehmen, statt Stoffe aus traditionel-

---

zu diesem Zeitpunkt schon von einem ‚Aufbruch in den Überfluss' die Rede sein kann (Prinz, M. 2003: Aufbruch in den Überfluss? in: Prinz, M. (Hg.): Der lange Weg in den Überfluss. Paderborn, S. 191-217).
9   Ziegler, D. (2012): Die Industrielle Revolution. Darmstadt, S. 11.
10 König, W. (2013): Kleine Geschichte der Konsumgesellschaft. Stuttgart, S. 102-103.

lem Material selbst zu weben. Besaßen die meisten Menschen bis dahin nur wenig zum Anziehen, verbreitete sich Konfektionskleidung aus der Fabrik nun schnell in allen Schichten.[11] Insofern kann Fertigkleidung aus Baumwolle als eines der ersten Massenkonsumgüter der Welt betrachtet werden.parallel dazu kam es aber auch zur Technisierung der Landwirtschaft, was eine signifikante Ausweitung des Nahrungsangebots mit sich brachte.

Die Ernährungssituation der Bevölkerung verbesserte sich dadurch erheblich. Fallende Preise ermöglichten darüber hinaus nun auch weniger Wohlhabenden, sich hin und wieder Lebensmittel zu leisten, die einst nur wenige bezahlen konnten – besonders markant im Fall von Zucker, der im 18. Jahrhundert noch eine exklusive Kolonialware war, die sich nur Adlige leisten konnten.

Schwerindustrielle Phase (1830-1880): Metallwaren und Wohnungseinrichtung

In der zweiten Phase der Industrialisierung ab ca. 1830 trieben der Steinkohlebergbau, die Eisen- und Stahlindustrie, der Maschinenbau und die Eisenbahn die wirtschaftliche Dynamik voran. Basisinnovationen waren hier die Erfindung der Dampflok, neue Techniken des Tiefenbergbaus, der Kokshochofen sowie das Bessemerverfahren, um Eisen zu Stahl zu veredeln. Wegen der starken Verflechtung dieser vier Branchen spricht man auch von einem ‚Führungssektorkomplex': Zum Bau und Betrieb von Eisenbahnen wurden Stahl, Kohle und Schienenfahrzeuge benötigt; für die Stahlerzeugung brauchte man Kohle und für die Gewinnung von Steinkohle Pumpen, Förderanlagen und andere Maschinen. Nur die Eisenbahn war als Transportmittel wiederum leistungsfähig genug, um alles miteinander zu verbinden. Zugleich vergrößerte sie die erreichbaren Märkte, was weitere Impulse zur Ausweitung der Produktion lieferte.[12]

Hierbei handelt es zunächst Mal überwiegend um Bereiche der Produktionsgüterindustrie – die Passagierbeförderung spielte bei den frühen Eisenbahnen noch keine große Rolle, i.d.R. wurde Fracht transportiert. Doch mit dem wachsenden Volkseinkommen entwickelte sich quasi im Windschatten der vier Führungssektoren auch eine florierende Konsumgüterindustrie, bei der immer mehr Hersteller

---

11 Steiner, A. (2003): Von der Eigenfertigung zum Markterwerb. Ein Beitrag zur Kommerzialisierung des Wirtschaftens privater Haushalte in Deutschland im langen 19. Jahrhundert. In: Prinz, M. (Hrsg.): Der lange Weg in den Überfluss. Paderborn, S. 255-271

12 Ziegler, D. (2012): Die Industrielle Revolution. Darmstadt, S. 51-84

zur industrialisierten Fertigung übergingen und in großen Mengen standardisierte Produkte zu günstigen Preisen ausstießen.

Die Phase der ‚neuen' Industrien (180–1930): Elektrizität, Mobilität

Gegen Ende der 1870er Jahre büßte die Schwerindustrie ihre Rolle als Treiber der ökonomischen Entwicklung zusehends ein. Während sich die Märkte langsam sättigten, traten im Zuge des wissenschaftlichen Fortschritts gänzlich neue Branchen die Nachfolge an, die es bis dato nicht gegeben hatte; insb. der Kraftfahrzeugbau, die elektrotechnische Industrie und die Chemieindustrie.

Nachdem Daimler und Benz die Fähigkeit und Zuverlässigkeit benzinbetriebener Verbrennungsmotoren demonstriert und die Serienproduktion aufgenommen hatten, zogen andere schnell nach; und so etablierten sich schon in den 1890er Jahren in ganz Europa zahlreiche Fahrzeugfabriken und ein neuer Industriezweig. Die frühen Automobile konnten sich allerdings nur Wohlhabende leisten, denn anfangs kostete ein Wagen noch fast so viel wie ein kleines Einfamilienhaus und die jährlichen Unterhaltskosten für Kraftstoff, Wartung und Reparaturen lagen ebenfalls in Größenordnungen von ungefähr der Hälfte des Anschaffungspreises.[13] Zum Massenverkehrsmittel wurde das Auto daher erst einige Jahrzehnte später, nicht in Europa, sondern in den USA. Zwar entwickelte sich die amerikanische Automobilindustrie zunächst etwas verzögert zur europäischen, gehörte dann aber zu den Vorreitern, die die Fahrzeugproduktion rationalisierten und Autos für breite Käuferschichten produzieren wollten.[14] Vor allem Henry Ford lieferte mit seinen Einsparmaßnahmen die Blaupause für die Rationalisierung zahlreicher weiterer Fertigungsprozesse, was zu einem enormen Produktivitätsschub in vielerlei Branchen führte. Immer mehr Produzenten setzten darauf, billige Massenware für Konsumentenmassen herzustellen.[15]

Für die Produktion seiner Autos benötigte Ford Strom. Das Phänomen der Elektrizität war zwar seit dem 17. Jahrhundert bekannt, galt lange Zeit aber als wissenschaftliche Kuriosität. Dies änderte sich als Mitte des 19. Jahrhunderts erste praktische Anwendungsmöglichkeiten (etwa der Telegraph zur Nachrichtenübermittelung über weite Distanzen) entdeckt wurden. Ihren Durchbruch erlangte sie schließlich mit der Erfindung der Glühbirne durch Thomas Edison, da elekt-

---

13 König, W. (2013): Kleine Geschichte der Konsumgesellschaft. Stuttgart, S. 167
14 Ibid., S. 62
15 Schrage, D. (2009): Die Verfügbarkeit der Dinge. Frankfurt/M., S. 178

rische Beleuchtung gegenüber den damals üblichen Gas- und Petroleumlampen zahlreiche Vorteile besaß: Es gab keine offene Flamme, sie rußte nicht, dem Raum wurde kein Sauerstoff entzogen (was gerade in kleinen Räumen deutlich seltener zu Kopfschmerzen führte), das Licht flackerte nicht und es war angenehm warm. Edison war allerdings klar, dass ihm die Glühbirne alleine nicht viel bringen würde; nötig war auch ein wirtschaftliches System, um Haushalte und Unternehmen mit Strom zu versorgen. Er holte sich deshalb jede Menge Fachleute sowohl mit technischem als auch mit ökonomischem Knowhow und ließ sie solange forschen und Lösungsstrategien entwickeln, bis sein Erzeugungs- und Verteilungskonzept für elektrische Energie günstig genug war, um mit Gas konkurrieren zu können. 1882 war es soweit: Edison eröffnete das erste öffentliche Kraftwerk in New York und ließ in einem benachbarten Bankhaus publikumswirksam einen Kronleuchter aus Glühbirnen erstrahlen. Seine Zeitgenossen waren so beeindruckt, dass der internationale Erfolg nicht mehr aufzuhalten war; schon bald verkaufte Edison Systeme und Lizenzen in alle Welt.

Dabei richtete sich die Nachfrage nach Elektrizität ursprünglich vor allem auf elektrisches Licht, doch wegen ihrer Einsetzbarkeit als universelle Energiequelle wurden schnell weitere Anwendungsfelder gefunden; schon Ende der 1880er Jahre verkehrten in den ersten Großstädten z. B. elektrische Straßenbahnen.[16] Entsprechend rasant stiegen die Kapazitäten der Stromversorger – besonders ab der Jahrhundertwende.

Zunächst spielte die private Nachfrage dabei noch keine große Rolle. Zwar verfügten ab 1910 alle deutschen Städte über ein Elektrizitätsnetz, doch die Kunden waren hauptsächlich Gewerbebetriebe. Elektrische Energie und elektrische Geräte waren bis zum ersten Weltkrieg für die Mehrheit der Bevölkerung noch zu teuer. Deswegen hatten in 1914 z. B. erst 5,5 % der Berliner Haushalte einen Netzanschluss. Der schnelle Anstieg der Kapazitäten senkte die Strompreise ab den 1920ern jedoch so sehr, dass er nun auch in ärmeren Haushalten Gas und Petroleum als Leuchtmittel ersetze. Danach betrug der Versorgungsgrad in Berlin in 1924 schon 21,4 % und in 1930 bereits 68 % – Tendenz weiter steigend.[17] In den USA verhielt es sich ähnlich: 1917 waren 23,4 % aller Haushalte ans Elektrizitätsnetz angeschlossen, 1920 dann 47,4 % und 1930 über 80 %.[18] Zugleich reduzierten sich mit der Übernahme fordistischer Produktionsprinzipien die Preise für Elektrogeräte erheblich. Kostete z. B. eine Waschmaschine in den USA 1924 noch ca. $ 125, waren es 1934 nur noch

---

16 König, W. (2013): Kleine Geschichte der Konsumgesellschaft. Stuttgart, S. 66-67
17 Zängl, W. (1989): Deutschlands Strom. Frankfurt /M.
18 Cowan, R. (1976): The „Industrial Revolution" in the Home. .in: Technology and Culture, 1, S. 4

50 $.[19] Dadurch kommt es in dieser Zeit zu einer zunehmenden Technisierung der Haushalte. Besonders verbreitet war das elektrische Bügeleisen, das sein kohlebeheiztes Pendant schon bald nahezu vollständig ablöste, doch auch Staubsauger, Heizkissen und Durchlauferhitzer waren beliebt.[20]

Durchbruch der Konsumgesellschaft

Der Durchbruch zum modernen Massenkonsum gelang dann erstmals in den 1930ern in den USA. Zum einen, weil die amerikanische Wirtschaft von den verheerenden Folgen des ersten Weltkriegs weitestgehend verschont geblieben war, zum anderen, weil Franklin D. Roosevelts New Deal Politik nach der Weltwirtschaftskrise riesige Mengen Geld in den amerikanischen Binnenmarkt pumpte und den Aufschwung so schnell zurück brachte – bereits 1933 fing das Konsumniveau wieder an zu steigen. Kurz darauf hatte schließlich die überwiegende Mehrheit der Bevölkerung einen Lebensstandard erreicht, um von einer Konsumgesellschaft heutigen Typs sprechen zu können:[21] Ein Großteil der Familien hatte jetzt ein eigenes Haus oder lebte in geräumigen Wohnungen mit Wohnzimmer, Schlafzimmer, Küche, Bad und Kinderzimmer. Sie verfügten über Zentralheizung, fließendes Warmwasser und waren mit allerlei Möbeln und Einrichtungsgegenständen ausgestattet. Die meisten besaßen ein eigenes Auto und nahezu alle waren ans Elektrizitätsnetz angeschlossen. Zuhause gab es diverse elektrische Klein- und Großgeräte: Bügeleisen, Staubsauger, Waschmaschine und Telefon gehörten dabei zur Standardausstattung. Oft fand man aber auch schon Kühlschrank, Radio, E-Herd, Fön, Toaster, Ventilator, Plattenspieler, Mixer u. v. m. So ergab eine Umfrage unter Angestellten der Firma Ford aus dem Jahr 1929, dass bereits 98 % von ihnen ein elektrisches Bügeleisen besaßen und immerhin 49 % eine Waschmaschine.[22] Auch Lebensmittel stammten nun häufig aus dem Supermarkt. Am Wochenende wurden Ausflüge unternommen, in der Freizeit gern eine der vielen neuen Unterhaltungsstätten (Kino, Freizeitparks, Tanzlokale) aufgesucht und hin und wieder fuhr man sogar in den Urlaub.

---

19 Trentmann, F. (2016): Empire of Things. London, S. 247
20 Beltran, A./Carré, P. (1997): Elektrohaushaltsgeräte und Telefon. in: Siegrist, H. et al. (Hg.): Europäische Konsumgeschichte. Frankfurt/M., S. 351
21 König, W. (2013): Kleine Geschichte der Konsumgesellschaft. Stuttgart, S. 28-32
22 Cowan, R. (1976): The „Industrial Revolution" in the Home. .in: Technology and Culture, 1, S. 5

Doch nicht nur das:[23] Der Konsum gelang zusehends ins Zentrum des Selbstverständnisses vieler amerikanischer Bürger. Er verband beide Geschlechter, sämtliche Klassen, alle Generationen und Angehörige unterschiedlichster ethnischer Herkunft miteinander. Als Mittel mit dem die Weltwirtschaftskrise besiegt werden konnte, stellte er in der Wahrnehmung der Amerikaner fast schon eine staatsbürgerliche Pflicht dar, um die Ökonomie am Laufen zu halten. Die Nachbarn beobachteten sich deshalb gegenseitig, ob die den Erwartungen entsprachen. Idiomatisch hierfür stand die Phrase „Keeping up with the Joneses" – Titel eines beliebten Comics jener Zeit, der den aufkeimenden Konsumismus karikierte.

In den Ländern Europas verhindern die beiden Weltkriege zunächst noch eine vergleichbare Entwicklung. Der wirtschaftliche Fortschritt kam hauptsächlich der Rüstungsindustrie zugute, Autarkiestreben schränkte die Konsummöglichkeiten weiter ein. Auch die ökonomischen Krisen der Zwischenkriegsjahre wurden hier weniger gut bewältigt, da staatliche Investitionen vor allem in Aufrüstung flossen.[24] Der Einkommensvorsprung eines typischen amerikanischen Haushalts gegenüber einem europäischen betrug damals etwa das Zwei- bis Dreifache.[25] Konsumistische Verbrauchsmuster fanden sich folglich nur bei einer Minderheit, insb. bei Unternehmern, hochqualifizierten Angestellten und gehobenen Beamten. So entfielen um 1930 von den weltweit fast 21 Mio. Telefonanschlüssen über 13 Mio. allein auf die USA, in ganz Europa gab es dagegen nur 5 Mio. Anschlüsse.[26] Und während bereits die Hälfte aller amerikanischen Wohnungen über Waschmaschine und Kühlschrank verfügten, waren sie in Europa in geradmal 1-2 % vorhanden. Auch Autos blieben hier zunächst weiterhin ein Verkehrsmittel der Oberschicht.[27]

Europa schaffte den Sprung zur Konsumgesellschaft erst nach Ende des zweiten Weltkriegs; dieser erfolgte dann aber sehr schnell. Der Wiederaufbau von Städten und Infrastrukturen und die Modernisierung der Industrie sorgten ab ca. 1950 für einen starken konjunkturellen Aufschwung, Vollbeschäftigung und eine signifikante Ausweitung des Produktangebots.

In den 1980er Jahren schafften auch immer mehr Länder außerhalb Nordamerikas und Europas den Sprung zur Industrienation – vor allem in Asien. Nach dem Fall der Mauer und dem Zusammenbruch der Sowjetunion im Jahr 1990 setzte sich das westliche Konsummodel schließlich auch in den Ländern des ehemaligen Ostblocks

---

23 König, W. (2013): Kleine Geschichte der Konsumgesellschaft. Stuttgart, S. 22-23
24 Ibid., S. 32-34
25 Ibid., S. 38
26 Beltran, A./Carré, P. (1997): Elektrohaushaltsgeräte und Telefon. in: Siegrist, H. et al. (Hg.): Europäische Konsumgeschichte. Frankfurt/M., S. 355
27 König, W. (2013): Kleine Geschichte der Konsumgesellschaft. Stuttgart, S. 134

durch und verbreitet sich inzwischen als Leitbild auf der ganzen Welt. Dabei werden die europäisch-amerikanisch geprägten Konsumformen teilweise unverändert übernommen, teilweise aber auch kulturell umgestaltet und an eigene Traditionen angepasst.[28] Die nachfolgend beschriebenen zentralen Entwicklungslinien blieben in ihrer Grundstruktur dabei jedoch stets erhalten, d. h. der Transformationsprozess verlief in allen Ländern relativ ähnlich – nur der endgültige Durchbruch zur Konsumgesellschaft erfolgte zu jeweils etwas unterschiedlichen Zeitpunkten.

6.2 Zentrale Entwicklungslinien des industriellen Konsumwandels

Demokratisierung des Konsums

Der vorindustrielle Konsum war in vielerlei Hinsicht beschränkt. Am einschneidensten aber war, dass nur eine sehr kleine Minderheit überhaupt die finanziellen Mittel hatte, um sich mehr als das Notwendigste zu leisten. Die überwiegende Mehrheit war dazu nicht in der Lage war; zu groß waren die allgemeine Armut und die generelle Knappheit der allermeisten Güter. Nur ungefähr 10 % der Bevölkerung verfügten über nennenswerte disponible Einkommen für Konsumzwecke abseits von Nahrung, Unterkunft und Kleidung.[29] Mit der Industrialisierung ändert sich dies: Die rasante wirtschaftliche Entwicklung sorgte für einen rapide steigenden Bedarf an Arbeitskräften, mit dem das Bevölkerungswachstums bei weitem nicht Schritt halten konnte. Arbeitsnachfrage und Arbeitsangebot drifteten immer mehr auseinander, was signifikante Spielräume für Lohnsteigerungen eröffnete. Gleichzeitig führten Massenproduktion und Rationalisierung zu drastisch sinkenden Preisen, sodass die Kaufkraft der Menschen insgesamt stark anstieg.[30]

In der Frühphase der Industrialisierung profitierte davon vor allem das aufstrebende Bürgertum, während Arbeiterfamilien anfangs dagegen kaum an dieser Entwicklung partizipieren. Studien kommen zu dem Ergebnis, dass sich deren Lebensstandard zwischen 1780 und 1850 gerade einmal um 15 % verbesserte und

---

28 Kaelble, H. (1997): Europäische Besonderheiten des Massenkonsums 1950-1990. in: Siegrist, H et al. (Hg.): Europäische Konsumgeschichte Frankfurt/M., S. 169-203
29 Kleinschmidt, C. (2008): Konsumgesellschaft. Göttingen, S. 41
30 Stihler, A. (1998): Die Entstehung des modernen Konsums. Berlin, S. 135

somit weiterhin nahe am Existenzminimum lag.[31] Entsprechend waren Arbeiterwohnungen bis zur Mitte des 19. Jahrhunderts nach wie vor klein, beengt und spärlich eingerichtet. Oft teilten sich mehrere Familien eine Wohnung und besaßen jeweils nur 1-2 Zimmer für sich; häufig gab es nur einen beheizten Raum für alle. Eigene Betten hatten meist nur die Erwachsenen, die Kinder schliefen bei ihnen oder teilten sich eins. Gegessen wurde mit Holzlöffeln aus einfachen Keramikschüsseln, Wasser wurde mit Eimern aus dem nächsten Brunnen geholt. Als Toilette nutze man Nachtöpfe oder ein Abort auf dem Treppenabsatz, das mehreren Wohnungen gemeinsam diente.[32] Die Verbilligung der Lebensmittel sorgte aber immerhin dafür, dass das Problem der Mangelernährung abgemildert wurde, auch wenn der Speiseplan der Arbeiter vorerst eintönig blieb. Es überwogen Brot, Mehlbreie und Kartoffeln sowie Wasser und Zichorienbrühe (als Kaffeeersatz) zum Trinken.[33]

Auch in den Ausgaben der bürgerlichen Haushalte stehen bis zur Jahrhundertmitte zunächst noch Güter des Grundbedarfs im Vordergrund. Allerdings leistete man sich hierfür inzwischen ein eigenes Haus oder eine repräsentative Wohnung in guter Lage. Deren Ausstattung war normalerweise schon recht ansehnlich. I. d. R. fand man dort diverse Möbel, Sofas, Teppiche, Vorhänge, Tapeten, Uhren, Porzellan und allerlei Zierrat aus Kupfer, Zinn und Messing sowie gelegentlich auch das ein oder andere Gemälde, was zusammen ein durchaus komfortables Leben ermöglichte.[34] Heutige Selbstverständlichkeiten wie fließendes Wasser, WC und Elektrizität fehlten zwar auch hier, doch dafür hatte man Dienstboten.[35] Im Ernährungsbereich wurden sich nun regelmäßig Kaffee, Tee, Kakao und weitere Kolonialwaren gegönnt und auf den Tisch kamen gern auch mal Fisch, Wild, Reis und andere Besonderheiten.

Alle Schichten profitierten in dieser Zeit gleichermaßen vom massiven Ausbau der städtischen Infrastrukturen – insbesondere im Bereich Wasser. Hierdurch erreichten immer mehr Häuser und Wohnungen aus heutiger Sicht hygienische Mindeststandards. Zu Beginn des 20. Jahrhunderts wurde schließlich eine nahezu flächendeckende Versorgung mit Frischwasser erreicht, wodurch sich die

---

31 Berg, M. (2004): Consumption in Eighteenth and Early Nineteenth-Century Britain. in: Floud, R./Johnson, P. (Hg.): The Cambridge Economic History of Modern Britain. Vol 1, Cambridge, S. 375
32 Kleinschmidt, C. (2008): Konsumgesellschaft. Göttingen, S. 49; König, W. (2013): Kleine Geschichte der Konsumgesellschaft. Stuttgart, S.114-115
33 Haupt, H.-G. (2003): Konsum und Handel. Göttingen, S. 35; König, W. (2013): Kleine Geschichte der Konsumgesellschaft. Stuttgart, S. 82
34 Kleinschmidt, C. (2008): Konsumgesellschaft. Göttingen, S. 17-23, 49
35 König, W. (2013): Kleine Geschichte der Konsumgesellschaft. Stuttgart, S.114 f.

Lebensqualität erheblich verbesserte. Alle Stadtwohnungen besaßen nun einen Trinkwasseranschluss und hatten Anbindung ans örtliche Kanalnetz. Der Weg zum Brunnen blieb einem fortan erspart, frisches Wasser floss nun einfach aus dem Hahn. Die Menschen ergriffen zusehends die Gelegenheit, um sich ein WC und ggf. sogar ein eigenes Bad einzurichten.[36] Während die Entwicklung der Reallöhne in der ersten Hälfte des 20. Jahrhunderts in Europa nun zeitweise stagnierte, erhielten in den USA in dieser Zeit auch immer mehr Mitglieder der Arbeiterklasse Zugang zur Konsumwelt abseits des Grundbedarfs. Sie bewohnten eine passable Unterkunft, besaßen diverse Elektrogeräte und leisteten sich oft sogar ein Auto. Freizeitbeschäftigungen wie Kino, Theater und Konzerte fanden Einzug in alle Schichten. In den Cafés, Musikclubs und Tanzlokalen trafen Arbeiterschaft, Angestellte, Handwerksgesellen, Studenten, Künstler usw. aufeinander, durchmischten sich und vergnügten sich gemeinsam. Fast alle unternahmen regelmäßig Ausflüge und fuhren ab und an in den Urlaub. Die vormals klassenspezifischen Konsummuster fingen an zu verschwimmen; das Bild der Arbeiterklasse änderte sich – viele Autoren sprechen von einer stetigen Verbürgerlichung. Dies zeigte sich unter anderem in der Abnahme klassischer Arbeitsproteste, da die Arbeitenden entweder zu beschäftigt waren, ihr neues Leben als Konsument zu genießen oder Überstunden zur Finanzierung dessen ableisteten.[37]

In Europa geschah nach dem zweiten Weltkrieg Ähnliches: Zwischen 1950 und 1970 kam es zu einem gravierenden Anstieg der Reallöhne, die Kaufkraft verdreifachte sich.[38] Infolgedessen blieb den Menschen hier ebenfalls mehr disponibles Einkommen, das nicht für Nahrung, Unterkunft und Kleidung ausgegeben werden musste, sodass nun nahezu alle Schichten am um sich greifenden Massenkonsum partizipierten. Die Konsumgrenzen zwischen Arbeitern, Bürgern, Unternehmern usw. verschwanden, während die gesellschaftliche Bedeutung des Konsums wuchs.[39]

Letztendlich lässt sich die jüngere Konsumgeschichte als Prozess beschreiben, bei dem immer mehr gesellschaftliche Gruppen Anschluss an eine Lebensform fanden, in der ein erheblicher Teil des Einkommens für Konsumzwecke außerhalb der Grundbedürfnisse zur Verfügung steht, und an dem selbst einfache Arbeiter teilhatten. Insb. der Ausgabenanteil für Lebensmittel verringerte sich dramatisch (Tabelle 1). In den Industrieländern beträgt dieser heute nur noch knapp 10-15 %.[40]

---

36 Ibid., S. 118
37 Stearns, P. (2006): Consumerism in World History. New York, S. 139-140
38 Haupt, H.-G. (2003): Konsum und Handel. Göttingen, S. 122
39 Hochstrasser, F. (2013): Konsumismus. München, S. 73ff.
40 Trentmann, F. (2016): Empire of Things. London, S. 338

Tab. 6.1 Grundbedarf im Haushaltsbudget von Arbeiterfamilien in Deutschland, 1810-1971[41]

Jahr	Nahrung	Kleidung	Wohnung	Σ
1810	70,0 %	8,0 %	16,3 %	94,3 %
1849	65,0 %	8,0 %	16,3 %	89,3 %
1909	52,0 %	11,2 %	21,3 %	84,5 %
1950	46,4 %	13,6 %	15,9 %	75,9 %
1960	38,3 %	13,5 %	15,0 %	66,8 %
1971	28,6 %	10,6 %	19,5 %	58,7 %

Doch nicht nur die Struktur der Haushaltsausgaben wandelte sich, sondern auch das Konsumverhalten selbst: Es wurden nicht nur mehr Güter nachgefragt, sondern auch qualitativ hochwertigere bevorzugt; außerdem richtete sich die Nachfrage vermehrt auf Produktkategorien, die vorher im Rahmen des verfügbaren Budgets überhaupt nicht konsumiert werden konnten; sie diversifiziert sich. Aus ehemaligen Luxusgütern wurden so mit der Zeit erst Begehrlichkeiten und schließlich kulturelle Notwendigkeiten, deren Besitz mehr oder weniger erwartet wird. Ihre Diffusion durch die Gesellschaft erfolgte dabei von oben nach unten: Die Konsummuster der Wohlhabenden sickern nach und nach durch alle Schichten durch und erfassen zuletzt auch die Arbeiterschaft (Trickle-Down-Effekt).[42]

Von der Selbst- zur Fremdversorgung

In den agrarisch geprägten Gesellschaften vor der Industrialisierung basierte der private Konsum größtenteils auf Subsistenzwirtschaft, d. h. die Menschen produzierten sich das, was sie zum Leben brauchten, überwiegend selbst: Mehr als 80 % arbeiten in der Landwirtschaft und so wurde die Mehrzahl aller Lebensmittel eigenhändig angebaut. Darüber hinaus nähten die Leute aber auch ihre Kleidung, zimmerten sich Möbel, produzierten eigenes Werkzeug u. v. m. Zwar gab es für all diese Dinge auch schon damals kleine Handwerksbetriebe, doch nur die wenigsten verdienten genug, um deren Leistungen regelmäßig in Anspruch zu nehmen. Die landwirtschaftliche Produktivität war so gering, dass oft nur 20-30 % des Jahres-

---

41 Prinz, M. (1997): Von der Nahrungssicherung zum Einkommensausgleich. in: Siegrist, H. et al. (Hg.): Europäische Konsumgeschichte. Frankfurt/M., S. 729
42 Jäckel, M./Kochan, C. (2000): Notwendigkeit und Luxus. in: Rosenkranz, D./Schneider N. (Hg.) Konsum. Opladen, S. 73-93

ertrags als Überschuss blieben; und davon beanspruchte die Aristokratie gemäß der Feudallogik einen erheblichen Teil für sich, um Hofstaat, Militär und Klerus zu versorgen. Somit blieb nicht viel übrig, was auf dem Markt angeboten werden konnte, und entsprechend wenig Einkommen stand zum Erwerb von Konsumgütern zur Verfügung. Selbstversorgung und Autarkie bestimmten daher den Alltag.[43]

Mit Einsetzen der Industrialisierung zog es im 19. Jahrhundert jedoch immer mehr Menschen vom Land in die Städte, denn dort wurden in den Fabriken dringend Arbeitskräfte gesucht, während es auf den Feldern durch den vermehrten Einsatz landwirtschaftlicher Maschinen zusehends weniger Arbeit gab. Entsprechend war ein wachsender Bevölkerungsanteil auf Fremdversorgung angewiesen, d.h. die Leute wurden zunehmend vom Markt und den dort angebotenen Waren abhängig. Dies war insofern kein Problem, als dass die Technisierung der Landwirtschaft den verbleibenden Bauern erlaubte, mit weniger Arbeitskräften deutlich mehr Nahrung einzufahren und weiterzuverkaufen. Umgekehrt sorgte der Anstieg der Lohnarbeit dafür, dass die Menschen zugleich über mehr finanzielle Mittel zum Einkaufen verfügten. Demzufolge expandierten die Konsumgütermärkte in dieser Zeit enorm.

Als Reaktion auf die verschärfte Konkurrenz wurde der Handel im 19. Jahrhundert daher zunehmend großbetrieblich organisiert:[44] Kleinere Geschäfte schlossen sich zu Einkaufsgemeinschaften oder Ladenketten zusammen, um ihre Distribution zu rationalisieren und über große Abnahmemengen bessere Einkaufskonditionen auszuhandeln. Ziel war es, mit niedrigen Preisen auch weniger Wohlhabende anzusprechen und so neue Kundengruppen zu erschließen. Anfangs blieben die Geschäfte selbst aber weiterhin klein und waren i.d.R. auf einige wenige Güter spezialisiert; beim Konditor gab es Backwaren, im Schuhladen Schuhe, im Blumenladen Blumen usw. Dennoch wurde die Marktintegration auch ärmerer Bevölkerungsteile hierdurch schon deutlich forciert. Auf die Spitze getrieben wurde sie dann aber von den großen Warenhäusern ab den 1850er Jahren, deren Geschäftsstrategie auf einen hohen Durchfluss an Menschen und Gütern ausgelegt war. Demgemäß setzten sie alles daran, sämtliche Schichten als potentielle Käufer zu gewinnen.

Spätestens seit Mitte des 20. Jahrhunderts wurden fast alle Konsumgüter in den westlichen Industrienationen käuflich erworben. An die Stelle der Subsistenzwirtschaft trat ein hochkomplexes Wirtschaftsgeflecht, in dem Produktion und Konsum räumlich und zeitlich auseinanderfielen und normalerweise von gegenseitig unbekannten Personen praktiziert wurden. Die Versorgung der Menschen erfolgte fast ausschließlich über den Markt.

---

43 Oglivie, S. (2000): The European Economy in the Eighteenth Century. in: Blanning, T. (Hg.): The Eighteenth Century. Oxford, S. 94-95, 109
44 Trentmann, F. (2016): Empire of Things. London, S. 190-210

Globalisierung des Konsums

Der vorindustrielle Konsum war vorwiegend lokal. Die wenigen Lebensmittel, die nicht in Eigenproduktion hergestellt wurden, stammten üblicherweise von Bauern aus der Region. Für alle weiteren Produkte des täglichen Bedarfs gab es vor Ort ebenfalls kleine Produzenten (Bäcker, Schneider, Weber, Schmied, Brauer usw.).

Im Zuge der Frühindustrialisierung bildeten sich zusehends spezialisierte Gewerberegionen aus, die nicht mehr nur auf regionale sondern auch auf überregionale Märkte abzielten und ihre Waren z. T. sogar im Ausland anboten. In Deutschland konzentrierten sich das bergische Land z. B. auf die Metallverarbeitung, Sachsen auf die Textilindustrie und die Oberpfalz auf die Papierproduktion. Zugleich sorgte die Abkehr vom Merkantilismus dafür, dass mehr importiert wurde, sodass nun erstmals ausländische Artikel in nennenswertem Umfang auf den heimischen Markt gelangten; zunächst vor allem Kolonialwaren, später auch Fertigerzeugnisse.[45]

In der schwerindustriellen Phase macht die Einführung von Eisenbahn und Dampfschifffahrt den Transport von Konsumgütern dann schneller und billiger als je zuvor und sorgt für die Marktanbindung auch entlegenster Regionen. Hinzu kamen neue Kühl- und Konservierungstechniken, mit denen nun auch verderbliche Ware rund um den Globus transportiert werden konnte. Infolgedessen zog der Konsum international gehandelter Produkte in der zweiten Hälfte des 19. Jahrhunderts merklich an.[46]

Mit der zunehmenden globalen Verflechtung der Geld- und Warenströme, dem Abschluss zahlreicher bilateraler Freihandelsabkommen und der Etablierung großer multinationaler Wirtschaftsräume wie der EU seit Ende des zweiten Weltkriegs haben nationale Grenzen für den Konsum mittlerweile kaum mehr Bedeutung. Das erfährt man spätestens dann, wenn man bei Reisen durch die Welt feststellt, dass einem stets ein Großteil des verfügbaren Warenangebots bekannt vorkommt.

Wandel vom Versorgungs- zum Erlebniskonsum

Früher diente ein Großteil des Konsums der bloßen Existenzsicherung. Lebensnotwendiges wie Nahrung, Kleidung und Unterkunft war für die Mehrheit so knapp, dass das Selbsterhaltungsstreben stets im Vordergrund stand. Es ging vor allem darum, physische Bedürfnisse wie Hunger und Durst zu stillen, sich mit Kleidung vor Kälte zu schützen und ein halbwegs vernünftiges Dach überm Kopf zu haben.

---

45 Kleinschmidt, C. (2008): Konsumgesellschaft. Göttingen, S. 58-59
46 Hudson, P. (1992): The Industrial Revolution. New York, S. 182-186

Entsprechend war es vielen Menschen beinahe gleichgültig, was sie aßen und tranken, was sie trugen usw. – solange es überhaupt etwas gab.[47] Die westlichen Konsumenten interessiert heute dagegen mehr, wie ihr Essen aussieht, wie es duftet, wie es schmeckt und wie es angerichtet ist. Ihre Grundbedürfnisse sind so zuverlässig befriedigt, dass ihr Konsum vor allem auf Lustgewinn, Anerkennung und Selbstentfaltung abzielt. D. h. mit dem Wandel zur Konsumgesellschaft sind die physiologischen Motive zunehmend in den Hintergrund getreten und psychische und soziale Motive als neue konsumbestimmende Faktoren nach vorne gerückt. Die Sicherung der Existenz wird mittlerweile als selbstverständlich angesehen, sodass es beim Konsum vorwiegend um Genuss und Prestige geht. Der versorgungsorientierte Konsum wurde vom erlebnisorientierten Konsum abgelöst. Man trinkt lieber Wein statt Wasser, isst lieber Sushi als Brot und fährt lieber eine Limousine statt einen Kleinwagen. Anstelle des funktionalen Gebrauchswerts einer Ware bestimmt nun der emotionale Zusatznutzen, den sie verspricht, ihre Begehrtheit.[48]

Dies spiegelt sich auch schon beim Einkauf wieder. Vor der Industrialisierung war dies bloß Mittel zum Zweck: Im Vordergrund stand die schnelle und einfache Beschaffung der wichtigsten Dinge. Heute ist Einkaufen für viele dagegen eine Freizeitbeschäftigung. Man bummelt und kauft losgelöst von konkreten Bedarfen wegen des Einkaufserlebnisses an sich; das ‚Shopping' selbst bereitet Genuss und Vergnügen.[49]

6.3 Konsum im Digitalzeitalter

> „It's technology which changes, not human nature."
> Laurie Benson

Die Digitalisierung bringt derzeit erneut einschneidende Veränderungen für den Alltag der Menschen mit sich – dies steht außer Frage. Doch wird diskutiert, ob diese Veränderungen lediglich eine technische Weiterentwicklung der Errungenschaften des 19. und 20. Jahrhunderts sind, oder ob es sich um einen gesellschaftlichen Umbruch handeln könnte. Beginnt gerade nur ein weiteres Kapitel in

---

47 Stihler, A. (1998): Die Entstehung des modernen Konsums. Berlin, S. 194-196
48 König, W. (2013): Kleine Geschichte der Konsumgesellschaft. Stuttgart, S. 18
49 Stearns, P. (2006): Consumerism in World History. New York, S. 49

6 Digitaler Konsum

der Geschichte der Industrialisierung oder erleben wir den Anfang eines neuen Zeitalters? Speziell mit Blick auf den Konsum ist die Frage: Welchen Einfluss hat die digitale Transformation für die prägende gesellschaftliche und soziale Praxis des Konsums? Beobachten wir tatsächlich nur eine Veränderung auf Ebene der Technik, des Zugangs und der Geschwindigkeit oder bringen diese neuen Technologien auch einen gesellschaftlichen und ökonomischen Wandel mit sich? Der Konsum strukturiert große Teile des gesellschaftlichen Zusammenlebens und des privaten Alltags. Allein in der Diskussion um die Endlichkeit der Ressourcen und die viel zu große Nachfrage nach Konsumgütern wird die enorme Relevanz des Konsumverhaltens deutlich.

Im Vergleich zur Industrialisierung lassen keine retrospektiven Betrachtungen und Schlussfolgerungen ein abschließendes Urteil über das Ausmaß der Auswirkungen zu. Die Folgen der Digitalisierung lassen sich heute in ihrer Gänze noch nicht erkennen und einordnen. Daher muss hier auf aktuelle Trends und Tendenzen zurückgegriffen werden, die sich bereits abzeichnen, aber noch nicht zu ihrem vollen Potenzial entwickelt sind. Es ist somit selbsterklärend, dass es bisher auch nur sehr wenige wissenschaftliche Studien zu den Auswirkungen der Digitalisierung auf den Konsum gibt.[50] Es können allerdings Konsummuster identifiziert werden, die Rückschlüsse auf digital initiierte Veränderungen zulassen. „Konsummuster bezeichnen […] eine bestimmte Art und Weise des Konsumierens, die sich in einzelnen Gesellschaftsgruppen bis hin zur Masse der Gesellschaft widerspiegelt."[51] Diese neuen Konsummuster sollen nachfolgend beleuchtet und anschließend ihre zukünftigen Entwicklungspotenziale aufgezeigt und analysiert werden.

Die technologische Entwicklung der Digitalisierung wirkt auf drei Ebenen auf den Konsum ein. Die erste Ebene ist der Zugang, also die Distribution und Verbreitung von Produkten. Die zweite Ebene betrifft den Zugang zu Informationen für Kaufentscheidungen und die dritte Ebene betrachtet die Art und Substanz der konsumierten Produkte.[52] Die Veränderungen auf diesen Ebenen haben weitreichende Folgen für die Konsumgesellschaft.

---

50 Vgl. Ternés, Anabel et al. (2015). Konsumentenverhalten im Zeitalter der Digitalisierung. Wiesbaden, S. 3
51 Ibid. S. 7
52 Vgl. vor dem Esche, Jan/Hennig-Thurau, Thorsten (2014). German Digitalization Consumer Report 2014. Research Report Nr. 2. Münster, S. .

Aufbruch in die digitale Konsumgesellschaft

Betrachten wir zunächst die veränderten Zugangsmöglichkeiten zum Konsum: Der Abbau von Restriktionen ist ein zentraler Aspekt in der historischen Entwicklung des Konsums. Durch die Digitalisierung werden als nächster Schritt örtliche und zeitliche Restriktionen aufgehoben. „The major force of change in retail is the consumer who now shops anytime, anywhere and from multiple devices."[53] Waren die Menschen des 19. und 20. Jahrhunderts noch auf Geschäftsöffnungszeiten angewiesen, so können sie heute jederzeit im Internet ihre Kaufwünsche befriedigen. Ein Drittel aller Einkäufe werden laut German Digitalization Consumer Report mittlerweile online getätigt.[54] Zunehmend wird das Erlebnis, der Genuss und physische Erfahrungen zur primären Anziehungskraft für stationäre, analoge Konsumorte, da für den simplen Kauf das Internet genutzt werden kann und hier oftmals sowohl logistische, zeitliche sowie preisliche Vorteile bietet.

Es besteht keine Notwendigkeit mehr, eine bestimmte Lokalität aufzusuchen, um Güter oder Dienstleistungen zu beziehen. Somit ist auch eine physische Unabhängigkeit vom stationären Handel entstanden. Das Smartphone, das erst im letzten Jahrzehnt eine explosionsartige Verbreitung gefunden hat und das in immer kürzeren Zeitabständen durch technische Neuerungen und Erweiterungen weiterentwickelt wird, hat nicht nur einen enormen Einfluss auf den Alltag der Menschen, sondern auch auf ihr Konsumverhalten. So führt das mobile Internet, das mittlerweile mehr als 70 % der Bevölkerung über 14 Jahren zur Verfügung steht,[55] zur Verdrängung des stationären Online-Einkaufes am heimischen Desktop. Somit lässt sich das Smartphone als das derzeit wichtigste Instrument für den digitalen Konsum identifizieren. Die Umsätze aus über das Smartphone getätigten Einkäufen nehmen stark zu, und das proportional stärker als der Online-Handel.[56] Konsumenten können nun dank mobilem Internet überall und immer einkaufen. „Mit der zunehmenden Digitalisierung der Gesellschaft werden die Menschen unabhängiger und damit

---

53 Mindshare (2015). Let's Talk Shop. Culture Vulture Edition 6, London, S. 11
54 Vgl. vor dem Esche, Jan/Hennig-Thurau, Thorsten (2014). German Digitalization Consumer Report 2014. Research Report Nr. 2. Münster, S. 43
55 Vgl. Bonial/HDE/Hochschule Niederrhein (2015). Aktueller Stand der Nutzung von LBS im Jahresvergleich. Zeitreihenvergleich 2014 und 2015, S. 15
56 Heinemann, Gerrit/Gaiser, Christian W. (2016). SoLoMo – Always-on im Handel. Wiesbaden, S. 2

freier in ihrer Entscheidung, wo, wann und was sie konsumieren."[57] Es entsteht eine Dezentralisierung des Konsums – Konsum ist immer und überall.

Die neue Transparenz

Die Relevanz des Smartphone für den Konsum besteht jedoch nicht nur in der Generierung von Umsatz über Mobile Commerce, sondern besonders auch in der Nutzung durch den Konsumenten zur Informationssuche. Denn die zweite Ebene, auf der die Digitalisierung auf Konsum einwirkt, ist die des Zugangs zu konsumrelevanten Informationen. Die Digitalisierung bringt einen neuen Konsumenten hervor. Dieser ist informierter und mächtiger als je zuvor und im Kaufprozess dazu bereit, neue Wege einzuschlagen.[58] Das Internet bietet Bewertungen, Empfehlungen, Testberichte, Blogs und vieles mehr, um Produkte und Preise ausführlich zu durchleuchten, bevor sie gekauft werden. 41 % der kaufentscheidungsrelevanten Informationen stammen aus digitalen Medien, ein Viertel aus dem Internet oder sozialen Medien.[59] Die anonyme Netzgemeinschaft ist zum wichtigsten Kaufberater geworden. „[F]ür die Mehrzahl der Kunden bietet das Auffinden der richtigen Information im Internet mittlerweile den größten Nutzen und wird damit zum wertvollsten Teil in ihrem Kaufprozess".[60]

So ist der Markt für den Konsumenten heute sehr viel transparenter als noch im 19. und 20. Jh. Dank Internet ist ein umfassender Preisvergleich möglich, der starke Kostenersparnisse mit sich bringt, da die unbegrenzte Auswahl und die vereinfachten Zugänge einen Kauf beim günstigsten Anbieter weltweit ohne weiteres ermöglichen. Die Eigenschaften und die Qualität vieler Produkte waren bisher Erfahrungs- oder Vertrauenseigenschaften. Der Konsument wusste vor dem Kauf bzw. sogar nach der Nutzung nicht, ob Versprechungen des Anbieters tatsächlich der Wahrheit entsprechen. Der Konsument des 20. Jh. war entsprechend noch stark auf Informationen und Werbung von Unternehmen und den privaten Austausch mit dem persönlichen Umfeld angewiesen. Mit dem Smartphone hat der Konsument mehr Macht erlangt, da das vor Ort abrufbare Wissen und damit

---

57 Ternés, Anabel et al. (2015). Konsumentenverhalten im Zeitalter der Digitalisierung. Wiesbaden, S. 7
58 Mindshare (2015). Let's Talk Shop. Culture Vulture Edition 6, London, S. 1
59 Vgl. vor dem Esche, Jan/Hennig-Thurau, Thorsten (2014). German Digitalization Consumer Report 2014. Research Report Nr. 2. Münster, S. 32f.
60 Heinemann, Gerrit/Gaiser, Christian W. (2016). SoLoMo – Always-on im Handel, Wiesbaden, S. V.

die Möglichkeiten der Kontrolle sprunghaft angestiegen sind. Durch den Zugang zu einer globalen Online-Community, die Informationen zu Produkten teilt, und welche dank Suchmaschinen schnell und gebündelt rezipiert werden können, nehmen „allgemeine Konsumkompetenz, Informiertheit und Selbstbewusstsein der Konsumenten mit zunehmender Internet- und Smartphone-Penetration zu."[61] Die Informationsasymmetrie, die zuvor zu Ungunsten der Konsumenten ausfiel, wird nun um einiges schwächer. Konsumenten können so Anforderungen an unternehmerisches Handeln im Sinne von Ethik, Authentizität und Fairness stellen, da das Internet die Kontrolle der Einhaltung von Versprechen erleichtert.[62] Daraus entsteht die Situation, „dass Konsumenten nun völlig individualisiert immer und überall Zugriff auf die Meinung von Menschen haben, denen sie mehr vertrauen und denen sie viel lieber zuhören als jeglichen von Anbietern kontrollierten Botschaften."[63]

Diese neue Macht der Konsumenten bedeutet für die Unternehmen, dass sie viel stärker als zuvor in den Dialog mit Konsumenten treten müssen. Aber auch der Konsument wird mit der digitalen Technologie immer transparenter. Dank großer Datenvolumen in den sozialen Netzwerken, die von Unternehmen verwendet werden können, wissen diese besser als je zuvor über die Bedürfnisse, Interessen und Lebensstile der Konsumenten Bescheid und können diese für individuell angepasste Produkte, Werbung und Aktionen nutzen. Obwohl den Konsumenten mehr Informationen als je zuvor zur Verfügung stehen, können sie jetzt auch stärker manipuliert werden. Denn „das Smartphone […] ist maximal personalisiert, man hat es immer dabei, es hat Sensoren von GPS-Ortung bis hin zur ziemlich präzisen Bewegungs-Erkennung. Mobile Bezahldienste, Werbung, die sich an den Aufenthaltsort des Nutzers anpasst, persönliche Assistenten, die durch den Tag führen – das Smartphone macht es möglich."[64] So spielt es zum einen eine wichtige Rolle für den Zugang, andererseits aber auch für die Personalisierung des Konsums.

---

61 Rennhak, Carsten (2014). Konsistent, hybrid, multioptional oder paradox? in: Halfman, Marion (Hg.). Zielgruppen im Konsumentenmarketing. Segmentierungsansätze, Wiesbaden, S. 177
62 Vgl. Mindshare (2015). Let's Talk Shop. Culture Vulture Edition 6, London, S. 23
63 Skibicki, Klemes/ Mühlenbeck, Frank (2014). Digital Immigrants und Digital Natives. in: Halfman, Marion (Hg.). Zielgruppen im Konsumentenmarketing. Wiesbaden, S. 169
64 Wirtschaftswoche (2014). Firmenzukunft hängt vom Smartphone-Geschäft ab. (auf: wiwo.de)

Dematerialisierung des Konsums, Bedeutungsverlust des Besitzes und neue Nutzungsformen

Letztendlich hat die Digitalisierung auch enorme Auswirkungen auf die Produkte selbst. Ein wichtiger Bestandteil des Konsums von heute ist das Bedürfnis nach Informationen, Wissen und Daten. Der Durst nach Informationen war sicherlich bereits vor der Digitalisierung da, doch nun haben sich die Möglichkeiten des Informationsgewinns explosionsartig erweitert. Durch Industrialisierung und Massenkonsum wurde der Konsum von Produkten langsam zur Gewohnheit. Der Bedarf ist hier zwar dank Werbung und Verfall nicht gesättigt, aber vergleichsweise stagniert. Dies schafft Raum für neue Bedürfnisse und Wünsche, unter anderem nach mehr Wissen und Informationen sowie nach mehr Service.

Die Digitalisierung führt unausweichlich zu einer *Entmaterialisierung des persönlichen Besitzes*. So thematisiert Russell Belk in einem Aufsatz auch die Beziehung des Menschen zu Gegenständen in der digitalen Welt. „Today our information, communications, photos, videos, music, calculations, messages, ‚written' words, and data are now largely invisible and immaterial until we choose to call them forth."[65] Es entsteht dadurch auch eine *neue Kultur des Teilens*. Belk beschreibt das am Beispiel des Musikhörens auf einer CD. Was zuvor eher ein privater Genuss war, wird durch die Digitalisierung mehr und mehr zum Gruppenerlebnis. Die Digitalisierung führt demnach zu gesellschaftlich verbreiteten Verhaltensänderungen in der Art zu konsumieren.[66] Streaming-Portale für Filme und Serien sowie Musikdienste bieten die Nutzung der jeweiligen Medien gegen eine Grundgebühr an. Der Besitz von DVDs und CDs, ebenso der von Büchern ist damit nicht mehr nötig. Diese Tendenz der Nutzung von Produkten ohne sie zu besitzen, weitet sich immer mehr auch auf andere Konsumbereiche aus. Autos, Wohnungen, Handtaschen, Werkzeuge – alle diese Objekte können dank mobilem Internet immer und überall geliehen und geteilt werden. Dadurch entsteht eine neue Ebene der Gemeinschaftsbildung. Während durch den Online-Konsum der soziale Aspekt des Einkaufens verloren geht, wird durch das Sharing ein neues soziales Erlebnis geschaffen.

Einen bedeutenden Einfluss auf die Konsummuster hat das Smartphone, dessen Nutzungsintensität seit seiner Einführung rasant zugenommen hat. Während es zunächst die Funktionen eines Mobiltelefons durch Internetzugang und einige Anwendungen ergänzte, ist es heute Telefon, Kalender, Kamera, Spielzeug, Ein-

---

65 Belk, Russell (2013). Extended Self in the Digital World. in: Journal of Consumer Research, 40, 3, S. 478
66 Vgl. Ibid., S. 479

kaufszentrum, Arbeitspatz, Ernährungsberater sowie Gesundheitsassistent und noch vieles mehr. Ebenso erleichtert es den Zugang zu sozialen Netzwerken und damit das Teilen von privaten Inhalten mit der Netzwelt. Es ist damit von immenser Bedeutung für das Verschwimmen der Grenzen zwischen Privat und Öffentlich. Öffentlicher Raum wird durch das Smartphone privat, Privates wird öffentlich – freiwillig und auch unfreiwillig. Soziale Netzwerke begleiten Konsumenten heute selbstverständlich im Alltag. Dies führt zu einem veränderten Verständnis von Privatsphäre. Viele Aspekte des Privatlebens werden im Internet öffentlich gemacht. Dies hat entsprechend auch immense Auswirkungen auf die Konsumwelt.[67]

Teilen und Bewerten sind die beiden wichtigsten charakterisierenden Aktivitäten der Internet-Community. Mehr und mehr formt sich mit diesen neuen Möglichkeiten auch ein neues Verständnis von Besitz heraus. Die Sicherheit der dauerhaften Verfügbarkeit aller Dinge über das Internet führt zu einer Banalisierung des Besitzes. Er verliert zunehmend an Bedeutung. Lediglich 12 % der ab 14-Jährigen messen Geld und Besitz den höchsten Stellenwert für ihre Lebensqualität zu. Der Konsument möchte nicht mehr das Produkt selbst besitzen, sondern Zugang zu dessen Nutzen erhalten.[68] Dieser Gedanke des Teilens ist besonders durch soziale Netzwerke geprägt. „Weite Bereiche des Netzes sind auf dem Prinzip des Teilens von Informationen, Texten oder Musik aufgebaut – sei es in kommerzieller oder nichtkommerzieller […] Form. Damit erfahren Menschen jeden Tag, dass kein exklusives Eigentum an Dingen nötig ist, um ihre Vorteile nutzen zu können."[69] Das Teilen oder auch Sharing ist eine der großen Strömungen, die mit der Digitalisierung enormen Zuwachs bekommen haben. Die Einprägung dieser Mentalität hat entsprechend auch Einfluss auf das Verhältnis zu Konsumgütern.

Das Internet war demnach die Dampfmaschine dieser neuen Konsumweise. „We continue to have traces of our consumption that act as cues to personal and aggregate sense of past, except that rather than being encoded only in private possessions, productions, and photos, we are now more likely to turn to digitized and shared mementos online. We increasingly outsource our memories".[70] Durch die Vernetzung können nicht nur private Erinnerungen, Eindrücke und Gefühle, sondern auch Musik, Autos oder Wohnungen mit jedem geteilt werden. Mit den digitalen Technologien

---

67 Vgl. Heinemann, Gerrit/Gaiser, Christian W. (2016). SoLoMo – Always-on im Handel. Wiesbaden, S. 7
68 Vgl. Huber, Thomas et al. (2013). Die Zukunft des Konsums. Frankfurt, S. 23 f.
69 Jungblut, Indra (2013). Sharing is Caring – liegt die Zukunft im kollektiven Konsum? (auf: reset.org)
70 Belk, Russell (2013). Extended Self in the Digital World. in: Journal of Consumer Research, 40, 3, S. 490

ist es möglich, sowohl auf neuen Ebenen als auch mehr zu teilen als je zuvor.[71] Der Aufschwung des Collaborative Consumption entsteht aus den technologischen Mitteln, die den Austausch und die Organisation enorm erleichtern. Außerdem wird diese Abkehr vom Objekt durch eine aus der Industrialisierung entstandenen Distanz zwischen Produkt und Arbeit gefördert. Die Massenproduktion der Industrialisierung und ihre stetige Weiterentwicklung haben dazu geführt, dass die Verminderung der Kosten das oberste Ziel war. Produkte mussten billig sein, um sie zu verkaufen. So hat die Industrialisierung dazu beigetragen, dass Waren von der bei ihrer Herstellung geleisteten Arbeit losgelöst betrachtet wurden. Durch die Globalisierung der Wertschöpfungsketten weiß kaum ein Mensch, wo und wie, mit welchem Aufwand und zu welchen Kosten eine Jeans, ein Schnitzel, ein Handy oder ein Sessel hergestellt wurden. Produkte werden nicht mehr mit Aufwand und Arbeit in Verbindung gebracht, sie werden auf Schnäppchenjagd erbeutet, wie unzählige Youtube-Videos, sogenannte „Shopping-Hauls" (Ausbeute), belegen. Die mangelnde Wertschätzung von Massenware entstand aus der Industrialisierung und führt nun zu völlig neuen Konsumstrategien in der Digitalisierung.

Auch spielen die längere Lebensdauer der Menschen, die bessere medizinische Versorgung und damit die stark verbesserte Lebensqualität eine wichtige Rolle. Diese führen zu einem Hedonismus, der dank zunehmender Freizeit auch immer besser ausgelebt werden kann. Somit ist der Konsum heute mehr denn je auf eine Verbesserung der individuellen Lebensqualität ausgelegt. Waren in der Massenkonsumgesellschaft Besitz und Statussymbole von hohem Stellenwert und sinnstiftende Konsumerfahrungen, so ist es heute vielmehr der Konsum von Gesundheits-, Wellness- und Erlebnisangeboten. Im GfK Konsumklimaindex macht der Einzelhandel nur etwa ein Drittel der Ausgaben aus, der Rest fließt in Dienstleistungen, Reisen, Gesundheit und Wellness.[72] Die Prioritäten liegen damit nicht bei materiellem Besitz und der Anschaffung von Gütern, sondern auf Erlebnissen und der Erhaltung der Lebensqualität.

Individualisierung und Nachhaltigkeit

Die Ursachen für den Wandel der Konsumgesellschaft liegen somit zunächst ganz offensichtlich in den Quantensprüngen, die die technologischen Möglichkeiten vollzogen haben. Diese treffen aber auf andere gesellschaftliche, mit der

---

71 Vgl. Ibid., S. 484
72 Vgl. Gesellschaft für Konsumforschung (2016). Konsumklima wieder im Aufwind (auf: gfk.com)

Zeit gewachsenen Strömungen und Trends, die sich effektverstärkend auswirken und gegenseitig befruchten. Für die Konsumgesellschaft sollen hier vor allem die Individualisierung und das Thema Nachhaltigkeit betrachtet werden, da diese den Konsum der heutigen Gesellschaft besonders beeinflussen.

Die zunehmende Individualisierung wirkt durch mehrere Faktoren auf das Konsumverhalten ein. Konsumenten streben heute zunehmend nach individualisiertem Konsum. Während er im 20. Jh. noch zwischen Massenprodukten mit den Möglichkeiten zum Massenkonsum und dem Wunsch nach Individualisierung hin- und hergerissen war, ermöglichen moderne Technologien nun individuell angepasste Produkte.[73] Gerade das Smartphone unterstützt diese Entwicklung als personalisiertes Zugangsgerät. War die Massenproduktion der Treiber der Konsumgesellschaft während und nach der Industriellen Revolution, so ist es die Mass-Customization in der heutigen digitalen Konsumwelt. Jeder Konsument erwartet ein auf die persönlichen Eigenschaften und aktuelle Situation zugeschnittenes Produktangebot, was die Zielgruppengröße immer stärker herunterbricht.[74] Die industrielle Massenproduktion hat damit ausgedient, sie widerspricht dem Zukunftsmodell von Konsum elementar. Die Lebenswege und Lebensformen der heutigen Gesellschaft sind so differenziert geworden, dass die Idee einer anonymen Massenproduktion (One fits all) vollkommen am Markt vorbeigeht. Viele Unternehmen bieten daher mittlerweile an, Produkte via Online-Tools zu personalisieren. Beispiele hierfür sind der Nike-Turnschuh, das individuell zusammengestellte Auto oder die selbstgestalteten Verpackungen von Cola-Flaschen oder Duschgel. Gesellschaftlich wird diese Entwicklung durch die Fragmentierung der Lebenswelten und die Unplanbarkeit der Lebenskarriere begünstigt. Die eher linear verlaufenden und sozialmilieu-typischen Biografien sind heute Multigrafien gewichen. Es gibt immer kleinere Zielgruppen, die in den unterschiedlichsten Lebenswelten zuhause sind und somit immer schwerer durch Massenprodukte angesprochen werden können.[75]

„Der Massenmarkt der Industrialisierung geht zu Ende: In der Informationsgesellschaft wird jedes Produkt Kommunikationselemente und -services enthalten müssen."[76] Durch soziale Medien ist die kommunikative Verbindung zwischen Produzent und Konsument zunehmend einfacher und auch persönlicher. Konsumenten erwarten eine persönliche Betreuung durch das Unternehmen vom Anfang bis zum Ende des Kaufprozesses sowie einen individualisierten Einkauf. Unternehmen

---

73 Casimir, Gerda/Dulith, Chris (2003). Sustainability: a gender studies perspective. in: International Journal of Consumer Studies, 27, S. 319
74 Vgl. Huber, Thomas et al. (2013). Die Zukunft des Konsums. Frankfurt, S. 21
75 Vgl. Ibid., S. 22f.
76 Ibid., S. 12

können Konsumenten passende Produkte aufgrund ihres vorherigen Verhaltens, ihrer Online-Aktivitäten und -profile vorschlagen und empfehlen. Personalisierte Suchmaschinen machen es möglich, dass der Konsument Empfehlungen über Produkte erhält, die seinem Geschmack und seinen Interessen entsprechen.[77] Der Kunde wird außerdem zum Protagonist des Produktionsprozesses, da er zunehmend an der Erstellung von Produkten durch seinen Input beteiligt wird. Einen bereits im Ansatz erkennbaren Umbruch bringen 3D-Druckermit sich. Diese können den Wunsch nach Massen-Individualisierung von Produkten bestmöglich umsetzen und sind bereits jetzt stark nachgefragt.[78]

Diese Technologie macht einen Bruch mit der Industrialisierung evident deutlich: Mit der Industrialisierung ging eine sowohl räumliche als auch zeitliche strikte Trennung von Produktion und Konsum und damit von Erwerbsarbeit und reproduktiver Arbeit im Haushalt einher. Diese Trennung wird durch die fortschreitende Entwicklung der Digitalisierung wieder aufgehoben. Insbesondere im Konsum hat das starke Auswirkungen. Da der Konsument an jedem Ort und zu jeder Zeit Einkäufe tätigen kann, wie auch das Arbeiten immer flexibler wird, ist diese strikte Trennung nicht mehr möglich und auch nicht mehr gewünscht.

Was ebenfalls in die Waagschale fällt, ist die eintretende Unschärfe zwischen Konsument und Produzent. Prosuming, Co-Creation und Co-Produktion sind Begriffe, die diesen Umbruch in der Beziehung der Rollen von Produzent und Konsument bezeichnen. Hier werden Konsumenten gemeinsam mit Unternehmen oder gemeinsam mit anderen Konsumenten wertschöpfend aktiv und so gleichzeitig auch zum Produzenten der von ihnen genutzten Produkte. Beispiele hierfür sind etwa Internetplattformen, die kostenlose Inhalte anbieten, die von den Nutzern der Seite zur Verfügung gestellt werden sowie Unternehmen, die Kunden über ein neues Design abstimmen lassen. Dieses neue Phänomen des Prosumierens wurde durch die Digitalisierung und die Verknüpfung des Web 2.0 erst vor kurzer Zeit möglich. Damit wird deutlich, welch große Ausmaß die Veränderungen durch die Digitalisierung bereits nach wenigen Jahren annehmen konnten. Es ist für Menschen sehr viel einfacher geworden, mit anderen in Kontakt zu treten, Projekte auch über große Distanzen zusammen umzusetzen und so Produkte zu schaffen, die durch die Beteiligung des Konsumenten in der Produktion entscheidende Vorteile für die Nutzer bieten.

Parallel gewinnen ökologischen Krisen, wie der Klimawandel, die Verschmutzung des Planeten sowie die Erschöpfung natürlicher Ressourcen, einen Einfluss auf politische sowie wirtschaftliche Entscheidungen und immer mehr auf das

---

77 Vgl. Mindshare (2015). Let's Talk Shop. Culture Vulture Edition 6. London, S. 7
78 Vgl. Ibid., S. 9

Konsumverhalten vieler Menschen. Dies führt zu einem Anstieg der Nachfrage nach umweltschonenderen, nachhaltigeren, effizienteren Produkten. Auch auf das Verhältnis zu Konsum und Besitz wirkt die Idee des nachhaltigen, guten Lebens ein. Dies geht mit der Sättigung des Massenmarktes einher, begründet durch die zunehmende Anzahl an Konsumoptionen. Die Wahrnehmung, alles stehe potenziell zur sofortigen Verfügung, hat zur Folge, dass nicht mehr Produkte, sondern der angebotene Mehrwert im Sinne der Verbesserung der Lebensqualität im Mittelpunkt des Konsuminteresses stehen. Ausgedehnter Konsum ist längst zur Selbstverständlichkeit geworden. Doch die Discount-Welle ist in den letzten Jahrzehnten immer weiter zurückgegangen. Das Interesse an und die Wertschätzung für Qualität hingegen sind wieder gewachsen.[79] Besonders günstige Produkte sowie solche aus dem hochpreisigen Segment haben an Nachfrage gewonnen, mittelpreisige Produkte erfahren sinkende Marktanteile. Es findet eine Polarisierung des Konsums statt, welcher sich an den extremen Enden der Preisspanne einordnet.[80] So bezieht sich das Kaufinteresse der Menschen auf gesunde, regionale und biologisch produzierte Produkte, mit denen im besten Fall auch ein ethischer Faktor einhergeht. Laut Gesellschaft für Konsumforschung geht tendenziell die Menge der gekauften Lebensmittel zurück, hier hat ein bewussteres Einkaufen eingesetzt, bei dem eher auf Qualität statt auf Masse gesetzt wird.[81] Qualität, Nährstoffgehalt und Herkunft stehen im Vordergrund.

All diese Einflüsse führen mit Unterstützung der technologischen Entwicklungen zu deutlichen Veränderungen für die Konsumgesellschaft. „[T]he current wave of digital technologies is fundamentally changing consumer behavior".[82]

6.4 Zentrale Entwicklungslinien des digitalen Konsumwandels

„Ähnlich wie die Erfindung der Dampfmaschine, des Radios oder des ersten Computers stellt die Verbreitung des Internets einen Quantensprung dar, der [...] die Gesellschaft auf eine neue Ebene katapultiert. Die enorme Geschwindigkeit jedoch,

---

79 Vgl. Huber, Thomas et al. (2013). Die Zukunft des Konsums. Frankfurt, S. 7
80 Rennhak, Carsten (2014). Konsistent, hybrid, multioptional oder paradox? in: Halfman, Marion (Hrsg.). Zielgruppen im Konsumentenmarketing. Wiesbaden
81 Vgl. GfK (2015). Konsum 2015. (auf: gfk.com)
82 Belk, Russell (2013). Extended Self in the Digital World. in: Journal of Consumer Research, 40, 3, S. 477

mit der die digitale Seele Einzug in unseren Alltag hält, ist historisch gesehen kaum vergleichbar".[83] Die Geschwindigkeit des Wandels, die Ternés et al. hier diagnostizieren, deutet auf die Schwierigkeiten einer verlässlichen Prognose für die Zukunft des Konsums hin. Denn es ist davon auszugehen, dass wir derzeit erst am Anfang der Digitalen Revolution stehen und somit nicht absehbar ist, welche Auswirkungen der zukünftige technische Fortschritt auf unser Konsumverhalten haben wird. Auch wird die Geschwindigkeit, mit der sich Gesellschaften verändern, höher. Dass der Konsum eines Tages an Bedeutung verlieren wird, ist aber kaum vorstellbar, denn es wird immer Dinge geben, die der Mensch nicht selbst herstellen kann und von außen beziehen muss. Allerdings zeichnen sich immense Veränderungen ab, die die Zusammensetzung, den Umfang und die Art des Konsums betreffen. Auch lässt sich erahnen, dass es eine Verschiebung der ökonomischen Rollenverteilung geben wird. Die ersten Ansätze dazu wurden bereits im vorigen Abschnitt dargestellt.

Neben der Digitalisierung hat noch ein weiteres prinzipiell entgegengesetztes Phänomen das Potenzial, den Konsum der Zukunft immens zu beeinflussen: die Verknappung von Ressourcen und die Erderwärmung. Während von der Digitalisierung Wachstum, Fortschritt und Komfort für die Menschen erwartet werden, drohen durch Umweltschädigungen und die Ausbeutung des Planeten Knappheit, Katastrophen und Stagnation. Doch die Digitalisierung bringt verschiedene Entwicklungen hervor, die durch die Kombination mit dem Konzept der Nachhaltigkeit eine enorme Dynamik erhalten. Mehr und mehr verbreitet sich die Einsicht, dass eine effizientere Nutzung von Ressourcen sowie ein neues Wirtschaftskonzept notwendig sind, um den aktuellen Wohlstand und die Lebensqualität zu erhalten, an die sich die heutige Konsumgesellschaft gewöhnt hat. Tatsächlich gilt der private Konsum schließlich als einer der Haupttreiber für Ressourcenausbeutung und Klimawandel. Eine ökonomische Neuausrichtung ist daher nötig und die Digitalisierung macht diese möglich.

Drei durch die Digitalisierung verursachte Entwicklungen lassen daher auf ein Zukunftsszenario schließen, in dem der Konsum eine völlig neue Bedeutung erhalten wird, die vor allem dadurch von der heutigen abweicht, dass sie *nicht mehr objektzentriert* sein wird.

1. Die erste Strömung nennen wir die Access Society. Das Teilen wird zur primären wirtschaftlichen Praxis, der Zugang zu einem Produkt, einem Angebot, das wichtiger als das Objekt selbst ist. Denn eine der fundamentalen Eigenschaften, die das Industrie- vom Digitalzeitalter unterscheidet, ist die globale Kommu-

---

[83] Ternés, Anabel et al. (2015). Konsumentenverhalten im Zeitalter der Digitalisierung. Wiesbaden, S. 11

nikation und Vernetzung. Der Mensch lebt in einer digitalen Welt von digital erzeugten Produkten. Darin sind alle miteinander vernetzt. Menschen und Dinge kommunizieren ständig miteinander. Es gibt nur noch wenig genuin privaten Raum. Diese Aufhebung der Privatheit weitet sich auch auf das Verständnis von Besitz aus. So wird das Teilen zur gesellschaftlichen Selbstverständlichkeit, da es einerseits dem Trend des sinkenden Stellenwerts von Besitz und der verinnerlichten Allgegenwärtigkeit von sozialer und ökonomischer Teilhabe und Verknüpfung entspricht. Sprich: Je verbreiteter die Konsumoptionen dank mobilem Internet und individueller Konsumentenansprache sind, desto weniger reizt es, Dinge zu besitzen. Alles ist jederzeit überall verfügbar. Auch die bereits aufgezeigte, durch die industrielle Massenproduktion hervorgerufene sinkende Wertschätzung gegenüber Produkten trägt zur Abwertung von Besitz bei. In Zukunft sind alle heute erhältlichen Produkte mit geringem Aufwand und zu geringen Kosten reproduzierbar, was diese Tendenz noch verschärfen wird. Waren verlieren in der Konsequenz an Bedeutung.

Dies wird langfristig dazu führen, dass Objekte geliehen und geteilt werden, anstatt sie käuflich zu erwerben. Die Effizienz von Produktion und Konsum muss aufgrund schrumpfender Ressourcen zukünftig ohnehin erheblich gesteigert werden. Digitale Technologien werden diese Herausforderungen unterstützen. Allerdings werden gerade für die Herstellung dieser Technologien mehr begrenzte Rohstoffe benötigt als je zuvor. Die Gesellschaft macht sich mit der Digitalisierung also in historisch nicht vergleichbarem Maße von materiellen Ressourcen abhängig. Das heißt, dass Recycling, Sharing und Effizienz langfristig zwingend notwendig sein werden. Die Forderung, Nachhaltigkeit zum Kernprinzip des Wirtschaftens zu machen, bestimmt schon heute einen Großteil der angebotenen Konsumprodukte, wird in Zukunft aber selbstverständlich sein. Die gemeinsame Nutzung von Gütern ist in Zukunft somit nicht nur gesamtgesellschaftlich anerkannt, sondern auch wirtschaftlich gewollt. Bezahlt werden Dinge und Technologien nur noch für die Phase, in der sie auch tatsächlich genutzt werden. So ist eine maximale Effizienz in der Auslastung von Waren und Ressourcen gewährleistet. Dadurch wird das Teilen, derzeit populär eher als Sharing bezeichnet, zu einer selbstverständlichen, technisch geregelten alltäglichen Praxis. Diese wird nicht länger auf privater Ebene im Rahmen von Gefälligkeiten durchgeführt, sondern wird zum kommerziellen, anonymen Wirtschaftszweig, der Sharing Economy.

Unterstützt wird diese Strömung durch die zunehmenden Mobilitätsanforderungen an den Menschen. Wer mobil und flexibel sein möchte, sei es für den Job, die Familie oder die Freizeit, für den ist ein umfangreicher Besitz ein Hindernis. Transport und Lagerung führen zu finanziellen und zeitlichen

Kosten, die durch eine Kultur des Zugangserwerbs vermieden werden können. Während Geltungskonsum und Besitz Zeichen und Mittel waren, die dazu dienten, sich von anderen Schichten und sozialen Klassen abzusetzen, sich sozial zu „verorten", könnte die Tendenz in Zukunft zur „digitalen Ubiquität" gehen. Der Mensch kann dank digitaler Technologien immer und überall sein Lebensstil ausüben und auf seine Daten, Kontakte, Erinnerungen sowie auf Objekte zugreifen. Wenig materieller Besitz wird so – erstmals in der Geschichte – zu einem Merkmal für Wohlstand und Status. Je weniger ein Mensch besitzen wird, desto mehr demonstriert dies einen zeitgemäßen, reflektierten Lebensstil sowie eine technisch aktuelle Ausstattung, die sicherlich mit finanziellen Mitteln verbunden ist. Besitz ist in diesem Szenario etwas Banales, Materielles. Er wird als Ballast empfunden und gilt als altmodisches Konzept. Weniger Besitz steht für Freiheit, Bildung, Weitsicht und Unabhängigkeit.

Die zukünftige Technologie ermöglicht einen beschleunigten und automatisierten Ablauf des Teilens, der die Spanne zwischen Bedarfsentstehung und Nutzung enorm verkürzen wird. Gerade wurde der erste selbstständig ausliefernde Roboter getestet. Wie sich das für die Verbreitung von Objekten nutzen ließe, liegt auf der Hand.[84] Die Sharing Economy wächst also in Zukunft weiter, da sie den Nerv der Zeit trifft. Mit dem Bedeutungsverlust von Waren werden Dienstleistungen dramatisch an Relevanz gewinnen, ist doch die Sharing Economy in erster Linie ein Dienstleistungssektor, der damit einen großen Teil der Wirtschaftskraft ausmachen wird.

2. Die zweite Entwicklung, die auf ein zukünftig verändertes Verhältnis zu Konsum hindeutet, nennt Michio Kaku die Ablösung des Konsumkapitalismus durch einen intellektuellen Kapitalismus. Wissen, menschlicher Verstand und Informationen werden zur global wertvollsten Ressource. Diese kann im Gegensatz zu allen Errungenschaften der Industrialisierung und der Digitalisierung nicht in Massen und nach Bedarf produziert werden, ist aber für viele Produkte und Dienstleistungen auch und gerade in Zukunft von großer Relevanz. „Intellektuelles Kapital ist genau das, was Roboter und KI noch nicht bieten können, Mustererkennung und gesunden Menschenverstand."[85] Somit wirkt sich die Weiterentwicklung digitaler Technologien auch auf die Substanz des Wirtschaftssystems aus, was ebenso auf eine Veränderung der Beziehung des Menschen zu Besitz hindeutet.
3. Die dritte technische Entwicklung, die bereits heute zunehmend Verbreitung findet, wird insbesondere die Rollenverteilung im Konsum der Zukunft immens beeinflussen. 3D-Drucker werden sich enorm auf die Beziehung von Konsumenten

---

84 Vgl. Kolf, Florian (2016). Wenn Robbie den neuen Laptop liefert. (auf: handelsblatt.de)
85 Kaku, Michio (2012). Die Physik der Zukunft. Hamburg, S. 472

und Produzenten auswirken. Der Konsument gewinnt an Unabhängigkeit, er wird am Schaffungsprozess beteiligt und zunehmend ermächtigt, gestalterisch und kreativ eigene Projekte umzusetzen. Wenn es in naher Zukunft möglich ist, den täglichen Bedarf inklusive Lebensmittel selbst per 3D-Druck zuhause herzustellen, ist weder das Aufsuchen eines Geschäftes noch die Bestellung beim Online-Dienst nötig. Eine Entwicklung zurück zur Subsistenz durch Eigenproduktion, unterstützt durch vermehrte und individualisierte Online-Dienstleistungen, erscheint für die Zukunft somit sehr wahrscheinlich. Dadurch entsteht eine geringere Abhängigkeit der Konsumenten vom Markt, viele derzeit wirtschaftlich relevante Unternehmen werden in Zukunft überflüssig.

So könnte sich aufgrund dieser drei Entwicklungen das Verständnis des Begriffs Konsum in Zukunft radikal verändern. Während heute bei der Betrachtung von Konsum der Kauf die größte Beachtung und Bedeutung erhält, könnte dieser ökonomisch bald kaum noch ins Gewicht fallen. Dank Access Society und 3D-Druck ist ein aktiver Einkauf nicht mehr nötig. Während in naher Zukunft der „Pflichteinkauf", beispielsweise für alltägliche Lebensmittel, laut Prognosen nur noch online getätigt wird,[86] wird in ferner Zukunft auch diese Pflicht mit dem Internet der Dinge immer weniger Zeit in Anspruch nehmen. Tatsächlich wird Konsum im Sinne des Kaufs und Erwerbs neuer Produkte zukünftig hauptsächlich noch als Freizeitbeschäftigung, zum Lustgewinn und zur Unterhaltung praktiziert. Routine-Käufe werden nicht mehr selbst ausgeführt. Nahrung, Wohnung, Energie, Mobilität, Kleidung und Medien werden den Konsum weiterhin notwendig machen, aber er wird andere Formen, Mittel und andere Schwerpunkte annehmen. Die effiziente Nutzung eines Produkts wird in der Ökonomie der Zukunft den höchsten Stellenwert haben.

Alle hier aufgeführten Entwicklungen deuten auf eine Veränderung des Konsums hin, die von einer Automatisierung des alltäglichen Einkaufs und einer Entwertung von Besitz gekennzeichnet ist. Das bedeutet allerdings nicht, dass Werbung an Relevanz verliert. So lange das bestehende Wirtschaftssystem nahezu unverändert bleibt, wird es für Anbieter aufgrund neuer Restriktionen immer wichtiger, den Konsumenten zu erreichen: Dank der hohen Markttransparenz durch die digitalen Medien erhält der Konsument zukünftig mehr Macht. Er muss daher intensiv umworben werden. Und dazu stehen Unternehmen dank Digitalisierung in Zukunft beste Möglichkeiten zur Verfügung. Die Durchdringung des Alltags mit Konsumbotschaften und -aufforderungen setzt sich zukünftig fort. Privater und öffentlicher Raum verschwimmen mehr und mehr zu einer Konsumsphäre,

---

86 Vgl. Heinemann, Gerrit/Gaiser, Christian W. (2016). SoLoMo – Always-on im Handel. Die soziale, lokale und mobile Zukunft des Omnichannel-Shopping. Wiesbaden, S. 9

die durch digitale Angebote angereichert ist. Mittels der Technologie der Augmented Reality können bald Werbebanner überall im Sichtfeld des Menschen und in jeder Situation angezeigt werden.[87] Eine Verkonsumierung des Alltags wird immer deutlicher. Viel mehr als noch zu Zeiten des Massenkonsumgesellschaft greift der Konsum in jede Sphäre des Privatlebens ein. So können auch Wände zukünftig zur Werbeprojektion genutzt werden. Der Mensch ist immer und überall erreichbar, er ist ständiger Empfänger von Werbebotschaften und Angeboten. Der Anteil, den diese im Umfeld des Konsumenten einnehmen ist größer als jemals zuvor. Gleichzeitig ist der Mensch auch ständiger Sender von Informationen über seine Vorlieben und Interessen, die er über soziale Medien oder einfach durch sein Kaufverhalten übermittelt.

Es kann natürlich heute noch nicht mit Sicherheit davon ausgegangen werden, dass diese Entwicklungen tatsächlich so eintreffen. Menschliches Verhalten lässt sich trotz wissenschaftlicher Kenntnisse über technische Entwicklungen nur schwer vorhersagen, viel hängt davon ab, wie der Mensch mit der Technik umgeht, wie er sie einsetzt und ob er sie in sein Leben integrieren kann und will.

Fest steht aber eine wichtige Tendenz, die die Ära der Digitalisierung eindeutig von der Industrialisierung unterscheidbar macht: Während in der Industrialisierung der Alltag der Menschen deutlich von den Unternehmen geprägt wurde (Öffnungszeiten, strikte Arbeitszeiten), führt die Digitalisierung dazu, dass der Mensch Dienste und Produkte an jede Situation und jedes Bedürfnis anpassen kann, die Unternehmen sich also dem Alltag des Menschen anpassen müssen. In Zukunft prägt nicht der Konsum das Individuum, das Individuum prägt den Konsum.

6.5 Fazit

Die Digitalisierung hat das Potenzial, unseren Konsum erneut deutlich zu verändern. Erste Anzeichen für die Ausbildung einer neuen Konsumkultur schimmern bereits am Horizont. Die Frage ist, ob es sich hierbei bloß um eine Zuspitzung bzw. konsequente Weiterführung jener Prozesse handelt, die bereits mit der Entstehung der modernen Konsumgesellschaften im Windschatten der Industrialisierung ihren Lauf nahmen, oder ob es sich um kategorial neue Phänomene handelt, die konsumseitig den Anbruch eines neuen Zeitalters markieren.

Um zu einer – wenn auch vorläufigen – Antwort zu kommen, wurde beides zuvor beschrieben und die zentralen Entwicklungslinien des jeweils zu beobachtenden

---

87 Vgl. Mindshare (2015). Let's Talk Shop. Culture Vulture Edition 6, London, S. 11, 19

Konsumwandels herausgestellt; für die Digitalisierung des Konsums wurde zudem ein mögliches Szenario für die weitere Entwicklung aufgezeigt, das vor dem Hintergrund aktueller digitaler Konsumtrends aber nicht unwahrscheinlich erscheint. Der Vergleich zeigt, dass die Digitalisierung des Konsums in einigen Punkten zwar durchaus die Tendenzen der Industrialisierung fortführt, sich in anderen Punkten aber klar davon abhebt.

Eine Gemeinsamkeit ist sicherlich die Aufhebung von Beschränkungen des Zugangs zum Konsum. Im Zuge der Industrialisierung fiel zunächst die finanzielle Konsumbarriere, d.h. immer mehr Menschen verfügten über genug Einkommen, um Konsum in nennenswertem Umfang zu praktizieren. Mit der gleichzeitigen Ablösung der alten ständischen Ordnung spielte aber auch die soziale Schichtzugehörigkeit eine immer geringere Rolle. Deshalb ist Konsum heute viel weniger durch normative Vorstellungen darüber, welche Konsummuster für wen angemessen sind, geprägt wie früher. Zahlungsfähigkeit vorausgesetzt, können inzwischen prinzipiell alle alles konsumieren. Beschränkungen ergaben sich im modernen Massenkonsum des 20. Jahrhunderts allerdings durch die Bindung an den stationären Einzelhandel. Zumindest für den Aspekt des Kaufs war man auf die Öffnungszeiten der Geschäfte angewiesen, ebenso wie man den Point of Sale aufsuchen musste, um Produkte physisch zu erhalten. Die Digitalisierung lässt nun auch solch zeitlichen und räumlichen Barrieren verschwinden: Digitale Güter wie Filme, Musik, ggf. sogar Baumuster zur Einspeisung in einen 3D-Drucker können über das World Wide Web letztlich jederzeit und überall bezogen werden – das einzige was man hierfür benötigt, ist ein Internetzugang. Doch auch beim Kauf materieller Güter ist man durch die Verbreitung von Online-Shops nicht mehr an zeitliche oder örtliche Restriktionen gebunden.

Dies hebt darüber hinaus noch einen weiteren Trend, der schon in der Ära großen Kaufhäuser seinen Anfang nahm, auf eine neue Stufe. Damals begannen die Grenzen zwischen Einkauf und Freizeit langsam zu verschwimmen. Das Kaufhaus diente nicht nur dem Einkauf, sondern bot auch Möglichkeiten zur Zerstreuung, doch standen Kauf und die Zurschaustellung von Waren letztendlich noch im Vordergrund. Einhundert Jahre später stehen in den modernen Einkaufszentren beide Aspekte schon nahezu gleichberechtigt nebeneinander. Vergnügungsstätten wie Kinos, Kneipen, Parks u.v.m. finden sich dort Seite an Seite mit klassischen Läden. Mit der Digitalisierung kann der Einkauf nun sogar direkt ins Vergnügen integriert werden und lässt sich somit kaum noch von der Freizeit trennen.

Die Digitalisierung bringt jedoch auch einige signifikante Gegenentwicklungen zum Konsumwandel der Industrialisierung mit sich. Zum einen betrifft dies den Trend zur Individualisierung und Personalisierung der Produkte und der Kundenansprache. Vor der Industrialisierung erzeugten sich die Menschen ihre

Konsumgüter oft selbst oder ließen sie sich von Handwerksmeistern nach eigenen Wünschen auf Bestellung individuell anfertigen. Die Industrialisierung brachte dann die massenhafte Herstellung standardisierter Waren in normierten Produktionsprozessen mit sich, die im Zuge einer relativ einheitlichen Kundenansprache im Rahmen großangelegter Marketingkampagnen an die Leute gebracht wurden. Diese Entwicklung kehrt sich nun wieder um: Digitale Produktionstechniken ermöglichen inzwischen neue Formen der Mass-Customization, bei denen zwar Massenware produziert wird, die jedoch trotzdem an individuelle Kundenwünsche angepasst ist. Digitalisierte Personendaten, die den Anbietern mehr oder weniger in Echtzeit vorliegen, schaffen zudem wieder die Option zur personalisierten Ansprache potenzieller Konsumentinnen und Konsumenten. Zum anderen ist damit die erneute Zusammenführung von Produktion und Konsum im Zuge des Prosuming gemeint. Drifteten diese durch den Übergang von der Selbst- zur Fremdversorgung während der Industrialisierung immer weiter auseinander, kommen sie nun wieder zusammen. Der Erfolg von Portalen, die ganz auf User-generated-Content setzen, ist hier erst der Anfang, denn der 3D-Druck eröffnet letztlich wieder jedem die Chance, ohne großen Aufwand auch eigene physische Güter herzustellen.

Überdies zeigen sich mit der Digitalisierung auch noch zwei kategorial neue Phänomene, die sowohl im Vergleich zum vorindustriellen Konsum als auch zum modernen Massenkonsum eine Innovation darstellen. Dabei handelt es sich einerseits um die Entmaterialisierung und Virtualisierung des Konsums. Immer mehr Waren haben keine physische Substanz mehr, sondern liegen einzig und allein in digital kodierter Form vor und finden ihren Weg ausschließlich durch digitalisierte Distributionskanäle wie dem Internet zu uns (z. B. beim Streamen von Musik und Videos). Andererseits ist damit der Bedeutungsverlust des Besitzes angesprochen. Denn in den vorindustriellen Gesellschaften wollten die Menschen gern besitzen, konnten aber nicht und im modernen Massenkonsum wollen sie besitzen und können es auch. Nun aber zeigen sich Tendenzen wie das Aufkeimen der der Sharing Economy, die darauf hindeuten, dass den Menschen zukünftig der Zugang zu Konsumoptionen wichtiger sein könnte als der Besitz der dahinterliegenden Konsumgüter.

Letzen Endes spricht also vieles dafür, dass wir tatsächlich am Beginn eines neuen Konsum-zeitalters stehen, der sich vom modernen Massenkonsum des 20. Jahrhunderts in mehrfacher Hinsicht deutlich unterscheidet. Ob dem tatsächlich so ist, kann aber am Ende nur die Zukunft zeigen.

Digitale Produktion: Bottom-up-Ökonomie

7

Tobias Redlich, Manuel Moritz und Stefanie Wulf

7.1 Die neue Ära der Offenheit

Im Jahr 2001 prägte Mark Prensky den Begriff der so genannten „Digital Natives".[1] Damit beschreibt er jene heranwachsende Generation junger Menschen, deren reale und virtuelle Lebenswelt durch das Aufwachsen in einem durch digitale Medien und Technologien veränderten sozialen Kulturraum zusehends verschwimmt.[2] Das (uneingeschränkte) Teilen und Verbreiten von Wissen und Erfahrungen innerhalb sozialer Netzwerke wird dabei zu einem charakteristischen Merkmal digitalisierter Wirtschafts- und Gesellschaftsstrukturen. Digital Natives partizipieren nicht selten in einer Vielzahl von Online-Communities. Dabei verfolgen sie das Ziel, sich aktiv an sozialen und zunehmend auch wirtschaftlichen Entwicklungsprozessen zu beteiligen.

Eines der bekanntesten Beispiele in diesem Zusammenhang ist das digitale Nachschlagewerk *Wikipedia*: Dem Open-Source-Prinzip[3] folgend ging am 15. Januar 2001 eine der heute bedeutendsten Internetseiten online. Das Ziel dieser Non-Profit-Organisation besteht darin, durch das Mitwirken von Menschen aus der ganzen Welt Wissen zu schaffen und dieses allen Menschen dauerhaft, kostenlos und frei zugänglich zur Verfügung zu stellen.

Mehr als 70.000 Menschen in der Community arbeiten freiwillig und unentgeltlich daran mit, neue Artikel zu schreiben und vorhandene Beiträge zu verbessern

---

1 Prensky, M. (2010). Digital Natives, Digital Immigrants. MCB University Press
2 Frieling, J. (2010). Zielgruppe Digital Natives. Hamburg, S. 31 ff.
3 Das Open-Source-Prinzip steht ganz allgemein für eine freie Verbreitung und einen freien Zugang zu Wissen und Informationen durch eine unbeschränkte Anzahl an Nutzern. Seinen Ursprung hat dieses Prinzip in der Nutzung und Weiterentwicklung von quelloffener Software.

oder zu aktualisieren. Mehr als 33 Millionen Artikel, viele davon in nahezu jeder Sprache der Welt verfügbar, sind bereits entstanden. Jeden Monat kommen etwa 20.000 neue hinzu. Erstaunlich ist dabei nicht nur die Masse an Wissen, die in kürzester Zeit entstanden ist, sondern auch die Reaktionsgeschwindigkeit und die Qualität, die oftmals traditionelle Medien übertreffen.

Eines der ersten und bekanntesten Opfer dieser Entwicklung war die *Brockhaus*-Enzyklopädie, deren Vertrieb in 2013 nach über 200 Jahren eingestellt wurde. Allgemein führte insbesondere in der Medienbranche das Aufkommen digitaler Technologien zu einem radikalen Wandel. Traditionelle Medienanbieter und dahinterliegende Vertriebs- und Geschäftsmodelle wurden obsolet. Gedruckte Bücher werden zunehmend durch E-Books und Kinobesuche sowie DVD-Käufe durch Streaming-Angebote und Downloads ersetzt.

Natürlich bestehen fundamentale Unterschiede zwischen der Medienwelt, die maßgeblich geistige Werke bzw. digitale Güter umfasst, und der Welt physischer Produkte, deren Herstellung, Vertrieb und Transport auch weiterhin Rohstoffe, Energie und Produktionskapazitäten bedürfen. Doch auch hier können wir Muster erkennen, in denen sich eine neue Art der Wertschöpfung abzeichnet, die zunehmend *kollaborativer, dezentralisierter und vernetzte*r Natur ist. Offenheit und Austausch über die Grenzen von Organisationen hinaus stehen im Vordergrund und den klassischen Ansätzen des Industriezeitalters entgegen. Externe, oftmals nicht-professionelle Akteure (Kunden, User, Bastler etc.) können sich vermehrt an den Wertschöpfungsprozessen von Unternehmen und anderen Organisationen beteiligen.

Ein Beispiel hierfür ist das US-Unternehmen *Quirky*, das gemeinsam mit mehr als einer Million Usern aus der ganzen Welt haushaltsnahe Produkte entwickelt. Jede Woche werden über 3.000 Ideen aus der Community eingereicht, die dann durch die User selbst und das Unternehmen bewertet werden. Die besten Ideen werden wiederum gemeinschaftlich und unter Mitwirkung von *Quirky*-Mitarbeitern verwirklicht (Design, Name, Preis etc.). Produktion und Vertrieb erfolgt durch *Quirky* im eigenen Online-Shop. Alle User, die an der Entwicklung eines Produktes mitgewirkt haben, werden entsprechend prozentual an den Einnahmen durch den Verkauf beteiligt.

Auch in traditionellen Industriezweigen lassen sich derartige Ansätze beobachten, die vor allem auf Offenheit und Kollaboration beruhen. Innerhalb der über 150 Jahre alten Automobilindustrie sticht hier vor allem das US-Unternehmen *Local Motors* hervor. Dessen Geschäftsmodell ist gekennzeichnet durch eine sich selbst organisierende Gemeinschaft von sowohl extrinsisch als auch intrinsisch motivierten Ingenieuren, Designern und Bastlern, die maßgeblich zur Wertschöpfung des Unternehmens beiträgt. Innerhalb von nur zwei Jahren wurde gemeinschaftlich ein Fahrzeug von der Idee bis zum Prototyp entwickelt. Exterieur, Chassis und viele andere Komponenten wurden online und in Zusammenarbeit mit der Community erarbeitet. Die Kosten und die Entwicklungszeit waren dabei um ein Vielfaches geringer als bei traditionellen Unternehmen. Die Produktion des Fahrzeugs erfolgt in einer Mikro-Fabrik von *Local Motors* und die Endmontage auf Wunsch sogar durch den Kunden selbst. Die klassische Fabrik bzw. das sich abgrenzende Unternehmen als zentrale Stätte der Wertschöpfung wird wie im Fall von *Local Motors* durch webbasierte, weitestgehend hierarchiefreie und durch Offenheit geprägte Strukturen ersetzt.

Die genannten Beispiele zeigen auf, dass wir industrieübergreifend einen Paradigmenwechsel erleben, der durch traditionelle wissenschaftliche Ansätze nicht zu erklären ist. Unternehmensgrenzen lösen sich auf und viele neue externe Akteure beteiligen sich freiwillig an Wertschöpfungsprozessen. Das eröffnet eine völlig neue Art der Wertschöpfung, die große Potenziale (z. B. Open Innovation[4], Crowdsourcing[5]), aber auch Herausforderungen (z. B. Arbeitsorganisation, Entlohnung, Geistiges Eigentum) mit sich bringt.

Nach Pine und Gilmore ist die Fähigkeit zur Implementierung einer solchen auf Offenheit basierenden Unternehmenskultur bzw. die Anpassung bestehender Strukturen gleichzeitig eine notwendige Voraussetzung für die zukünftige Lebensfähigkeit industrieller Unternehmen.[6] Ihre Überzeugung basiert auf der Annahme, dass sich das materielle Ergebnis eines Wertschöpfungsprozesses, der sich in der Regel aus den Teilschritten „Forschung und Entwicklung", „Herstellung und Fertigung" sowie „Marketing und Vertrieb" zusammensetzt, grundsätzlich leicht substituieren lässt. Eine spezifische, durch externe Akteure geprägte Community wie im Fall von *Wikipedia* stellt dagegen ein Alleinstellungsmerkmal innerhalb des Wertschöpfungsprozesses dar, das zum entscheidenden Wettbewerbsvorteil werden kann.

Die einführenden Beispiele sollten verdeutlichen, dass wir uns inmitten eines großen wirtschaftlichen und somit auch gesellschaftlichen Umbruchs befinden. Im Digitalzeitalter wird sich vieles verändern, insbesondere die Art, wie wir konsumieren und produzieren und folglich auch wie wir leben und arbeiten.

---

4 Innovationsprozesse, die durch gezielte Wissens zu- und abflüsse über die Unternehmensgrenzen hinaus neue ökonomische Potenziale eröffnen. (nach: Chesbrough, H. W. (2003). The era of open innovation. MIT Sloan Management Review, 3, S. 35-41)

5 „interaktive Form der Leistungserbringung, die kollaborativ und wettbewerbsorientiert organisiert ist und eine große Anzahl extrinsisch oder intrinsisch motivierter Akteure [...] über Online-Plattformen] einbezieht". (Nach Martin, N. et al. S. (2008). Crowdsourcing: Systematisierung praktischer Ausprägungen und verwandter Konzepte. Proceedings MKWI 2008. München)

6 Pine, J. B., Gilmore, J. H. (1999). The Experience Economy. Boston

In diesem Beitrag erkunden wir mit Blick auf Produktion und Wertschöpfung, welche Auswirkungen Digitalisierung und Vernetzung mit sich bringen. Zunächst untersuchen wir dazu neue Formen der Wertschöpfung, denen wir heute schon in vielfältiger Weise begegnen können. Danach wenden wir unseren Blick in die Vergangenheit, um die historische Entwicklung bis in die Gegenwart nachzuvollziehen. Im nächsten Schritt suchen wir schließlich nach den Ursachen des aktuell beobachtbaren Paradigmenwechsels und versuchen, daraus abzuleiten, was die Folgen dieser Entwicklung für die Wertschöpfung der Zukunft sind.

7.2 Wertschöpfung im Digitalzeitalter

Allgemein beschreibt „Wertschöpfung" in Anlehnung an Müller-Stewens und Lechner den gesamtheitlichen „Prozess des Schaffens von Mehrwert durch Bearbeitung".[7] Wertschöpfung geht folglich über den enger gefassten Begriff der „Produktion" hinaus und bezieht auch weitergehende Aktivitäten wie z. B. die Ideenfindung oder das Marketing mit ein. Wie wir im Folgenden sehen werden, haben diese jedoch einen wachsenden Einfluss auf die Produktion, weshalb es zielführend ist, sich auf das ganzheitliche Konzept der Wertschöpfung zu stützen.

Anhand einer systematischen Analyse und Kategorisierung von einigen Fallbeispielen werden zunächst neue Wertschöpfungsmuster vorgestellt, die aufzeigen, wie Wertschöpfung im Digitalzeitalter heute schon stattfindet. Darüber hinaus führen sie uns vor Augen, dass traditionelle Konzepte und Ansätze nicht ausreichen, um diese Phänomene umfassend zu begreifen und zu erklären. Das Konzept der so genannten „Bottom-up-Ökonomie", welches im Folgenden noch näher erläutert werden soll, versucht, diese Lücke zu schließen.

Die Kategorisierung ist keinesfalls abschließend, sondern Gegenstand einer Fortschreibung mit dem Ziel, Unterschiede und Gemeinsamkeiten der verschiedenen Konzepte und Muster sowie eine Logik erfolgreicher Wertschöpfungsmuster zu erfassen (vgl. Abb. 7.1).

Die horizontale Dimension „Wertschöpfungsaktivitäten" repräsentiert die grundlegenden Aufgaben und Funktionen eines lebensfähigen Wertschöpfungssystems, die auch als primäre Wertschöpfungsaktivitäten von Unternehmen in Anlehnung an das klassische Wertkettenkonzept Porters bezeichnet werden.[8] Vertikal angeordnet

---

7   Müller-Stewens, G., Lechner, C. (2005). Strategisches Management. Stuttgart
8   Porter, Michael E. (2008). Competitive advantage. New York

7 Digitale Produktion: Bottom-up-Ökonomie

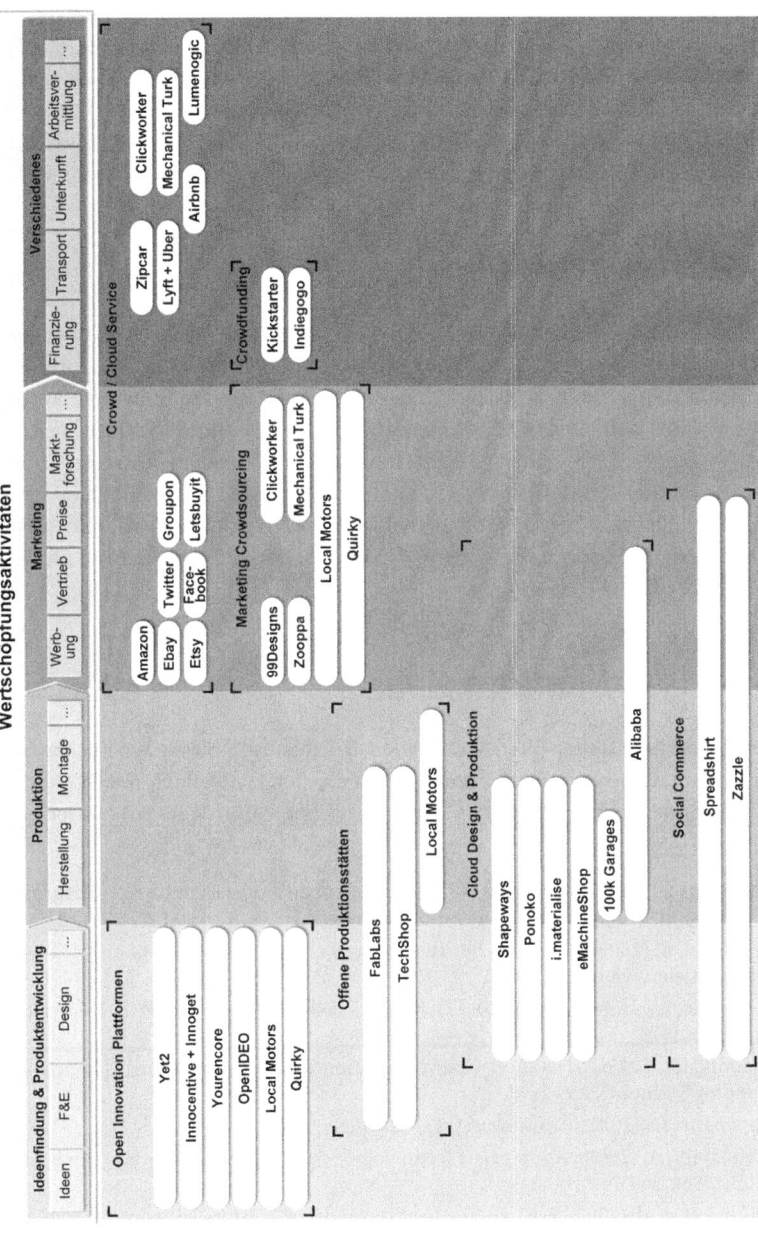

Abb. 7.1 Wertschöpfungsmuster in der Bottom-up-Ökonomie

sind die identifizierten Musterkategorien mit den entsprechenden Fallbeispielen, die im Folgenden näher beschrieben werden. Allen Mustern ist gemein, dass sie aus einer systemtheoretischen Perspektive entweder auf Offenheit beruhen oder aber Öffnung zumindest befördern. Das bedeutet, dass sie eher auf Partizipation, Kollaboration und Interaktion beruhen, anstatt in erster Linie auf Wettbewerb und Exklusivität. Im Folgenden werden sieben Kategorien voneinander abgegrenzt.

Open Innovation Plattformen

Bei Open Innovation Plattformen handelt es sich um virtuelle Orte, innerhalb derer Organisationen F&E-Probleme durch Individuen oder andere Unternehmen lösen lassen können. Hinsichtlich der Motivation für die Teilnahme werden nicht-monetäre (z. B. *OpenIDEO*) und monetäre Kompensationsformen (z. B. *InnoCentive, Innoget*)[9,10,11,12] unterschieden. Intermediäre Plattformen als Sonderform stellen temporäre Verbindungen zwischen Experten und Unternehmen her (z. B. *YourEncore*). Darüber hinaus ermöglichen sie eine Vermittlung von innovativen Technologien und Knowhow zwischen Wissenschaftlern, Unternehmen, Organisationen (z. B. *Yet2*).[13]

Offene Produktionsstätten

Offene Produktionsstätten/Werkstätten wie z. B. FabLabs[14,15] bieten öffentlichen bzw. freien Zugang zu industrieller Technologie zur eigenen Herstellung von Produkten, Prototypen oder Komponenten. Es stehen Werkzeuge und Werkzeugmaschinen,

---

9   Billington, C.; Davidson R. (2013). Leveraging open innovation using intermediary networks. in: Production and Operations Management, 6, S. 1464-1477
10 Bonabeau, E. (2009). Decisions 2.0: The power of collective intelligence. in: MIT Sloan management review, 2, S. 45-52
11 Battistella, C., Nonino, F. (2013). What drives collective innovation? in: Information Research, 1
12 Schildhauer, T., Voss, H. (2014). Open Innovation and Crowdsourcing in the Sciences. Opening Science. S. 255-269
13 Gassmann, O. (2010). Crowdsourcing. München
14 Mandavilli, A. (2006). Appropriate technology: Make anything, anywhere. in: Nature, 7105, S. 862-864
15 Mikhak B. et al. (2002). Fab Lab: an alternate model of ICT for development. 2nd international conference on open collaborative design for sustainable innovation

Rohmaterial sowie der Zugang zu CAD-Software zur Verfügung, die nach einer Schulung selbst oder mit Hilfe von Betreuern genutzt werden können. Das Ziel der FabLab-Bewegung ist die Befähigung von interessierten Bastlern, Studenten, Schülern, Start-ups etc. zur Teilhabe an der Entwicklung von Produkten und ihrer Herstellung. FabLabs bieten Kurse zur Bedienung von Maschinen oder zur Planung und Konstruktion von Produkten an. Derartige Produktionsstätten erfreuen sich immer größerer Beliebtheit und sind mittlerweile in jeder größeren Stadt anzufinden. Oft werden sie durch Non-Profit-Organisationen (z. B. Universitäten) betrieben, es gibt aber auch kommerzielle Werkstätten, die sehr unterschiedliche Geschäftsmodelle nutzen. Das Unternehmen *TechShop* etwa bietet dafür entsprechende Mitgliedschaften an. Als Mitglied hat man die Möglichkeit, an Schulungen teilzunehmen und den Maschinenpark zu nutzen, der Laserschneider, Wasserstrahlschneider, Schweißmaschinen, Sägen, Drehmaschinen, 3D-Drucker, CAD-Rechner etc. umfasst.

Cloud Design und Produktion

Cloud Design und Produktion ermöglicht eine schnelle Produktentwicklung durch die Nutzung von Netzwerken und Verhandlungsplattformen sowie den Rückgriff auf verteilte Fertigungssysteme. Ein solches Netzwerk bietet einen Dienstleistungspool, der von Design über Konstruktion bis zur Produktion reichen kann.[16] Plattformen wie *eMachineShop* oder *Ponoko* ermöglichen Fertigungsunternehmen und Individuen, Fertigungsaufträge an eine Werkstatt mit freien Kapazitäten zu übermitteln. In der Regel steht auf derartigen Plattformen eine kostenlose und einfach zu bedienende Software zur Konstruktion von Werkstücken zur Verfügung. Nachdem Experten ihr Feedback dazu gegeben haben, wird teils automatisiert ein Angebot für das gewünschte Produkt erstellt.

Weitere Beispiele für einen Zugang zu speziellen Fertigungstechnologien, wie beispielsweise High-End-3D-Drucker, sind *Shapeways* und *i.materialize*. Nutzer können 3D-Dateien hochladen oder durch ein Tool selbst erstellen und ihre individuellen Teile in Losgröße 1 drucken lassen. *100kgarages* ist eine dezentralisierte Gemeinschaft von kleinen Herstellern, Designern und Konsumenten. Die selbsternannten „Maker" müssen als Mitglied der Gemeinschaft über eine Werkzeugmaschine verfügen und ein Profil über ihre Produktionskapazitäten posten. Designer und Nutzer können ihre Designideen in Form von CAD-Entwürfen

---

16 Wu, D. (2012). Towards a cloudbased design and manufacturing paradigm: looking backward, looking forward. ASME International Design Engineering Technical Conferences and Computers and Information in Engineering Conference, S. 315-328

veröffentlichen. Verhandlungen über Herstellkosten usw. werden direkt und online zwischen Anbieter und Nachfrager geführt. *Alibaba*, eine Plattform für Handel, Kommunikation und Auftragsfertigung, erlaubt seinen Kunden, sich weltweit mit mehr als 50 Millionen kleinen und mittleren Unternehmen überwiegend aus China mit dem Ziel einer cloudbasierten Fertigung zu verbinden.

Social Commerce

Social Commerce Plattformen befähigen Kunden, unterstützt durch Web-Tools (z. B. Produktkonfiguratoren) und Fertigungstechnologien (2D-Druck auf Kleidung sowie 3D-Druck), eigene Produkte zu entwerfen, zu entwickeln und zu verkaufen. *Spreadshirt* bietet beispielsweise Privatpersonen und Unternehmen an, selbstgestaltete Kleidungsstücke zu entwerfen, zu produzieren und im Onlineshop zu verkaufen. *Zazzle* ist ein Online-Händler, bei dem jeder Nutzer Grafiken zur Gestaltung individualisierter Produkte hochladen (Kleidung, Poster, Tassen usw.) und produzieren lassen kann.

Marketing Crowdsourcing

Infolge der abnehmenden Effizienz traditioneller Marketingmethoden und befördert durch die zunehmende Bedeutung von Netzwerkeffekten, wird im Bereich des Marketings vermehrt auf virale Konzepte gesetzt.[17] Virale Marketingkampagnen können über Social-Networking-Plattformen wie *Twitter* oder *Facebook* und Video-Sharing-Plattformen wie *YouTube* durchgeführt werden. Ein weiteres Beispiel ist die Onlineplattform *Zooppa*, die nutzergenerierte Werbekampagnen und Wettbewerbe in Zusammenarbeit mit globalen Marken und Agenturen ermöglicht. Filmemacher und Grafiker, Texter und andere Kreative können originelle Ideen einreichen und um den Zuschlag des Kunden werben.

Weitere wichtige Muster aus dem Bereich des Social Commerce sind Social Filtering (z. B. *Amazon*), Peer-Empfehlungen (z. B. *Amazon*, *Facebook*) oder soziale Navigation (z. B. *Amazon*), aber auch Group Buying (z. B. *Letsbuyit*, *Groupon*). Soziale Navigation greift auf die Möglichkeit der Nutzer zurück, sich gegenseitig durch Kommentare und Bewertungen zu beeinflussen, während Social-Filtering-Verfahren zur Ähnlichkeitsbestimmung einzelner Interessenprofile der verschiedenen Nutzer geeignet sind. Group Buying stellt ein Konzept der internetbasierten Vernetzung

---

17 Langner, S. (2005). Was ist Viral Marketing? Wiesbaden

von Ad-hoc-Käufergruppen dar, die jeweils dieselben Produkte kaufen möchten. Durch die Bündelung der Käufer kann eine größere Menge abgesetzt werden, was zu relativ hohen Rabatten führt, die der Betreiber einer solchen Plattform fast vollständig an die Kunden weitergeben kann.

Crowdfunding

Unter Crowdfunding versteht man, im Gegensatz zu klassischen Finanzierungsmodellen von Projekten, das gemeinschaftliche Sammeln und Bereitstellen von Kapital für ein Projekt.[18] Auf verschiedenen Plattformen können User für die finanzielle Unterstützung ihrer Projekte werben. Es gibt Modelle, bei denen das Funding als einmalige Spende genutzt wird, aber auch Ansätze, welche die Unterstützung als Investment in ein Unternehmen ermöglichen, z. B. *Companisto, Seedmatch*. Die Beträge sind frei wählbar und starten bereits bei niedrigen Summen. Die geförderten Projekte sind vielfacher Natur, wie z. B. kreative und soziale Projekte oder Start-ups etc. Gemäß *Crowdsourcing LLC* waren im Jahr 2012 weltweit knapp 500 Crowdfunding-Plattformen wie *Kickstarter* und *Indiegogo* aktiv; die meisten davon in Nordamerika und Europa. Insgesamt wurden in dem Jahr 1,5 Mrd. Euro eingesammelt und mehr als eine Million Projekte finanziert.[19]

Cloud/Crowd Service

Verschiedene Querschnittsaufgaben der Wertschöpfung werden in der Kategorie Cloud- und Crowd-Dienste zusammengefasst: Im Bereich der Mobilität lassen sich verschiedene partizipative und kollaborative Ausprägungen von Geschäftsmodellen finden. Mit *Uber* und *Lyft* gibt es zwei Plattformen, die ein Netzwerk von Fahrern mit eigenen oder gemieteten Autos und potenziellen Mitfahrern im Sinne einer peer-to-peer Mitfahrzentrale anbieten. Daneben existiert das ältere Konzept der Fahrgemeinschaften (z. B. *Zipcar*), bei denen ein Unternehmen die Kraftfahrzeuge für die gemeinsame Nutzung zur Verfügung stellt.

Ein weiteres Beispiel sind Job-Matching-Plattformen, bei denen Freiberufler (Mikro-) Aufträge erhalten können. Dazu zählen z. B. *Mechanical Turk* und *Click-*

---

18 Ordanini, A. et al. (2011). Crowdfunding. in: Journal of Service Management, 4, S. 443-470

19 Crowdsourcing L. L. C. (2015). Crowdfunding Industry Report: Market Trends, Composition and Crowdfunding Platforms

worker. Diese Plattformen ermöglichen Stellenanzeigen von Unternehmen oder Einzelpersonen (auf Werkvertragsbasis), vor allem für Aufgaben der Texterstellung bzw. -bearbeitung, Design und Marketingaufgaben sowie für Verifikationsaufgaben. Das Ziel von Plattformen wie *Lumenogic* ist die Verwendung von aggregierter kollektiver Intelligenz, um so einen Vorhersagedienst für öffentliche Organisationen und private Unternehmen zu bieten.

Open-Source-Ökosysteme

Einige der oben beschriebenen Fallbeispiele lassen sich dadurch charakterisieren, dass sie lediglich bestimmte Aktivitäten in eine Community auslagern (Ideenfindung, Design-Wettbewerbe etc.) und somit letztlich kaum vom traditionellen Wertkettenmodell Porters abweichen. In anderen Fällen ist diese Zuordnung jedoch nicht mehr möglich. So lassen sich z. B. in Open-Source-Ökosystemen Wertschöpfungsprozesse finden, die von der Problemstellung bis zur Problemlösung bzw. Implementierung ohne die Mitwirkung von Unternehmen auskommen. Unternehmen können ausdrücklich an Open-Source-Projekten mitwirken, sind aber nur Teil einer Community von gleichberechtigten Usern ohne Einfluss oder Kontrolle im klassischen Sinne.

Im Bereich von Software und digitalen Gütern ist jene Art von Wertschöpfungssystem bereits umfangreich beschrieben und deren Einfluss auf bahnbrechende technologische Entwicklungen hinlänglich bekannt. Das Internet, wie wir es heute kennen und nutzen, sowie weitere moderne Informations- und Kommunikationstechnologien sind maßgeblich durch Open-Source-Projekte geprägt worden und würden ohne sie nicht funktionieren (*Linux, Apache, Android, Mozilla* etc.).[20] In so genannten Open Source Software (OSS) Communities tummeln sich Millionen von Hackern[21], die gemeinschaftlich und ohne direkte monetäre Entlohnung programmieren. Auf Grund der Open-Source-Prinzipien (Kollaboration, freier Zugang zu und uneingeschränkte Nutzung der Codes, offene Quellcodes) sind die Prozesse sehr effizient und die Produkte in der Regel proprietärer Software von Einzelunternehmen hinsichtlich Leistungs- und Anpassungsfähigkeit überlegen.[22]

---

20 Weber, S. (2004). The success of open source. Cambridge
21 In der Szene ist der Begriff „Hacker" keineswegs negativ konnotiert. Vielmehr vertreten Hacker Werte wie Freiheit, Kooperation und die Bereitschaft, Wissen zu teilen (Hackerethik). Siehe: Levy, S. (1984). Hackers. New York
22 Bonaccorsi, A., Rossi, C. (2003). Why open source software can succeed. in: Research policy, 7, S. 1243-1258

Innerhalb der Software-Industrie spielt OSS bereits eine erhebliche Rolle: Der weltweite Umsatz von und mit OSS wird für 2018 auf 55 Mrd. US-Dollar geschätzt. Auch große IT-Unternehmen haben das erkannt: *IBM*, *HP*, *Dell*, *Oracle* oder *SAP* nutzen OSS und wirken in Open-Source-Projekten mit oder unterstützen diese.

In den vergangenen zehn Jahren ist die Open-Source-Bewegung auch in den Bereich der physischen Güter übergeschwappt: So genannte Open Source Hardware (OSH) umfasst physische Produkte, deren wesentliche Dokumentation (CAD-Zeichnungen, Bauanleitungen, Materialliste, Gebrauchsanleitungen, Quellcodes etc.) (lizenzkosten-)frei im Internet verfügbar ist. Jeder soll dadurch die Freiheit erhalten, diese Objekte zu studieren, anzupassen, zu verändern, zu bauen oder zu verkaufen. Die OSH-Produkte werden meist ähnlich wie im Bereich von Software gemeinschaftlich auf Plattformen entwickelt.

Diese Art der Produktentwicklung ist ebenfalls höchst effizient und innovativ. Tausende hoch motivierter Gleichgesinnter, die jedoch zumeist sehr unterschiedliche Erfahrungshintergründe haben, arbeiten gemeinsam an Projekten, teilen ihr Wissen und bauen auf den Ideen anderer auf. Zugleich stellen sie ihre eigenen Arbeiten wieder zur Nutzung durch andere zur Verfügung. Mehr als tausend OSH-Projekte aus nahezu allen Technologiefeldern gibt es bereits: Automotive (*OSCar*), Elektronik (*Arduino*, *Bug Labs*, *Beagle Board*), Bau und Energie (*WikiHouse*, *SunZilla*), Roboter und Dronen (*ArduCopter*, *OpenROV*), Werkzeugmaschinen (*RepRap*, *Fab@Home*), Medizin- und Labortechnik (*handiii*, *OPP*).

Eine der bekanntesten Initiativen, die einen nachhaltigen Einfluss auf eine Technologie hatte, ist das *RepRap*-Projekt. Eine Gruppe von Wissenschaftlern, Studenten und Hobbybastlern hatte es sich 2004 zum Ziel gesetzt, einen günstigen und einfachen Open-Souce-3D-Drucker zu entwickeln. Immer mehr Enthusiasten wurden Teil der Community, die den Drucker nach und nach hinsichtlich Qualität und Leistungsfähigkeit maßgeblich verbessert hat. Auf Grund der hohen Nachfrage nach 3D-Druckern wurde 2009 schließlich das Unternehmen *MakerBot* gegründet, das nunmehr eine Version des *RepRap* als Bausatz und fertiges Produkt verkaufte. Auch wenn die Grundlagen des 3D-Drucks schon lange bekannt waren, gab es bis dahin lediglich einige wenige industrielle Nischenanwender, die sich die teuren Geräte leisten und mit ihnen wirtschaftlich fertigen konnten. Innerhalb von drei Jahren verkaufte *MakerBot* 22.000 3D-Drucker. Heute gibt es eine Vielzahl an Anbietern einer großen Bandbreite an Modellen und die Technologie hat das Potenzial, viele Industriezweige und ganze Wertschöpfungssysteme zu verändern.

Ein weiteres Beispiel eines OS-Ökosystems ist die Non-Profit-Organisation *Open Source Ecology* aus Missouri, USA, die es sich zum Ziel gesetzt hat, das so genannte *Global Village Construction Set* zu entwickeln. Darunter zu verstehen ist eine Art kostenfreie und frei zugängliche Bibliothek bestehend aus der kompletten

Dokumentation einer Gruppe von 50 günstigen und robusten Land-/ und Werkzeugmaschinen, mit denen alle wesentlichen Tätigkeiten zum Start und Betrieb einer Zivilisation ausgeübt werden können. Dadurch sollen lokale Gemeinschaften auf der ganzen Welt, insbesondere in Entwicklungsländern, weitestgehend unabhängig von großen Unternehmen und knappen Rohstoffen autonom und selbstbestimmt leben können. Mehrere Maschinen sind bereits einsatzfähig und können nachgebaut werden (z. B. Traktor, Ziegelpresse, Dieselaggregat). Projekte wie diese haben nicht nur eine technologische Komponente, sondern sind vielmehr eine soziale Bewegung, die nicht nur Innovationen, sondern auch Teilhabe und Nachhaltigkeit im gesellschaftlichen Miteinander fördert.

Es wird deutlich, dass diese weitreichenden sozioökonomischen Effekte innerhalb von Open-Source-Ökosystemen ein Umdenken in Bezug auf (industrielle) Wertschöpfung erfordern. Nicht nur das Unternehmen oder die Fabrik als zentraler Ort der Wertschöpfung muss in Frage gestellt werden, sondern auch andere Rahmenbedingungen wie z. B. bestehende Geschäftsmodelle, die Organisation von Arbeit und Arbeitsplätzen oder das Patentsystem, das durch zeitlich befristete Monopole auf Wissen Innovation fördern soll, müssen in diesem Zusammenhang neu gedacht werden.

7.3 Die historische Entwicklung vom Handwerk zur „Value Co-Creation"

Die Rahmenbedingungen, unter denen sich (industrielle) Wertschöpfung vollzieht, befanden und befinden sich auch weiterhin in einem kontinuierlichen Veränderungsprozess. Sozioökonomische Veränderungen und technologische Entwicklungen beeinflussten sich dabei stets gegenseitig. Folgen wir der Annahme, dass wir uns in einer Digitalen Revolution befinden, stellt sich die Frage nach der Entwicklung und Ausgestaltung moderner Wertschöpfungssysteme und -strukturen innerhalb dieser Rahmenbedingungen. Zunächst wollen wir dazu einen Blick in die Vergangenheit und auf die Anfänge industrieller Produktion werfen und davon ausgehend die weiteren Entwicklungen bis in die heutige Zeit nachvollziehen.

Am Anfang war das Handwerk

Ausgangspunkt industrieller Produktion stellt das Handwerk dar. Unter Handwerk verstehen wir in diesem Zusammenhang die ursprünglichste Produktionsart, die der industriellen Massenproduktion in vielen Aspekten diametral entgegensteht. Der Handwerker, dessen Berufsbild sich im frühen Mittelalter herausbildete, leistete punktuelle Auftragsarbeiten. Unter Verwendung eigener Werkzeuge und Ressourcen stellte er in seiner Werkstatt Handelsgüter her, die er auch selbst (be)nutzte. Die Wertschöpfung lag vollständig innerhalb seiner Einflusssphäre (vgl. Abb. 7.2).

Abb. 7.2 Historische Entwicklung der Produktion[23,24]

Im späten Mittelalter entwickelten sich Zünfte und Werkstätten, was die Trennung von organisatorischen und technischen Aktivitäten und somit die Aufteilung der Wertschöpfung in Form der gesellschaftlichen Arbeitsteilung zur Folge hatte. Eine Übergangsform vom Handwerk zur Fabrik waren die in der frühen Neuzeit entstandenen Manufakturen. Durch die Zusammenfassung verschiedener Disziplinen unter einem Dach gelang es, technisch aufwendigere Produkte wirtschaftlich herzustellen. Durch Arbeitsteilung wurde zudem die Produktivität gegenüber den dezentralen Produktionsstätten gesteigert. Während die Begriffe „Fabrik" und „Manufaktur" im 18. Jahrhundert noch synonym verwendet wurden, bildete sich

---

23 I.A.a. Spur, G. (2007). Optionen zukünftiger industrieller Produktionssysteme. Forschungsberichte der interdisziplinären Arbeitsgruppe der Berlin-Brandenburgischen Akademie der Wissenschaften. Bd. 3. Berlin
24 I.A.a. Klotzbach, C. (2007). Gestaltungsmodell für den industriellen Werkzeugbau. Aachen

im 19. Jahrhundert der Fabrikbegriff „für solche Produktionsstätten heraus, in denen Arbeitsmaschinen verwendet wurden".[25] Die mit der Erfindung der Dampfmaschine einsetzende Industrialisierung im ausgehenden 18. Jahrhundert bewirkte eine enorme Steigerung der Produktivität und der Fertigungsgenauigkeit in den Fabriken.[26] Maschinen ersetzten nach und nach das traditionelle Handwerk und die Fabrik wurde zentraler Ort industrieller Produktion, was in den meisten Fällen auch heute noch der Fall ist.

In der ersten Hälfte des 20. Jahrhunderts folgte eine systematische Arbeitsorganisation nach Taylor.[27] Das Konzept der „Wissenschaftlichen Betriebsführung" verfolgte das Ziel eines möglichst rationalen Einsatzes der Arbeitskräfte, wodurch weitere Produktivitätssteigerungen erreicht werden konnten.[28] Basierend auf der Strukturierung und Formalisierung von Arbeitsabläufen formulierte Taylor vier Prinzipien, die zu einer Erhöhung der Leistungsfähigkeit in Fabriken führen sollten:

- Systematische Beschreibung aller Arbeitsschritte („The one best way")
- Bessere Mitarbeiter durch Aus- und Weiterbildung
- Zusammenarbeit von Management und Arbeitern zur Qualitätskontrolle
- Trennung von Planung und Ausführung sowie Teilung der Verantwortung

Die methodischen Ansätze zur Realisierung der Rationalisierungsziele Taylors sind heute noch weit verbreitet. So werden bisweilen detaillierte Analysen zur Feststellung optimaler innerbetrieblicher Arbeitsabläufe auf der Grundlage der in Einzelabläufe zerlegten Arbeitsschritte vorgenommen. Auch die Beteiligung von Mitarbeitern an Verbesserungsprozessen geht auf darauf zurück. Ausgehend von Taylors Prinzip der Arbeitsteilung führte Henry Ford 1913 die Massenproduktion von Kraftfahrzeugen durch Fließbandarbeit ein.[29]

Nach dem zweiten Weltkrieg bedingte eine stark schwankende Nachfrage, fehlendes Kapitel sowie die Nachfrage nach individualisierten Produkten auf dem japanischen Automobilmarkt die Entwicklung eines neuen und auf Flexibilität ausgelegten Produktionssystems. Das Toyota-Produktionssystem (TPS) beruht

---

25 Spur, G. (1997). Optionen zukünftiger industrieller Produktionssysteme. Forschungsberichte der interdisziplinären Arbeitsgruppe der Berlin-Brandenburgischen Akademie der Wissenschaften. Bd. 3 Berlin
26 Ibid.
27 Ibid.
28 Bullinger, H.-J.; Warnecke W. (2003). Neue Organisationsformen in Unternehmen. Berlin
29 Ford, H. et al. (1932). Mein Leben und Werk. Leipzig

im Wesentlichen auf der Vermeidung von Ressourcenverschwendung mit dem Ziel, höchste Qualität bei niedrigen Kosten zu erreichen.[30] Dabei sind die Konzepte „Just-in-Time" und „Jidoka" die maßgeblichen Säulen. Unter „Just-in-Time" versteht man die Optimierung von Durchlaufzeiten sowie die Synchronisation der Produktionsprozesse, wodurch niedrige Lagerbestände und -kosten und somit eine Reduzierung der Kosten insgesamt erreicht werden. Der japanische Begriff „Jidoka" steht für die autonome Automatisierung von Fertigungsprozessen und beschreibt damit die Betriebsart einer Maschine, die ohne menschliche Überwachung auskommt. Während der 1990er Jahre mussten auch europäische und US-amerikanische Unternehmen auf die wachsende Nachfrage nach individualisierten Produkten reagieren. Diese Prinzipien wurden nunmehr als so genanntes „Lean Management" auf alle Produktionsprozesse übertragen, nachdem sich deren Effizienz und Flexibilität in Japan bewährt hatte.[31]

Zusammenfassend lässt sich an dieser Stelle bereits festhalten, dass Industrialisierung, Arbeitsteilung und Spezialisierung zwar zu enormen Produktivitätssteigerungen führten, damit jedoch auch eine zunehmende „Entfremdung" von Wertschöpfungsprozessen einherging: Während die frühen Handwerker noch den gesamten Prozess und das Ergebnis (das fertige Produkt) kannten und beherrschten, mussten sich die Fabrikarbeiter auf Grund der gestiegenen Komplexität der Produkte und Technologien nach und nach auf bestimmte Tätigkeiten fokussieren.

Wandel der industriellen Wertschöpfung

In der jüngeren Vergangenheit führten die Globalisierung, das Internet und die Verbreitung neuer Informations-, Kommunikations- und Produktionstechnologien teilweise zu einer Umkehrung dieser historischen Entwicklung, sozusagen einer Reintegration in die Wertschöpfung. Die Rolle und Macht von Kunden und anderen externen Akteuren hat sich durch Vernetzung und Austausch innerhalb der Wertschöpfung maßgeblich gewandelt. Durch einfach zu bedienende CAD-Programme und kostengünstige Produktionstechnologien können in vielen Fällen Amateure oder Kleinunternehmen erneut wertschöpfend tätig werden, zur Lösung von Problemen beitragen und ökologisch nachhaltig Produkte benutzen, reparieren und wiederverwenden. Diese Entwicklung wollen wir im Folgenden anhand der Evolution von Wertschöpfungskonzepten nachvollziehen (vgl. Abb. 7.3).

---

30   Shingo, S. (1992). Das Erfolgsgeheimnis der Toyota Produktion. Landsberg
31   Klotzbach, C. (2007). Gestaltungsmodell für den industriellen Werkzeugbau. Aachen

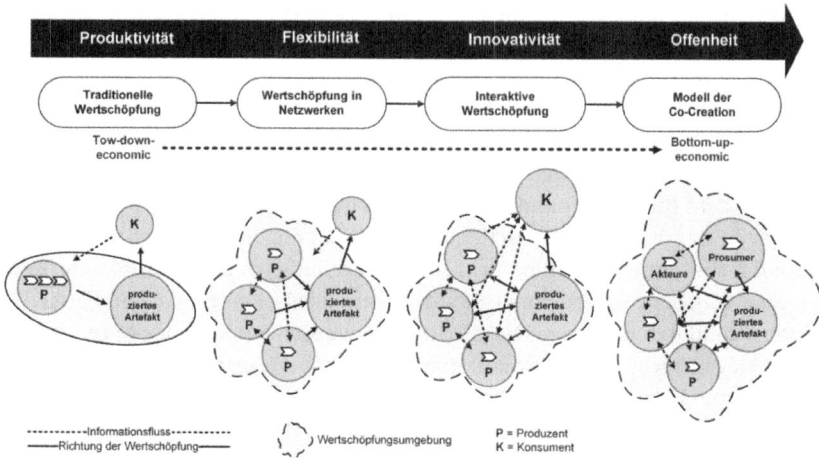

Abb. 7.3 Von der traditionellen Wertschöpfung zur Value-Co-Creation[32,33]

Das klassische Wertschöpfungsverständnis

Wesentliche Eigenschaft des traditionellen Verständnisses von Wertschöpfung ist die Beschränkung des Produktionsprozesses auf die Grenzen eines Unternehmens. Das Ziel eines Unternehmens stellt dabei in der Regel das Streben nach einem hohen Marktanteil bzw. der Maximierung des eigenen Gewinns innerhalb bestehender Märkte dar. Nach Porter ist der Wertschöpfungsprozess in einzelne Wertschöpfungsaktivitäten unterteilt, die sich innerhalb eines linearen Produktionsprozesses idealtypisch überschneidungsfrei voneinander abgrenzen lassen. Die Optimierung der Produktionsprozesse erfolgt dabei über den Ansatz der Rationalisierung durch bereits vorgestellte Ansätze wie beispielsweise dem Prinzip der Arbeitsteilung sowie der Verfolgung einer hierarchisch strukturierten, zentralisierten Massenproduktion. Der Kunde nimmt hierbei eine passive Rolle ein.

---

32 I.A.a. Ueda, K., Kito, T., Takaneka, T. (2008). Modelling of Value Creation Based on Emergent Synthesis. in: CIRP Annals, 1, S. 473-476
33 I.A.a. Ueda, K., Takaneka, T., Vncza, J., Monostori, L. (2009). Value Creation and Decisionmaking in Sustainable Society. in: CIRP Annals, 1, S. 681-700

Dynamische Produktionsnetzwerke

Produktionsnetzwerke stellen als Reaktion auf verkürzte Produktlebenszyklen und zunehmend individualisierte Kundenanforderungen die nächste Entwicklungsstufe dar. Sie zeichnen sich dabei durch „komplex-reziproke, eher kooperative denn kompetitive und relativ stabile Beziehungen zwischen rechtlich selbstständigen, wirtschaftlich jedoch zumeist abhängigen Unternehmungen aus"[34] und verfolgen das Ziel einer kollektiven Effizienzsteigerung. Dieses Ziel wird dabei u. a. durch die Steigerung der strategischen Flexibilität und der Senkung von Produktionskosten durch externe Skalenerträge erreicht.[35] Entgegen den Prinzipien Toyotas, die sich nur auf innerbetriebliche Prozesse beziehen, bedarf es als Grundlage hierfür ein Mindestmaß an Interaktionspotenzial und Vertrauen zwischen den Akteuren. Das klassische Netzwerkverständnis beschränkt sich dabei auf mögliche Wertschöpfungsbeziehungen zwischen eigenständigen Unternehmungen und betrachtet den Kunden weiterhin als passiven Akteur.

Interaktive Wertschöpfung

Mit dem Wandel von der Industrie- zur Wissensgesellschaft ändert sich auch die Rolle des Verbrauchers innerhalb des Produktionsprozesses. Zwischen Kunden und Unternehmen entsteht eine Zusammenarbeit, die durch den internetgestützten Wissensaustausch entlang des gesamten Wertschöpfungsprozesses gekennzeichnet ist. In einem Wettbewerbsumfeld, in dem Wissen bzw. Informationsvorsprünge eine entscheidende Ressource darstellen, bestehen die Vorteile einer interaktiven Wertschöpfung vor allem in der Steigerung der Innovationsfähigkeit, der Möglichkeit zur Differenzierung gegenüber Wettbewerbern sowie der Kundenbindung. Dem Prinzip des vorbehaltlosen Teilens von unternehmenseigenem Wissen z. B. in Form von Konstruktionsdaten stehen Produzenten dabei häufig noch skeptisch gegenüber.[36] Das zentrale Element der industriellen Produktion bleibt im Verständnis der interaktiven Wertschöpfung die ursprüngliche Unternehmens- bzw. Netzwerkumgebung.

---

34 Sydow, J. (1992). Strategische Netzwerke. Wiesbaden
35 Sydow, J., Möllering, G. (2009). Produktion in Netzwerken. München
36 Buhse, W., et al. (2011). Der Case Local Motors. St. Gallen

Value Co-Creation

Das Modell der gemeinsamen Wertschöpfung (Co-Creation) ist dadurch gekennzeichnet, dass sich die hierarchischen Strukturen innerhalb eines Unternehmens auflösen und sich sowohl die Rolle des Kunden als auch die Rolle des Produzenten innerhalb der industriellen Produktion verändern. Nach Ramaswamy und Oszan bedarf es der Erkenntnis, „dass Unternehmen […] derart gestaltet werden müssen, dass sie als Geflecht verbundener Plattformen Aktivitäten organisieren, um Wert mit und für alle an der Wertschöpfung beteiligten Individuen zu schaffen".[37] Produzenten nehmen die Rolle eines Mentors bzw. Beraters innerhalb vernetzter Kommunikationsplattformen ein und agieren dort auf Augenhöhe mit unterschiedlichen Akteuren (Kunden, Zulieferer, Ingenieure, Freiwillige usw.). Die sich wandelnde Rolle des Kunden im Entstehungsprozess von zunehmend individualisierten Produkten und Dienstleistungen postulierte Alvin Toffler bereits 1990. Er führte für die sich verändernde Rolle des Kunden den Begriff des „Prosumers" ein. Als „Prosumer" beschreibt er dabei einen unabhängigen Akteur, der aktiv auf den Entstehungsprozess von Produkten Einfluss nehmen kann, aber zugleich auch als Konsument in Erscheinung tritt.[38] Das Ergebnis dieses Wandels ist für ihn eine „Do-it-yourself"-Gesellschaft, deren Existenz zugleich das vorherrschende Verständnis von Märkten und deren Regeln in Frage stellt. Aktuelle Wertschöpfungsmuster stützen die von Toffler formulierte These. Das Modell der Co-Creation verdeutlicht, dass die Fabrik als zentrale Stätte der industriellen Wertschöpfung in vielen Fällen durch webbasierte Wertschöpfungsplattformen sowie kleine, spezialisierte Produktionsstätten ersetzt werden kann. Eigenarbeit rückt dabei erneut in den Fokus.

7.4 Paradigmenwechsel im Digitalzeitalter

Viele der aufgezeigten Fallbeispiele haben eines gemeinsam: Die den Unternehmen zugrundeliegenden Strategien und Prozesse sind geprägt durch ein hohes Maß an Offenheit sowie durch Kollaboration als intensivste Form der Zusammenarbeit verschiedenster Akteure. Folgt man jedoch dem klassischen ökonomischen Paradigma ist dieses Verhalten wissenschaftlich nur schwer erklärbar. Was ist passiert?

---

37 Ramaswamy, V., Ozcan, K. (2014). The Co-Creation Paradigm. Stanford
38 Toffler, A. (1980). The third Wave. London

Technologische Treiber des Wandels

Zum Wandel der Wertschöpfung tragen in erster Linie technologische Innovationen, aber auch gesellschaftliche Entwicklungen bei. Aus technologischer Sicht sind zuvorderst die zunehmende weltweite Vernetzung und Kommunikation zu nennen ermöglicht durch moderne Informations- und Kommunikationstechnologien (IuK), z. B. Anzahl der Menschen mit Internetzugang, Anzahl der Geräte mit Verbindung zum Internet. In Verbindung mit neuen Produktionstechnologien bzw. Organisationsformen, wie z. B. 3D-Druckern in FabLabs, können wir eine *Demokratisierung der Wertschöpfung* beobachten. Privatpersonen können ohne die Beteiligung von Unternehmen selbst zu Entwicklern, Produzenten und Händlern werden. Nunmehr ist es möglich, digitale Produkte oder deren wesentliche Dokumentation gemeinschaftlich zu erstellen, um die Welt zu schicken und nach Bedarf lokal produzieren zu lassen. Darüber hinaus können wir auch eine Veränderung des subjektiven Wertempfindens bei Produkten feststellen: Software, Apps und weitere nicht-physische Anteile eines Produktes nehmen zu und übersteigen nicht selten den Wert des physischen Anteils.

Auch die Struktur von Wertschöpfungssystemen hat sich vor allem durch die Globalisierung verändert. Durch die Verbreitung von IuK-Technologien und die dadurch sinkenden Transaktionskosten steigen die Vorteile von dislozierten Wertschöpfungsaktivitäten, was die Beziehungen zwischen weltweit agierenden Akteuren permanent verändert. Zunehmender Konkurrenzdruck für Unternehmen durch globale Konkurrenz geht dabei mit einer Erweiterung der Absatzmärkte einher. Aus Kundensicht können wir einen *Machtzuwachs gegenüber Herstellern* beobachten, der durch Vernetzung, Austausch und soziale Medien ermöglicht wird. Anbieter und Abnehmer agieren auf einer Ebene (vgl. Kapitel 7.3).

Wertschöpfungsprozesse müssen den neuen Gegebenheiten ebenfalls Rechnung tragen. Die steigende Nachfrage nach individualisierten und individualisierbaren, aber dennoch günstigen Produkten erfordern neue Ansätze bei der Produktentwicklung und Herstellung bzgl. Flexibilität und Anpassungsfähigkeit (z. B. Mass Customization[39]). Um der steigenden Anzahl von an der Wertschöpfung beteiligten Akteuren hinsichtlich einer effektiven und effizienten Koordination und Organisation gerecht zu werden, bedarf es darüber hinaus neuer Mechanismen, die eher auf Interaktion, Kollaboration und Selbstorganisation als auf Hierarchie und Kontrolle ausgerichtet sind. Das produzierende Gewerbe steht auch dann vor großen Herausforderungen, wenn es darum geht, sich von Wettbewerbern abzugrenzen. Die voranschreitende Digitalisierung der Industrie (insbesondere in den

---

39 Prinzip der kundenindividuellen Massenproduktion nach Pine (1992) und Piller (2007)

BRICS-Staaten) sowie die Verteilung und der (virtuelle und physische) Zugang zu Produktionsmitteln auf der ganzen Welt führen zur Auflösung regionaler Wettbewerbsvorteile.

Value Co-Creation durch eine weltweit verteilte und offene Wertschöpfung sowie das Aufkommen und die Weiterentwicklung additiver Fertigungsverfahren, insbesondere des 3D-Drucks, sind für produzierende Unternehmen neue Randbedingungen. Sie haben das Potenzial, die industrielle Produktion in seiner jetzigen Form zu verändern. Zunächst ermöglichen additive Verfahren eine integrierte, flexible und lokale Produktion, wodurch die Kosten für Werkzeuge, Fertigungslinien, Zulieferer und Logistik drastisch reduziert werden können (z. B. Print-on-Demand, individualisierte Produkte mit Losgröße 1, komplexe Geometrie, Single-Material-Produkte). Darüber hinaus können nunmehr neue Formen und Designs in Produkten realisiert werden, die bisher auf Grund von fertigungstechnischen Einschränkungen nicht wirtschaftlich produziert werden konnten. Letztlich sehen wir bereits erste Anzeichen, dass additive Verfahren das Potenzial haben, etablierte Industrie- und Wertschöpfungsketten radikal zu verändern, z. B. 3D-gedruckte Autos (*Local Motors*), Häuser (*WinSun*), Brücken (*MX3D*).

Es wurde bereits erwähnt, dass Wertschöpfung klassicherweise ausschließlich innerhalb oder zwischen Unternehmen stattfand, wodurch auch der Zugang zu Produktionsmitteln und Ressourcen für Externe quasi versperrt war. Dies ist heute nicht mehr zwangsläufig der Fall. Vielmehr vermischen sich die ökonomische und soziale Sphäre zunehmend. Neue und alternative Modelle von Wertschöpfung durch und mit nicht-wirtschaftlichen Akteuren aus der ganzen Welt mit und ohne unternehmerische Beteiligung haben sich entwickelt. Sie ermöglichen Zugang zu Produktionsmitteln und die Beteiligung an wertschöpfenden Aktivitäten von interessierten Menschen. Wir beobachten eine Umkehrung der bereits beschriebenen Entfremdung von Wertschöpfung durch Industrialisierung und Spezialisierung.

Dies fördert die technologische und ökonomische Bildung, ermutigt Menschen zu Selbstständigkeit und Unternehmertum und erhöht das Bewusstsein für nachhaltiges und verantwortungsvolles Handeln.

7.5 Die Strategie der Offenheit in der Bottom-up-Ökonomie

In den vorherigen Kapiteln haben wir einige Beispiele von Unternehmen und Organisationen beschrieben, die neuen Wertschöpfungsmustern zuzuordnen sind und deren Verhalten nicht mit klassischen ökonomischen Ansätzen zu erklären ist. Weiter haben wir einen historischen Erklärungsversuch unternommen, um zu ergründen, wie diese neuen Muster entstehen konnten.

Nachstehend erfolgt die Einordung dieser Muster in das Konzept der „Bottom-up-Ökonomie" (BuÖ) und die Skizzierung der Folgen dieser Entwicklungen für die Wertschöpfung der Zukunft.

Der beschriebene Wandel in den drei Kernbereichen der Wertschöpfungssystematik (Wertschöpfungsstruktur, -prozess und -artefakt) lässt sich unter dem Begriff der „Bottom-up-Ökonomie" zusammenfassen. Dieser Ansatz bricht in seinem struktur- und prozessbezogenen Charakter wesentlich mit dem bisherigen Verständnis von der traditionellen industriellen Produktion. Während in der industriellen Produktion nach wie vor die Massenfertigung das vorherrschende Paradigma darstellt, ist die BuÖ trefflicher durch Partizipation, gemeinsame Wertschöpfung und Kollaboration zu beschreiben. Sie ist geprägt durch eine Verschmelzung von Produktion und Konsum sowie durch dezentrale Strukturen und Prozesse.

Offenheit als Gestaltungsfaktor

Ein bestimmtes Maß an Offenheit und die Fähigkeit zur entsprechenden Anpassung von Strukturen und Prozessen ist dem Verständnis der Bottom-up-Ökonomie folgend für Organisationen in Zukunft notwendig, um einen hohen Innovationsgrad aufrecht zu erhalten und dadurch langfristig bestehen zu können; Offenheit wird somit zum strategischen Gestaltungsfaktor.[40]

Zunächst stellen wir zum besseren Verständnis ein Klassifikationssystem vor, in dem mit Hilfe eines Indikators die beiden Extreme „Geschlossenheit" und „Offenheit" als Ausprägung jeweils für die Elemente und Subelemente eines Wertschöpfungssystems (Artefakt, Prozess und Struktur) charakterisiert werden (vgl. Abb. 7.4). Im Anschluss werden verschiedene auf Offenheit zielende strategische Handlungsempfehlungen diskutiert.

---

40 Wulfsberg, J. P. et al. (2011). Open production. in: Production Engineering, 2, S. 127-139

		Indikator	geschlossen		offen
Architektur des Artefakts	Struktur	Granularität	Grob		Fein
		Modularität	Gering		Hoch
	Funktion	Verfügungsrechte	Exklusiv (Private Güter)		Open Source (öffentl. Güter)
		Art	Produkt oder Service	Produkt-Service Syst.	Co-Creation Erfahrung
Prozess	Aktivität	„Breite" der Co-Aktivität	Gering (bilateral)		Hoch (mass...)
		„Tiefe" der Co-Aktivität	Koordination (Integration)	Kooperation (Partizipation)	Kollaboration (Interaktion)
	Strategie	Kompetitive Strategie	Wettbewerb	Coopetition	Kooperation
		Kompetitiver Vorteil	Singulär		Hybrid
Systemstruktur	Intraorganisational	Kommunikation	Gering	Partizipativ	Reflexiv
		Organisationsstruktur	Hierarchisch		Adhokratisch, Selbst-organisierend
		Konfiguration	Monolithisch		Modular
		Veränderungsfähigkeit	Gering		Hoch
	Interorganisational	Interorgan. Koordination	Hierarchisch	Hybrid	Markt
		Netzwerk	Bilaterale Kooperation		Virtuales Netzwerk
		Rollendynamik	Statisch	Flexibel	Dynamisch

Abb. 7.4 Geschlossenheit und Offenheit als Extreme

Offenheit des Wertschöpfungsartefakts

In vielen Bereichen auch außerhalb des Softwarebereichs stellt die Open-Source-Produktentwicklung mit externen Akteuren eine innovative und effiziente Alternative zu traditionellen Verfahren dar. Jedoch stellt eine Open-Source-Strategie traditionelle und technologieorientierte Unternehmen vor Herausforderungen: In der Regel bildet die Aneignung von Wissen und Nutzungsrechten in Form von Patenten und anderen Schutzrechten die Grundlage des Wettbewerbsvorteils von Unternehmen und sichert Handlungsfreiheit in etablierten Märkten. Immaterielle Werte haben in diesen Fällen essentielle Funktionen: Zugang zu Technologien und Märkten, Verhandlungsmacht gegenüber Zulieferern, bilanzierbare Vermögensgegenstände, defensive Patente für den Fall von Patentstreitigkeiten. Das Teilen von wettbewerbsrelevantem Wissen würde eher schaden als nützen. Andererseits kann ein solches auf Kooperation und Austausch ausgelegtes Verhalten z. B. beim Entstehen neuer Märkte oder dem Aufkommen neuer Technologien den entscheidenden Vorteil bieten. Beispiele hierfür sind *Tesla* und *Toyota*, die zur Verbreitung und Entwicklung eines neuen Marktes (hier: Elektromobilität) Teile ihres Patentportfolios zu kostenfreien Nutzung freigegeben haben.[41] Insofern sollten Unternehmen nach Möglichkeit anpassungsfähige Strukturen bzgl. ihrer Produkte entwickeln, um auf neue Markt- und Technologieentwicklungen reagieren zu können (vgl. Abb. 7.5).

	Geschlossenheit			Offenheit
Strategie	Ausschließliche Nutzung	Lizensierung	Kostenfreie Lizenz	Open Source, Open Design
Beispiele	Gängige Industriepraxis	Suzuki baut Motoren für Fiat	Tesla, Toyota öffnen ihr Patentportfolio	RepRap 3D Drucker, Local Motors, Open Source Ecology
Motive	Schutzrechte als Wettbewerbsvorteil	Austausch von Wissen, Auftragsfertigung	Marktentwicklung, Standards entwickeln	Komplementäre Produkte und Services

Abb. 7.5 Bandbreite einer graduellen Öffnung innerhalb des IP-Managements

Offenheit der Wertschöpfungssystemstruktur

Sich selbst organisierende und adhokratische Organisationsformen, wie wir sie heute vielfach vorfinden (z. B. *Quirky, Airbnb, Uber*), stehen den hierarchisch und bürokratischen Ansätzen der industriellen Produktion diametral entgegen. Vielmehr fordern verteilte (virtuelle) Wertschöpfungssysteme, in denen Akteure temporär teilnehmen und dabei auch in ihrer Rolle wechseln können (von Produzenten zum Konsumenten), neue und flexible Lösungen. Dabei müssen nicht zwangsläufig Unternehmen beteiligt sein. Derartige Systeme sind in der Lage, sich flexibel neuen Gegebenheiten anzupassen, sich selbst zu optimieren oder ggf. aufzulösen. Unternehmen finden sich lediglich in einer moderierenden, allenfalls in einer koordinierenden Rolle wieder und müssen ein neues Selbst- und Rollenverständnis entwickeln, wenn Sie in einem solchen Umfeld bestehen wollen.

---

41 Moritz, M.; Redlich, T.; Krenz, P.; Buxbaum-Conradi, S. und Wulfsberg, J.P.: Tesla Motors, Inc. - Pioneer towards a new strategic approach in the automobile industry along the open source movement? 2015 Proceedings of PICMET ‚15: Management of the Technology Age. Portland: IEEE, 85–92.

7.6 Zusammenfassung und Ausblick

Wir haben am Anfang dieses Beitrags sehr unterschiedliche Fallbeispiele kennengelernt, die mit bisherigen ökonomischen Ansätzen kaum bis nicht zu erklären sind. Diese neuen Wertschöpfungsmuster reichen weit über die physischen und organisatorischen Grenzen von Unternehmen hinaus, weisen eine hohen Grad an Offenheit auf und zielen auf Kollaboration ab, statt auf Konkurrenz. Die Weiterentwicklung und Verbreitung internetbasierter Technologien führt zu neuen Potenzialen für eine verteilte und gemeinsame Wertschöpfung von und mit Menschen innerhalb und außerhalb der Unternehmenssphäre. Interessierte Individuen werden dabei zu gleichberechtigten und unabhängigen Wertschöpfungspartnern. Sie haben Zugang zu Ressourcen und günstigen Produktionsmitteln. Die Bandbreite der Einbindung reicht von der Mitwirkung als Lead User[42], über die Mitarbeit an Open-Source-Projekten bis zur Bereitstellung eigener Produktionsmittel. Der Zugang zu einfach bedienbaren und günstigen Maschinen und entsprechende Bedien- und Entwicklungssoftware sowie ansprechende Lernumgebungen eröffnet darüber hinaus auch soziale Chancen zu Partizipation, Autonomie und sozialer wie ökologischer Nachhaltigkeit sowohl in Industrieländern als auch in Entwicklungs- und Schwellenländern.

Gleichwohl steigen damit auch die Herausforderungen für etablierte Unternehmen, aber auch Gesellschaft und Politik, was die Rahmenbedingungen innerhalb der Bottom-up-Ökonomie betrifft. Wie wollen wir etwa die Zukunft der Arbeit gestalten? Zum einen versprechen die neuen Möglichkeiten große Chancen zur persönlichen Entfaltung und intrinsisch motivierten freiwilligen Mitarbeit an Projekten, andererseits sollen die sozialpolitische Errungenschaften (Gewerkschaften, soziale Absicherung, Arbeitsrecht etc.) nicht unterlaufen werden. Aktuelle politische Diskussion um *Uber*, *Airbnb* etc. sind folglich Vorboten eines notwendigen gesellschaftlichen Diskurses. Wie könnte unsere Zukunft aussehen? Was ist heute schon absehbar? Szenarien, die wir bisher nur aus Science-Fiction-Werken kennen, scheinen nunmehr in greifbarer Nähe:

- Die Universalmaschine, die auf Knopfdruck ein beliebiges Produkt aus verschiedensten Materialien lokal zur direkten Nutzung herstellen kann.

---

42 Nutzer oder Kunden, die auf Grund ihres Produktwissens die Kundenanforderungen eines Produkts besonders gut kennen und daher für ein Unternehmen sehr wichtig sind. (Nach: v. Hippel, E. 1986. Lead Users. in: Management Science, 32, S. 791–805)

- Die Koexistenz bezahlter Lohnarbeit und unabhängiger Projektarbeit in weltweit vernetzten Communities zur Umsetzung eigener Ideen oder zur Lösung globaler Probleme.
- Der freie Zugang und die uneingeschränkte Nutzung des gesamten (Produktions-)Wissens der Welt auf Knopfdruck.
- Die Kommodisierung der Produktion und die ubiquitäre Verfügbarkeit physischer Güter.
- Die Vision vom vernetzten Weltbürger eingebettet in eine lokale Nutzer- und Produktionsgemeinschaft.

Zweifellos stehen wir am Anfang einer spannenden Zukunft. Es liegt an uns, sie zu gestalten.

Die Soziale Frage im Digitalzeitalter: Zukunft der Arbeit 8

Oliver Stengel

Die beiden vorangegangenen Kapitel zeigten, dass sich eine Machtverschiebung anbahnt: Während Unternehmen im Industriezeitalter das Image ihrer Produkte, deren Weiterentwicklung, ihre Herstellung und ihren Verkauf kontrollieren konnten, greifen miteinander digital vernetzte Bürger in diese Bereiche zunehmend ein. Ihre Position wird dadurch eine *stärkere*. Eine wichtige Rolle spielt hierbei der 3D-Druck und zusätzlich spielt er eine weitere Rolle, welche viele Bürger in ihrer Rolle als Arbeitnehmer *schwächen* wird: Er macht Arbeitsplätze in großer Zahl redundant.

Schreitet die technische Entwicklung voran, gehen Jobs verloren. Dies lässt sich seit Jahrhunderten beobachten. Stets wurden aber auch neue Jobs geschaffen. Nun vollzieht sich die technische Entwicklung mit einer historisch beispiellosen Geschwindigkeit – und dadurch entsteht eine historisch beispiellose Situation.

„Der Bauer ist der *ewige Mensch*, unabhängig von aller Kultur, die in den Städten nistet. Er geht ihr vorauf, er überlebt sie", schrieb der Geschichtsphilosoph Oswald Spengler in den 1920ern.[1] Zu diesem Zeitpunkt arbeiteten die meisten Menschen seit rund 10.000 Jahren als Bauern und für Spengler war es darum undenkbar, dass sich daran je etwas ändern würde. Nur rund vierzig Jahre später, in den 1960ern, gab es fast keine Bauern mehr. Das Undenkbare war geschehen, die technische Entwicklung hatte Bauern weitgehend überflüssig gemacht und die Landbevölkerung war zu einem großen Teil in die Städte gezogen.

Als der polnische Science Fiction- und Sachbuch-Autor Stanislaw Lem in den 1960ern Summa technologiae verfasste, in der er die Logik der technischen Entwicklung in Vergangenheit und Zukunft darzulegen versuchte, ahnte er darin einen noch größeren Strukturbruch voraus: Die Fortentwicklung der Technologie wird das Ende der Arbeitsgesellschaft sein. „Die Angst vor einer durch die

---

1   Spengler, Oswald (1995) [1923]. Der Untergang des Abendlandes. München, S. 669 (im Original nicht kursiv)

Automation bedingten Arbeitslosigkeit ist besonders in den hochentwickelten kapitalistischen Ländern gerechtfertigt. Für eine Angst vor Arbeitslosigkeit infolge eines ‚übermäßigen Reichtums' an Konsumgütern ist jedoch kein Grund ersichtlich. Die Vision eines kybernetischen Schlaraffenlandes ist deshalb falsch, weil sie davon ausgeht, daß die menschliche Arbeit durch Maschinenarbeit ersetzt und dem Menschen dadurch sämtliche Wege verschlossen werden […]. Sicher wird es zu dieser Ersetzung kommen, doch wird sie neue, heute nur vage erahnte Wege eröffnen. Das ist nicht in dem begrenzten Sinne zu verstehen, daß die Arbeiter und Techniker durch die Programmierer von Rechenmaschinen ersetzt werden, denn die nächsten Generationen, neue Varianten dieser Maschinen werden keine Programmierer mehr erfordern. Es geht nicht um den Wechsel von herkömmlichen zu neuen, anderen, prinzipiell aber den alten ähnlichen Berufen, sondern um eine tiefgreifende Umwälzung, die unter Umständen jener Umwälzung gleichkommt, bei der die Anthropoiden zu Menschen wurden."[2]

Der Erwerbsbürger war das politische Leitbild des 20. Jahrhunderts. Auf ihm basierte in allen westlichen Industrienationen der Konsens über Kapitalismus und Sozialstaat. Auf ihm basierte auch die marxistische Vorstellung, welche die „Arbeiter- und Bauernstaaten" des sowjetischen Ostblocks prägte, dass der Mensch durch selbstbestimmte Arbeit seine innere Natur als werktätiges Wesen entfaltet.

In der Frühphase des Digitalzeitalters kündigt sich ein ökonomischer und sozialer Strukturbruch an, der die Art wie bisher gearbeitet und gewirtschaftet wurde, zu einer historischen Kategorie machen könnte. Was nach dem Bruch entstehen wird, ist noch vage, wird auf dem Leitbild des Erwerbsbürgers aber nicht mehr basieren. Das Ideal der Vollbeschäftigung, das in kapitalistisch organisierten Industrienationen ohnehin kaum realisiert werden konnte, rückt durch die Automatisierung der Wirtschaft in noch weitere Ferne und wird den Sozialstaat entweder überlasten oder aushöhlen.

Der Aufbruch in ein neues Zeitalter geht mit dem Verfall alter Institutionen einher und eine der zentralen Herausforderungen im 21. Jahrhundert besteht darin, dass die Gesellschaften auf diesen Wandel werden reagieren müssen.

8.1 Arbeit ohne Zukunft

2015 waren weltweit 197 Millionen Menschen arbeitslos – das waren 27 Millionen mehr als vor der Finanzkrise von 2008. Dazu befanden sich 1,5 Milliarden Menschen bzw. 46 Prozent der globalen Arbeiterschaft in prekären Arbeitsverhältnissen. In

---

2   Lem, Stanislaw (1981) [1964]. Summa technologiae. Frankfurt/M., S. 67 f.

den nächsten beiden Jahren rechnet die International Labour Organisation (ILO) mit weiteren drei Millionen Arbeitslosen. Gleichzeitig wächst die Weltbevölkerung, drängen also mehr Menschen auf den Arbeitsmarkt.[3] Als Grund für die in den nächsten Jahren wachsende Arbeitslosigkeit nennt die ILO die schwächelnde Konjunktur in den meisten Schwellenländern. Über die kurz- oder langfristigen Auswirkungen der Automatisierung von Arbeitsprozessen wird im Report nichts ausgesagt. Dafür prognostiziert die ILO in einem anderen Report über den Arbeitsmarkt der ASEAN-Staaten, dass ca. 40 Millionen Arbeitsplätze durch digitale Produktionsverfahren hochgradig gefährdet sind.[4]

Gewiss, wie sich die Digitalisierung, d. h. die durch sie ermöglichte Automatisierung auf die Beschäftigung auswirkt, lässt sich nicht mit Sicherheit voraussagen, denn in der Vergangenheit ereignete sich kein vergleichbarer Prozess, von dem sich Erkenntnisse ableiten ließen. Gegenwärtig zeichnet sich der Wandel zur Digitalgesellschaft in einer Verlagerung der Berufslandschaft ab. Nicht anders war es beim Übergang von der Agrar- in die Industriegesellschaft: Im Agrarzeitalter arbeiteten über 80 Prozent der erwerbstätigen Bevölkerung in der Landwirtschaft, in den Industriegesellschaften des 20. Jahrhunderts schrumpfte ihre Zahl auf drei Prozent. Die Menschen strömten damals vom Land in die Fabriken und in Verwaltungs- und Dienstleistungsberufe. Im Industriezeitalter boomten industrielle Kernzentren in den USA (der Rust Belt, z. B. Detroit) und in Europa (z. B. das Ruhrgebiet, Manchester und Liverpool, Charleroi in Belgien oder Katowice im Polen) bis weit ins 20. Jahrhundert hinein. Seitdem wandern die Menschen aus diesen Städten und Regionen ab, weil die meisten industriellen Arbeitsplätze verschwunden sind und dieser Verlust durch die Verlagerung der Berufe in den Dienstleistungssektor nicht ausgeglichen werden konnte.

Fünf Millionen Arbeitsplätze sollen *in den nächsten fünf Jahren* in den 15 wichtigsten Wirtschaftsnationen im Vollzuge der Automatisierung von Wirtschaft und Gesellschaft wegfallen. Das sagt eine Prognose des Weltwirtschaftsforums voraus, die auf einer Umfrage unter Top-Managern von 370 Unternehmen beruht. Von den Stellenverlusten sollen Frauen der Studie nach deutlich stärker betroffen sein als Männer. Dies liegt daran, dass in den Bereichen mit dem größten durch die Automatisierung erwarteten Jobabbau meist deutlich mehr weibliche Angestellte beschäftigt werden. Darüber hinaus sind Frauen in jenen Berufszweigen, in denen in den nächsten Jahren neue Stellen angeboten werden, wiederum nur schwach

---

3 International Labour Organisation (2016). World Employment and Social Outlook. Geneva (auf: ilo.org)
4 Chang, Jae H. et al. (2016). ASEAN in Transformation. ILO Working Paper, No. 19 (auf: ilo.org)

vertreten.⁵ Nachdem Frauen seit den 1970ern vermehrt auf den Arbeitsmarkt und in die Universitäten Einzug gehalten haben, d. h. Jahrzehnte lang auf dem Vormarsch waren, könnte dieser, zumindest was die Arbeitsmarktintegration betrifft, ins Stocken geraten, sollte sich das Ergebnis der Studie bewahrheiten. Mittelfristig ist jedoch davon auszugehen, dass auch zunehmend mehr männliche Beschäftigte vom Arbeitsmarkt exkludiert werden.

Schon in den letzten Jahren wurden Arbeiter, die in Fabriken arbeiten, weltweit mit großer Geschwindigkeit wegrationalisiert und durch automatisierte Prozesse ersetzt. Nun beginnt jedoch auch eine „White Collar Automatization" einzusetzen: In den nächsten Jahren werden von der Automatisierung zunehmend auch Verwaltungsberufe betroffen sein, da smarte Softwarelösungen billiger, effizienter und akkurater arbeiten und diese Berufe folglich überflüssig machen. Viele Dienstleister – etwa Bus- und Taxifahrer, Postboten, Krankenschwestern, Buchhalter oder Anlageberater – werden demnächst ebenfalls zu den Betroffenen zählen. Insgesamt sollen, nach der Umfrage sieben Millionen Menschen in diesen und anderen Berufen ihren Job verlieren. In dieser Zeitspanne sollen zwei Millionen neue Arbeitsplätze im IT-Bereich entstehen: in der Robotik, in der 3D-Druck-Branche, der Nanotechnologie, der Gen- und Biotechnik sowie im Bereich mobiles Internet.

Nach einer Studie der Marktforschungsagentur Forrester werden um 2021 etwa sechs Prozent aller Berufe in den USA automatisiert worden sein. Betroffen sind vor allem der Transport- und Logistikbereich sowie der Kunden- und Konsumservice. In den USA arbeiten z. B. gegenwärtig 3,5 Millionen Menschen als Truckfahrer. Sie werden durch neue Trucks oder durch Nachrüstkitts ersetzt, die einen konventionellen Lastwagen für weniger als das Jahresgehalt eines Fahrers in einen selbst fahrenden Lastwagen umwandeln.⁶

Dies sind Prognosen für die *nahe* Zukunft der Arbeit (fünf Jahre). Prognosen für die nächsten zehn Jahre gehen weiter: Das Marktforschungsinstitut Gartner mutmaßt, dass jeder dritte Arbeitsplatz bis 2025 nicht mehr von Menschen besetzt sein wird.⁷ Die Unternehmensberatung McKinsey prognostiziert, dass zwar nicht 45 Prozent aller *Berufe*, aber 45 Prozent der in 800 untersuchten Berufen ausgeführten *Tätigkeiten* durch solche Technologien ersetzt werden kann, die gegenwärtig bereits verfügbar sind. Es sei, so die Autoren der Studie, nicht länger der Fall, dass nur solche Tätigkeiten für die Automatisierung geeignet wären, die

---

5   World Economic Forum (2016). The Future of Jobs. Davos (auf: weforum.org)
6   Hopkins, Brian et al. (2016). The Top Emerging Technologies to Watch: 2017 to 2021. (auf: forrester.com)
7   Miller, Michael J. (2014). Software, Robots to Replace a Third of Jobs by 2025. (auf: forwardthinking.pcmag.com)

auf Routinen oder genau vorgeschriebenen Vorgaben basieren. Auch Tätigkeiten, die implizites Wissen oder Erfahrung benötigen, könnten zunehmend besser in Algorithmen übersetzt werden.[8]

Prognosen für die *mittlere* Zukunft gehen noch einmal weiter: Carl Frey und Michael Osborne, Ökonomen aus Oxford, vermuten, dass in den nächsten 20 Jahren (im Vergleich zu 2010) 47 Prozent aller Berufe in den USA nicht mehr von Menschen ausgeführt werden könnten. Dabei handelt es sich um Berufe, primär aus den Bereichen Transport und Logistik, Extraktion und Produktion, Verkauf und Verwaltung. Werden Angestellte nicht durch Computer substituiert, obwohl dies technisch möglich wäre, werden sie ihre Tätigkeit für weniger Einkommen verrichten müssen. Vorläufig sicher sind dagegen Tätigkeiten, die ein hohes Maß an Empathie, Originalität, Kreativität und Verhandlungsgeschick erfordern, da Computer diese Kompetenzen noch nicht auszubilden fähig sind.[9]

Basierend auf der Studie von Frey und Osborne schätzt Jeremy Bowles vom Bruegel-Institut, dass von der zu erwartenden Automatisierung im Durchschnitt 54 Prozent aller Arbeitsplätze in den EU-28-Staaten in den kommenden zwei Jahrzehnten betroffen sein werden (in Vergleich zu 2014), wobei diese Quote für die mediterranen Staaten bei rund 60 Prozent liegen dürfte.[10]

Solche Prognosen resultieren aus dem technischen Fortschrittsprozess und dieser – das ergibt sich aus der Erfahrung der vergangenen Jahrzehnte – vollzieht sich mit hoher Geschwindigkeit. Der Technikphilosoph Luciano Floridi weist darauf hin, „dass in einem durchschnittlichem Neuwagen mehr Rechenleistung steckt, als die NASA [im Jahr 1969] zur Verfügung hatte, um Astronauten auf den Mond zu befördern".[11] Die Rechenleistung nimmt seit Jahrzehnten nicht nur mit annähernd exponentieller Geschwindigkeit zu, die Preise für die Rechner fallen pro Jahrzehnt um eine Zehnerpotenz: Ein iPad 4 kostete 2012 etwa 350 US-Dollar. Ein Rechner mit vergleichbarer Leistung hätte 1950 rund 100 Billionen US-Dollar gekostet.[12]

Und sollten die jeweiligen Zeiträume in den Prognosen auch zu knapp bemessen worden sein und der Automatisierungsprozess langsamer als vermutet ablaufen, weil z. B. die Einsatzmöglichkeiten von Technologie überschätzt und die Vorteile menschlicher Flexibilität unterschätzt wurden – aufhalten lässt er sich langfristig nicht. Denn ökonomische Gefahr entsteht immer mehr auch durch die Nichtnutzung neuer technologischer Möglichkeiten, da sie einen Verlust an Wettbewerbsfähigkeit

---

8   McKinsey (2015). Four fundamentals of workplace automatization. (auf: mckinsey.com)
9   Frey, Carl/Osborne, Michael (2013): The Future of Employment.
10 Bowles, Jeremy (2014). The computerisation of European jobs. (auf: bruegel.org)
11 Floridi, Luciano (2015). Die 4. Revolution. Berlin, S. 26
12 Ibid., S. 23 f.

nach sich zieht. Gleichzeitig schafft die technologische Entwicklung stetig neue Einsatzgebiete. Es ist nicht die Frage, *ob* menschliche Arbeitskraft von Digitaltechnik ersetzt wird, sondern *wie viele Menschen in welchem Zeitraum* durch sie ersetzt werden. In der Folge wird das sinkende Arbeitsvolumen auf mehr Köpfe verteilt, was mit einem sinkenden Einkommensvolumen einhergehen sollte. Viele derer, die in Zukunft noch berufstätig sind, werden für ihre Arbeit dann wahrscheinlich schlechter entlohnt.

Automatisierungsprozesse geschehen in der Wirtschaft seit den 1960ern. 1961 setzte General Motors mit dem „Unimate" den ersten Industrieroboter ein. Dabei handelte es sich um einen zwei Tonnen schweren Roboterarm, der Druckgussteile für den Karosseriebau bearbeitete und schweißte. In den 1960ern und 1970ern waren Industrieroboter noch teuer, schwer zu programmieren und sie konnten lebensgefährlich sein. Das hat sich geändert. Mittlerweile vollzieht sich die Autoproduktion in großen Hallen, in denen kaum noch Menschen zu sehen sind. Die Autos werden von rund einhundert Industriebots verrichtet, die Autoteile an Fließbändern wie von Geisterhand gesteuert präzise und unermüdlich zurechtschneiden, anheben, pressen, zusammenschrauben, schweißen, verkleben, lackieren, transportieren.

Was sich in den letzten Jahrzehnten gewandelt hat, sind Geschwindigkeit und Expansion: Innovationen auf dem Gebiet der Automatisierung haben sich in erheblich kürzeren Zeitabständen ereignet und die Einsatzgebiete für Automatisierungen wurden zahlreicher. Die Automatisierung bedeutet für Unternehmer letztlich steigende Gewinne, die sich aus geringeren Lohnkosten ergeben. Die Gewinne werden dann in weitere technische Innovationen investiert, die weitere Einsparungen bei den Löhnen nach sich ziehen. Auch dies ist ein Faktor der Beschleunigung.

Jahrzehnte nach dem Unimate tritt nun eine neue Generation von Maschinen in Erscheinung: Die des ersten Maschinenzeitalters konnten physische Arbeiten verrichten. Sie ergänzten oder ersetzten menschliche Muskeln. Nun beginnen Maschinen jedoch auch kognitive Aufgaben zu übernehmen. Nun ergänzen oder ersetzen sie das menschliche Gehirn. Diese Maschinen sind grundsätzlich anders und sie stehen für den Übergang vom ersten zum zweiten Maschinenzeitalter. Wenn aber menschliche Muskel- und Denkkraft von Maschinen in zunehmendem Ausmaß ersetzt wird, schrumpft das mögliche Spektrum von Tätigkeiten, das Menschen in Berufen ausüben müssen, selbst dann, wenn neue Berufszweige entstehen.

Die Automatisierung wird in vielen Fällen *zwei Phasen* durchlaufen: In der ersten *hybriden* Phase kooperieren Mensch und Maschine in dem Sinne miteinander, dass Maschinen ein Teil jener Aufgaben übernehmen, die zuvor von Menschen ausgeführt wurden. Erst in der zweiten, *vollautomatischen* Phase übernehmen Maschinen das gesamte Aufgabenfeld. Automatisierte LKWs werden zunächst teilautomatisierte LKWs sein, da anfänglich noch ein Fahrer vor einem Lenkrad sitzen und in speziellen Situationen selbiges auch übernehmen wird. Die Situation ist von Flugzeugen bekannt, in denen Piloten während eines stundenlangen Fluges nur wenige Minuten – beim Start, bei der Landung und bei möglichen Turbulenzen – aktiv sind und die übrigen 99 Prozent des Fluges der Autopilot die Kontrolle hat. Erst in der zweiten Phase werden weder Piloten noch Fahrer benötigt, da die Autosteuerung nun so weit entwickelt ist, dass sie Menschen in jeder Situation ebenbürtig oder überlegen ist.

Es liegt jedoch in der Natur der Sache, dass ein so bedeutendes Thema wie die Automatisierung der Arbeit kontrovers diskutiert wird. Im Wesentlichen stehen sich zwei Fraktionen gegenüber: Die eine prognostiziert eine technische Massenarbeitslosigkeit, die andere argumentiert gegen die Möglichkeit menschenleerer Fabriken. Die folgende Tabelle stellt darum die wohl gängigsten Pro- und Contra-Argumente gegenüber, um zu einer ausgewogeneren Einschätzung gelangen zu können:

Tab. 8.1 Argumente für und wider eine durch die Digitalisierung der Ökonomie bedingte technische Massenarbeitslosigkeit, wie sie bereits Keynes prognostiziert hatte

Verursacht die Automatisierung eine hohe technisch bedingte Arbeitslosigkeit?	
Contra	*Pro*
Das Say'sche Theorem spricht dagegen: Durch geringer werdende Produktionskosten infolge der Automatisierungen erhöht sich nämlich die Kaufkraft der Konsumenten und ihre Nachfrage nach anderen Produkten steigt, was in diesen Branchen wiederum Arbeitsplätze schafft.	Tatsächlich steigert die Automatisierung den Konsum durch billigere Preise, erfasst sie jedoch immer mehr Wirtschaftsbranchen, gehen zunehmend mehr Arbeitsplätze verloren. Dies verringert wiederum die Kaufkraft.
In der expandierenden Automatisierungsindustrie entstehen viele neue Arbeitsplätze.	Zu fragen ist jedoch, wie viele Jobs durch die Automatisierung überflüssig werden. Zudem hat sich gezeigt, dass weniger als 5 Prozent aller Beschäftigten in Berufen arbeiten, die in den 2000ern neu geschaffen wurden.
Geringere Stundenlöhne verringern den Anreiz in Industrieroboter, Softwarelösungen, KIs u. a. Automatisierungstools zu investieren.	Die Kosten für Prozessoren, Roboter und weitere Automatisierungsverfahren sinken ebenfalls und amortisieren sich schneller.

* Berger, T./Frey, C. (2016), Structural Transformation in the OECD. OECD Social, Employment and Migration Working Papers, Nr. 193, S. 26 f.

Verursacht die Automatisierung eine hohe technisch bedingte Arbeitslosigkeit?

Contra	Pro
Investitionen in Bildung erhöhen das Humankapital des Einzelnen und damit seine Attraktivität für den Arbeitsmarkt.	Das Moore'sche Gesetz spricht dagegen: ca. alle zwei Jahre verdoppelt sich die Anzahl der Transistoren auf der gleichen Schaltkreisfläche und damit die Leistungsfähigkeit von Computern. Ein Ende dieses „Gesetzes" ist vmtl. in den 2020ern Jahren in Sicht; das Ende der steigenden Leistungsfähigkeit von Computern jedoch nicht – zumal die Einführung von Quantencomputern nicht mehr fern zu sein scheint.** Computer werden sich kognitiv immer schneller als Menschen entwickeln (sofern diese keinen Gebrauch von Neuroenhancement machen). Erwerben außerdem immer mehr Menschen die noch vermarktbaren Kompetenzen, entwerten sie diese zugleich ökonomisch durch ihre nun inflationäre Verbreitung.
Sollten Arbeitsplätze im Industrie- und Dienstleistungssektor zusehends schwinden, werden neue Stellen im Öffentlichen Dienst geschaffen.	„Technologisch rückständig zu bleiben, um Arbeitsplätze zu sichern, wirkt demoralisierend und ist keine realistische Politik", meint der Soziologe Randall Collins.*** Außerdem hätte der Bundesrechnungshof Einwände gegen diese Verschwendung von Steuergeldern.
Der demografische Wandel in vielen Industrieländern bedingt eine Verknappung der Arbeiter, was die Verknappung der Arbeit ausgleicht.	Der demografische Wandel wird den technisch bedingten Stellenabbau in manchen Ländern bremsen. Für die USA, Frankreich und Indien, d. h. für Länder mit hoher Einwanderungs- oder Fertilitätsrate gilt diese Entwicklung allerdings nicht.
Die Automatisierung der Produktion scheitert daran, dass zu wenig Informatiker auf dem Arbeitsmarkt tätig sind, welche die Software für die Produktionsmaschinen schreiben könnten.	Das wird die Geschwindigkeit des Prozess drosseln, den Prozess aber nicht aufhalten. Informatiker arbeiten überdies an Software, die lernen und sich selbst programmieren kann.

** Barends, R. et al. (2016). Digitized adiabatic quantum computing with a superconducting circuit. in: Nature, 534, S. 222–226
*** Collins, Randall (2013). Das Ende der Mittelschichtsarbeit. S. 49–88, in: Wallerstein, I. et al.: Stirbt der Kapitalismus? Frankfurt/M., S. 63

Verursacht die Automatisierung eine hohe technisch bedingte Arbeitslosigkeit?

Contra	Pro
Viele der bislang publizierten Studien zur Automatisierung der Arbeitswelt sind vorschnell, da die Geschwindigkeit der technischen Entwicklung überschätzt und die menschliche Anpassungsfähigkeit unterschätzt wird. Ein Beispiel: Industrieroboter können bestimmte Aufgaben zuverlässig und in einem schnellen Rhythmus durchführen. Bei häufig wechselnden Produktvarianten und Aufgaben gibt es allerdings Schwierigkeiten. Roboter neu zu programmieren und die Montage anzupassen, kann Wochen dauern. In dieser Zeit steht die Produktion still und das kostet Geld. Mit geschulten Arbeitern kann eine Produktionslinie dagegen an einem Wochenende umgebaut werden. Der Flexibilitätsgrad von menschlichen Arbeitern ist folglich höher als der von Industriebots, weswegen diese nicht aus dem Produktionsprozess verdrängt werden.	Das wird in manchen Produktionssparten so sein, in anderen nicht. Die Prognosen könnten einen zu kurzen Zeithorizont haben, d. h. vorschnell sein. Aber der Trend weist mit dem Zwischenschritt einer hybriden Automatisierung in die Richtung einer umfangreicher werdenden Vollautomatisierung. Und sollte es auch 60 Jahre (statt 20 Jahre) dauern, bis die Hälfte aller derzeit bekannten Berufe automatisiert worden ist, wird dies Wirtschaft und Gesellschaft im 21. Jahrhundert grundlegend wandeln.
Gängige Studien, die eine technische Massenarbeitslosigkeit prognostizieren, sind methodisch unsauber, da sie auf einem unterkomplexen Verständnis von Routinearbeit basieren und damit eine nur begrenzte Aussagekraft haben. Zudem unterschlagen sie den Wert von Erfahrungswissen, den viele Arbeitnehmer haben,	Die bestehenden Prognosen enthalten gewiss manch fragwürdige Annahmen, weswegen sie nicht exakt sein können. Andererseits ragen Automatisierungsprozesse mittlerweile auch in Nicht-Routine-Tätigkeiten hinein, wie z. B. selbstfahrende Autos im Stadtverkehr belegen. Warum sollte die Entwicklung hier stoppen? Erfahrungswissen ist sicher wertvoll und es bleibt abzuwarten, ob der Einsatz von Big Data hieran etwas ändern wird. Denn auch Erfahrungswissen ist letztlich nur eine Auswertung von vielen Daten, die in der Vergangenheit gesammelt wurden.
Die Automatisierung der Produktion scheitert daran, dass die fortschreitende Komplexität automatisierter Systeme innerbetrieblich immer weniger beherrschbar ist und Störungen mitunter hohe ökonomische Kosten verursachen können.	Hohe ökonomische Kosten in Form von Wettbewerbsnachteilen entstehen auch, wenn sich ein Unternehmen der Automatisierung verwehrt, die Konkurrenz dagegen nicht.

Verursacht die Automatisierung eine hohe technisch bedingte Arbeitslosigkeit?	
Contra	Pro
Wenn sich die Automatisierung vollzieht, „Why are there still so many jobs?", fragt der Ökonom David Autor.****	Tatsächlich sind die Arbeitslosenraten etwa in den USA, UK, Japan und Deutschland derzeit niedrig. Aber die Berufslandschaft hat sich verändert: Teilzeitstellen, Leiharbeit, Freelancer und Crowdworker prägen das Bild. Diese Arbeitsverhältnisse Stellen sind oft schlecht bezahlt, kurz befristet und unsicher. Es breitet sich eine „Gig Economy" aus, in der Arbeitnehmer kein festes Gehalt bekommen, sondern Gagen für kurze Aufträge. Alles in allem schrumpft die für den Erhalt des Kapitalismus notwendige Mittelschicht. Für den Ökonomen ist eine Gesellschaft aus Leiharbeitern und Crowdworker bestehend eine vollbeschäftigte Gesellschaft, für die Bürger ist sie defizitär.
Zahlreiche innovative Start Ups entstehen und mit ihnen neue Arbeitsplätze. Man muss folglich die Gründerszene fördern, um dem Abbau von Arbeitsplätzen entgegenzuwirken.	Die neuen Start Ups beschäftigen (so sie nicht rasch wieder zugrunde gehen) in der Regel viel weniger Mitarbeiter als klassische Unternehmen, gerade weil sie innovativ sind und High Tech-Lösungen bevorzugen.

**** Autor, David H. (2015). Why are there still so many jobs? in: Journal of Economic Perspectives, 3, S. 3–30

Ein weiteres Gegenargument – es ist womöglich das am meisten genannte – lautet im Kern, dass sich Technologien bereits seit Jahrhunderten entwickeln, eine technologische Massenarbeitslosigkeit bislang aber nicht eingetreten sei. Folglich werden die Veränderungen auf dem Arbeitsmarkt auch dann überschaubar bleiben, wenn die Digitalisierung und die durch sie ermöglichte Automatisierung weiter voranschreiten. Abgesehen davon, dass es sich bei dieser Argumentationsweise um einen logischen Fehlschluss handelt (Argumentum ad antiquitatem), dem die Annahme zu Grunde liegt, dass ein Prozess in der Zukunft so sein wird, weil er in der Vergangenheit so war, gibt es einen entscheidenden Unterschied zur vergangenen technischen Entwicklung: Sie vollzieht sich seit den frühen 1950ern mit exponentieller Geschwindigkeit. Die Resultate dieser Entwicklung sind lange Zeit wenig bemerkenswert, ab einem bestimmten Punkt ändert sich dies jedoch schlagartig. Man kann zur Verdeutlichung die alte Legende von Sissa ibn Dahir bemühen: Sissa lebte der Legende nach im 3. oder 4. nachchristlichen Jahrhundert in Indien, erfand das Schachspiel und schenkte es seinem König. Dieser wollte sich dankbar erweisen und gewährte Sissa einen Wunsch. Sissa wollte Weizenkörner – auf dem ersten Feld des Schachbretts ein Korn und auf jedes der 63 folgenden Felder sollte man ihm die jeweils doppelte Anzahl von Körnern auflegen. Überzeugt davon diesen Wunsch leicht erfüllen zu können, beauftragte der König seinen Rechenmeister damit die Anzahl der benötigten Reiskörner zu ermitteln. Nach mehreren Tagen Rechenarbeit gelangte dieser zu dem Schluss, dass es im ganzen Reich nicht genügend Weizenkörner gab, um Sissas Belohnung herbeizuschaffen. Zunächst nimmt die Anzahl der Körner zwar nur behäbig zu, explodiert dann aber auf der zweiten Hälfte des Schachbretts in den Bereich von Trilliarden Körner.

Das Beispiel demonstriert die Entwicklung der Leistungsfähigkeit von Computern. Diese verläuft ebenfalls exponentiell, was maßgeblich mit der Anzahl der Transistoren auf den installierten Mikrochips zu tun hat. Alle zwei bis drei Jahre verdoppelt sich deren Anzahl seit Jahrzehnten (genau dies besagt das Moor'sche Gesetz). In den ersten Jahrzehnten bzw. auf der ersten Hälfte des Schachbretts waren die Steigerungen kaum wahrnehmbar. Das hat sich um 2011 oder 2012 geändert. Ungefähr zu dieser Zeit rückte die Computertechnologie auf die zweite Hälfte des Schachbretts vor:

4,3 Mrd	8,5 Mrd	17,1 Mrd (um 2016)					
16.777.216	33.554.432	67.108.864	134.217.728 (um 2003)	268.435.456	536.870.912	1.073.741.824	2,1 Mrd (um 2011)
65.536	131.072	262.144	524.288	1.048.576 (um 1989)	2.097.152	4.194.304	8.388.608
256	512	1024	2048 (um 1971)	4096	8192	16.384	32.768
1	2	4	8	16	32	64	128

Abb. 8.1 Steigerung der leistungsfähigkeit von Computern
Anmerkung: Seit den frühen 1950ern steigert sich die Leistungsfähigkeit von Computern alle 2–3 Jahre exponentiell. In der Tabelle ist die Anzahl der auf Mikrochips installierten Transistoren verzeichnet. In den fett gedruckten Feldern dazu eine Jahreszahl, die besagt, dass handelsübliche Chips zu diesem Zeitpunkt (+/- 1–2 Jahre) die jeweilige Anzahl an Transistoren besaßen. Der graue Bereich kennzeichnet die zweite Hälfte des Schachbretts, auf das sich die Menschheit um 2012 begeben hat.

Etwa seit 2011 steigert sich die Leistung von Rechnern mit den neuesten Chips um ein kaum nachvollziehbares Niveau. Innerhalb der nächsten zehn Jahre werden auf einem Chip so viele Transistoren verbaut sein, wie Neuronen im menschlichen Hirn – etwa 100 Milliarden. Auf jedem neuen Feld nach 2016 nehmen Leistungsfähigkeit und Einsatzmöglichkeiten von Computern mehr zu, als mit historischer Erfahrung begreifbar wäre. Aus diesem Grund sind die Lehren der bisherigen Technikgeschichte in Bezug auf den Arbeitsmarkt belanglos. Außerdem darf nicht vergessen werden, dass die Entwicklung der Hardware nur ein Faktor ist. Die Entwicklung von Algorithmen und Software ist ein zweiter Faktor, der sich auf die Automatisierung von Tätigkeiten und Berufen auswirkt. Gerade sie haben selbstfahrende Autos deutlich früher als erwartet auf die Straße gebracht.

Viel spricht nicht gegen die fortschreitende Automatisierung der Arbeitswelt. Kann eine Arbeit von einem Computer ausgeführt werden, wird sie über kurz oder lang von einem Computer ausgeführt und der Mensch ersetzt werden. Allein die Geschwindigkeit dieses Prozesses ist diskutabel. Sollte sich die Entwicklung Künstlicher Intelligenzen allerdings vollziehen wie in Kapitel 5 dargelegt, dann dürfte die Arbeitswelt um das Jahr 2040 eine gänzlich andere sein.

In der bisherigen Arbeitswelt konnten Gesellschaften ihren Mitgliedern Arbeitsplätze in vier Sektoren anbieten: In der Landwirtschaft, in der Industrie, im Dienstleistungssektor und im öffentlichen Dienst. In all diesen Bereichen werden Stellen und Berufe infolge der technologischen Entwicklung verschwinden oder sind dies bereits.

Im 19. Jahrhundert setzte das große *Bauernsterben* ein und war in den 1960ern beendet. In den 1970ern setzte in den Industriegesellschaften das große *Arbeitersterben* ein. Der finale Hieb für die *globale* Arbeiterschaft werden Roboter, KIs und 3D-Drucker sein. 3D-Drucker werden sogar ganze Fabriken mit ihren Robotern sukzessive überflüssig machen. Dabei ist nicht entscheidend, dass manche Produkte langfristig nicht gedruckt werden können, da die zu verarbeitenden Werkstoffe zu kompliziert sind: So könnten Materialien mit weit auseinanderliegendem Schmelzpunkt wie Kunststoff und Metall mit 3D-Druckern noch lange nicht kombiniert werden. So könnten die zum Metallschmelzen notwendigen Temperaturen zu Verzug führen, so dass sich überschüssiges Pulver in Hohlräumen anreichern und dort nicht mehr entfernt werden kann. Nicht jedes Produkt aber muss von einem 3D-Drucker hergestellt werden können. Wird eine wachsende Zahl grundlegender Produkte bzw. eine stetig größer werdende Anzahl von Produkten gedruckt und damit Fabriken oder gar dem Markt entzogen, stellt dies ganze Branchen und die in ihnen verrichtete Arbeit in Frage. Und genau dies geschieht. Aber nicht nur im Bereich Produktion, auch in den klassischen Arbeitsbereichen Konstruktion, Extraktion, Transport werden die meisten Berufe in den kommenden Jahrzehnten nicht mehr von Menschen ausgeführt werden.

Seit den 1970ern entstanden zunehmend mehr Berufe im *Dienstleistungssektor*. Doch auch in diesem vollziehen sich Automatisierungsprozesse. Frithjof Bergmann meint, es sei „bizarr" zu glauben, „dass Wachstum im Bereich der Dienstleistungen durch die Schaffung neuer Arbeitsplätze die Verluste der Industrie wettmachen wurde. […] Arbeitsplätze im Dienstleistungsbereich lassen sich viel leichter automatisieren als dort, wo ‚Dinge hergestellt' werden. So wird auf die Automatisierung der Banken und Versicherungsgesellschaften und natürlich an Tankstellen, am Fahrkartenschalter und am Schalter zum Einchecken auf Flughafen bald eine große Entlassungswelle im Bereich der privatwirtschaftlichen und öffentlichen Verwaltungen folgen."[13] So geht denn auch die Unternehmensberatung McKinsey davon aus, dass in den kommenden zehn Jahren ein Viertel aller Vollzeitberufe in der Versicherungsbranche durch Automatisierungsoptionen abgebaut werden wird.[14] Die Automatisierung wird in Büros vor allem durch neue Softwarelösungen vorangetrieben.

Eine solche ist z. B. die Blockchain. Dabei handelt es sich um eine Art Sicherheitsprotokoll, das auf einem dezentralen Netzwerk von Computern verstreut ist, von jedem eingesehen, aber von niemandem kontrolliert werden kann. Die Blockchain überprüft und protokolliert Transaktionen (z. B. Zahlungen), ehe sie genehmigt werden und schafft dadurch Vertrauen zwischen Fremden – eine Aufgabe, die bei Zahlungen bisher die Schufa oder Paypal übernommen haben. Eine neutrale Überprüfung durch solche oder andere unabhängige Dritte (etwa Wirtschaftsprüfer, Notare, Verwalter, Clearingstellen), wird bei der Blockchain überflüssig. Für Banken und Versicherungen bedeutet dies schnellere Transaktionen und eine erhebliche Kostenersparnis. Wenn sich die Blockchain aber durchsetzt, wären auch die Einnahmen einer gut verdienenden Berufssparte betroffen. Ebenso dürfte der Beruf des Anlageberaters durch eine Software (RoboAdvisor) ersetzt werden, weil sie viel mehr Informationen akkurater analysieren kann, und darum vertrauenswürdiger ist als ihre menschlichen Counterparts.

Aber auch neue Computer, die menschliche Sprache lesen, verstehen und analysieren können – sog. Cogs –, transformieren Berufe, z. B. die medizinische und juristische Diagnostik. Tatsächlich wird gerade im juristischen und medizinischen Sektor erwartet, dass viele Experten durch digitale Lösungen ersetzt werden können.[15] Cogs können von einer Symptombeschreibung auf die derzeit angemessenste Therapie schließen oder juristische Analysen erstellen. Seit Anfang 2016 arbeitet ROSS für eine Anwaltskanzlei. Man kann ROSS Fragen wie diese stellen: „‚Kann eine Firma die zahlungsunfähig ist, noch wirtschaftlich tätig sein?' Ross durchsucht

---

13 Bergmann, Frithjof (2004). Neue Arbeit, neue Kultur. Freiamt, S. 55
14 McKinsey (2016). Automating the insurance industry. (auf: mckinsey.com)
15 Susskind, Richard/Susskind, Daniel (2015). The Future of the Professions. Oxford

mal eben eine Milliarde Dokumente, liest Gesetzestexte, wälzt Kommentare und formuliert in der nächsten Sekunde die Antwort, auf Wunsch in 20 Sprachen, natürlich inklusive Quellenangaben."[16] Wenn diese Beschreibung auch journalistisch übertrieben anmuten mag (so erregen programmierte Übersetzungen gegenwärtig noch grammatischen Anstoß), in einigen Jahren wird sie vollumfänglich zutreffen.

Die nächsten Maschinengenerationen werden keine Programmierer mehr erfordern, sagte Stanislaw Lem in den 1960ern voraus. In der Tat: Künstliche Intelligenzen werden das Programmieren in nicht allzu ferner Zukunft übernehmen können. Neue Arbeitsplätze für Programmierer werden dann kein Ausweg aus der Strukturkrise mehr sein (und selbst wenn die Anzahl der Programmierer immens zunähme, machten sie sich auf dem Arbeitsmarkt gegenseitig Konkurrenz, was ihre Löhne reduzierte). Schon in jüngerer Zeit wurde Software entwickelt, die Programmierer teilweise redundant macht:

Für die Ausgabe des HighTech-Journals wired.uk titelte dessen Mitherausgeber Franklin-Wallis jüngst einen Beitrag mit GAMES OF THE FUTURE WILL BE DEVELOPED BY ALGORITHMS, NOT HUMANS.[17] Die Entwicklung komplexer Spiele für den Computer kann mehrere hundert Millionen US-Dollar kosten (zumeist handelt es sich dabei um Personalkosten). Für viele Spieleentwickler ist das zu teuer und damit ein Anreiz, neue Verfahren auszuprobieren. Ein solches Verfahren trat kürzlich auf die Bühne: 2016 „a new type of video game will take centre stage: one whose worlds are created not by developers, but by algorithms. Using programmatic generation, games will become larger and more varied while slashing the costs of entry for indie developers." Für das Spiel *No Man's Sky* hat ein Algorithmus ein Universum mit 18.446.744.073.709.551.616 Planeten generiert, auf denen die Spieler landen und Entdeckungen machen können. Algorithmen entwerfen jedoch nicht nur Welten, sondern – wie im Spiel *SkySaga: Infinite Isles* – auch die Dramaturgie der Spiele. Und das ist natürlich erst der Anfang. Diese Entwicklung wird weiter und weitergehen, durch die Entwicklung Künstlicher Intelligenzen vorangetrieben und nicht auf die Entwicklung von Computerspielen beschränkt bleiben.

Die Game-„Industrie" unterscheidet sich in einer zweiten Dimension von der klassischen Güterindustrie: „Ein wesentliches Kennzeichen der Industrieära ist die Dominanz von planbarer, gleichförmiger und kolonnenhafter Vervielfältigungsarbeit. Um 1 Million Exemplare eines Industrieguts herzustellen, vollziehen beispielsweise tausend Arbeiter tausendmal identische Arbeitsschritte. Um hingegen 1 Million Exemplare eines Computerprogramms, einer digitalen Präsentation, eines

---

16 Dettmer, Markus et al. (2016). Mensch gegen Maschine. in: Spiegel, 36, S. 10–18
17 Franklin-Wallis, Oliver (2016). Games of the future will be developed by algorithms, not humans. auf: wired.co.uk

Romans, eines Musikstücks oder eines anderen digitalen Geistesprodukts auf den Markt zu bringen, genügt die Herstellung eines einzigen Exemplars."[18] Und damit genügt auch ein Arbeiter.

Algorithmen können auch Arbeiten übernehmen, die bislang Designern oder Architekturbüros überlassen war. Bisher lief Konzeption so ab, dass ein Mensch eine Idee im Kopf hatte, diese zu Papier brachte und Leute fand, die das Gebäude oder Produkt bauten. Künftig kann man dem Computer ein Ziel – etwa den maximal material- und energieeffizienten Bau eines 50-stöckigen Gebäudes – nennen und ein generativer Algorithmus arbeitet in kurzer Zeit Lösungsvorschläge unter Berücksichtigung der geeignetsten Materialien aus. Die dabei bislang entstanden Formen für Implantate, Möbel, Gebäude oder Fahrzeugteile waren oft unkonventionell, aber funktional.[19] Der Punkt ist: Je besser die generativen Algorithmen in Zukunft arbeiten und lernen, desto weniger werktätige Menschen werden für den Entwurf von Dingen benötigt. Sind die Algorithmen außerdem offen zugänglich, könnten in den nächsten Dekaden sogar die Option entfallen, ein Produkt – egal ob Flugzeug oder Stuhl – im Peer-Production-Verfahren herstellen zu müssen (siehe Kapitel 7).

Wenn Berufe und Tätigkeiten im Dienstleistungssektor schwinden, bleibt noch der Öffentliche Dienst um den Verlust vieler Arbeitsplätze auszugleichen. Ein theoretischer Ausweg aus der technologischen Rationalisierung könnte eine Art „Militärkeyesianismus" sein, der Ausbau der Streitkräfte durch die Einstellung von mehr Beschäftigten und durch öffentliche Investitionen in Rüstungsprogramme. Solche Investitionen stellt die US-Regierung in der Tat bereit, doch dienen diese der Entwicklung der Automatisierten Kriegsführung. Das US-Verteidigungsministerium ist ein Treiber der Robotik- und KI-Entwicklung und andere Staaten müssen nachziehen, wollen sie auf den Schlachtfeldern der Zukunft kein wehrloser Gegner sein.

Die US-Regierung plant, die Zahl der Soldaten zwischen 2013 und 2023 um 100.000 Mann zu verringern. Im gleichen Zeitraum sollen die Ausgaben für Drohnen um 30 Prozent steigen. Bereits 2009 hatte der damalige US-Verteidigungsminister Robert Gates gesagt, die kommende Generation US-Jagdflugzeuge, die F-35, sei die letzte, die noch bemannt sein wird.[20] Zunächst semi-, irgendwann vollautomatische Drohnen unterschiedlicher Größenklassen werden sie ersetzen. Für Militärs sind Drohnen eine ideale Waffe. Wer sie bedient, ist für seine Gegner unerreichbar, er kann nicht verletzt und nicht getötet werden. Zudem sind Drohnen vergleichsweise billig und sie können in Nischen vordringen, die für Kampfflugzeuge unerreichbar sind.

---

18 Klotz, Ulrich (2006). Zukunft der Arbeit. in: Log In, 141, S. 17
19 Rhodes, Margaret (2015). The bizarre, bony-looking future of algorithmic design. auf: wired.com
20 Biermann, Kai/Wiegold, Thomas (2015). Drohnen. Berlin, S. 8f.

Die Automatisierung vollzieht sich auch auf See: 2015 stachen US-Zerstörer der Zumwalt-Klasse, eine neue Generation von Kriegsschiffen, in See. An Bord verrichten 158 Besatzungsmitglieder ihren Dienst. Vergleichbare Schiffe wie die Ticonderoga- oder Arleigh-Burke-Klasse, benötigen rund 380 bzw. 330 Mann für die Einsatzfähigkeit. Die geringere Zahl an Besatzungsmitgliedern wird durch einen hohen Grad an Automatisierung auf den Zumwalt-Schiffen ermöglicht. Bei den Kampffliegern wie bei den Kampfschiffen zeigt sich, dass Digitaltechnik die Reduktion von Militärpersonal ermöglicht, ohne dabei an Schlagkraft einzubüßen.

Wie beim Militär ist (vielleicht mit Ausnahme des Bildungs- und Forschungssektors) nicht zu erwarten, dass neue Stellen in anderen Bereichen des Öffentlichen Dienstes in so großer Anzahl geschaffen werden, dass die Berufsverluste im Produktions- und Dienstleistungssektor ausgeglichen werden können. Dagegen spricht auch, dass sich viele Regierung eine Ausweitung des Öffentlichen Dienstes kaum werden leisten können – und wenn, dann nur, wenn die dortigen Arbeitsstellen deutlich schlechter entlohnt werden, als bislang.

Die Anzahl der *selbstständig Beschäftigten* dürfte indes zunehmen: Bürger bieten ihre Dienste als Mikroentrepreneur, Mechanical Turk oder Crowdworker auf Internetplattformen an, bewerben sich auf Ausschreibungen für Mikrojobs und müssen dabei mit Menschen aus allen bewohnten Erdteilen konkurrieren. Unternehmen schreiben Wettbewerbe für Problemlösungen aus und oft bekommt der Billigste den jeweiligen Auftrag, gewinnen nur wenige Personen das Preisgeld eines ausgeschriebenen Ideenwettbewerbs. Der Konkurrenzkampf wird hier auf die Spitze getrieben und sich die existenzielle Unsicherheit bei den meisten entsprechend verschärfen. Crowdworker erhalten kein regelmäßiges Einkommen, sondern nur noch Honorare für relativ kurze Einsätze und konkurrieren dabei mit umso mehr Menschen, je weniger reguläre Stellen auf dem Arbeitsmarkt verfügbar sind. Sie führen unterschiedliche Tätigkeiten für unterschiedliche Auftraggeber aus, mit denen sie sich nicht identifizieren können, und erhalten dafür in der Regel ein geringes Einkommen.[21] Dieser Spätkapitalismus wird mit dem Unterschied an den Frühkapitalismus erinnern, dass keine harte körperliche Arbeit, sondern Desktop-Arbeit im Vordergrund steht.

Alles in allem dürfte unter den gleich bleibenden Bedingungen die Mittelschicht kleiner und der Niedriglohnsektor größer werden; denn viele nur teilautomatisierte Arbeiten werden ebenfalls schlechter bezahlt. „Es kommt nicht zu einer raschen Beseitigung der menschlichen Arbeit", meint Paul Manson, „sondern es entstehen

---

21 Leimeister, Marco et al. (2016). Crowd Worker in Deutschland. Böckler-Stiftung, Study, 323 (auf: boeckler.de)

nur noch geringbezahlte Bullshit-Jobs. Viele Volkswirtschaften stagnieren."[22] Zwar wird eine kleine Gruppe von Menschen, die Profiteure der Automatisierung, stetig reicher, die volkswirtschaftliche Kaufkraft wird jedoch abnehmen und dies wiederum wirkt sich negativ auf Steuereinnahmen und Investitionen von Unternehmen aus[23] (ein erstes Anzeichen hierfür könnte die u. a. von Larry Summers diagnostizierte „säkulare Stagnation" sein). Es wäre überraschend, sollte der Kapitalismus diesen Prozess überdauern können. Tritt eine Überraschung nicht ein, wird mit der Institutionalisierung einer postkapitalistischen Ökonomie nach ca. 500 Jahren Kapitalismus (so man ihn mit dem Calvinismus beginnen lässt) ein neues Kapitel Wirtschaftsgeschichte begonnen werden. Nach einer schwierigen Übergangszeit könnte es ein besseres werden.

8.2 Gesellschaft ohne Arbeit

Mit tiefgehenden Transformationen tun sich *Regierungen* gewohnt schwer. Darum werden sie mehrheitlich zunächst eine Politik der Beschäftigung verfolgen und die erwerbsfähigen Personen für Beschäftigungen trainieren, die von Maschinen oder Programmen nicht ausgeführt werden können. Das wird langfristig jedoch nicht funktionieren, da sich das Kompetenz- und Tätigkeitsspektrum von Software und Maschinen mit KI ebenfalls und zwar rasch erweitern wird. Und selbst wenn es funktionieren sollte, würden sich die in großer Zahl mit den spezifischen Kompetenzen Ausgebildeten um eine begrenzte Anzahl von Jobs bewerben – und so die Löhne drücken.

Mit dem Wandel der Arbeitswelt tun sich aber auch die meisten *Wirtschaftswissenschaftler* schwer, da er ihr Forschungsgebiet aufzulösen beginnt und Wissen entwertet, das mühevoll erarbeitet werden musste. Als mit der Sowjetunion auch der reale Sozialismus zusammenbrach, wurde eine ganze Riege von Ökonomen nicht mehr benötigt, deren Untersuchungsgegenstand die Planwirtschaft war. Sollte die kapitalistische Marktwirtschaft infolge einer durch die kapitalistische Logik mitbedingten Beschäftigungskrise kollabieren, wird dies eine neue Riege von Ökonomen treffen.

Mit dem Wandel der Arbeitswelt tun sich schließlich auch *Gewerkschaften* schwer, schon aus dem Grund, da ihre Expertise ebenfalls redundant werden könnte. Aus gewerkschaftlicher Sicht haben Menschen darum ein Recht auf Arbeit, sie haben

---

22 Manson, Paul (2015). Postkapitalismus. Frankfurt/M., S. 312
23 Cowen, Tyler (2013). Average is over. New York

kein Recht auf einen Ausstieg aus der Arbeit. Diese Position muss hinterfragt werden, denn schließlich wären auch Gewerkschaftler nicht gern von einer Arbeit abhängig, die ihnen keinen Spaß macht, da sie überwiegend sinnfrei, gering geschätzt, monoton und schlecht bezahlt ist. Human ist es dagegen, Menschen die Möglichkeit zu gewähren, eine Tätigkeit, die sie erfüllt auszuüben (sofern sie keinen Schaden anrichtet). Die Mehrzahl der gegenwärtig weltweit ausgebübten Berufe aber gefährdet die eigene Gesundheit und ist von manuellen oder kognitiven Routinen geprägt.

Solche Arbeiten dominierten auch die Berufslandschaft der Vergangenheit. Gerber, Schiffszimmerer, Teppichweber, Ziegelbrenner, Seiler, Seifenmacher, Stallburschen, Tuchfärber, Fischputzer, Waschweiber und viele andere Berufe des 19. Jahrhunderts können als Beleg angeführt werden. Keine Frau wünschte sich im 20. Jahrhundert als Waschweib zu arbeiten, schließlich leisten Maschinen seitdem dieselbe Arbeit und schneller und gründlicher sind sie obendrein. Viele Produktions-, Verwaltungs- und Dienstleistungsberufe der Gegenwart können künftig bald automatisiert werden und kaum jemand würde sich im 22. Jahrhundert wünschen, in ihnen zu arbeiten, machen Maschinen diese oft wenig erfüllenden Arbeiten doch schneller, gründlicher oder schlicht überflüssig. Tankwarte, Briefträger, Bäcker, Zeitungsdrucker, Reinigungskräfte, Friseure, Küchenkräfte, Schuh- und Schlüsselmacher, Klempner, Metro-, Taxi- und Lastwagenfahrer, Schaffner, Schweißer, Bankkaufleute, Kassierer und Verkäufer, Bau- und Lagerarbeiter, Buch- und Börsenhändler, Buchführer, Rechnungsprüfer und Steuerberater mögen in diesen Bereich fallen.

„The goal of robotics", schreibt David Bruemmer, „should not be to replace humans with robots, but rather to improve productivity and safety, removing humans from harm's way and enabling them to focus on things that humans should be doing. [...] Rather humans will be caring for people and having interesting conversations about how to make the world a better place. They should be doing whatever they love and spending time with whomever they love".[24] Von diesem Standpunkt aus betrachtet, ist der expandierende Einsatz von Bots und KIs nicht beklagenswert. Maschinen muten dann nicht als Konkurrenten, sondern als Helfer an.

Ein Vorzug ist die Automatisierung auch vom Standpunkt des demografischen Wandels betrachtet: In den meisten der klassischen Industrienationen sowie in Japan und selbst in der neu dazu gestoßenen Industrienation China vollzieht sich ein demografischer Wandel. Die Gesellschaften altern, d.h. zunehmend mehr ältere und alte Bürger stehen vergleichsweise wenigen Angehörigen der jungen

---

24 Bruemmer, David (2016). The assimilation of robots into the workforce as peers, not replacements. auf: techchrunch.com

Generationen gegenüber. Diese Gesellschaften könnten zur Jahrhundertmitte in eine Situation geraten, in der ihnen zu wenige Arbeiter aus der eigenen Gesellschaft zur Verfügung stehen. Die Automatisierung kann dieses Szenario entschärfen, verschärft zunächst jedoch die Arbeitslosenproblematik.

Das eigentliche Problem ist im Grunde genommen jedoch weniger der Verlust einer *Arbeitsstelle*, sondern der Verlust eines *Einkommens*, welches Zugang zu den für ein gutes Leben benötigten Gütern ermöglicht. Auch der Verlust sozialer Kontakte und zuweilen der von Spaß und Sinn (bei einer erfüllenden Arbeit) werden als problematisch empfunden. Die Bedeutung von Arbeit für Menschen ist gut untersucht und Andrew Haldane von der Bank of England fasst die Ergebnisse vor dem Hintergrund seiner Annahme zusammen, dass die meisten Arbeitsstellen bald von Maschinen oder Algorithmen übernommen werden: „Work delivers significant non-pecuniary, as well as pecuniary, benefits. Studies show it really isn't just about the money. Work creates a sense of personal worth and social attachment. Its loss serves as a personal and societal blight, the like of which I experienced in 1980s Yorkshire. There is evidence the loss of work worsens public health. Life among the leisure classes may be less attractive than it superficially sounds."[25]

Richtig ist, dass Menschen Sinn in einer Tätigkeit erleben, sich wertgeschätzt fühlen, durch die Zusammenarbeit mit anderen sozial integriert sind, ihre Aufgaben den Alltag strukturieren, sie neue und interessante Erfahrungen durch ihre Tätigkeit machen können. All dies macht Arbeit subjektiv wertvoll. Haldane und viele Arbeitsstudien berücksichtigen jedoch nicht, dass viele Arbeiter und Angestellte weltweit – vermutlich die Mehrzahl der globalen Arbeiterschaft – unter ihren Vorgesetzten, einem zu hohen Workload, Zeitknappheit für Freunde und Familie, Schadstoffen am Arbeitsplatz, öden Tätigkeiten, entwürdigender oder knochenharter Arbeit leiden. Die meisten von ihnen würden ihre Arbeitszeit reduzieren oder ihre Arbeitsstelle kündigen und sich eine angenehmere oder sinnvollere Aufgabe suchen, so sie denn die Wahl hätten. Oft aber haben sie diese nicht, denn die Alternative besteht nicht selten darin, einen ähnlich miesen Job annehmen oder ohne Einkommen auskommen zu müssen.

Darum besteht eine große gesellschaftliche Herausforderung von Digitalgesellschaften darin, Menschen Zugang zu den essentiellen Gütern, zu Sinn und sozialen Kontakten auch außerhalb der Lohnarbeit möglich machen zu können, wenn einmal viele und zunehmend mehr Berufe nicht mehr von Menschen ausgeführt werden müssen.

---

25 Haldane, Andrew (2015). Labour's Share. Speech at the Trades Union Congress, London, auf: bankofengland.co.uk

Dieses *Teilhabeproblem* kann prinzipiell auf zwei Weisen angegangen werden: Entweder zahlt man Bürgern ein Einkommen, das sie auch dann erhalten, wenn sie keiner Lohnarbeit nachgehen. Ein bedingungsloses Grundeinkommen wird – auch mit Verweis auf die kommende Automatisierung der Berufslandschaft – seit 2016/2017 stichprobenweise in Finnland und den Niederlanden erprobt.[26] Alternativ kann man essentielle Güter (nahezu) unentgeltlich anbieten. Ohnehin ist zu erwarten, dass die Preise für viele und zunehmend mehr Güter im Verlauf der nächsten Jahrzehnte in Folge digitaler Produktionsverfahren sinken werden. Allein durch die auf 3D-Druckern und Netzwerken basierende Produktion einer Bottom-up-Ökonomie (siehe Kapitel 7) können Kosten für Personal, Logistik (Transport und Lagerhaltung), Zölle, Marketing, Filialmiete und Verpackungsmaterial erheblich reduziert oder gar eliminiert werden. Selbst der Neubau bzw. Neudruck von Wohnungen (inklusive des Mobiliars) wird deutlich günstiger, da er weniger Material als bislang, kaum noch Personal benötigen und in viel kürzerer Bauzeit erfolgen wird. Das senkt die Miet- oder Kaufpreise für Wohnungen langfristig und je weniger Ausgaben man im Alltag hat, desto weniger muss man einnehmen.

Seit jeher hat der technische Fortschritt die Herstellung vieler Dinge billiger gemacht. In einer Phase des dynamischen technischen Fortschritts sollte sich dies künftig spürbarer bemerkbar machen.[27] Es ist folglich davon auszugehen, dass die Automatisierung vieler Berufe und der Verfall vieler Einkommen von sinkenden Produktpreisen flankiert werden wird. Zur weiteren Reduzierung der Alltagskosten können schließlich auch nichtkommerzielle Sharing-Angebote beitragen, da für die Nutzer die Anschaffungs- und Instandhaltungskosten für die geteilten Produkte entfallen. Daneben kann eine Politik der Demonetarisierung diese Entwicklung unterstützen und Optionen ausarbeiten, welche die kostenlose Nutzung des öffentlichen Nahverkehrs und des Internet ermöglichen. Eine solche Politik kann überlegen, wie Städte zu Sharing Cities werden, in denen viele Dinge des täglichen Bedarfs in Stadtteil-„Bibliotheken" zum Ausleihen und Teilen bereitgestellt werden (zumal die Räume klassischer Bibliotheken obsolet werden, wenn der Buchbestand digitalisiert ist).[28]

Das *Sinn- und Integrationsproblem* könnte sich dagegen von selbst lösen, wenn richtig ist, dass die meisten Menschen nach einem positiven Selbstbild, nach Sinn und als „animaux social" nach dem Zusammensein mit anderen Menschen streben. Dann nämlich besteht kein Grund zur Annahme, die Gesellschaft werde sich

---

26 Annala, Mikko (2016). Thousands to receive basic income in Finland. (auf: demoshelsinki.fi)
27 Rifkin, Jeremy (2014). Die Null-Grenzkosten-Gesellschaft. Frankfurt/M.
28 Eine Library of Things wurde z. B. 2016 in Toronto eröffnet (sharingdepot.ca).

auflösen, sobald die erwerbstätigen Bürger keiner Arbeit mehr nachgingen. Diese würden sich vielmehr neu organisieren, um zu erhalten, was ihr Leben zu einem guten macht.[29] Schließlich übernehmen Bürger freiwillig und nebenberuflich schon seit Jahrzehnten Aufgaben, ohne dafür finanziell entlohnt zu werden. Meist tun sie dies, weil sie dazu intrinsisch motiviert sind und diese Motivation ergibt sich, wenn das Engagement als kreativ, interessant und selbstbestimmt empfunden wird, wenn die Engagierten durch ihre Tätigkeit mit anderen Menschen verbunden werden und wenn sie wissen, dass ihre Aufgabe wichtig ist. Weniger Einkommens-, sondern Sinnmaximierung treibt viele Menschen an, denn sie gibt ihnen das Gefühl, dass ihr Tun und Sein Bedeutung hat. Gesellschaftlich notwendige Arbeit würde aus diesem Grund von Bürgern übernommen und könnte durch regelmäßige Sabbaticals u. a. Maßnahmen attraktiver gestaltet werden. Zudem ließe sich über die Verlängerung der Bildungsphase oder die Wiedereinführung eines verlängerten Zivildienstes nachdenken, um den Arbeitsmarkt zu entlasten und um die gesellschaftlich wichtigste Ressource zu garantieren: Bildung.

Wie auch immer diese beiden und weitere Probleme gelöst werden, die sich mit der allmählichen Auflösung der Arbeitswelt ergeben, das langfristige Resultat wird eine andere Wirtschafts- und Gesellschaftsordnung als die des Industriezeitalters sein. Kurz- und mittelfristig wird sich das Problem vermutlich verschärfen, dass neue technologische Möglichkeiten des Digitalzeitalters zunehmend weniger mit gesellschaftlichen Strukturen aus dem Industriezeitalter harmonieren.

Die kurzfristigen Vorteile für Unternehmen im digitalen Kapitalismus sind offensichtlich: Solange Arbeitskräfte auf Online-Plattformen wie Taskrabbit als Selbstständige eingestuft werden, sind Unternehmen nicht dazu verpflichtet, ihnen Mindestlöhne, Arbeitgeberabgaben und Sozialversicherungszuschüsse zu bezahlen. Die Arbeitnehmer wären dagegen mehrheitlich einem Unterbietungswettbewerb ausgesetzt und würden für sie auch Mindestlöhne eingeführt, lebten sie dennoch ein Leben in permanenter sozialer Unsicherheit, da die Auftragslage von Woche zu Woche unterschiedlich wäre. Vermutlich wird die Übergangszeit aber durch solche Arbeitsverhältnisse, dem Entstehen eines „Cybertariats", anhaltender wirtschaft-

---

29 Bundesministerium für Familie, Senioren, Frauen und Jugend (2013). Motive des bürgerschaftlichen Engagements. Berlin (auf: bmfsj.de). Frithjof Bergmann, der Jahrzehnte lang das Verhältnis von Menschen und Arbeit erforscht hat, fasst seine Erkenntnisse wie folgt zusammen: „Wenn man Menschen fragt, was sie wirklich, wirklich tun möchten, stellt sich heraus, dass nicht sehr viele von ihnen Symphonien oder Gedichte schreiben wollen. Viele sagen, dass sie vor allem ‚etwas verändern', einer Sache ‚ein neues Gesicht geben' wollen; sie wollen ‚etwas Sinnvolles' tun, und das ist oft nur eine andere Art zu sagen, dass sie etwas tun wollen, was anderen Menschen hilfreich ist" (Bergmann, Frithjof 2004. Neue Arbeit, neue Kultur. Freiamt, S. 20).

licher Stagnation und dem Aufstieg populistischer Parteien geprägt sein, denn die Herausbildung neuer Strukturen hinkte technologischen Veränderungen in der Vergangenheit oftmals hinterher.[30]

Dennoch scheint die technologische Entwicklung auf eine postkapitalistische Zukunft hinauszulaufen. „Wie die technologisierte Zukunft auch im einzelnen aussehen mag", schreibt der Soziologe Randall Collins, „der strukturelle Trend – die technologische Arbeitslosigkeit – treibt zur Krise des Kapitalismus, über alle kurzfristigen, zyklischen oder zufälligen Krisen hinweg. Diese Tendenz zur zunehmenden Ungleichheit wird auch die Konsummärke untergraben und dem Kapitalismus am Ende die Luft abschnüren. Alles in allem wird der einzige Weg, die Krise zu bewältigen, seine Ersetzung durch ein nichtkapitalistisches System sein".[31] Nicht *ob* die Ersetzung geschieht, sondern *wann* sie im 21. Jahrhundert geschieht, lautet folglich die Frage. Fraglich bleibt außerdem, ob sie sich friedlich vollziehen wird oder tragisch.

8.3 Zukunft ohne Kapitalismus

Hat die Erwerbsarbeit keine Zukunft, hat sie der Kapitalismus ebenfalls nicht. Digitalgesellschaften können auf Dauer keine kapitalistischen Gesellschaften sein. Aber was bedeutet eine Zukunft ohne Kapitalismus? Zunächst nicht den Untergang der Zivilisation, denn die Technologie, das Wissen sowie das benötigte Personal zur Herstellung der essentiellen Güter sind ja nach wie vor vorhanden. Es gilt das vorhandene lediglich neu zu organisieren.

Eine Zukunft ohne Kapitalismus lässt sich wahrscheinlich durch mindestens drei Brüche charakterisieren: Menschen müssen nicht mehr für Lohn arbeiten, Menschen (nicht Unternehmen) arbeiten über das Internet miteinander vernetzt an der nichtkommerziellen Herstellung benötigter Güter und der Besitz von Eigentum wird zwar weiterhin möglich, aber vergleichsweise unbedeutend sein.

„In einem halben Jahrhundert werden unsere Enkel", meint Rifkin, „auf die Ära der Massenlohnarbeit auf dem Marktplatz mit demselben fassungslosen Staunen zurückblicken wie wir heute auf Sklaverei und Leibeigenschaft einer noch viel früheren Zeit. Der bloße Gedanke, dass man den Wert eines Menschen fast aus-

---

30 Ogburn, William F. (1957). Cultural Lag as Theory. in: Sociology and Social Research, 1/2, S. 167–174
31 Collins, Randall (2013). Das Ende der Mittelschichtarbeit. in: I. Wallerstein et al. (Hg.). Stirbt der Kapitalismus? Frankfurt/M., S. 87

schließlich an seinem Output und materiellen Wohlstand hätte messen können, wird dann primitiv, ja barbarisch erscheinen".[32]

Mit dem Ende der Massenlohnarbeit wird auch das Ende der Einkommensunterschiede und der ökonomischen Ungleichheit gekommen sein. Nunmehr stehen sich innerhalb einer Gesellschaft nicht mehr Arme und Reiche, Geringverdiener und Besserverdienende gegenüber – und dies verbessert das zwischenmenschliche Klima in ihr. Denn eine Reihe von sozialen Problemen sind zwar, vermehrt in den ärmeren Schichten einer Gesellschaft zu registrieren, häufiger aber noch in Gesellschaften, die eine hohe ökonomische Ungleichheit aufweisen.

In ihrer Studie über die Auswirkungen ökonomischer Ungleichheiten fanden die Epidemologen Richard Wilkinson und Kate Prickett durch statistische Analyse heraus, dass Menschen in ungleichen Gesellschaften Anschluss an die ökonomisch bessergestellten Kreise suchen und sich dabei um eine Aufwertung ihres Ansehens durch materiellen Besitz bemühen. Sie verbringen viel Zeit mit der Mehrung ihres materiellen Reichtums, haben dabei jedoch weniger Zeit für gute soziale Kontakte, welche für ein gutes Leben entscheidender sind. Das wiederum wirkt sich negativ auf die physische und psychische Gesundheit aus. Überdies ereignen sich Gewalt und Kriminalität häufiger in Gesellschaften mit hoher ökonomischer Ungleichheit als in Gesellschaften mit geringerer Ungleichheit. Kinder in Gesellschaften mit hoher Ungleichheit wünschen sich eine Beschäftigung mit hohem Status. Zugleich schaffen aber nur wenige die dafür nötige Qualifikation. Ungleichheit führt damit zu unrealistischen Hoffnungen sowie zu herben Enttäuschungen. Dagegen zeigt sich dieses Phänomen nicht in Ländern mit mehr Gleichheit. Nicht zuletzt ist die Chancengleichheit und Aufstiegsmöglichkeit in ökonomisch ungleichen Gesellschaften geringer als in anderen Gesellschaften.[33]

Wilkinson und Pickett gelangen folglich zur Konklusion, dass weniger ungleiche Gesellschaften bessere Gesellschaften seien, da sie weniger Konflikte generieren. Eine postkapitalistische Gesellschaft, welche die Freiheit und Souveränität des Einzelnen achtet sowie dessen Menschenrechte, könnte auch aus diesem Grund eine bessere Gesellschaft sein. In ihr würde u. a. auch das Menschen in zwei Klassen teilende Gesundheitssystem überwunden, die in kapitalistischen Gesellschaften allgegenwärtige Werbung verschwände aus Städten und den Medien, der Konkurrenzkampf um gute Schulnoten und Karrierechancen würde geringer, bürgerschaftliches Engagement nähme zu. Und sollte die Demokratie die zu erwartenden Übergangsturbulenzen zum Postkapitalismus schadlos überstehen, könnte sie sich

---

32 Rifkin, Jeremy (2014). Die Null-Grenzkosten-Gesellschaft. Frankfurt/M., S. 196 f.
33 Wilkinson, Richard/Pickett, Kate (2009). Gleichheit ist Glück. Berlin

von ihrem Einfluss privatwirtschaftlicher, nicht gewählter Lobbygruppen erholen und effektiver im Sinne des Gemeinwohls agieren.[34]

Rob Nail von der Singularity University, anerkennt, dass die Automatisierung der Berufslandschaft mittelfristig soziale Probleme mit sich bringt, da die Stabilität der gegebenen Sozialstruktur auf Erwerbsarbeit angewiesen ist. Letztlich ist Nail jedoch optimistisch, was die Koexistenz von Menschen mit Robotern betrifft: „Robotics will allow us, in the not too distant future, in our lifetimes, the ability to have all of our basic needs met. The growing of food, we're looking at, sort of a lot of transformations in the health industry, a lot of the things that we need on a day-to-day basis. The automated systems could provide for us, and that will allow us, I believe long-term, to focus on our passion and curiosity. It will allow us to explore space, externally, and explore internally, in our creativity, right (in our minds), and that, I think, is a great future for humanity."[35] Eine Gesellschaft, in der sich dieses Szenario verwirklichen würde, wäre eine gänzlich andere Gesellschaft, als die industrielle.

Nun werden neue und schwer wiegende soziale Probleme auch in der kommenden Gesellschaftsordnung auftreten. Gleichwohl könnte diese Ordnung die Menschheit näher denn je an einen Gesellschaftsentwurf heranführen, in dem bessere Rahmenbedingungen als im Industriezeitalter gegeben wären, um ein gutes menschliches Leben führen zu können. Allerdings müsste hierfür neben einer überzeugenden Reaktion auf die Soziale Frage auch noch eine auf die Ökologische Frage vollzogen werden.

---

34 Crouch, Collin (2008). Postdemokratie. Frankfurt/M.
35 Nail, Rob (2015). Dummy's Guide to how robots are transforming the world of work. Interview auf: biznews.com

Die Ökologische Frage im Digitalzeitalter: Zukunft der Natur 9

Oliver Stengel

Der Soziologe Rolf Kreibich geht mit den Fortschrittsverheißungen der Digitalgesellschaften (die er „Wissensgesellschaften" nennt) hart ins Gericht: „Wenn heute noch immer fast zwei Milliarden Menschen kein sauberes Trinkwasser haben, über 1,3 Milliarden unter Hunger und Mangelernährung leiden, es aus politischen, ökonomischen, sozialen und ökologischen Gründen enorme Migrationsbewegungen gibt und die Bedrohungen durch überbordende Konflikte und Terrorismus so groß sind wie lange nicht mehr – dann müssen vor allem auch die Fortschrittseuphorien in den Wissenschaftsgesellschaften hinterfragt werden."[1]

Wie in der Einleitung erwähnt, sind es Altlasten vorangegangener Zeitalter, welche in nachfolgenden Zeitaltern fortwirken. Eine solche ist die Umgestaltung der Umwelt. Schon in Agrargesellschaften wurden Wälder gerodet, Böden ausgelaugt und Tiere gehetzt. Was sich jedoch im Industriezeitalter vollzog, hatte eine neue Qualität. Denn nun verfügten Menschen über neue Werkzeuge und Maschinen, mit denen sie in die Umwelt weitaus effektiver eingreifen konnten als je zuvor. Zerstörte oder geschädigte Umwelten zwingen Menschen aber auch zum Aufbruch. Umweltflüchtlinge sind ergo ein Produkt des Agrar- und Industriezeitalters.

Altlasten wie diese machen es jedoch nicht unlauter, in der Entstehung von Digitalgesellschaften auch einen Fortschritt zu sehen. Schließlich wird sich in ihnen (verglichen mit den vorangegangenen Zeitaltern) manches verbessern. „Fortschritt" meint überdies, dass *manche* Probleme gelöst oder neue Optionen geschaffen werden. Er meint nicht, dass *alle* Probleme gelöst werden und nicht zuletzt werden durch die neuen Optionen auch *neue* Probleme entstehen. All dies ist mit Fortschrittsprozessen vereinbar.

---

1 Kreibich, Rolf (2015). Von Big zu Smart – zu Sustainable? in: APuZ, 11–12, S. 20

Im Industriezeitalter resultierte aus der Arbeiterbewegung und der städtischen Wohnungsnot die *Soziale Frage*. Sie war eines der großen Themen jener Zeit. Einiges spricht dafür, dass (siehe Kapitel 8) die Soziale Frage eine Neuauflage erleben und zusätzlich die Ökologische Frage den Zeitgeist des Digitalzeitalters prägen wird – und zwar mehr als dies seit den 1980ern mit dem Aufkommen der Nachhaltigkeitsdebatte der Fall gewesen ist. Das 21. Jahrhundert wird ein „grünes Jahrhundert" insofern werden, als ein hohes Umweltbewusstsein ein selbstverständliches Element des globalen Zeitgeistes werden wird. Bis zum Beginn des Digitalzeitalters befand sich die Menschheit noch größtenteils in einer Art ökologischen Schlummer, der eine Folge der bis ins Industriezeitalter hineinragenden Entdeckung der Erde war: Von 1492 (der Entdeckung Nordamerikas) bis 1820 (der Entdeckung der Antarktis) schien die Welt mit jedem neu entdeckten Kontinent stetig größer und, was den Ressourcenreichtum betrifft, nahezu unerschöpflich zu sein. William Catton nannte diese aufregende Zeit das „Age of Exuberance", das Zeitalter der überschwänglichen Fülle, in der die Welt ein unbegrenztes Füllhorn zu sein schien.[2]

Erst als Expeditionsteams den Nord- und Südpol erreicht hatten, schien es keinen Ort auf der Erde zu geben, der noch entdeckt werden konnte. Im frühen 20. Jahrhundert rief der britische Geograph Halford Mackinder darum das Ende der, wie er es nannte, „Kolumbischen Epoche" aus.[3] Doch da hatte die Entdeckung des Meeresbodens noch nicht einmal begonnen und die Erforschung der Erde aus dem Weltraum war noch unvorstellbar. Erst das erste, 1968 aus dem Orbit geschossene Foto der Erde, zeigte die Begrenztheit des Planeten und doch hatten es damalige Umweltschützer schwer, sich Gehör zu verschaffen. Nur durch die sich verschärfenden Umweltprobleme der nachfolgenden Jahrzehnte wurden Umweltschutz und Umweltbewusstsein allmählich akzeptiert.

Wenn die Menschheit einer lebenswerten Zukunft entgegen schreiten möchte, muss sie also zwei Probleme lösen: Sie muss lernen, *mit sich selbst und mit der Erde* zurechtzukommen. Dazu braucht sie u. a. Antworten auf die Soziale und die Ökologische Frage. Die Ökologische Frage fragt, wie angesichts von Bevölkerungswachstum, Klimawandel, Artensterben und schwindender Ökosystemleistungen die Grundvoraussetzungen eines guten Lebens für eine zahlenmäßig wachsende Menschheit bereitgestellt werden können. In seinem Buch zur Frage, welche globalen Probleme im 21. Jahrhundert am dringlichsten zu lösen sind, vertritt Thomas Friedman die Ansicht, dass es vor allem ökologische Probleme seien.[4] Dazu zählt

---

2   Catton, William R. (1980). Overshoot. Urbana
3   Burke, Peter (2014). Die Explosion des Wissens. Berlin, S. 26
4   Friedman, Thomas L. (2010). Was zu tun ist. Eine Agenda für das 21. Jahrhundert. Frankfurt/M.

er die Bereitstellung „sauberer" Energie, d. h. die weltweite Abkehr von den fossilen Energieträgern Kohle, Öl und Gas, deren Verfeuerung charakteristisch für das industrielle Zeitalter gewesen ist. Dazu zählt nach den schweren Reaktorunfällen in Tschernobyl (1986) und Fukushima (2011) aber auch die Abkehr von oder die Neuerfindung der durch Kernspaltung gewonnenen Atomenergie.

Notwendig ist angesichts schwindender Süßwassermengen auch die Aufrechterhaltung und sogar Ausweitung der Trinkwasserversorgung, was durch Bevölkerungswachstum und Klimawandel in vielen Regionen komplizierter wird. Die Entwicklung umweltfreundlicher und günstiger Meerwasserentsalzungsverfahren dürfte hier eine wichtige Rolle spielen. Ein weiteres großes Thema wird die tierethisch und ökologisch korrekte sowie sichere Produktion von Nahrungsmitteln für die wachsende Weltbevölkerung sein. Es gibt also eine Reihe drängender Herausforderungen auf denen der menschliche Einfallsreichtum mit Innovationen wird reagieren müssen. Um den oft mit erheblichen negativen Eingriffen für die terrestrischen Ökosysteme verbundenen Abbau von Rohstoffen einzudämmen, könnte es überdies notwendig werden, neue Rohstoffquellen zu erschließen. Diese Quellen werden – zumindest zu einem Teil – außerirdische sein.

9.1 Land

Während die Menschen der Altsteinzeit noch vollständig *in und von* der Natur lebten, zeigte sich seit den Anfängen von Ackerbau und Viehzucht ein Entwicklungstrend, der sich in der Industriegesellschaft verstärkt hat und sich in der Digitalgesellschaft weiter verstärken wird: Die Geschichte der menschlichen Zivilisation ist eine Geschichte der schrittweisen Emanzipation, d. h. Unabhängigkeit von der Natur. Menschen leben nach wie vor *in* der (anthropogenen) Natur, *aber immer weniger von ihr.*

Schon die frühen Ackerbauern rangen der wildwachsenden Natur künstliche Inseln ab, auf denen sie für sich nützliche Pflanzen anbauten (siehe Kapitel 2.1) und andere Pflanzen fernhielten. „Der ursprüngliche Mensch", schrieb Oswald Spengler einmal, „ist ein schweifendes Tier, […] ortsfrei und heimatlos, mit scharfen und ängstlichen Sinnen, immer darauf bedacht, der feindlichen Natur etwas abzujagen. Eine tiefe Wandlung beginnt erst mit dem Ackerbau – denn dies ist etwas *Künstliches*, wie es Jägern und Hirten durchaus fern liegt: wer gräbt und pflügt, will die

Natur nicht plündern, sondern *abändern*."[5] Auf diesen künstlichen Inseln – den sog. „Kulturlandschaften" – begann die Umgestaltung der Umwelt, die im Grunde eine große *Vereinfachung* ist: Die Landwirtschaft vereinfacht Ökosysteme, indem sie natürliche und komplexe, artenreiche, biologische Gemeinschaften durch einfache, vom Menschen geschaffene Landschaften ersetzt, in denen in der Regel nur eine Pflanzenart wächst. Diese reduzierten Areale könnten von sich aus nicht überleben, weshalb Bauern reichlich Arbeit in ihre Erhaltung investieren müssen: „Unkräuter", d. h. in die künstliche Landschaft vordringende Nichtnutzpflanzen müssen vernichtet werden; vordringende Tierarten, die sich von den Nutzpflanzen ernähren, ebenso. Der Boden muss nach jeder Ernte umgepflügt und neu bepflanzt, künstlich gedüngt und ggf. künstlich bewässert werden, damit die Nutzpflanzen wie gewünscht gedeihen.

Weltweit wuchsen im Jahr 2015 schätzungsweise drei Billionen Bäume. Seit der Neolithischen Revolution hat sich die Zahl der Bäume auf der Erde allerdings um 46 Prozent verringert. Und noch heute schrumpft der weltweite Baumbestand um 15 Milliarden Bäume jährlich, vor allem um Platz für neue Acker- und Weideflächen zu schaffen.[6]

Zwischen den natürlichen Arealen und den künstlichen Acker- und Weideflächen gibt es einen Unterschied, der um so mehr auffiel, je größer der Anteil der künstlichen Flächen auf der planetaren Landmasse wurde: Natürliche Flächen sind eine Senke für CO_2, sie bieten vielen Arten eine Lebensgrundlage, sie reinigen das Wasser und erhalten die Bodenfruchtbarkeit. Die Agrarflächen sind dagegen eine Quelle für CO_2 und andere Treibhausgase, sie bieten nur wenigen Arten eine Lebensgrundlage, sie verschmutzen das Wasser durch Gülle, chemischen Dünger sowie Pflanzen- und Insektenvernichtungsmittel und eutrophieren Gewässer. Durch Übernutzung und Versalzung werden weltweit jedes Jahr rd. 48 Milliarden Tonnen Boden unfruchtbar, was Erosion und Desertifikation begünstigt und Landschaften weiter vereinfacht, denn auf unfruchtbaren Böden gedeiht nichts mehr. Das ist nicht nur ein ökologisches Problem, für eine zahlenmäßig wachsende Weltbevölkerung ist es auch ein humanitäres.

Aus einer erdnahen Umlaufbahn betrachtet, sieht es aus, als steckte die Menschheit noch im Agrarzeitalter, da die Landmassen der Erde durch Agrarflächen geprägt sind: ca. 40 Prozent der Landfläche der Erde sind in der gegenwärtigen Frühphase des Digitalzeitalters noch Felder oder Weiden. Streng genommen kann

---

5 Spengler, Oswald (1995) [1923]. Der Untergang des Abendlandes. München, S. 660 (im Original kursiv)
6 Crother, Thomas et al. (2015). Mapping tree density at a global scale. in: nature, published online 02 Sept

man folglich erst vom endgültigen Ende des Agrarzeitalters sprechen, wenn die Oberfläche des Planeten nicht mehr agrarisch gestaltet ist und in der Hochphase des Digitalzeitalters könnte das Agrarzeitalter final überwunden werden.

Nahrungsmittel müssen dann nicht mehr auf Äckern oder Weiden wachsen. Denn computergesteuerte Indoor-Farmen verlagern den Anbau von Nutzpflanzen allmählich in geschlossene Räume mit vertikalen Ebenen, in denen die Pflanzen flächeneffizient, erdelos und nahezu unabhängig von der Außenwelt wachsen (siehe Kapitel 10.2). Auf diese Weise können viele Nutzpflanzen künftig in einer Stadt, statt in deren Umland oder gar auf anderen Kontinenten angebaut werden. In diese Räume können keine Schädlinge vordringen, sodass keine Vernichtungsmittel eingesetzt werden müssen, violettes Licht versorgt die Pflanzen mit der für sie optimalen Lichtdosis und auch die Temperatur ist ideal für sie eingestellt.[7] Durch Wetterextreme oder Bodenerosion verursachte Missernten und lange Transportwege entfallen vollständig. Die auf diese Weise eingesparten Agrarflächen können wieder durch natürliche Vegetation besiedelt werden, wodurch die Vereinfachung von Ökosystemen umgekehrt und die globale Erderwärmung gebremst werden kann.

Vereinfacht wurden Ökosysteme im Agrar- und Industriezeitalter, aber nicht nur durch die Land- und Viehwirtschaft, sondern auch durch die Nutzung von Holz. Von den weltweit rd. 370.000 bekannten Pflanzenarten waren 2016 etwa 20 Prozent vom Aussterben bedroht. Als größte Extinktionsfaktoren gelten die Ausdehnung von Acker- und Weideland – sowie die Abholzung.[8]

Seit jeher war Holz, *das* Material mit dem Menschen arbeiteten und Energie erzeugten. Die „Steinzeit" erhielt ihren Namen zwar von den erhalten gebliebenen Steinwerkzeugen. Mehr noch aber war die Steinzeit eine Holzzeit. Denn Holz war der damals weit gebräuchlicherer Werkstoff, für Grabstöcke, Waffen, einfache Unterschlüpfe und zur Erzeugung von Wärme. Und das galt auch noch für die Agrarzeit.

Holz wurde Tausende Jahre lang für Licht, Wärme und zum Kochen, für den Bau von Waffen und Werkzeugen, Häusern und Möbeln, Karren und Kutschen, Nachen und Schiffen sowie für die Herstellung von Papier und Pappe benötigt. Ohne Holz kein Feuer und ohne Feuer keine Metallurgie (und bessere Waffen und Werkzeuge) und ohne Feuer auch kein Glas.

In der Antike wurde ein großer Teil des Mittelmeergebietes entwaldet, wovon sich diese Gegenden ökologisch betrachtet bis heute nicht erholt haben. Die meisten Wälder wurden zugunsten neuer Ackerflächen gerodet, die verbleibenden Reste

---

7   Despommier, Dickson (2011). Vertical Farm: Feeding the World in the 21st Century. New York

8   Royal Botanic Gardens Kew (2016). State of the World's Plants 2016. auf: stateoftheworldsplants.com

fielen dem Bau von Schiffen, Häusern, und Militärlagern zum Opfer. Um das Jahr 1400 waren in Europa bereits zwei Drittel des ursprünglichen Waldbestandes gerodet, obwohl die Bevölkerung damals zahlenmäßig vergleichsweise gering war. Zwischen 1700 und 1850 war Wald in Mitteleuropa schließlich eine Seltenheit: „Im 18. Jh. war der Anteil des Waldes in der Kulturlandschaft auf ein Minimum zurückgegangen. Wie viel Gehölzfläche es nicht gab, ist nicht festzustellen. Es bestanden zwar einige herrschaftliche Forsten", hält der Landschaftshistoriker Hansjörg Küster fest. „Von den vielen Wäldern war aber nur noch der Name geblieben: Übermäßige Holznutzung und Überweidung hatten aus norddeutschen Eichen- und Buchenwäldern Heiden werden lassen, in denen die ursprünglichen Waldbodenpflanzen Heidekraut und Drahtschmiede allein die Vegetation prägten. [...] Im 18. Jahrhundert und auch schon davor wurde die Waldverwüstung immer wieder angeprangert, drohte doch die totale Energie- und Rohstoffkrise, wenn es kein Holz mehr gab. Manche Fürsten und Staatsbeamte wussten, dass an solchen Krisen die antiken Mittelmeerkulturen zerbrochen waren. [...] Schließlich konnte mit großer Kraftanstrengung die völlige Entwaldung Mitteleuropas verhindert werden."[9] In dieser Notphase formulierte Carl von Carlowitz 1713 seine Vorstellung einer nachhaltigen Forstwirtschaft, wonach nur so viel Holz geschlagen werden sollte, wie durch planmäßige Aufforstung nachwachsen konnte. In der Praxis erfolgte die Aufforstung durch die Pflanzung schnell wachsender Nadelbäume, was wirtschaftlich sinnvoll war, ökologisch jedoch weniger. Viele Waldflächen glichen nun eher Stangenholzplantagen als jenen urtümlichen Wäldern, die der römische Historiker Gaius Tacitus noch schauerlich vor Augen hatte, als er durch Germanien zog.

Der Umstieg von Holz auf Kohle als Brennstoff entlastete zwar den Wald, sodass nun auch Laubbäume gepflanzt werden konnten, er belastete jedoch das Weltklima, weshalb ein weiterer Umstieg von Kohle auf saubere Energieträger erforderlich ist. Im Digitalzeitalter wird sich die Entlastung des Waldes aber auch bei numerisch anschwellender Weltbevölkerung wahrscheinlich fortsetzen. Die Voraussetzung dafür ist die weiter rückläufig werden Abhängigkeit von Holz und von agrarwirtschaftlichen Flächen, denn ihre Abhängigkeit zwingt zur Schädigung bzw. zur Vereinfachung von Ökosystemen. Gelingt es Gesellschaften immer weniger auf Holz angewiesen zu sein, kann der Holzeinschlag stetig reduziert werden.

Holz wird in großen Mengen zur Herstellung von Papier (für Bücher, Zeitungen, Zeitschriften, Schreibhefte, Akten, Geldscheine, Tickets) und Pappe (als Verpackungsmaterial) eingesetzt sowie für Sanitärartikel (Taschentücher, Klopapier). Papier war im Industriezeitalter *das* Fundament, auf dem Gesellschaften

---

9   Küster, Hansjörg (2010). Geschichte der Landschaft in Mitteleuropa. München, S. 321

basierten. Nicht ohne Kohle und Stahl wären sie zusammengebrochen, sondern ohne Papier. „Alle wichtigen Verrichtungen der Großstadt", schrieb einmal Lewis Mumford, „hängen unmittelbar mit Papier [...] zusammen; das Druckgewerbe und die Verpackungsindustrie gehören zu ihren wichtigsten Wirtschaftszweigen. Was sich in den Kontoren der Großstadt abspielt, hängt unmittelbar mit Papier zusammen: Registriermaschinen, Buchhaltung, Registratur, Kartotheken, Urkunden, Verträge, Hypotheken, Memoranden und Prozeßakten, ferner Prospekte, Anzeigen, Zeitschriften und Zeitungen. [...] Im Ablauf des Tages türmen sich die Papierberge immer höher; die Papierkörbe füllen sich, werden geleert und füllen sich wieder. Die Fernschreiber strömen ihre Börsenberichte und Nachrichten aus. Schüler und Studenten füllen ihre Hefte, sie verschlingen und verdauen den Inhalt von Büchern, wie die Seidenraupe die Maulbeerblätter verschlingt".[10] Für die weiße Flut mussten in der Vergangenheit ganze Wälder gerodet werden, weswegen auch das Industriezeitalter im Grunde noch ein Holzzeitalter war.

Aber: Der Papierkonsum ist auf dem Rückzug, Dateien sind nun auf dem Vormarsch. Seit 2005 nimmt der globale Holzverbrauch für die Papierproduktion nicht mehr zu und war 2013 sogar leicht rückläufig, was daran liegt, dass Bücher, Zeitungen und Zeitschriften zunehmend digitalisiert werden.[11] Die Digitalisierung verringert den Papierverbrauch, erhöht aber den Verbrauch an Pappkartons, die zur Verpackung jener Waren verwendet werden, die online bestellt und dann versendet werden. Die sich fortsetzende 3D-Druckrevolution wird jedoch auch den Verbrauch an Verpackungskartons reduzieren, da die gedruckten Waren entweder zu Hause oder in nahe gelegenen Copy-Shops ausgedruckt werden können. Und die Umstellung auf den digitalen Zahlungsverkehr wird den Papierverbrauch für die Herstellung von Banknoten überflüssig machen. War das 20. Jahrhundert ein Jahrhundert der Entwaldung, könnte das 21. Jahrhundert eines der Bewaldung werden, da die Digitalisierung den Papierverbrauch immer weiter verringert und Bäume folglich nicht mehr im gleichen Maße gerodet werden müssen und Ackerflächen irgendwann wieder verwildern können.

Das gilt auch für Weideflächen: Die Herstellung von Fleisch, gewonnen aus tierischen Muskelzellen, die in einer Nährlösung vermehrt und zu Fleischprodukten geformt werden, wird die Entwaldung weiter reduzieren und die Vereinfachung von Ökosystemen langfristig ebenfalls umkehren. Denn der Bedarf an Weideflächen sowie an Flächen für den Anbau von Viehfutter (Soja, Mais u. a.) verringert sich dramatisch, wenn echtes Fleisch hergestellt wird, ohne dafür ein Tier töten zu müs-

---

10 Mumford, Lewis (1961). Die Stadt. Köln, S. 639
11 FAO (2014). Forest products statistics. auf: fao.org

sen.¹² Da auf einem Drittel der weltweiten Ackerflächen Viehfutter angebaut wird, nimmt zugleich jene Fläche erheblich ab, die durch Indoor-Farmen bereitgestellt werden müsste. Sie verringert sich zusätzlich, wenn die globalen Lebensmittelverluste und die globale Lebensmittelverschwendung gestoppt werden, denn beide sind gleichermaßen eine Verschwendung von Landflächen.¹³

Auch die synthetische Herstellung von Palmöl z. B. durch genetisch veränderte Algen oder Bakterien kann die klassische Palmölproduktion unnötig machen. Für diese wurden bislang große Waldregionen Südostasiens abgebrannt, um sie durch Ölpalmplantagen zu ersetzen. Diese Flächen müssten nicht mehr beansprucht werden, wenn das Öl ohne die Palme gewonnen wird – und Verfahren dazu wurden bereits entwickelt.¹⁴

Die Beispiele zeigen, dass sich der ökologische Fußabdruck der Menschheit nicht weiter vergrößern muss, wenn sich die Menschheit von bestimmten natürlichen Ressourcen unabhängiger macht und den Ökosystemen dadurch Landfläche zurückgeben kann. Dies gilt selbst dann, wenn die Weltbevölkerung auf zehn Milliarden Menschen angewachsen ist. Denn nicht zuletzt ziehen Menschen weltweit aus ländlichen Räumen in die Städte. Auch dieser Prozess gibt Ökosystemen Land zurück, da Menschen in Städten flächeneffizienter wohnen. Waren das Agrar- und das Industriezeitalter Epochen des Flächenfraßes, könnte das Digitalzeitalter einen Jahrtausende anhaltenden Trend umkehren, da Digitalgesellschaften einen geringeren ökologischen Fußabdruck haben.

9.2 Luft

Das Industriezeitalter war ein *Zeitalter der Luftverschmutzung*. Noch in den 1950ern und 1960ern Jahren war die Luftqualität in London, Paris oder in den Städten des Ruhrgebiets so beklagenswert, dass 1952 der Begriff „Smog" aus den Wörtern „Smoke" und „Fog" konstruiert wurde, um ein damals weit verbreitetes Phänomen benennen zu können. Die Stickstoffdioxid-, Schwefeldioxid- und Feinstau-

---

12 Mattick, Carolyn et al. (2015). Anticipatory Life Cycle Analysis of In Vitro Biomass Cultivation for Cultured Meat Production in the U.S. in: Environmental Science & Technology, 19, S. 11941–11949; Tuomisto, Hanna/Mattos, Joost (2011). Environmental Impacts of Cultured Meat Production. in: Environmental Science & Technology, 14, S. 6117-6123

13 FAO (2013). Food wastage footprint: summary report. auf: fao.org

14 University of Manchester iGem-Team (2013). An Impact Analysis of a Synthetic Palm Oil. auf: 2013.igem.org

bemissionen von Verkehr, Fabriken, dem Pestizid- und Düngemitteleinsatz (der Dämpfe entstehen lässt, die sich hunderte Kilometer verbreiten können) sowie dem Gebrauch von Heizungen hüllten die Städte an windstillen Tagen in eine giftige Wolke. Der Große Smog von London im Jahre 1952 forderte über 4.000 Tote und leitete zumindest in Europa ein Umdenken ein.

Im frühen Digitalzeitalter wird die Luft in den klassischen Industrienationen Europas und Nordamerikas allmählich sauberer,[15] wenngleich sie in den Metropolen noch immer eine unbefriedigende Qualität aufweist (in Paris ist die durchschnittliche Lebenserwartung wegen den Luftschadstoffen um sechs Monate gesunken). Weit schlimmer jedoch ist die Situation in den aufstrebenden Wirtschaftsnationen Asiens, in denen Fabriken, Fahrzeuge, Heizungen und Herde primär mit fossilen Energieträgern angetrieben werden und vor allem Kohle zur Strom- und Wärmegewinnung eingesetzt wird. Nach einer Studie, in der die Luftqualität in 3.000 Städten mit über 100.000 Einwohnern untersucht wurde, konnten 98 Prozent der untersuchten Städte in Entwicklungs- und Schwellenländern die WHO-Richtlinien für Luftqualität nicht erfüllen.[16]

Der Große Smog von China im Jahr 2014 drang in die Atemwege von 400 Millionen Menschen ein. Die Tage waren so dunkel, dass die Fotosynthese der Pflanzen erheblich beeinträchtigt wurde. Der künstliche Nebel war so dicht, dass zahlreiche Verkehrsunfälle die Folge waren. Die Luft war so schmutzig, dass die Feinstaubbelastung den von der WHO empfohlenen Grenzwert um das 17- bis 20-fache überschritt. Smog war zu dieser Zeit nicht auf China begrenzt. Die WHO schätzte, dass 2012 weltweit jeder achte Mensch an den Folgen verdreckter Luft gestorben ist.[17] 2016 kündigte die chinesische Volkspartei schließlich an, über tausend Kohlekraftwerke binnen eines Jahres schließen zu wollen und in den folgenden Jahren weitere. Vielleicht ist das an Anzeichen dafür, dass sich China so schnell vom Industriezeitalter verabschiedet, wie es selbiges in der zweiten Hälfte des 20. Jahrhunderts ins Land geholt hatte.

Wegen der verunreinigten Luft trat in dieser Jahrhunderthälfte ein bis dato vollkommen neues Phänomen auf, das erstmals in den 1950ern gemessen wurde und fortan die Bezeichnung „Global Dimming" erhielt: Die Verdunkelung der Erde während des Tages. Von 1961 bis 1990 hatte sich die Sonnenstrahlung an der Erd-

---

15　Duncan, Bryan et al. (2016). A space-based, high-resolution view of notable changes in urban NO_x pollution around the world (2005–2014). in: Journal of Geophysical Research, 1

16　WHO (2016). Air pollution levels rising in many of the world's poorest cities. auf: who. int

17　WHO (2014). 7 million premature deaths annually linked to air pollution. News release, 25.3. (auf: who.int)

oberfläche in Folge künstlicher Wolken und der Luftverschmutzung um geschätzte vier Prozent verringert. Die in der Atmosphäre schwebenden Schmutzteilchen wirken wie Kondensationskeime, an denen sich Wassertröpfchen anheften und Wolken bilden. Bei den von Flugzeugen verursachten Kondensstreifen lässt sich die im Grunde künstliche Wolkenbildung gut beobachten. Satelliten zeichnen aber auch immense künstliche Wolkenfelder auf, die an manchen Tagen große Regionen Asiens bedecken und das von der Sonne kommende Licht in den Weltraum zurückstrahlen und der Erderwärmung damit entgegenwirken.

Der Verdunklungswert weist temporale und regionale Unterschiede auf. So wurde die höchste Verdunklungsrate bis 1980 mit zehn Prozent *über dem Gebiet der USA* und dem indischen Ozean gemessen. Mit der zunehmenden Filterung von Abgasen in der Welt nahm die Verdunkelung ab der Mitte der 1980er Jahre in den USA wieder ab – nicht aber in Asien, wo sie seitdem zunahm.[18] Gleichwohl ist im Digitalzeitalter zu erwarten, dass die Luft durch den Umstieg von Holz und fossilen Energieträgern auf umweltfreundliche, durch den Umstieg von Verbrennungs- auf Elektromotoren bei Fahrzeugen sowie durch neue urbane Verkehrskonzepte auch in Asien erheblich sauberer wird, Städte an Lebensqualität gewinnen und die durchschnittliche Lebenserwartung der Menschen dadurch zunimmt.

Die Lösung des Problems der Luftverschmutzung steigert freilich das Problem der Erderwärmung. Denn die künstlichen Wolken reflektieren Sonnenstrahlen und haben im Großen und Ganzen einen kühlenden Effekt. Fehlen sie erwärmen sich Land und Städte: Als nach dem Attentat auf das World Trade Center in New York ein landesweites dreitägiges Flugverbot verordnet wurde und der Himmel folglich frei von Kondensstreifen war, nahm die durchschnittliche Temperatur auf dem Territorium der USA unter den sonst gleich gebliebenen Bedingungen einer stabilen Hochdruckzone um 1,1 Grad zu.[19] Die Gesellschaften werden sich im 21. Jahrhundert folglich einmal mehr an die Folgen des Klimawandels anpassen müssen. Die Folgen sauberer Luft haben auch einen positiven Aspekt: Solaranlagen werden etwas mehr Sonnenlicht in Energie umwandeln können.

Das Ende der globalen Luftverschmutzung geht mit dem Übergang von Verbrennungs- zu Elektromotoren und einer neuerlichen *Energierevolution* einher, die sich in der Frühphase des Digitalzeitalters vollziehen wird, weil sie sich in ihm vollziehen muss. Fossile Energieträger werden auch in den nächsten Jahrzehnten

---

18 Wild, Martin et al. (2009). Global dimming and brightening: An update beyond 2000. in: Journal of Geophysical Research Atmospheres, 10; Liepert, Beate (2002). Observed Reductions in Surface Solar Radiation in the United States and Worldwide from 1961 to 1990. in: Geophysical Research Letters, 10
19 Travis, D.J. et al. (2002).Contrails reduce daily temperature range. in: nature, 418, S. 601

wichtige Energiequellen sein. Ihre Bedeutung wird aber von Jahrzehnt zu Jahrzehnt abnehmen, bis sich ein neues Energieregime etabliert hat, das auf der Nutzung erneuerbarer Energien und womöglich auch auf Fusionsenergie basiert. Die Frage ist nicht, ob sich die Energiewende vollziehen wird, sondern wie viel Zeit sie braucht und wie groß die Folgeschäden der Nutzung fossiler Energieträger sein werden. Sie werden umso größere und langanhaltender, je länger der Übergang dauern wird.

9.3 Energie

Jedes Zeitalter kennzeichnet sich durch die Verwendung von Energieträgern, die im vorangegangenen Zeitalter nicht genutzt werden konnten, aber in den nachfolgenden immer noch zum Einsatz kommen können.

Jäger und Sammler nutzen primär ihre eigene Muskelkraft um Dinge zu bewirken oder das Feuer. Menschen in Agrargesellschaften nutzten die Muskelkraft domestizierter Tiere, sie nutzten Feuer, aber auch den Wind, um Boote zu bewegen und Wind wie Wasser, um Mühlen anzutreiben, die Korn zu Mehl mahlten. Menschen in Industriegesellschaften nutzten zunächst noch Holz, dann primär fossile Energieträger, die in Öfen und Motoren verbrannt wurden sowie in Großkraftwerken, wo die Hitze in Strom verwandelt wurde. In einigen Ländern wurde als Ergänzung Kernenergie genutzt, aber da driftete das Industriezeitalter bereits seinem Ende entgegen.

Das Digitalzeitalter wird neue primäre Energieträger hervorbringen, denn die alten sind entweder zu unergiebig oder ein Umweltproblem. Vor allem die Nutzung fossiler Energieträger erwies sich als bedenklich, da sie dazu beitrug die Erde in ein Treibhaus zu verwandeln und die Atemluft zu verschmutzen. Kurz vor dem Beginn der Industrialisierung enthielt die Atmosphäre 280 CO_2-Moleküle pro einer Millionen Atmosphärenteilchen, d.h. 280 ppm. 2016 waren es bereits 409 ppm. Wird die Grenze von 450 ppm überschritten (und bei der gegenwärtigen Geschwindigkeit des CO_2-Anstiegs könnte dies in 25 Jahren der Fall sein), wird sich die mittlere Temperatur der Erde um mindestens zwei Grad im Vergleich zu vorindustriellen Zeit erwärmt haben. Dann wird sich die Menschheit aus dem für sich sicheren Entwicklungskorridor in eine Hochrisikozone begeben haben. Ein rascher Bruch mit der primären Energiegewinnung des Industriezeitalters kann dieses Szenario verhindern – und dieser Bruch wird gemeinhin als „Energiewende" bezeichnet. Durch sie soll der Verbrauch fossiler Energie drastisch verringert und neue, umweltunbedenkliche Energieträger gefördert werden. Die alten wie die neuen Industriegesellschaften tun sich mit dieser Wende jedoch schwer, schon deshalb, weil sie immer mehr Energie verbrauchen. Zwar gehen Energieeffizienzmaßnahmen und die technische Entwicklung (z. B. von organischen Leuchtdioden) mit energetischen Einsparungen einher, dennoch wird der Energieverbrauch im Digitalen Zeitalter zunehmen. Dafür sprechen einmal Erfahrungen, die im Industriezeitalter gemacht wurden: So hatte James Watt 1764 den Auftrag, eine schlecht funktionierende Dampfmaschine zu verbessern. Das gelang ihm fünf Jahre später so gut, dass seine Maschine bei gleicher Leistung rund 60 Prozent weniger Kohle benötigte, als das von Thomas Newcomen entwickelte Vorgängermodell. Dennoch führte die gewaltige Effizienzerhöhung *nicht* zu einem geringeren Kohleverbrauch: Watts Dampfmaschine war vielmehr der Auslöser für einen erhöhten Kohleverbrauch, da für Dampfmaschinen zunehmend *neue Anwendungsmöglichkeiten* gefunden wurden.

Auch zeigte die Entwicklung der Lichtquellen von Kerzen zu Öllampen zu Glühbirnen, dass jeder Übergang einerseits energieeffizienter war, zugleich aber mit einem größeren Lichtkonsum einherging: Im Jahr 1700 konsumierte jeder Engländer etwa 580 Lumenstunden jährlich (eine Lumenstunde entspricht dem Licht einer Kerze in einer Stunde). Bis dahin war die einzige Lichtquelle der Menschen das Feuer. 2010 verbrauchte dagegen jeder Engländer durchschnittlich rund 46 Millionen Lumenstunden pro Kopf und Jahr. Der Übergang zu LEDs dürfte diesen Trend fortsetzen. Tsao et al. prognostizieren durch ihre Verbreitung sogar einen 10-fach höheren Energieverbrauch für das Jahr 2030.[20]

Das dahinter stehende Paradox, dass der Energieverbrauch durch energieeffiziente Technologie zunimmt, ist schon lange bekannt. 1866 formulierte der Ökonom William S. Jevons das nach ihm benannte Paradox: „It is wholly a confusion of ideas to suppose that the economical use of fuel is equivalent to a diminished consumption. The very contrary is the truth."[21] Energie sparende Technologie, macht den Einsatz von Energie verbrauchenden Erzeugnissen attraktiver. Je günstiger bzw. einfacher zugänglich Energie folglich ist, desto häufiger und vielfältiger wird sie eingesetzt. LED-Leuchten finden sich heute beispielsweise in Spielzeugen, Schrauben, Duschköpfen, Kleidungsstücken, Gebäudefassaden – in Bereichen also, in denen Leuchtmittel zuvor niemals eingesetzt wurden Die noch möglichen Illuminierungsoptionen für LED-Leuchten sind noch längst nicht ausgeschöpft, da steht mit der OLED-Technik schon eine neue Lichttechnik in den Startlöchern,

---

20 Tsao, J.Y. et al. (2010). Solid-state lighting: an energy-economics perspective. in: Journal of Physics D: appiled Physics, 35
21 Jevsons, William S. (1866). The Coal Question. London, S. 123

die Licht mit noch weniger Strom bereitstellt und noch mehr Anwendungsmöglichkeiten in Aussicht stellt.

Außerdem spricht die *gesamte bisherige Menschheitsgeschichte* für einen weiter zunehmenden Verbrauch von Energie, denn dieser hat bislang auf jeder gesellschaftlichen Entwicklungsstufe zugenommen. Nach Haberl et al. hatten Individuen in Jäger und Sammler-Gemeinschaften einen jährlichen pro Kopf-Energieverbrauch von 10–20 Gigajoule, was ungefähr der Verbrennung von 0,3 kg Steinkohle entspricht. Ein durchschnittliches Individuum in Agrargesellschaften hatte einen jährlichen Energieverbrauch von etwa 65 Gigajoule, wofür man 2.218 kg Steinkohle verbrennen müsste. Und ein typisches Individuum des Industriezeitalters konsumierte ungefähr 300 Gigajoule bzw. 10.236 kg Steinkohle.[22] Bei diesen Zahlen handelt es sich vielleicht nicht um wackelfeste Kalkulationen, sie zeigen jedoch einen soliden Trend an, der sich auch im Digitalzeitalter fortsetzen wird.

In einer Phase nämlich, in der die Weltbevölkerung um Milliarden weiterer Menschen zunimmt, die Computerisierung expandiert, der Einsatz von Robotern und anderen Maschinen ebenfalls und die digitale Vernetzung von Menschen und Dingen auf dem Vormarsch ist, wird der Energieverbrauch menschlicher Gesellschaften (absolut und pro Kopf) kaum abnehmen können. Das ist dann kein Problem, so lange die Energiequellen sauber sind und der Energieverbrauch die Grenzen der Thermodynamik respektiert.

Der notwendige Umbruch hat bereits eingesetzt. In den letzten Jahren mussten drei große US-amerikanische Kohleabbau-Unternehmen – Alpha Natural Resources (2015), Peabody (2016), und Arch Coal (2016) – Konkurs anmelden, da ihnen neue Umweltvorschriften Schwierigkeiten machten, ebenso das Wachstum der Erdgasindustrie, niedrige Energiepreise, große internationale Fonds, die ihre Gelder aus „schmutzigen" Industrien (etwa der Kohleindustrie) abzogen, sowie als Konsequenz hohe Schulden. Ihr Ende ist zwar noch lange nicht das Ende der Kohleindustrie, doch offenbart sich hier der Wandel der Energieindustrie.

Und er offenbart sich auch hier: Weltweit expandiert die Nutzung von Solar- und Windenergie. 2015 wurde weltweit nicht nur zum ersten Mal mehr Geld in erneuerbare Energien (286 Mrd. US-Dollar) als in Kohle- und Gaskraftwerke (130 Mrd. US-Dollar) investiert, sondern gleich doppelt so viel.[23] Damit ist die Energiewende auch in den Investitionen real geworden und es ist nicht anzunehmen, dass sich diese Entwicklung langfristig umkehren wird.

---

22 Haberl, Helmut et al. (2011). A socio-metabolic transition towards sustainability? Challenges for another Great Transformation. in: Sustainable Development, 1, 1–14
23 UNEP (2016). Global Trends in Renewable Energy Investment 2016. Nairobi (auf: fs-unep-center.org)

Die Zukunft der Energieversorgung wird auch auf Nukleartechnologie basieren. Wenngleich die Geschichte der Entdeckung von Atomen und der in ihnen enthaltenen Energie ein halbes Jahrhundert älter ist, schrieb England im Jahr 1956 wieder einmal Energiegeschichte: In diesem Jahr produzierte das erste Kernkraftwerk Calder Hall im Norden Englands Energie, um diese ins Stromnetz einzuspeisen. Strom wurde im 20. Jahrhundert auch durch Kern*spaltung* gewonnen. Im 21. Jahrhundert könnte Strom auch durch Kern*fusion* erzeugt werden. Die Kernspaltung hat sich durch Havarien in Tschernobyl (1986) und Fukushima (2011), durch die negativen Folgen des Uranabbaus sowie durch die Endlagerproblematik nuklearen Abfalls als riskant erwiesen. Dennoch werden derzeit weltweit Dutzende neue Atomreaktoren gebaut, weswegen diese Technologie zur Energiegewinnung noch Jahrzehnte genutzt werden wird. Sollten neue Kraftwerksgenerationen, wie sie in China entwickelt werden, die bestehenden Sicherheitsprobleme nicht ausräumen können, wird die Kernspaltung langfristig betrachtet jedoch eine Auslauftechnologie sein.

Im noch frühen 21. Jahrhunderts ist die Kernfusion die einzige neue Energiequelle, an der geforscht wird. Energie erzeugten Menschen auf die eine oder andere Weise aus den drei Aggregatzuständen fest, flüssig, gasförmig. Nun könnte Energie aus dem vierten Aggregatzustand der Materie, dem Plasma, gewonnen werden. Es ist nicht unwahrscheinlich, dass in den nächsten Jahrzehnten durch Fusionsreaktionen viel mehr Energie erzeugt werden kann als notwendig ist, um ein mindestens 50 Millionen Grad heißes Plasma entstehen zu lassen, das für die Verschmelzung von Atomkernen erforderlich ist. Ein Gramm Brennstoff könnte in einem Fusionskraftwerk so viel Energie erzeugen, wie die Verbrennungswärme von 11 Tonnen Kohle.

Der Traum von der Kernfusion wird bereits seit den 1950ern geträumt. Er kam auf, als die rivalisierenden Industriemächte USA und SU Atombomben und mit einen das „Gleichgewicht des Schreckens" bauten. Albert Einsteins Theorie und der Bau der Bomben zeigte jedoch, dass man gemäß der Formel $E = mc^2$ enorme Energieentladungen aus wenigen Gramm Materie gewinnen kann – entweder durch die Spaltung schwerer Atomkerne (Uran) oder durch die Verschmelzung leichter Atomkerne (Wasserstoff). Aus dieser Erkenntnis gingen zwei unterschiedliche Bombentypen, die „Atombombe" (Kernspaltung) und die weit explosivere „Wasserstoffbombe" (Kernfusion) hervor. Und weil man sich das Verfahren der Kernspaltung in Kraftwerken zur Energieproduktion dienlich machen konnte, musste das, so die Annahme, doch auch bei der Kernfusion möglich sein – und zwar mit erheblich weniger gefährlichen radioaktiven Abfällen, welche die Kernspaltung in Atomkraftwerken mit sich bringt. Obendrein hat die Kernfusion ein natürliches Vorbild: Unzählige Male vollzieht sie sich sekündlich im Inneren der Sonne. So entstehen das Licht und die Wärme, ohne die auf der Erde kein Leben möglich wäre.

Jedoch hat die Kernfusion einen Haken: Atomkerne möchten nicht miteinander fusionieren. Sie sind von einer Elektronenhülle umgeben, die Elektronen haben eine negative elektrische Ladung und gleichartige Ladungen stoßen einander ab. Atomkerne können nur unter extrem hohem Druck (wie er im Inneren der Sonne vorherrscht) oder im Plasma zur Fusion gebracht werden. Bei hinreichend hohem Druck wird die Abstoßungskraft der Elektronen überwunden, im Plasma werden die Elektronen von den Atomkernen fortgerissen, wodurch diese ihre Abstoßung verlieren und fusionieren. Da ein Druck wie im Sonneninneren (etwa 200 Milliarden Bar) auf der Erde nicht bewirkt werden kann, müssen Techniker eine Temperatur erzeugen, die fast 7-mal höher als im zentralen Bereich der Sonne ist. In Wasserstoffbomben wird der Fusionsprozess dagegen durch eine Kernspaltung bzw. Atomexplosion in Gang gesetzt. Die Explosion entlädt eine stärkere Kraft als die Abstoßungskraft der Elektronen und Atomkerne kollidieren bei der Detonation mit so hoher Wucht, dass die Fusion in Gang gesetzt wird. In Kraftwerken verbietet sich dieses Vorgehen freilich und so müssen dort einige Gramm Materie auf über 100 Millionen Grad aufgeheizt werden. Das Plasma muss – um keinen Schaden anzurichten und um nicht abzukühlen – in einem Magnetfeld eingesperrt werden. Und dessen stabile Aufrechterhaltung – nicht die Erzeugung des Plasmas – ist zugleich das größte technische Problem an der Fusion. Wird es gelöst, schwebt das Plasma vom Magnetfeld gehalten, berührungsfrei im Inneren einer Vakuumkammer. Seit Jahrzehnten arbeiten Forscher mehrerer Nationen jedoch an der Erzeugung eines geeigneten Magnetfeldes, das einen Dauerbetrieb des Reaktors ermöglichen kann, ohne bislang einen echten Durchbruch erzielt zu haben.

Theoretisch kann das Problem gemeistert werden, doch lauten die Fragen, zu welchen Kosten und wann. Es könnte noch Jahrzehnte dauern und weil die fortschreitende Erderwärmung die möglichst rasche Abkehr von fossilen Brennstoffen von Dekade zu Dekade dringender erzwingt, wird die Entwicklung und der Ausbau effizienterer Wind- und Solarstromanlagen simultan vorangetrieben. Auch wegen der Weiterentwicklung von Batterie-Stromspeichern, mit denen Solarenergie auch nachts genutzt werden kann, gewinnt Solarstrom an Attraktivität.

Solarzellen erreichen gegenwärtig einen Wirkungsgrad von rund 20 Prozent und das bedeutet, dass 80 Prozent des einfallenden Sonnenlichts nicht in Strom umgewandelt werden können. Unter Laborbedingungen konnten Mehrfachsolarzellen, die aus mehreren Schichten von Solarzellen bestehen, allerdings einen Wirkungsgrad von immerhin 45 Prozent erzielen.[24] Andere Forscherteams nähern

---

24 Dimroth, Frank et al. (2014). Wafer bonded four-junction GaInP/GaAa/GaInAsP/GaInAs concentrator solar cells with 44.7 % efficiency. in: Progress in Photovoltaics, 3, S. 277–282

sich immerhin der 30 Prozent-Grenze an, wobei der Preis für die Herstellung der Solarzellen aufgrund der niedrigen Materialkosten tendenziell sinkt.[25]

Entwickelt werden zudem Farbstoffsolarzellen, die in die Fassaden und Scheiben von Gebäuden integriert werden. Da es diese Zellen in verschiedenen Farben und auch transparent gibt, können sie optisch an verschiedenfarbige Hauswände und durchsichtige Fenster angebracht werden. Die dabei eingesetzten Materialien sind außerordentlich kostengünstig. Verwendet wird kein Silizium als Halbleiter, sondern Titanoxid, wie es etwa in Zahnpasta oder Wandfarbe vorkommt oder Farbstoffe, die in Fruchtsäften enthalten sind. Auf die Außenwand werden die einzelnen Schichten einer Farbstoffsolarzelle gedruckt oder gesprüht, zu sehen sind sie anschließend nicht. Noch liegt ihr Wirkungsgrad deutlich unter dem der siliziumbasierten Zellen, ist aber in letzter Zeit deutlich gestiegen.

Auf welche Weise es auch geschehen wird: Gebäude werden nicht mehr nur ein Konsument von Energie sein, sondern auch deren Produzent. Sie sind dann *stromautark* und benötigen keinen Anschluss an ein Stromnetz, was gleichbedeutend mit einem Strukturbruch ist, da das bisherige Geschäftsmodell und Versorgungssystem dadurch zusammenbricht.

In immer mehr Staaten ist Solarstrom schon heute günstiger als Strom aus dem Netz, weshalb es sich für Hausbesitzer und Unternehmer finanziell lohnt, Solaranlagen für den Eigengebrauch zu installieren. Je mehr Haushalte aber ihren Strom nicht mehr aus dem Stromnetz beziehen, desto teurer wird der Strom für die übrigen Haushalte, da weniger Verbraucher die Großkraftwerke finanzieren müssen. Das aber wird die Privatisierung der Stromversorgung nur beschleunigen, da Anreiz und Kostendruck nun gleichermaßen größer werden, Strom durch das eigene Gebäude zu beziehen. Folglich könnten die viele Landschaften prägenden Strommasten nach und nach demontiert und ihre Materialien recycelt werden. Nur manche dieser stählernen Gerüste, vielleicht sogar die ein oder andere Trasse, werden der Nachwelt als Industriedenkmäler erhalten bleiben.

Was es dazu noch braucht, sind Stromspeicher, die größere Energiemengen zu speichern in der Lage sind. Zwar nicht den ersten überhaupt, aber einen wichtigen Schritt hierzu hatte das Unternehmen Tesla 2015 mit der Markteinführung eines Stromspeichers für den Hausgebrauch gemacht (das Unternehmen ist allerdings nicht der einziger Anbieter solcher Speicher). Dieser soll das Kernproblem der Versorgung mit Solarstrom – die stark schwankende Verfügbarkeit – lösen und auch bei starker Bewölkung oder nachts die Stromversorgung in den eigenen vier Wänden sichern. Geht man davon aus, dass sich die dahinter stehende Technologie

---

25 McMeekin, David et al. (2016). A mixed-cation lead mixed-halide perovskite absorber for tandem solar cells. in: Science, 6269, S. 151–155

in den kommenden Jahren weiter entwickelt und die Stromspeicher (und Solarzellen) künftig leistungsstärker und billiger werden, ist eine dezentralisierte, saubere und billige Energieeigenversorgung kein unrealistisches Szenario mehr – zumal die die Kosten für Stromspeicher sind in den vergangenen 20 Jahren kontinuierlich gesunken sind und die Batterietechnologie in letzter Zeit einige Durchbrüche gemacht hat und erwarten lässt, dass in den nächsten Jahren Batterien verfügbar sein werden, durch die Elektroautos in Minuten aufgeladen werden können. Batterien, die über die Luft aufgeladen werden, aus nichttoxischen Materialien bestehen, kleiner, günstiger, haltbarer sind und sich langsamer entladen, befinden sich ebenfalls in der Entwicklung.

Der privat erzeugte und gespeicherte (Solar-)Strom ist das Ende eines klassischen Geschäftsmodells der Industriezeit, bei dem große Energieversorger, Energie produzierten und verteilten. Wenn jedoch immer mehr Eigenheimbesitzer ihren Strom selbst nahezu unentgeltlich erzeugen und speichern können, warum sollten sie dann noch einen Vertrag mit einem Stromkonzern abschließen? Vermutlich wird es nur noch wenige Jahrzehnte dauern, bis die einstigen „Energieriesen" in ihrer jetzigen Form verschwunden sind. Vor diesem Hintergrund ist fraglich, wie Fusionskraftwerke kostendeckend wirtschaften sollten, wenn die technischen Probleme ihrer Inbetriebsetzung einst überwunden werden sollten. Denn solche Großkraftwerke müssten nach dem alten, industriellen Modell betrieben werden, um die sehr hohen Baukosten amortisieren zu können. Sinkt jedoch die Nachfrage nach Strom, weil dieser in ausreichender Menge dezentral hergestellt wird, dürfte es schwierig werden, Fusionsenergie zu erzeugen. Solarzellen, welche die Fusionsenergie der Sonne nutzen, könnten dann eine zu große Konkurrenz für Fusionskraftwerke werden, die Sonnenenergie erzeugen.

Für die afrikanischen Subsahara-Staaten wird eine günstige und dezentralisierte Stromversorgung eine Entwicklungschance sein, denn in den dortigen ländlichen Gebieten hat bislang nur jeder siebte Haushalt einen Stromanschluss. „Elektrizität", meint Reiner Klingholz vom Berlin-Institut für Bevölkerung und Entwicklung, „ist nicht verfügbar, weil es zu wenige Großkraftwerke und so gut wie keine Stromnetze gibt, um die ländlichen Gebiete zu versorgen. Angesichts der gegenwärtigen Entwicklungsgeschwindigkeit der Energiewirtschaft würde es bis zum Jahr 2080 dauern, bis jeder Einwohner von Afrika südlich der Sahara Zugang zu Elektrizität hätte. Diese ‚große' Lösung – klassische Kraftwerke mit flächendeckenden Netzen wie in Europa – muss Afrika deshalb überspringen. Seine Zukunft liegt in vielen kleinen Lösungen" und in regenerativen Energieträgern.[26]

---

26 Klingholz, Reiner (2016). Was Afrikaner von der Flucht abhalten könnte. in: Die Zeit, 4.2.

Doch auch die erfolgreiche Energiewende hat eine dunkle Seite, die weniger aus dem Absterben von Energiekonzernen resultiert. Vielmehr finanzieren sich Staaten wie Algerien, Nigeria, Ecuador oder Venezuela größtenteils über Öl- oder Gasexporte und verfügen nur über geringe finanzielle Rücklagen. Zudem versuchen sie, die innere Ordnung über hohe Sozialausgaben zu stabilisieren. Müssen die Ausgaben jedoch infolge mangelnder Einnahmen gekürzt werden, könnten sich soziale Unruhen in diesen Ländern verschärfen. Außerdem ist eine Reihe weiterer Länder vom Export von Erdöl und Erdgas abhängig, dazu zählen Länder wie Lybien, Irak, Iran, Saudi Arabien, Bolivien sowie Russland. Einige dieser Länder haben keine Sozialprogramme, weshalb Unruhe und Leid auch in ihnen wuchern könnten, wenn die Haupteinnahmequelle dieser Länder versiegt.

Durch die Lösung eines ökologischen Problems, zeichnen sich in diesen Ländern soziale Probleme ab, für die eine neue Lösung gefunden werden muss. Zudem werden auch in den nächsten Jahrzehnten große Mengen fossiler Energieträger verbrannt werden. Als Folge werden mehr Trockenheit, mehr Überschwemmungen, mehr Waldbrände und mehr Missernten häufiger auftreten und hohe humanitäre Kosten verursachen, die diese (und andere) Länder ebenfalls stressen.

9.4 Rohstoffe

Bei den primären Energieträgern vollzieht sich ein Wandel: Fossile Energieträger, ab der zweiten Hälfte des 19. Jahrhunderts *die* Energieträger des Industriezeitalters müssen nach und nach durch saubere substituiert werden und dabei wird die der Menschheit zur Verfügung stehende Energiemenge wahrscheinlich sogar größer werden. Bei den primären Rohstoffen vollzieht sich ebenfalls ein Wandel: Eisen und Stahl, neben Holz *die* Werkstoffe des Industriezeitalters werden durch leichtere und zugleich robustere und langlebigere Materialien ersetzt. Die industrielle Schwerindustrie wird damit sukzessive an den Rand gedrängt. Überhaupt wird eine Vielzahl neuer, im Industriezeitalter noch unbekannter Materialien in die Gesellschaften Einzug halten. Zugleich werden neue Rohstoffquellen erschlossen werden – und erstmals in der Geschichte werden sie nicht auf der Erde gelegen sein. Das wird die Emanzipation von irdischen Ökosystemen weiter vorantreiben.

Aller Voraussicht nach wird die Knappheit von Rohstoffen, wie sie im späten 20. Jahrhundert befürchtet wurde, keine bedeutsame Rolle spielen. Das sollte aber nicht zum sorglosen Umgang mit Rohstoffen einladen, da ja gerade deren hoher Verbrauch für eine Reihe ernstzunehmender ökologischer Probleme ursächlich ist.

Neue Werkstoffe

Der Archäologe Gordon Childe, „Erfinder" der Bezeichnung „Neolithische Revolution", wusste um die Wichtigkeit neuer Werkstoffe für die gesellschaftliche Entwicklung. Über die Bedeutung der in der Agrarzeit aufkommenden Metallurgie schrieb er, sie verbreitete „die Kontrolle des Menschen über seine äußere Umwelt, besonders weil er nun Werkzeuge bekam, die nicht nur aus Holz, Knochen oder Stein hergestellt werden konnten. Die Säge ist ein solches Werkzeug, und es ist klar, daß sie die Voraussetzung ist zur Herstellung von Rädern. Sowohl Räderkarren als auch die Töpferscheibe treten zuerst in Gesellschaften der Bronzezeit auf. Somit war die Verwendung von Metall verantwortlich für den (mindestens bis zur Erfindung des Flugzeugs) größten Fortschritt im Transportwesen, von dem wir wissen, sowie für die Einführung der Massenproduktion von Waren mittels rotierender Maschinen".[27] Metalle und metallische Legierungen wie Stahl wurden in den folgenden Jahrtausenden immer wichtiger. Noch am Beginn des 21. Jahrhunderts galt die globale Stahlproduktion als einer der wichtigsten Indikatoren für den Zustand der Weltwirtschaft: Zog sie an, wuchs die Wirtschaft. Das meiste Stahl wurde in Form von Stahlträgern, Stahlbeton und Stahlseilen (für Fahrstühle) vom Baugewerbe konsumiert und da die Bautätigkeit von der konjunkturellen Entwicklung abhängig war, konnte eine steigende Stahlproduktion auf eine zunehmende Zahl von Baugenehmigungen und eine steigende Konsumgüterproduktion schließen lassen.

Stahl aber ist schwer, er macht die Bauten teuer, ist korrosionsempfindlich und hat folglich eine eher kurze Lebensdauer. Stahlbeton ist das im Bauwesen noch am häufigsten verwendete Material, doch seine allmähliche Ablösung hat bereits mit dem Aufkommen von Carbonbeton begonnen. Carbon rostet nicht, ist nur halb so schwer wie Stahl, hat eine viermal geringere Dichte, aber die sechsfache Festigkeit von Stahl. Der Materialverbund aus Carbonfasern und Hochleistungsbeton lässt darum eine längere Lebensdauer als Stahlbeton erwarten, spart Energie bei der Herstellung, reduziert den CO_2-Ausstoß, besitzt eine höhere Tragfähigkeit, ist korrosionsbeständig und macht Gebäude letztlich billiger, zumal Carbonbetonbauteile auch noch dünner, d. h. weniger materialintensiv als Bauteile aus Stahlbeton sind. Konsequenterweise wird auch über die Substitution von Fahrstühle nach oben ziehenden Stahlseilen durch Carbonseile nachgedacht, oder darüber, Fahrstühle gleich ohne Seile, durch die Magnetschwebetechnik zu befördern. Zudem haben Flugzeug- und Autobauer ebenfalls damit begonnen, Stahlteile durch Carbon zu ersetzen, weil dieser die Fahr- und Flugzeuge leichter, billiger (durch die Einsparung von Treibstoff) und widerstandsfähiger macht. Die Ablösung der industriellen

---

27 Childe, Gordon (1975) [1951]. Soziale Evolution. Frankfurt/M., S. 37

Grundstoffe Stahl und Eisen (Eisen wird zu Stahl verarbeitet) wird sich einige Jahrzehnte hinziehen, spätestens in der Hochphase des Digitalzeitalters werden sie jedoch keine signifikante Bedeutung mehr haben.

Nun war das Industriezeitalter aber nicht nur ein Zeitalter der industriellen Verwendung von Schwermetallen. Es war auch das Zeitalter der ersten Kunststoffe. In den 1930ern wurden Kunststoffe wie Acryl, Neopren und Zellophan entwickelt – zudem eine synthetische Faser, die elastisch, aber stabil ist, fein wie Spinnenseide und wie diese glänzt: Nylon. Es wurde der Öffentlichkeit auf der New Yorker Weltausstellung (1939) vorgestellt. In den folgenden Jahren brach eine als „Nylon riots" bekannt gewordene Hysterie aus, da Kundinnen die Geschäfte bestürmten, um Nylonstrümpfe zu ergattern und dabei auch gewalttätig wurden.[28] Indes berichtete die New York Times über die eigentliche Revolution, die mit Nylon in Verbindung steht: „Normalerweise ist ein synthetisches Material die Reproduktion von etwas, das es in der Natur gibt [so basiert Zellophan auf pflanzlicher Cellulose]. Bei Nylon ist das anders, es hat kein chemisches Äquivalent in der Natur […]. Dies bedeutet […] eine so perfekte Kontrolle über Materie, dass der Mensch nicht mehr völlig von Tieren, Pflanzen und der Erdkruste abhängig ist, um Nahrung, Kleidung und Baumaterialien zu gewinnen."[29] Damals, als der Artikel in den 1940ern erschien, war diese Vision zwar logisch konsequent, aber noch verfrüht gedacht. Hundert Jahre später wird man dieser Vision allerdings schon recht nahe gekommen sein. Ein Nebeneffekt dieser Entwicklung ist ein effektiver Tier- und Umweltschutz. Denn werden einmal Tiere, Pflanzen und die Erdkruste kaum noch benötigt, um der Menschheit wichtige Stoffe zu liefern, können sie geschont werden.[30]

Die Zukunft wird von einer gänzlich neuen Riege synthetischer Werkstoffe dominiert werden. Das liegt daran, dass wichtige Bedingungen für die Entdeckung neuer Materialien digitalisiert und damit wesentlich effizienter werden. „Wir treten aus einem Zeitalter heraus, in dem wir blind waren", so der Materialwissenschaftler Gebrand Ceder, einer der Gründer der *Material Genome Initiative* (MGI).[31] 2011 stellte die US-Regierung die Anschubfinanzierung – immerhin 100 Millionen Dollar – für den Beginn von MGI bereit, die einer Revolution in den Materialwis-

---

28 Handley, Susannah (1999). Nylon: The Story of a Fashion Revolution. Baltimore
29 zit. in: Watson, Peter (2003). Das Lächeln der Medusa. München, S. 493
30 Wegen Nylon, das Seide als Stoff für Kleidungsstücke weitgehend verdrängte, wurden weniger Seidenraupen benötigt. Seide wird seit Jahrtausenden aus dem Kokon gewonnen, in dem die Raupen zum Falter reifen. Um an die Faser zu gelangen, werden die Seidenraupen mit ihrem Kokon in kochendes Wasser geworfen oder mit heißem Wasserdampf getötet. Dadurch wird verhindern, dass die Kokons beim Schlüpfen zerbissen werden und die Seide beschädigt wird.
31 Ceder zit. in: The Economist (2015). Technology Quarterly: Material difference, Q4, S. 4

senschaften ist: Die Initiative ist ein Programm für den Aufbau einer Material-Innovationsinfrastruktur und soll in seiner Bedeutung dem Human Genome Project (der Entschlüsselung des menschlichen Genoms) vergleichbar sein, was denn auch die Namensgebung erklärt.[32]

Materialien sind seit den Ursprüngen der Menschheitsgeschichte eine wesentliche Triebfeder des technologischen Fortschritts. Die Nutzbarmachung von Steinen, Metallen, Kunststoffen und Nanopartikel waren Meilensteile für die Herstellung neuer Produkte mit neuen Eigenschaften. Zwar hatten sie zuweilen, wie sich im Nachhinein herausstellte, ihre Schattenseiten: Um Metall zu schmelzen, wurden ganze Wälder gerodet, die Weltmeere werden zunehmend mit Plastikmüll verschmutzt, über die langfristigen Auswirkungen synthetischer Nanopartikel in der Umwelt ist noch wenig bekannt, doch könnten manche von ihnen biologischen Organismen gefährlich werden.

Gleichwohl sollen mit der Material Genome Initiative, doppelt so schnell wie bisher, neue Materialien entdeckt und zur Marktreife gebracht werden – und manche von ihnen könnten einen wichtigen Beitrag zur globalen Energiewende leisten. Dazu werden die Eigenschaften aller bekannten Materialien in einer digitalen Datenbank gespeichert (z. B. Härte, Elastizität, elektrische Leitfähigkeit, Hitzebeständigkeit). Computer können diese dann zu neuen Materialien kombinieren und simulieren, welche Eigenschaften diese bislang unbekannten Stoffe haben. Die Daten und Computermodelle, die bei den Simulationen entstehen, werden allen Materialwissenschaftlern frei zugänglich sein. Dazu liefern Universitäten und Unternehmen ihre vorhandenen Daten, die sie bislang nicht selten um eines Erkenntnisvorsprungs wegen horten, an die zentrale Datenbank des MGI.

Um das Jahr 2020 könnte die Infrastruktur vollendet, die Datenbank gut gefüllt sein und eine goldene Zeit für die Materialwissenschaft anbrechen. Und selbst wenn es länger dauert: Noch in der ersten Hälfte des 21. Jahrhunderts können Wissenschaftler und Ingenieure die Materialeigenschaften, die sie für eine bestimmte Anwendung benötigen, in einen Computer eingeben und dieser schlägt ihnen aus einer langen Liste die geeigneten Werkstoffe vor. Auf diese Weise werden in Zukunft neue Materialien für billigere Solarzellen, länger haltbare Batterien, energieeffizientere Fahr- und Flugzeuge, superstarke oder smarte Materialien, die in vergleichsweise kurzer Zeit und kostengünstig hergestellt werden. Die Herausforderung besteht in jedem Fall allerdings noch im Produktionsübergang eines neuen Materials von kleinen Labormengen zu großen Mengen.

---

32 Robinson, Lynn/Cyrus, Wadia (2015). Looking back while moving forwards. in: Journal of the Minerals Metals & *Materials* Society, 5, S. 883–889

Im Industriezeitalter war die Entdeckung neuer Werkstoffe ein eher mühsamer Trial-and-Error-Prozess: Um z. B. das Material für einen geeigneten Glühfaden seiner elektrischen Glühbirne zu finden, musste Thomas Edison mit hundert Assistenten 1.600 Experimente mit verschiedenen Stoffen durchführen, bevor er 1879 einen fand (einen hochohmigen Kohlefaden), der ein geeignetes Licht abstrahlte. Und doch war Edisons Kohlefaden nicht einmal der beste Stoff für den Betrieb einer Glühlampe, brannte er doch nach nur 14,5 Stunden durch. Edison und sein Team mussten noch mehrere Jahre weiter experimentieren, bis sie ein besseres Pflanzenmaterial für den Kohlefaden im japanischen Bambus gefunden hatten.[33] Und selbst diese Kohlefäden wurden Jahrzehnte später durch robustere Fäden aus Wolfram ersetzt.

Mit der Material Genome Initiative sollen solche langwierigen Prozesse der Vergangenheit, d. h. dem Industriezeitalter, angehören und die Energiewende beschleunigt werden. Die MGI-Datenbank ist auch deswegen wichtig, weil die Anzahl neuer Materialien immer größer wird und das macht einen Wegweiser durch den Werkstoff-Dschungel zunehmend notwendiger. Allein im November 2015 wurden über hundert neue Stoffe in den Fachjournalen gemeldet.[34] Vielleicht werden die meisten von ihnen keine Anwendung außerhalb ihres Labors finden, dem sie entstammten. In Kombination mit anderen, ebenfalls neuen Materialien, könnten sie aber interessant werden. Die Ursache dieser neuen Entdeckungswelle ist eine neue Generation von Instrumenten – etwa Elektronenmikroskope, Röntgenstrahlen-Synchrotonen und leistungsfähigere Computer –, die es möglich machen, Atome präziser als bisher zu vermessen und zu erforschen.

Neue Probleme ergeben sich aus der Material-Initiative allerdings auch, denn die neuen Stoffe könnten die Umwelt schonen, aber auch riskante Wechselwirkungen mit ihr eingehen und diese müssen darum ebenfalls simuliert werden.

Neue Rohstofflager: Asteroid Mining

Die Erde ist die Wiege der Menschen, aber kein Mensch bleibt für immer in seiner Wiege. Die Menschheit wird die Erde verlassen. Als Menschen Ostafrika verließen, machten sie sich auf eine Jahrtausende andauernde Wanderschaft, auf der sie Inseln und Meere, Wälder und Wüsten, Berge und die Tiefsee entdeckten, sich auf allen Kontinenten niederließen. Erst vor ca. 10.000 Jahren begannen Menschen sesshaft zu werden. Und doch steckt das Dasein als Nomade und Entdecker tief in den Menschen. Einst war die Erde das unbekannte Universum, waren die Meere

---

33 Fiell, Charlotte/Fiell, Peter (2005). 1000 Lights. Vol. 1, S. Köln, S. 28
34 The Economist (2015). Technology Quarterly: Material difference, Q4, S. 5f.

der interplanetare Raum. Jede neu entdeckte Insel, war ein anderer Planet und die menschlichen Bewohner auf ihr glichen bisweilen außerirdischen Kreaturen. Sie hatten unterschiedliche Hautfarben, kommunizierten in unbekannten Lauten, sie schmückten und bemalten sich auf bizarre Weisen, beteten zu unbekannten Göttern und Geistern, trugen merkwürdige Gewänder, Kalebassen, Riemen oder waren nackt, manchmal koboldklein und manchmal hühnengroß. Die Menschen brauchten lange Zeit, um ihre Welt und um sich gegenseitig zu entdecken. Nun brechen sie zu neuen Welten auf.

Sie werden dies anfänglich durch den sich bereits gegenwärtig abzeichnenden Weltraumtourismus tun. Um das Jahr 2060 könnte es bereits curricularer Bestandteil von Schulen sein, dass Kinder einen Ausflug in den Orbit unternehmen, um sich ihren Heimatplaneten von oben zu betrachten und um dabei ein globales Bewusstsein zu entwickeln. 1959, also knapp hundert Jahre zuvor, schoss ein Satellit das erste Foto von der Erde, konnten Menschen (weil das Bild sehr unscharf war) erahnen, wie ihre wahre Heimat aus der Ferne aussieht.

Das Industriezeitalter war auch deswegen das erste *globale* Zeitalter, weil Menschen aufgrund schnellerer Transport- und Kommunikationsmittel in der Lage waren, weltweit agieren zu können. Das Digitalzeitalter wird ein *stellares* Zeitalter. In ihm wird die Menschheit den Radius ihrer Aktivitäten zunehmend ins Sonnensystem verlagern. Monde, Planeten und Asteroiden werden von Menschen oder menschlichen Maschinen angesteuert, um sie zu erforschen, besiedeln – und um Rohstoffe abzubauen.

Unser Sonnensystem ist mit acht Planeten, einer Mehrzahl von Zwergplaneten, über hundert Monden und über hunderttausend Asteroiden recht vielfältig. An neuen Antriebssystemen für Raumschiffe und Raumsonden wird geforscht und ein wichtiges Ziel von bemannten und unbemannten Raunflügen ist bereits vorgegeben: Der Abbau von Rohstoffen.

Ende 2015 unterzeichnete der damalige US-Präsident Obama den „U.S. Commercial Space Launch Competiveness Act". Er regelt, dass Bodenschätze, die von Asteroiden geholt werden, von den Unternehmen, die sie gefördert haben, genutzt und verkauft werden dürfen. Das Gesetz schuf Rechtssicherheit für private Unternehmungen, die in der nahen Zukunft planen, Bodenschätze auf erdnahen Asteroiden, Mond und Mars zu schürfen und zur Erde zu transportieren. Es wurde nicht grundlos ratifiziert, bildet sich doch in der Gegenwart ein neuer Industriezweig heraus. „The emerging asteroid mining industry has extremely ambitious intentions. It is within the realm of possibility that their work may usher in a change in global economies as profound as the Industrial Revolution", schreibt etwa John Lewis.[35]

---

35 Lewis, John (2015). Asteroid Mining 101. S. 19 (eBook)

In den letzten Jahren ist außerdem eine Vielzahl von Büchern zum Thema Asteroid Mining erschienen – und auch das deutet darauf hin, dass dieses schon vor hundert Jahren von den ersten Raketenkonstrukteuren angekündigte Projekt mittlerweile konkret geworden ist. In Beurteilung der vorliegenden Pläne verschiedener Unternehmen, auf Mond, Mars und Asteroiden Rohstoffen abzubauen, halten Dula & Zhenjun fest: „The question on the table is not *how* to leverage space mineral resources, but *how* best to leverage them."[36] In den 2020ern werden nach Dula & Zhenjun die ersten Raumschiffe zu erdnahen Himmelskörpern aufbrechen und mit der Extraktion von Rohstoffen beginnen.

Für den rohstoffgetriebenen Aufbruch ins All gibt es zwei Gründe: Zum einen versprechen sich die Pionieren Profite. Zum anderen entlastet der Abbau außerirdischer Rohstoffe irdische Ökosysteme.

Die Asteroiden enthalten Wasser, Gesteine und Metalle. Vor allem die auf der Erde seltenen Platinmetalle (Platin, Palladium, Osmium, Iridium, Rhodium, Ruthenium) oder diverse Halbleitermaterialien sind in Asteroiden hoch konzentriert, dazu Gold, nichtoxidiertes Eisen, Nickel und Kobalt. Allein der 2,3 Kilometer große Asteroid 1986 DA enthält vermutlich so viel Eisen, Kupfer, Aluminium, Platin und Gold, wie die Menschheit in ihrer gesamten Geschichte geschürft hat.

Gold und Platinmetalle sind für die Mikroelektronik oder als chemische Katalysatoren von großer Bedeutung. Weil sie aber so selten sind, müssen auf der Erde unter erheblichen Energieaufwand große Mengen Erde und Gestein bewegt werden, um winzige Mengen zu extrahieren. Dagegen könnte ein Asteroid mit einem Durchmesser von einem Kilometer den globalen Bedarf für Edelmetalle für Jahrzehnte Zeit decken. Durch den Rohstoffabbau auf mehreren Asteroiden könnte ein extremer Metallreichtum ehedem seltene Metalle zu Ramschwaren degradieren. Dies impliziert, dass die ersten ausgebeuteten Asteroiden die kapitalistisch betrachtet wertvollsten sind, während nachfolgende Missionen schon mit einem Preisverfall rechnen müssen. Andererseits war auch Aluminium bis zur Mitte des 19. Jahrhunderts sehr selten. Dann wurden Technologien entwickelt, um es aus der Erdkruste zu entbinden und jetzt ist reichlich Aluminium auf dem Markt. Aber entwickelte sich mit der Zeit auch eine viel größere Industrie, die auf dieser Reichlichkeit basierte. So war es zuvor auch bei der Elektrizität, die schließlich Dinge wie Straßenbahnen und Computer antrieb.

So bleibt abzuwarten, wie groß die Nachfrage auf der Erdoberfläche nach diesen Stoffen in Zukunft sein wird. In einer Zeit, in der Basen auf Monden, Planeten und im intra- oder gar interstellaren Raum errichtet werden, kommt dem Asteroid

---

36 Dula, Arthur/Zhan, Zhenjun (2015). Space Mineral Resources. Paris (im Original kursiv)

Mining künftig gewiss eine gesteigerte Bedeutung zu (z. B. für die Extraktion von Wasser). Aber dies wird wohl erst nach dem 21. Jahrhundert der Fall sein.

Aktuell sieht es noch so aus, dass der Energieaufwand, um Rohstoffe von Asteroiden zur Erdoberfläche zu bringen, so hoch ist, dass diese Art der Rohstoffgewinnung unwirtschaftlich werden könnte. Für die Verwendung außerhalb der Erde sind asteroide Ressourcen jedoch um ein vielfaches wirtschaftlicher, da die Rohstoffe nicht mit großem Energieaufwand von der Erdoberfläche in den Orbit transportiert werden müssen.

Neue Werkstoffe, die leichter aber widerstandsfähiger werden und damit den Energieverbrauch für Transportmittel senken, könnten das Asteroid-Mining allerdings wirtschaftlich machen. Ein solcher Werkstoff ist Microlattice. Es besteht aus metallischen Strukturen, die 1.000-mal dünner als ein menschliches Haar sind. Diese Strukturen setzen sich aus vernetzten hohlen Röhrchen zusammen, die Wände von nur 100 Nanometern Dicke haben. Sie sind ähnlich wie ein menschlicher Knochen aufgebaut: Außen hart, innen vorwiegend hohl. Flug- und Fahrzeuge aus Microlattice könnten leichter werden und weniger Energie verbrauchen.[37] Das Gewicht von Raketen könnte sich mit Microlattice um 40 Prozent verringern, die Treibstoffeinsparungen wären erheblich, weshalb die NASA der Entwicklung ultraleichter und multifunktionaler Materialien oberste Priorität einräumt.[38] Raketenstarts würden folglich auch billiger, weshalb allerdings mehr Raketen starten und letztlich sogar insgesamt mehr Treibstoff verbraucht werden könnte.

Aus ökonomischer Sicht verschöben sich Grenzen des Wachstums allerdings ins Grenzenlose, wenn das Asteroid-Mining kostengünstiger würde. Schließlich sind Mineralien keine erneuerbaren Ressourcen, da sie nicht nachwachsen und selbst ihr penibles Recycling schont den Bestand nur bedingt, wenn die Nachfrage nach ihnen stetig steigt. Allein im Asteroiden-Gürtel zwischen Mars und Jupiter werden jedoch über 600.000 Asteroiden vermutet und von den erdnahen Asteroiden, die innerhalb der Mars-Umlaufbahn um die Sonne kreuzen, sind derzeit immerhin 12.000 bekannt.

Für den Abbau ihrer Rohstoffe spricht, dass man dadurch Lebensräume auf der Erde erhalten könnte, während auf den Asteroiden keine Lebensräume existieren, die geschädigt würden. Allgemein formuliert: Um Eingriffe in eine Biosphäre gering zu halten, sind Eingriffe in die Physiosphäre unbelebter Himmelskörper zulässig. Erst recht, wenn diese aus eigener Kraft auch in Zukunft kein Leben entfalten können.

---

37 Schaedler, Tobias et al. (2011). Ultralight Metallic Microlattices. in: Science, 6058, S. 962–965
38 NASA (2015). NASA Selects Proposals for Ultra-Lightweight Materials for Journey to Mars and Beyond. Press Release, 7.4. (auf: nasa.gov)

Private Unternehmen wie Deep Space Industries und Planetary Resources, an denen milliardenschwere Investoren beteiligt sind, haben das Rennen um die wertvollen Gesteinsbrocken bereits eröffnet. Ihr Ziel ist es, die Kosten des Asteroiden-Bergbaus so weit zu senken, dass sich der Abbau wirtschaftlich lohnt. Vor diesem Hintergrund ist auch der Ressourcenabbau auf dem Mond durchaus interessant. Denn die oberen Bodenschichten sind mit asteroidischem Material angereichert. Die vielen Krater auf dem Mond bezeugen die Kollisionen mit den Gesteinsbrocken. Ferner wird immer wieder auf Helium-3 verwiesen, das, anders als auf der Erde, auf dem Mond reichlich vorhanden ist und für die Atomfusion zur Energiegewinnung genutzt werden könnte. Und obwohl der Mond ein lebensfeindlicher Ort ist – schon seine Oberflächentemperatur schwankt zwischen +123 Grad Celsius auf der Tag- und -160 Grad auf der Nachtseite –, ist davon auszugehen, dass er im 21. Jahrhundert ein touristisches Ziel werden wird.

Einsparung von Rohstoffen

Die Digitalisierung gewährt nicht nur den Abbau extraterrestrischer Ressourcen, sondern auch die Möglichkeit zur Einsparung von Ressourcen. So macht sie z. B. eine Reihe von Datenträgern überflüssig. Datenträger waren seit jeher ein Mittel zu dem Zweck, Inhalte zu einem Adressaten zu transportieren. Egal ob Informationen auf Steintafeln, Papyrusrollen, Buchseiten, in Vinyl oder auf Magnetbänder gepresst oder auf CDs wie DVDs gebrannt wurden – die Herstellung der jeweiligen Datenträger verbrauchte Ressourcen und man musste die Datenträger in den meisten Fällen besitzen, d. h. käuflich erwerben. Die Digitalisierung ändert dies gerade mit großer Geschwindigkeit. Und natürlich ändert sie auch die Menge der gespeicherten Daten:

„Noch im Jahr 2000 war nur ein Viertel der weltweit gespeicherten Informationen digital – die anderen drei Viertel befanden sich auf Papier, Film, Vinyl-LPs, Audiokassetten et cetera. [...] Für 2013 wird die Gesamtmenge gespeicherter Informationen auf 1.200 Exabyte geschätzt, und weniger als 2 Prozent davon sind nicht digital. Man kann sich nicht wirklich vorstellen, was diese Datenmenge eigentlich bedeutet. Würde man alle diese Daten ausdrucken und zu Büchern binden, bedeckten sie die gesamte Landfläche der USA in 52 Schichten."[39] Dieses Büchermeer braucht es zum Glück nicht, denn unterstellt man, dass aus einem gefälltem Baum Papier für 52 Bücher gewinnt, müsste man einen Wald von der Größe der USA roden,

---

39 Mayer-Schönberger, Viktor/Cukier, Kenneth (2013). Big Data. München, S. 16

um die benötigte Papiermenge herzustellen. Aber nicht nur auf Papier basierende Bücher werden überflüssig:

Akten, Zeitungen und deren Werbebeilagen, Telefon- und Branchenbücher („Gelbe Seiten"), Zeitschriften, Poster, Gemälde, Musik- und Videokassetten, Schallplatten, CDs und DVDs schwinden ebenso aus den Büros und Wohnstuben wie die Ständer, Regale und Schränke in denen sie aufbewahrt werden mussten. Für die jüngeren, in das frühe Digitalzeitalter hineingeborenen Generationen, sind diese Dinge Artefakte einer Zeit, in der ihre Großeltern lebten. Die Wohnstuben des Digitalzeitalters werden sich allmählich entleeren, zumal eine stattliche Anzahl weiterer Dinge in einem einzigen Ding, dem Smartphone, fusioniert sind und nicht mehr einzeln gekauft und besessen werden müssen: ein Telefon, Land- und Stadtkarten, ein Kompass, ein GPS-Navigationsgerät, eine Uhr, eine Wasserwaage, ein Radio, eine Videokamera und ein Videogerät, ein Wecker, ein Kalender, ein Notizbuch oder ein Organizer (z. B. „Blackberry"), eine Taschenlampe, ein Handspiegel, ein Fotoapparat und Fotoalben, ein Diktiergerät, ein Taschenrechner, mobile Spielgeräte (wie der „Gameboy"), ein Walkman, MP3-Player und iPod, ein Scanner und ein 3D-Scanner. Diese Liste wird in Zukunft länger werden (etwa um eine Wetterstation, ein Fieberthermometer und weitere medizinische Anwendungen und Sensoren) und die Bezeichnung „Smartphone" dann zunehmend weniger Sinn machen.

In der Summe tragen Smartphones – selbst dann, wenn sie alle zwei Jahre durch neuere ersetzt werden – irgendwann dazu bei, Ressourcen einzusparen. Schließlich wurden auch Videokameras und andere soeben aufgezählte elektrische Geräte in relativ kurzen Zeitabständen durch neuere ausgetauscht. Überflüssig werden zudem Fernsehgeräte und HiFi-Anlagen, wenn beide durch ein Smartphone oder einen Computer ersetzt werden.

Selbst Computer wurden in Folge ihrer Verkleinerung ressourcenschlanker. 1949 konnte man im Wissensmagazin Popular Mechanics lesen, dass ein Rechner wie der ENIAC noch 18.000 Vakuum-Röhren habe und 30 Tonnen wiege. Computer der Zukunft aber würden nur noch 1.000 Vakuum-Röhren besitzen und nur noch 1,5 Tonnen wiegen. Etwa 45 Jahre in der Zukunft, in den 1990ern, bestanden Computer zwar nicht mehr aus Vakuum-Röhren, aber aus einem klobigen Röhrenmonitor – der über zwanzig Kilogramm wog – einer externen Tastatur, externen Lautsprechern, einer Maus, einem etwa zehn Kilogramm schweren Laufwerk und diversen Verbindungskabeln. Zwanzig Jahre später verwandelten sie sich in wesentlich leistungsstärkere, aber nicht einmal fingerbreite Laptops, die ohne externe Geräte auskamen und weniger als zwei Kilogramm wogen. Natürlich werden heute mehr Laptops als die alten Desktop-PCs verkauft, was die Ressourceneinsparung zunichtemacht. Computer werden in Form von Mikrochips außerdem in immer mehr Dinge vordringen, was den Rohstoffverbrauch ebenfalls erhöhen wird. Andererseits werden Laptops und Smartphones ohne Stromkabel bald Standard sein und sämtliche Stromkabel nach und nach aus den Wohnungen verschwinden, Heizkörper ebenso. Verschwinden werden auch Gardinen, Vorhänge, Rollläden und Jalousien, da intelligente Fensterscheiben deren Funktion übernehmen und zusätzlich als Display fungieren können.

Trägt die *Entleerung der Wohnungen* zur Einsparung verschiedener Ressourcen bei, ist die große Unbekannte des Ressourcenverbrauchs der nächsten Jahrzehnte die 3D-Drucktechnologie. Diese Drucker das Potenzial zum Minderverbrauch von Energie und Ressourcen. Das Potenzial zum Mehrverbrauch haben sie aber auch. 3D-Drucker könnten also, was den Umweltverbrauch angeht, Fluch und Segen gleichermaßen sein.

Einerseits Entflechten sie viele Wertschöpfungsketten. Seit den 1980ern wurden viele Produktionen, die aus Kostengründen in asiatische Billiglohnländer ausgelagert. Mit diesem Prozess begann Chinas Aufstieg zur „Werkbank der Welt". Nun werden diese Produktionen aus Kostengründen allmählich zurückverlagert, denn 3D-Drucker ermöglichen noch mehr Lohneinsparungen, da sie Dinge fast ohne Personal konstruieren können. Billigproduzenten wie China, aber auch exportorientierte Staaten wie Japan und Deutschland könnten langfristig das Nachsehen haben. Auch die Logistikbranche wird betroffen sein, denn künftig werden nicht Produkte, sondern Designs als Datenpakete schnell, billig und umweltfreundlich um die Erde transportiert werden. Der Bruch und die *Umkehrung* dessen, was Ökonomen bislang als „Globalisierung" bezeichneten – die Verlagerung ganzer Industrien oder einzelner Produktionsabschnitte in Billiglohnländer – wird also einerseits Zeit und Energie beim Transport einsparen. Denn schon die Produktion einfacher Produkte, wie Hosen oder Hemden, war bislang auf drei Kontinente verteilt und beinhaltete mehrere tausend Transportkilometer, für die fossile Energie eingesetzt werden musste. Was fortan vor allem noch transportiert werden muss, sind die Materialien, mit denen gedruckt wird. Die Unterscheidung zwischen Hochlohn- und Billiglohnländern sowie zwischen Industrie- und Schwellenländern wird im Verlauf des Digitalzeitalters folglich immer bedeutungsloser werden.

Zudem verspricht der 3D-Druck eine erhöhte Materialeffizienz: Ob Faustkeilhersteller, mittelalterliche und industrielle Tischler oder Automobilbauer, stets haben die bisherigen Produzenten Werkstück-Rohlinge zurechtgeschliffen, geschnitten oder gestanzt. So blieb am Ende – neben einem Haufen Verschnitt – das gewünschte Produkt übrig. Beim 3D-Druck geschieht *das Gegenteil*: Kunststoffe, Glas, Keramik, Stahl oder Edelmetalle werden zu einem Werkstück zusammengeklebt, geschmolzen oder gebacken. Die Drucker setzen dabei nur so viel Material ein, wie für das Produkt tatsächlich benötigt wird. Abfall entsteht dadurch nicht.

Der 3D-Druck ermöglich zudem neue flexible, leichte und zugleich stabilen Konstruktionen für den Flugzeugbau (an der Struktur von Knochen orientiert), die bislang nicht serienmäßig hergestellt werden konnten. Dies spart Material bei der Herstellung und Energie bei der Nutzung der Fahr- und Flugzeuge. Und schließlich können Ersatzteile einfach und schnell ausgedruckt werden, so ihre Daten im Internet kursieren.

Durch den 3D-Druck ergeben sich neue Möglichkeiten für den Bau von Transportmitteln. Deren Bauteile können aus leichteren, aber dennoch robusten Materialien (z. B. Titan, evtl. auch Microlattice) gedruckt und zu neuen, materialeffizienteren Formen zusammengesetzt werden. Die Kombination aus leichteren und weniger Material reduziert zugleich den Energieverbrauch in der Nutzungsphase, sofern keine Rebound-Effekte eintreten. Flugzeuge könnten dann dieselbe Anzahl an Passagieren mit halb so viel Kerosin transportieren oder mit der gleichen Kerosinmenge doppelt so viele Passagiere befördern.

Gleichwohl ergibt sich dadurch nicht notwendigerweise eine Umweltentlastung, da die Anzahl der gedruckten Dinge immens zunehmen kann. Wenn Dinge vergleichsweise günstig ausgedruckt werden können, ist der Anreiz groß, zu drucken, was man sich bislang nicht leisten konnte. Das 3D-Druckverfahren öffnet diversen Reboundeffekten weite Tore. Zudem könnte die Wegwerfmentalität durch den Druck gefördert werden. Um einen Anstieg des Ressourcenverbrauchs einzudämmen, müssten in Zukunft Maschinen erfunden werden, die den 3D-Druck *rückwärts* ablaufen lassen, also ein Produkt Schicht für Schicht abtragen und das Material sortenrein in Druckerpatronen einspeisen, damit es wiederverwertet, d. h. erneut ausgedruckt werden kann.

Schließlich bietet die gemeinsame Nutzung von Dingen die Möglichkeit einer gesteigerten Ressourceneffizienz. Mit der digitalen Vernetzung hat auch die Share Economy Auftrieb erhalten. Wenn einige der Ergebnisse aus Kapitel 6 richtig sind, wird der persönliche Besitz von Dingen zunehmend weniger bedeutend, indes gemeinschaftliche Nutzungsformen zunehmend dominant werden. Die Einsparmöglichkeiten liegen auf der Hand: Teilen sich zehn Personen ein Auto, eine Waschmaschine, Werkzeuge, Küchengeräte usw. schrumpft der zur Herstellung dieser Dinge erforderliche Energie- und Rohstoffaufwand um 90 Prozent.

Der Wandel zum Digitalzeitalter ereignet sich in einer Epoche, in der sich der Zustand des globalen Ökosystems mit großer Dynamik verschlechtert. Wenn die menschliche Zivilisation, nicht das Opfer der von ihr ausgehenden Umweltveränderungen werden möchte, muss das Digitalzeitalter so für den Schutz der Umwelt stehen, wie das Industriezeitalter für ihre Störung steht. Das bedeutet auch, dass Sharing-Angebote nutzerfreundlicher und die Recycling-Technologie wie beim

Deprinter raffinierter werden und zudem bis in die molekulare Dimension[40] reichen muss. Die technologischen Voraussetzungen hierfür werden im 21. Jahrhundert geschaffen und Mülldeponien wie Müllverbrennungsanlagen werden dann für einen primitiven Umgang mit Ressourcen stehen. Ebenso wichtig ist jedoch der reflektierte Einsatz der Ressourcen bereits in der Planungs- und Nutzungsphase. Dies gilt gewiss auch dann, wenn Rohstoffe von Asteroiden geschürft und in bislang unbekannter Menge verfügbar werden.

Mit der Entwicklung und Weiterentwicklung der digitalen Technologie werden in summa voraussichtlich ökologische Entlastungseffekte einhergehen. Zum einen liegt dies am Wesen der Digitalisierung, denn sie verwandelt materielle Dinge in immaterielle Daten. Zum anderen ermöglicht sie computergestützt die Entwicklung und Nutzung neuer Materialien, Energieträger, Motoren und Maschinen, die die Menschheit vom Verbrauch irdischer Ressourcen zunehmend unabhängig machen und dadurch negative Eingriffe in ökologische Systeme entsprechend verringern. Auch die Städte des Digitalzeitalters sollten folglich umweltfreundlicher werden.

---

40 Fraunhofer-Institut für Chemische Technologie (2012). Molecular Sorting: Methoden für die Kreislaufwirtschaft der nächsten Generation. (auf: molecular-sorting.fraunhofer.de)

Die Stadt im Digitalzeitalter

10

Oliver Stengel

In jedem Zeitalter waren die Orte, an denen Menschen zusammenlebten, grundverschieden. Jäger und Sammler lebten nicht einmal dauerhaft an einem Ort, sondern nomadisierten durch die Landschaft. Als Sammler von Früchten, Kräutern, Wurzeln und Kleingetier reduzierten sie in kurzer Zeit den Bestand an essbaren Pflanzen und Tieren innerhalb ihres Aktivitätsradius so weit, dass das zur Erhaltung ihrer Population notwendige Minimum an Nahrungsressourcen in den meisten Gebieten rasch unterschritten und die Gemeinschaft zum Weiterziehen gezwungen wurde. Die umherstreifenden Gemeinschaften waren zumeist auf ausgedehnte Areale angewiesen, um ihre Lebensweise aufrechterhalten zu können. Auch die noch heute lebenden Jäger und Sammler – wie die !Kung-Buschmänner oder die Kongo-Pygmäen – müssen, obwohl sie nur in Gruppen von 25 bis 35 Menschen leben, ständig umherwandern, da selbst eine fruchtbare Gegend meist nur zwei Menschen pro 2,6 Quadratkilometer ernähren kann (während die gleiche Fläche bewirtschafteten Landes Hunderten Nahrung sichern kann).

Die Unterkünfte von Jäger und Sammlern waren Höhlen oder einfache Konstruktionen aus Stöcken oder Stoßzähnen, die mit Fellen oder Häuten überzogen wurden. So hatten sie zumindest etwas Schutz vor Wind, Wetter oder gefährlichen Tieren. Als Menschen jedoch begannen sesshaft zu werden, formierten sich Häuser und Städte und aus Gemeinschaften wurden Gesellschaften, in denen eine zunehmend größere Zahl von Individuen lebte, die nicht mehr ausschließlich miteinander verwandt und einander Gefährten waren. Dies war der Beginn der Stadt.

Städte sind eine künstlich bearbeitete und passend gemachte Ersatzwelt, die der mangelhaften biologischen Ausstattung des Menschen besser entgegenkommt als die Wildnis. In Städten konnte der Mensch allmählich sein ganzes Potenzial entfalten und sie wurden nun zur eigentlichen Heimat der Menschen. In ihnen machte er fortan Erfindungen, Politik und Geschichte.

Städte der Agrarzeit waren von Stadtmauern und Türmen umgeben, sie hatten einen Marktplatz, Schmieden, Ställe, Tempel, Speicher, an der Küste Häfen, in ihr verkehrten von Saumtieren gezogene Karren und Kutschen – all dies wurde in archaischen Gemeinschaften nie gesehen. In industrialisierten Städten fanden sich nunmehr Fabrikgebäude, Zechen, Eisenhütten, Brennereien, Ölmühlen, Bahnhöfe, Wassertürme, Großspeicher, Arbeitersiedlungen, Kanalisationen, flammenlose Straßenbeleuchtung, Hochhäuser und schließlich Gefährte, die ohne Saumtiere, scheinbar von Geisterhand gezogen wurden (Straßenbahnen, Automobile) – auf den Straßen, aber auch unter der Stadt (U-Bahnen), dazu Wasserhähne und Lichtschalter in den Wohnungen. Von all diesen Phänomenen hatten Einwohner von Agrarstädten nie gehört, obwohl sie fantastische Erzählungen von Reisenden aus fernen Ländern durchaus gewohnt waren. Bei diesen Innovationen handelt es sich um kategorial neue Phänomene, die in der Agrarzeit nicht erfunden werden konnten, weil es an entsprechendem Wissen mangelte oder weil man sich schlicht nicht vorstellen konnte, dass so etwas wie ein Wasserturm oder eine U-Bahn je möglich oder notwendig werden könnte.

Auch die Stadt des Digitalzeitalters wird Einrichtungen hervorbringen, die im Industriezeitalter nicht existierten, weil das Wissen fehlte. Und sie wird Einrichtungen verschwinden lassen, weil diese in der neuen Zeit bedeutungslos werden.

Hätte man vor 40.000 Jahren ein beliebiges Individuums aus dem ostafrikanischen Grabenbruch – wie durch Zauberhand in das antike Theben vor 4.000 Jahren versetzt, damals die Hauptstadt des ägyptischen Reiches, wäre ihm dieser Sprung wie der Sprung auf einen anderen Planeten erschienen. „Da alle Denker aller Kulturen selbst in Städten leben […] so wissen sie gar nicht, ein wie bizarres Ding die Stadt ist", schrieb Oswald Spengler vor fast hundert Jahren und fügte hinzu: „Wir müssen uns ganz in das Erstaunen eines Urmenschen versetzen, der zum erstenmal inmitten der Landschaft diese Masse aus Stein und Holz erblickt, mit ihren steinumgebenden Straßen und steinbelegten Plätzen, ein Gehäuse von seltsamster Form, in dem es von Menschen wimmelt."[1] Hätte man in der vorindustriellen Zeit um 1700 ein beliebiges Individuum eines beliebigen Landes in das industrielle Barmen des Jahres 1900 versetzt, wäre ihm dieser Ort vermutlich ebenfalls wie eine andere Welt vorgekommen. Würde man schließlich ein Individuum aus dem Jahr 1900 (und lebte es zu dieser Zeit auch im fortschrittlichen New York oder Berlin), in das Seoul des Jahres 2050 versetzen, würde es ihm fraglos ebenso ergehen.

Zur Mitte dieses Jahrhunderts kommunizieren in Seoul wie in anderen Städten Transportmittel (und transportierte Mittel) untereinander und mit der Infrastruktur, verkehren Transportmittel ohne Fahrer und Verbrennungsmotor, überwachen

---

1 Spengler, Oswald (1995) [1923]. Der Untergang des Abendlandes. München, S. 661

Sensoren den Verkehr, verkehren Transportmittel (z. B. Drohnen) in der Luft, kommunizieren Wohnungen mit ihren Bewohnern, drucken Roboter Wohnungen und Gebäude in historisch beispiellosen Formen, erzeugen Gebäude die Energie, die ihre Bewohner benötigen, fluoreszieren Fassaden und Wege in Farben, die ein um 1900 lebendes Individuum nie gesehen hat, dehnen sich Städte in den virtuellen Raum aus und sind frei von Ruß, Qualm und Schmutz, produzieren Städte die Nahrung, die ihre Einwohner benötigen, beherbergen Städte fremdartige Wesen, die aus Licht oder Schaltkreisen gemacht oder Cyborgs sind. Die Digitalisierung transformiert Städte, wie diese durch Elektrifizierung und Automobilisierung im Industriezeitalter transformiert wurden.

Doch nicht allein die Städte wandeln sich, sondern auch der Anteil der Menschen, die in Städten leben und in den Städten wandelt sich die Lebensweise. In seinem Klassiker DIE STADT schrieb Lewis Mumford, die Stadt sei einst das Symbol einer Welt gewesen. Schließlich betrug der Anteil der Stadtbewohner an der Gesamtbevölkerung der Erde noch um 1800 lediglich drei Prozent. Doch nun, so Mumford, sei die Welt dabei, eine Stadt zu werden.[2] Und so lautet auch der erste Satz des WBGU-Gutachtens zur globalen Urbanisierung: „Das 21. Jahrhundert wird das Jahrhundert der Städte sein."[3]

Von England ausgehend beschleunigte sich der Verstädterungsprozess seit Mitte des 19. Jahrhunderts, da die Menschen auf der Suche nach Arbeit vom Land in die Industriestädte zogen. Mit New York und Tokio gab es 1950 nur zwei Städte, die mehr als zehn Millionen Einwohner hatten. 2015 waren es bereits 28 und die größte von ihnen beherbergte über 35 Millionen Einwohner.

Seit 2007 leben weltweit erstmals mehr Menschen in Städten als im ländlichen Raum. Die Hälfte aller Chilenen und Südkoreaner wohnte 2015 im Großraum ihrer Hauptstadt, rund 25 Prozent der Japaner und Philippinos ebenfalls (wobei rund 45 Prozent aller 120 Millionen Japaner in nur zwei Städten lebten) und immerhin rund 20 Prozent der Engländer, Franzosen und Türken wohnten in den Metropolregionen von London, Paris oder Istanbul.

Wanderten die Menschen bis ins frühe 21. Jahrhundert hauptsächlich auf der Suche nach Erwerbsarbeit in die Städte, könnte dies bald nicht mehr der primäre Grund werden, denn sie wird im Digitalzeitalter knapp werden (siehe Kapitel 8). Allerdings könnten die Mieten in Städten günstiger werden, da viele ehemalige Fabrik- oder Bürogebäude oder Warenhäuser ihre Funktion verlieren und zu Wohnstätten umfunktioniert werden. Hinzu kommt, dass manche jener Mängel, die Städte von Anfang an begleitet haben, nach und nach verschwinden dürften: zu

---

2 Mumford, Lewis (1963). Die Stadt. Köln, S. XV
3 WBGU (2016). Der Umzug der Menschheit. Berlin, S. 1

viel Schmutz, Gestank und Lärm. Zumindest deuten gegenwärtige Entwicklungen darauf hin und das wiederum würde die Lebensqualität in Städten erhöhen.

Im Jahr 2050 könnte sich die UN-Prognose darum bewahrheiten, dass der Urbanisierungsgrad im Norden über 80 Prozent betragen wird und der im bevölkerungsreicheren Süden über 60 Prozent. Zwei von drei Menschen werden dann in einer städtischen Umgebung leben.[4] Aber in welch einer städtischen Umgebung werden sie dann voraussichtlich leben?

Allgemein lässt sich diese Frage nur vage beantworten, da die Bedingungen in den Städten des Nordens und des Südens unterschiedlich sind. Und selbst im Norden und Süden unterscheiden sich die Städte voneinander: es gibt junge und alte Städte, wirtschaftsstarke und wirtschaftsschwache, große und kleine, Hafenstädte und Städte in den Bergen, wachsende und schrumpfende Städte. Sie alle werden sich unterschiedlich entwickeln. In gewisser Hinsicht galt dies aber auch für die ersten Städte des Agrarzeitalters und für die Städte des Industriezeitalters – und doch wiesen sie die für ihr Zeitalter und ihren Kulturkreis gemeinsamen Charakteristika auf (siehe Kapitel 2.1). Einige belastbare Vorhersagen lassen sich darum auch für das Digitalzeitalter machen.

Sicher ist beispielsweise, dass sich Städte auf die Bewältigung der Altlasten des Industriezeitalters werden einstellen müssen – etwa an die Folgen der anthropogenen Erderwärmung. Denn sollte der jeweils kilometerdicke Eispanzer der Arktis und Antarktis vollständig abschmelzen, würde der Meeresspiegel um 72 Meter ansteigen. Nun würde es einige hundert Jahre dauern, bis dieser Fall tatsächlich eintreten würde. Schmälze der arktische Eispanzer aber schon um zehn Prozent, stiege der Meeresspiegel um sechs oder sieben Meter. Dieser Fall würde deutlich schneller eintreten und er würde viele Küstenlinien verändern und küstennahen Städte gefährden. Küstenstädte müssen auf dieses Szenario vorausschauend reagieren oder in Zukunft aufgegeben werden. Damit der schlimmste Fall nicht eintritt, werden Städte den Ausstoß der in ihnen verursachten Treibhausgase zu verringern bestrebt sein; denn gut 70 Prozent der weltweiten CO_2-Emissionen werden in Städten durch ihren Verkehr und ihre Gebäude verursacht.[5] Schon dies wird sie grundlegend verändern.

---

4   UN (2014). World Urbanization Prospects. New York
5   WBGU (2016). Der Umzug der Menschheit. Berlin, S. 69

10.1 Verkehr

Seit Menschen in Städten leben, haben sie darüber nachgedacht, sie zu besseren Wohn- und Lebensorten zu machen. Diese Entwicklung wird sich auch im Digitalzeitalter fortspinnen; denn ideal waren die Lebensbedingungen in Städten für Menschen noch nie:

So war das Industriezeitalter ein *Zeitalter des Lärms*. Das lag einmal am Übergang vom Handwerk zur Fabrikproduktion. Dieser, so Lewis Mumford, verwandelte „die Industriestadt in dunkle Bienenstöcke, in denen es zwölf bis vierzehn Stunden am Tag geschäftig puffte, klapperte, kreischte und rauchte, manchmal sogar vierundzwanzig Stunden hindurch."[6] Das lag zudem an Transportmittel, die von Verbrennungsmotoren angetrieben wurden. Diese Maschinen – Autos, Motorräder, Eisenbahnen, Straßenbahnen, Dampfschiffe – ratterten und rumorten, knatterten und kreischten und selbst ihre Herstellung machte einen anfangs weithin hörbaren Krach. Dazu mischten sich Lärmrelikte aus der Agrarzeit: das ständige Rasseln der Fuhrwerke auf den gepflasterten Straßen, das Knallen der Peitschen, das Hämmern der Hufschmiede und das Gedonge der Kirchenglocken.

Zum Verkehrs- und Fabriklärm kam der Menschenlärm dazu. In den expandierenden Städten lebten mehr Menschen dicht zusammen – sie tönten und tobten in Straßen und Häusern. Vor allem in den damals eilig gebauten Mietskasernen war der Lärm knallender Türen, spielender und quengelnder Kinder, knarzender Grammophone, auf Polstermöbel und Teppiche einprügelnder Klopfer und hämmernder Handwerker zu hören. Ständig läuteten zahllose Kirchen- und Straßenbahnglocken, dazu Marktschreier, Drehorgelspieler, Werkssirenen, Presslufthämmer. Nebenbei stanken die Abgase der Kohleöfen und Verbrennungsmotoren, sie verschmutzten die Luft und machten die Menschen krank. Der Philosoph Theodor Lessing, ein damaliger Nasen- und Ohrenzeuge, klagte in seiner Kampfschrift gegen den Lärm: Autos „stöhnen, ächzen, quietschen, hippen und hupen. Motorräder fauchen und schnauben durch die stille Nacht. Blaue Benzinwolken rollen mit grauenhaftem Gestank über die Dächer […]. Niemals hat sich der Mensch mit mehr Gelärm, unter schrecklicherem Geruch über die Erde bewegt."[7] Ohropax (= Ohrenfrieden) kam als Lärmschutz fast zeitgleich mit Lessings Schrift auf den Markt und der feinsinnige Kafka schrieb in einem Brief aus dem lauten Prag an einen Freund: „Ohne Ohropax bei Tag und Nacht ginge es gar nicht."[8]

---

6 Mumford, Lewis (1961). Die Stadt. Köln, S. 519
7 Lessing, Theodor (1908). Der Lärm. Wiesbaden, S. 45
8 Brief an Robert Klopstock, 24.7.1922

Auch in den Folgejahrzehnten blieb der Lärm erhalten, denn der Verkehrslärm nahm wegen der steigenden Anzahl verkaufter Autos in der Nachkriegszeit weiter zu. Mochten die Automodelle pro Wagen auch leiser werden, die absolute Zunahme an Autos glich diesen Effekt wieder aus. In den EU-Staaten waren noch 2014 rund 25 Prozent der Bürger, d. h. 125 Millionen Menschen, einem gesundheitsgefährdenden Lärm ausgesetzt, dessen primäre Quelle vor allem der Straßenverkehrslärm war.[9]

Das Digitalzeitalter wird dagegen ein vergleichsweise *leises* Zeitalter. Obwohl die Anzahl der (Hyperschall-)Flugzeuge und Drohnen zunehmen wird und obwohl auch die Anzahl der Menschen zunehmen wird. Das Brummen der Verbrennungsmotoren weicht dem Surren von Elektro- oder Wasserstoffmotoren. Akustikdesigner nehmen sich verschiedener Lärmquellen an und dimmen diese auf ein das menschliche Gemüt nicht mehr belästigendes Niveau. Züge werden mit Flüsterbremsen ausgestattet, Metall verarbeitende Industriebetriebe schwinden, große Flughäfen haben schon heute „Lärmklassen" eingeführt, in die sie Flugzeugmodelle einsortieren. Gemäß ihrer Sortierung müssen Airlines für ihre Flugzeuge Lärmgebühren entrichten: für laute Modelle müssen sie mehr zahlen, womit laute Flugzeuge unrentabel und die Investition in leise Modelle rentabel werden soll. Zwar war Lärm schon immer lästig, doch hat man ihn als unvermeidliches Übel hingenommen. Das hat sich mittlerweile geändert, ist die Reduktion von Lärmemissionen wie die Reduktion von Abgasemissionen in den Fokus von Politikern und Ingenieuren gerückt.

Städte im Digitalzeitalter werden hinsichtlich ihres Verkehrs einen weiteren Wandel durchleben: In den 1960ern setzte sich ein bis dahin völlig neues Konzept in der internationalen Gemeinschaft der Stadtplaner durch. „The way cities are planned and developed has dramatically changed [...]. Until about 1960 cities throughout the world were primarily developed on the basis of centuries of experience"; schreibt der Stadtplaner Jan Gehl. Dann, 70 Jahre nachdem Bertha Benz rund hundert Kilometer mit dem Benz Patent-Motorwagen Nummer 3 ihres Mannes von Mannheim nach Pforzheim rollte, um Werbung für den sich schlecht verkaufenden Wagen zu machen, kam in den 1960ern eine neue Generation von Stadtplanern „on the scene with their ideas and theories on how to ensure best conditions – for car traffic."[10] Die Städte wurden nun für die Bedürfnisse von Autofahrern gestaltet, nicht mehr für die Bedürfnisse von Menschen. Die waren zwar zum Teil auch Autofahrer, jedoch im Durchschnitt nur eine Stunde am Tag. Die restlichen 23 Stunden waren sie Stadtbewohner.

Die Auswirkung kann man sich kaum dramatisch genug vorstellen. Als der Pulitzer-Preisträger Thomas Friedmann 1977 als Student in Moskau weilte, war

---

9   European Environmental Agency (2014). Noise in Europe. EEA Report, 10. Copenhagen
10 Gehl, Jan (2010). Cities for people. Washington, S. x

er „erstaunt über den Gegensatz zwischen den unglaublich breiten Boulevards […] und dem nahezu vollständigen Fehlen von Autos. Als ich Moskau 2007, dreißig Jahre später, wieder besuchte, drängten sich so viele Autos auf diesen Boulevards, daß man sich kaum bewegen konnte."[11] Seit den 1960ern schwärmten Autos mit so großer Wucht zunächst in die Städte kapitalistischer Marktwirtschaften, dann in Städte realsozialistischer Planwirtschaften, dass die Stadtplaner eifrig neue und breitere Straßen anlegten, um Staus zu vermeiden. Woran sie dabei nicht dachten, war was Gilles Duranton und Matthew Turner später das „fundamentale Staugesetz" nannten: Der Autoverkehr nimmt proportional mit dem Ausbau der Autostraßen zu. Ein Ausbau des Straßennetzes um zehn Prozent, führt in dieser Region nach einigen Jahren zu einem Anstieg des Autoverkehrs um ebenfalls zehn Prozent.[12] Dieses Gesetz ließ sich nahezu überall beobachten und die Folge war natürlich keine signifikante Abnahme der Verkehrsstaus. Was allerdings abnahm war die Geschwindigkeit der Autos (die sich in Großstädten wegen des Verkehrsaufkommens langsamer fortbewegten als Pferdefuhrwerke) sowie die städtische Lebensqualität – und mancherorts auch die ländliche, sofern große Umgehungs- und Zubringerstraßen durch kleine Ortschaft verlegt wurden.

In den 2000ern setzte unter Verkehrsplanern eine Gegenbewegung ein, die nun die menschlichen Bedürfnisse in den Vordergrund stellte und die der Autos weniger berücksichtigte. Im Digitalzeitalter ist darum zu erwarten, dass der motorisierte Individualverkehr abnimmt, Verbrennungsmotoren zudem aussterben, Fahrzeuge (Busse, Bahnen, Taxis) autonom unterwegs sind und sich der Verkehr zunehmend in die Luft verlagern wird.

Städte im Digitalzeitalter werden also – ungeachtet ihrer Größe – im Vergleich zu Städten des Industriezeitalters leise und die Luft in ihnen sauber, denn weder Transportmittel noch Fabriken noch Großkraftwerke emittieren Lärm oder Schadstoffe. Transportmittel werden elektrisch und von einem Autopiloten angetrieben und sie werden miteinander kommunizieren. Auf diese Weise werden Ampeln und viele Verkehrsschilder aus den Stadtbildern verschwinden, denn sie haben keine Funktion mehr. Verschwinden werden allmählich auch Oberleitungen, die Stadtbahnen mit Strom versorgen, denn bessere Batterien oder unter der Fahrbahn verbaute Induktionsspulen machen sie überflüssig. Das Stadtbild wird dadurch aufgeräumter, zumal auch die vielen Laternen am Straßenrand nach und nach

---

11 Friedman, Thomas L. (2010). Was zu tun ist. Eine Agenda für das 21. Jahrhundert. Frankfurt/M., S. 85

12 Duranton, Gilles/Turner, Matthew A. (2009). The Fundamental Law of Road Congestion: Evidence from US cities. Working Paper 370, University of Toronto, Department of Economics.

verschwinden werden. Wie schon die „Entleerung der Wohnungen" (Kapitel 9.4) wird auch die „Entleerung der Städte" zur Einsparung von Rohstoffen beitragen.

10.2 Gebäude

Gebäude können, wie Altstadtkerne bezeugen, Jahrhunderte überdauern, so sie von Erdbeben, Feuer und Krieg verschont bleiben. Gebäude sind immer auch museale Artefakte. Sie verraten eine Menge über die Baugeschichte und das Wissen der Baumeister. Bestimmte Gebäude, z. B. Tempel und Kathedralen, Burgen und Paläste, Universitäten und Warenhäuser verraten viel über die Kulturgeschichte und das Weltbild der Bauherren. Mittelalterliche Straßennamen, die auf Bänke und Buden verweisen, berichten über Handel und Gewerbe unserer Vorfahren. Menschen erhalten sie aus guten Gründen, denn sie dokumentieren ihre Herkunft und Entwicklung.

Aus diesem Grund bestehen die meisten Städte der Zukunft zu einem großen Teil aus Gebäuden, die in der Gegenwart bereits vorhanden sind – zumindest in klassischen Industrienationen. Anders sieht die Situation in den bevölkerungsmäßig wachsenden Entwicklungs- und Schwellenländern aus, in denen von 2015 ab etwa 90 Prozent des globalen Wachstums der urbanen Bevölkerung bis 2050 erwartet wird.

Die in den Städten der alten Industrienationen bereits vorhandenen Gebäude werden modernisiert, ihre Form und Größe aber bleibt in den meisten Fällen bestehen. Fachwerkhäuser wurden einst elektrifiziert, künftig werden sie „smart", d. h. sie lassen sich durch ein Smartphone oder ein anderes Gerät kontrollieren oder die mit Dutzenden Sensoren ausgestatteten Häuser überwachen und regulieren sich selbst. Bewohnt werden sie außerdem nicht mehr nur durch Menschen, Haustiere und Topfpflanzen, sondern auch durch KIs und Bots. Spielzeug-, Rasenmäh- und Staubsaugerbots sowie Amazon Echo sind hier die ersten Vorläufer.

Neue Gebäude werden natürlich ebenfalls errichtet, weil alte Komplexe entweder obsolet geworden sind oder wachsende Städte einen größeren Gebäudebestand benötigen. Die Wände dieser Gebäude werden dünner, aber robuster, Gebäude werden höher, aber leichter, Gebäudeformen werden vielfältiger, kosten aber weniger. Und wurden Gebäude immer schon von Menschenhand errichtet, werden sie zukünftig von Maschinen konstruiert. Eine solche Maschine ist der 3D-Drucker. Er ermöglicht es, Gebäude schneller, energie- und materialeffizienter und mitsamt der Inneneinrichtung herzustellen.

Die Gebäude der Zukunft werden folglich erheblich billiger. Nicht nur, weil sie materialeffizienter gebaut werden, sondern auch weil ihr Bau kaum Lohnkosten verschlingt. Entweder werden die Gebäude gedruckt, von Baurobotern zusammengefügt oder die Baubots bauen die ausgedruckten Elemente in sehr kurzer Zeit zusammen. Diese Roboter haben intelligente Teleskoparme, mit deren Hilfe sie tonnenschwere Bauteile greifen, hochheben und in Position bringen können. Ein Mehrfamilienhaus wird auf diese Weise statt in Monaten binnen eines halben Tages und fast ohne Personal errichtet werden können. Von den derzeit noch ca. 700.000 Beschäftigten in der Baubranche Deutschlands[13] werden dann nicht mehr viele übrig bleiben (vgl. Kapitel 8.1).

Die Kostenminimierung ist besonders für die Urbanisierung der finanzschwachen Entwicklungsländer interessant, zumal in Entwicklungs- und Schwellenländern ein Drittel der städtischen Bevölkerung schon gegenwärtig keinen adäquaten Wohnraum hat: 2012 lebten mehr als 850 Mio. Menschen in Slums und bis 2015 könnte sich diese Zahl verdoppeln, sollte das rapide Wachstum der Städte in Afrika und Asien weiter anhalten. Allein billige Konstruktionsverfahren können sie aus diesen befreien und die Digitalisierung der Baubranche bietet Möglichkeiten hierzu, speziell die Möglichkeit, stromautarke Häuser künftig für wenig Geld drucken zu können. Denn etwa ein Drittel der Stadtbewohner in den Niedrigeinkommensländern hatte 2015 keinen Zugang zu Elektrizität.[14]

Parallel dazu ermöglicht die Digitalisierung auch neue Bauformen. Veränderungen in der Baukunst sind oft ein Spiegelbild technischer oder kultureller Transformationen. Sie sind im Baustil, d. h. in Konstruktionsprinzipien und Bauformen erkenntlich. Fassaden wie Möbel, Exterieur wie Interieur zeichnen sich in der Frühzeit des Digitalzeitalters durch einen *neuen Baustil* aus, der erst durch 3D-Druck möglich wird: Sie sind durch weiche, kantenlose, organische und bewegte Formen charakterisiert, die jeden Baumeister des Jugendstils beschämen. Die neuartige bionische Ornamentik, deren Formen, zellularen Mustern ähneln, die an die Struktur von Knochen, Schwämmen, Fächerkorallen oder an das Aderwerk im Inneren eines Blattes erinnern, ist logisch zwingend. Denn einmal sind sie sehr stabil, materialeffizient und damit ökologisch korrekt. Ferner sind sie kosteneffizient (da sie materialeffizient sind) und ihre Formgebung besticht schließlich durch eine natürliche Ästhetik, die zugleich ein Ausdruck des Zeitgeistes ist: Das 21. Jahrhundert wird schließlich auch ein grünes Jahrhundert werden müssen.

Der neue Baustil wird durch den Einsatz neuer Werkstoffe begleitet, welche ebenfalls Einfluss auf Formgebung und Wand- wie Deckendicke haben werden (Kapitel 9.4). Durch die Kombination materialeffizienter Formen und neuer Materi-

---

13 Fraunhofer BAU (2012). Bauen für die Zukunft. Valley, S. 4
14 WBGU (2016). Der Umzug der Menschheit. Berlin, S. 5f.

alien werden Gebäude in bislang ungeahnte Höhen emporwachsen, was wiederum die Flächeneffizienz erhöht.

Zum neuen Baustil oder zu den neuen Baustilen gesellen sich neue Gebäude hinzu, die neue Funktionen haben werden. Eine dieser Funktionen wird der Anbau von Lebensmitteln sein. Irgendwann im Digitalzeitalter werden Lebensmittel in „industrieller" Fertigung unter Nutzung der Selbstorganisation und Selbstanordnung biobasierter Komponenten hergestellt, d. h. aus einzelnen Molekülen zusammengebaut. Bis dahin braucht es noch andere Verfahren, die den konventionellen Landbau der Agrarzeit hinter sich lassen und die Landwirtschaft vom Land in die Stadt holen und landwirtschaftliche Erzeugnisse dort ohne Land bzw. Erde anbauen.

Dafür gibt es eine Reihe guter Gründe: Weltweit schwinden fruchtbare Böden in großen Mengen, weltweit werden gleichzeitig mehr Menschen geboren, ziehen immer mehr Menschen in die Städte, weltweit treibt die Landwirtschaft den Klimawandel an und machen die daraus resultierenden Veränderungen den landgebundenen Anbau von Lebensmitteln unsicher. Aus der klassischen Landwirtschaft resultieren nicht zuletzt mehr ökologische Probleme als aus jedem anderen menschlichen Handlungsfeld.[15] Die zahlenmäßig wachsende Menschheit wird ihre Nahrungsherstellung folglich revolutionieren müssen. Auf die drei bisherigen landwirtschaftlichen Revolutionen (die Neolithische Revolution, der Einsatz von landwirtschaftlichen Maschinen, der Einsatz chemischer Dünger- und Vernichtungsmittel) wird eine vierte folgen.

Dazu werden Nutzpflanzen verändert und verändert wird auch ihr Anbau. Das Crispr/Cas9-Verfahren (Kapitel 3) wird neben der Roten auch die Grüne Gentechnik prägen und Nutzpflanzen hervorbringen, die besser als die traditionell gezüchteten an die sich wandelnden klimatischen Verhältnisse angepasst sind und gewiss weitere Vorzüge haben. Unabhängig davon zeichnet sich schon in der Gegenwart eine Entwicklung ab, welche die Landwirtschaft in die Städte holt und landwirtschaftliche Erzeugnisse dort auf vierfach neue Weise herstellt:

1. Der Anbau von Nutzpflanzen wird in geschlossene Räume (Indoor Farmen) verlagert, wo er kontrolliert und ohne den Einsatz von Vernichtungsmitteln erfolgt. Eine Steigerung der Erträge könnte durch Nutzpflanzen erfolgen, die mit Crispr oder verwandten Verfahren so verändert wurden, dass sie im Indoor-Bereich bestens gedeihen.
2. In diesen Räumen werden Nutzpflanzen auf vertikalen Konstruktionen angebaut, um mehr Ertrag pro Grundfläche zu erzielen. „Vertikal" ist dabei doppeldeutig

---

15 Engler, Steven et al. (2016). Regional, innovativ, gesund: Nachhaltige Ernährung als Teil der Großen Transformation. Göttingen, S. 9–39

zu verstehen. Zum einen können die Anbauflächen wie Regale übereinander gestapelt sein (was durch künstliche Beleuchtung auch im Untergrund möglich ist), zum anderen können die Farmen hochhausgleich auffragen. Beide Varianten werden natürlich auch kombiniert.

3. Der vertikale Anbau der Nutzpflanzen erfolgt ohne Erde, da die Entnahme fruchtbaren Bodens aus seiner natürlichen Umgebung ein erheblicher negativer ökologischer Eingriff ist. In den neuen Farmen gedeihen die Pflanzen aeroponisch oder hydroponisch.

4. Die weitgehende Automatisierung der Produktion in den Indoor Farmen, um Kosten zu sparen, damit die Produkte so günstig wie möglich und so möglichst allen Menschen zugänglich werden.[16]

Wie in Kapitel 9.1 bereits erwähnt, dürfte Fleisch zukünftig ebenfalls in geschlossenen, laborartigen Räumen hergestellt werden – ohne Tiere dafür töten zu müssen. Dazu werden Verfahren erprobt, echtes Fleisch etwa aus mannigfach reproduzierten Muskelzellen zu gewinnen. Da auf rund ein Drittel der weltweiten Ackerflächen Tierfutter angebaut wird, ist die Einsparung beim Flächenverbrauch sowie die daraus resultierende ökologische Entlastung dieses Verfahrens enorm. Das gleiche gilt für Milch und Milchprodukte, die ohne Kühe sowie Eier, die ohne Hühner hergestellt werden.[17] In der Hochzeit des Digitalzeitalters werden Städte nicht mehr, wie gegenwärtig, von Feldern, sondern von Wäldern umgeben sein. In Science Fiction-Filmen kann man zuweilen Städte mit einer futuristischen Skyline beobachten, umgeben sind diese Städte jedoch von mittelalterlichem Ackerland. So wird die Zukunft nicht aussehen.

Weltweit ziehen immer mehr Menschen vom Land in die Stadt, was es zusätzlich sinnvoll macht, die Lebensmittel dort zu produzieren, wo sie verbraucht werden. Bislang waren Städte ein Konsument von Lebensmitteln, alsbald werden sie deren Produzent sein. Schon dies ist ein Bruch mit der Vergangenheit und ein weiterer besteht darin, dass Nahrungsmittel des Digitalzeitalters ganz anders – nämlich unabhängig von den Bedingungen der Außenwelt – hergestellt werden als im Agrar- und Industriezeitalter. Und auch dies ist ein Bruch: Die Landwirtschaftliche Revolution gebar die Stadt, denn sie erforderte die Sesshaftigkeit und sie ermöglichte die Anhäufung von Nahrungsüberschüssen. Trotz ihrer Türme aus Glas und Stahl ist die Stadt der Digitalzeit im Grunde ein Bauwerk der Agrarzeit. Und nachdem sich die Ackerfelder Jahrtausende lang über die Landmassen ausbreitete,

---

16 Stengel, Oliver (2016). Die Neuerfindung der Land- und Viehwirtschaft. in: Engler, Steven et al. (2016). Regional, innovativ, gesund. Göttingen, S. 261–280
17 siehe new-harvest.org

verlässt die Landwirtschaft das Land und kehrt in jenes Bauwerk zurück, das sie einst hervorbrachte. Städte werden nicht nur hinsichtlich ihrer Versorgung mit Lebensmitteln zunehmend autark, sondern auch hinsichtlich ihrer Versorgung mit Energie. Die Funktionen einer Stadt erweitern sich dadurch um zwei wesentliche, die bislang ausgelagert wurden. Durch die doppelte Autarkie erhöht sich zugleich die Resilienz einer Stadt. Die meisten Gebäude, darunter auch Indoor Farmen, produzieren künftig so viel Strom und Wärme wie verbrauchen (vgl. Kapitel 9.3). Das Effizienzhaus-Plus in Berlin erzeugt bereits seit einigen Jahren sogar mehr Energie als es verbraucht. Der durch Solarzellen und Wärmepumpen gewonnene, überschüssige Strom wird gespeichert und lässt sich unter anderem zum Laden von Elektrofahrzeugen nutzen. Die dies ermöglichende Technik wird (inklusive der Speichertechnik) in der Zukunft effizienter und günstiger und damit ein neuer Gebäudestandard werden.

Mit Farmscrapern bzw. vertikalen Indoor Farmen werden neue Gebäude die Städte bereichern. Gleichwohl gilt auch umgekehrt, was schon immer galt, dass alte Gebäude neue Funktionen erhalten werden. Das betrifft vor allem Gebäude in den Innenstädten.

Die Innenstädte werden ein anderes Gesicht erhalten. Im 19. und 20. Jahrhundert waren Innenstädte mit Kneipen und Eckkneipen bestückt, in denen Arbeiter nach Feierabend Biere kippten und Tabak rauchten. Mit dem Niedergang der Arbeiterschaft, schwand auch die Kneipenkultur und mit dem Aufstieg der Studentenschaft und Angestellten nahm die Zahl städtischer Cafés zu. Im 20. Jahrhundert waren die Innenstädte mit Läden gespickt, von denen die meisten Bekleidungsgeschäfte waren. Warum sollte man seine Kleidungsstücke künftig aber umständlich in einem Laden kaufen, wenn deren Designs „maßgeschneidert" im Internet kursieren und zu Hause oder in einem Copy Center ausgedruckt werden können? Das gleiche gilt für Möbelstücke (und Möbelhäuser), ähnliches gilt für Buchläden (die überflüssig werden, wenn keine auf Papier gedruckten Bücher und Magazine mehr erhältlich sind) und für die großen Warenhäuser, die im frühen 20. Jahrhundert errichtet wurden und als die Tempel der Konsumgesellschaft galten. Dies gilt auch für Bank- und Versicherungshäuser, die mit erheblich weniger Personal auskommen werden und darum weniger Räume benötigen. Schließlich gilt dies auch für Apotheken, Arztpraxen und Seniorenheime, die umso weniger nachgefragt werden, je gesünder die Menschen altern (siehe Kapitel 4).

Veröden werden Innenstädte deswegen nicht. Die frei werdenden Flächen können z. B. als Wohnraum genutzt werden oder zur Produktion von Lebensmitteln. Denn auch in leer stehenden Tief- und Hochgaragen, in funktionslos werdenden Waren- oder Bürohäusern und Fabrikhallen können Lebensmittel vertikal, flächeneffizient angebaut werden und dadurch den von der Landwirtschaft ausgehenden

Druck auf Klima und Ökosysteme verringern. Allerdings nur vorübergehend, denn langfristig werden auch Indoor Farmen unnötig. In ihnen werden Nutzpflanzen – z. B. Reis – angebaut. Da man im Grunde aber nicht die Reispflanze benötigt, sondern nur ihr Reiskorn, wird sich die fünfte landwirtschaftliche Revolution darauf konzentrieren, das Endprodukt einer Nutzpflanze zu gewinnen. Dies ist der übernächste logische Schritt und er reduziert den Aufwand zur Bereitstellung benötigter Nahrungsmittel ein weiteres Mal.

10.3 Beleuchtung

Im Industriezeitalter wandelte sich das nächtliche Stadtbild grundlegend, denn es war ein *Zeitalter des Lichts*. Die einzigen nächtlichen Lichtquellen der Menschheit waren seit Hunderttausenden Jahren Feuer und Mond. Man verbrannte Holz, viel später erst Wachs, tierisches Fett (Talg), tierisches Öl (Tran), pflanzliches Öl (Rüböl, Rapsöl) und nochmals später fossiles Öl (Petroleum), mancherorts auch Kohle. Das Feuer spendete Licht und Wärme – und war zugleich die Ursache für verschmutze Luft, verrußte Decken sowie für viele Haus- und Stadtbrände. Um die Gefahr von Bränden wenigstens zu verringern, waren die Städte nachts meist finster. Welch ein Wunder war da die Erfindung des elektrischen Lichts! Sie brach mit einer Jahrtausende währenden Beleuchtungstechnik.

In den 1920ern begannen sich die Städte zu elektrifizieren und die Veränderungen, welche die Verbreitung der elektrischen Straßenbeleuchtung, mit sich brachte, waren fantastisch: Die Nacht konnte nun zum Tag gemacht werden und Menschen waren nun nicht mehr gezwungen, sich den von der Natur (und den Jahreszeiten) vorgegebenen Zeitintervallen zwischen hell und dunkel zu fügen. Die Straßen waren fortan auch nachts beleuchtet und wurden von zahlreichen Flaneuren bevölkert. Die Sorge, in „zwielichtigen" Winkeln und Gassen das Opfer eines Raubes zu werden sank, die Menschen fühlten sich sicherer und sie blieben länger auf, weshalb sich ihre Schlafenszeit verkürzte. Die Lebensqualität stieg auch, weil die Zahl der Hausbrände abnahm, weil die von Kerzen und Kaminfeuern ausgehende Gefahr durch den Lichtschalter gebannt wurde, weil der Gestank verbrannten Petroleums nicht mehr durch die Straßen wehte. In den Fabriken begannen Menschen ihr Tun nach den Takten der Maschine und ihren Tag nicht mehr nach der Sonne auszurichten. Nun konnte mittels Glühbirnen und Leuchtstoffröhren nachts wie tags und im Schichtbetrieb gearbeitet werden.

Im 20. Jahrhundert wurde die typische Stadt *nachts* immer *heller* und der urbane Lichtdom – ein Phänomen, das im Agrarzeitalter unbekannt war – verwehrte ihren Bewohnern den Anblick der Milchstraße. Etwa 20 Prozent des weltweiten Stromverbrauchs wurden 2015 für die Beleuchtung von Städten und Gebäuden verbraucht. Paradoxerweise wurden Industriestädte *tagsüber dunkler*, denn die wegen verbrannter Kohle verschmutzte Luft ließ weniger Sonnenlicht auf die Straßen fallen. „Nacht breitete sich über die Kohlenstadt aus. Ihre vorherrschende Farbe war schwarz. Schwarze Rauchwolken quollen aus den Fabrikschornsteinen, und die Eisenbahnanlagen, die oft tief in die Stadt hineinschnitten [...], verbreiteten allenthalben Ruß und Asche."[18] Erst mit dem Absterben der Industrieanlagen und der Reduktion des Kohleverbrauchs wurde der Himmel über den Industriestädten ab den 1960ern allmählich wieder blau, wenngleich durch Flugzeuge verursachte künstliche Wolken, die natürliche Helligkeit noch bis heute dimmen. Da sich die Schwerindustrie seit den 1970ern nach Asien verlagerte, verdunkelten sich die Tage fortan dort (siehe Kapitel 9.2). Nach dem weltweiten Umstieg auf nichtfossile Energieträger werden die Tage wieder heller und damit auch wärmer werden.

Die urbanen Nächte bleiben hell. In einigen Jahrzehnten werden es jedoch keine Strom verschlingenden Quecksilberdampflampen mehr sein, welche die Stadt nachts beleuchten. Es wird dann kaum noch Lampen geben. Denn in der Stadt wird sich wiederholen, was bestimmend für die Ausstattung von Gebäuden und Wohnungen sein wird: Sie sind voller Technologie, aber man sieht sie kaum. Kabel verschwinden, dennoch fließt Strom, Heizkörper verschwinden, dennoch bleiben die Wohnungen im Winter warm, Lampen verschwinden, dennoch kann das Dunkel erleuchtet werden.

Die nächtliche Stadtbeleuchtung hat außerdem zwei primäre Zwecke: Sie soll das Auto fahren erleichtern und die gefühlte Sicherheit jener erhöhen, die nachts zu Fuß unterwegs sind. Einer dieser Zwecke wird bald keine Rolle mehr spielen, denn künftige Autos benötigen keine Straßenbeleuchtung, da sie über Sensoren verfügen, die anders als das menschliche Auge sehen. Laternen werden aber vor allem deswegen überflüssig, weil die Beleuchtung in Gebäude oder Straßen integriert werden kann. In Wänden, Decken, Fenster, Fassaden, Straßen und Gehwege oder Transportmittel integrierte hauchdünne Folien, die tagsüber transparent sind, strahlen nachts mit geringem Energieaufwand fluoreszierendes, sich in verschiedene Farben und Formen wandelndes Licht ab. Hochhausfassaden können eine einzige Projektionsfläche werden und z. B. Videosequenzen oder Hologramme abstrahlen.

Das nächtliche Bild der Stadt wird ein komplett anderes werden. Bislang wurde eine Stadt punktuell beleuchtet, nun kann sie flächenweise und verschiedenfarbig leuchten. Ein Spaziergang durch die Häuserschluchten einer Großstadt kann einer Nachwanderung durch den Urwald Pandoras ähneln, wie er im Film Avatar zu sehen

---

18 Mumford, Lewis (1961). Die Stadt. Köln, S. 548

war. Die Stadt verwandelt sich nachts in eine Lounge Area. Diese neuen Anwendungen werden den urbanen Energieverbrauch vermutlich erhöhen. Sind Gebäude jedoch stromautark, sind die ökologischen Nebeneffekte des Energieverbrauchs gering. Sie zeigen sich jedoch an anderer Stelle: Ein zu klärendes Problem wird sein, wie man potenziell negative Effekte auf nachtaktive Insekten und andere in der Stadt lebende Tiere in den Griff bekommt, wenn diese in verschiedensten Farben glimmt.

10.4 Partizipation

Zumindest außerhalb autoritärer Gesellschaften ist das Verhältnis zwischen der Stadtverwaltung und ihren Bürgern dabei, sich zu verändern (in autoritären Gesellschaften braucht dieser Prozess mehr Zeit). Seit Jahrtausenden ist dieses Verhältnis ein Obrigkeitsverhältnis, bei dem die Herrscher- oder Verwaltungselite angeordnet hatte, was, wann, wo durch wen zu tun sei. Eine aktive Rolle als gestaltende Akteure hatten Stadtbewohner kaum. Natürlich fanden sich immer wieder Bürgerinitiativen zur Umsetzung eines Projektes, oft wurden sie dabei jedoch von der Stadtverwaltung gegängelt – obwohl sie zuweilen Bemerkenswertes vollbracht haben: etwa den High Line Park in New York oder die Umwandlung der durch Wuppertal führenden Nordbahntrasse, eine über Brücken und durch Tunnel führende stillgelegte Bahnstrecke, in einen Rad-, Inlineskate- und Fußweg.

Mit zunehmendem Bildungsniveau, mit zunehmender Internet-Durchdringung der Gesellschaft und mit zunehmender digitaler Vernetzung wandelt sich das hergebrachte Obrigkeitsverhältnis zu einem partnerschaftlichen Verhältnis zwischen Stadt und Bürgern. Letztere sind – nicht zuletzt wegen Bildungsexpansion und Internet – besser informiert denn je und anspruchsvoller werden die Bürger auch. Die Digitalisierung ermöglicht es ihnen, ihre Interessen eigenmächtig zu vertreten, ihre Meinung wahrnehmbar zu artikulieren und ihre Potenziale zu koordinieren. Und so sprechen Patrizia Nanz und Claus Leggewie von einer „Beteiligungsrevolution", die sich zwar noch zu selten, dafür aber immer häufiger ereignet, da Bürger zunehmend bei der Realisierung städtischer Projekte konsultiert werden.[19]

Statt der rigiden Top-down-Planung der Vergangenheit, folgt die Stadtentwicklung im 21. Jahrhundert sukzessive dem Urban Governance-Prinzip: Kommunale Institutionen kooperieren mit Bürgergruppen und mit dem Ziel, die lokalen Angelegenheiten einer Stadt und ihrer Stadtgesellschaft besser zu organisieren. Als Einwohner sind Bürger schließlich auch Experten ihrer Stadt oder ihres Quartiers,

---

19 Patrizia Nanz/Claus Leggewie (2016). Die Konsultative. Berlin

weshalb es sinnvoll ist, diese Ressource in die Stadtentwicklung einfließen zu lassen. Nicht zuletzt integriert eine nicht mehr an den Autoverkehr, sondern an die menschliche Lebensqualität orientierte Stadtentwicklung, Menschen, respektive Bürger, auch in die Stadtentwicklung. Dieser Bruch hat seine Parallele mit der sich ebenfalls anbahnenden dezentralisierten Bottom-up-Produktion in der Ökonomie (Kapitel 6). Demokratie reduziert sich folglich nicht länger nur auf die Wahlmöglichkeiten innerhalb eines vorgegebenen Angebots oder auf die Wahl des Bürgermeisters, sondern weitet sich auf die Mit- und Zusammenarbeit aus.

Hier wie dort erfolgt die Entwicklung mit Hilfe digitaler Technologie: Neue Partizipationsinstrumente befähigen Stadtgesellschaften zur Mitgestaltung, erweitern die urbane digitale Infrastruktur und tragen dazu bei, Städte „smart" zu machen.[20] Durch sie können Bürger ihre Stadt- oder quartiersbezogenen Ideen und Projekte online mitteilen und sich zu deren Umsetzung in einem lokalen Netzwerk zeitnah zusammentun und gemeinsam nach Lösungen für Probleme suchen. Vor allem der Prozess einer nachhaltigen Entwicklung wird durch solche Online-Plattformen künftig vermehrt von vielfältigen kleineren wie größeren Bottom-up-Initiativen vorangetrieben. Denn solche Plattformen verstehen sich auch als Räume, in denen urbane Probleme aufgedeckt und gelöst werden. Jeder, der kreativ eine Lösung finden möchte, ist eingeladen, gemeinsam mit allen anderen Teilnehmern eine solche für eine Problemstellung zu erarbeiten.

Urbane Räume waren schon immer ein Labor für technologische und soziale Innovationen. Die früheren Orte der Vernetzung – Marktplätze, Kaffeehäuser, Universitäten oder Vereine – konnten jedoch meist nur kleine Personenkreise integrieren. Dagegen sind digitale Plattformen prinzipiell in der Lage, jeden handlungsfähigen Bewohner aufzunehmen. Durch internetgestützte Bürgerbeteiligung wird das Labor Stadt mehr Ideen und Lösungen für die Gestaltung städtischen Lebens generieren und ausprobieren als je zuvor. Die dadurch aufkeimenden Innovationen sind absolut unvorhersehbar. Unvorhersehbar war schließlich auch, was die Zivilgesellschaft aus dem Internet machte.

Für öffentliche Verwaltungen sind solche Beteiligungsformate noch unkonventionell wie innovativ, da sie ein Bruch mit der (Stadt-)Geschichte sind. Verwaltungen werden erstmals mit externem Sachverstand und konkurrierenden Lösungsvorschlägen konfrontiert, der zuweilen auch vorhandene Strukturen hinterfragt. Je mehr das kreative Potenzial einer Stadt jedoch genutzt werden kann, desto mehr überwiegen die Chancen, dem Ideal einer lebenswerten Stadt näher zu kommen.

---

20 siehe z. B. i-puk.de/unser-quartier.de, civichall.org

Schluss   11

Oliver Stengel, Alexander van Looy und Stephan Wallaschkowski

Im Vergleich mit den in Ostafrika lebenden Vor- und Urmenschen traten bei den anatomisch modernen Menschen vor einigen zehntausend Jahren eine Hand voll kategorial neuer Phänomene auf: die Herstellung komplexer Werkzeuge und Waffen, Kleidung und Kunst sowie ein Sprachsystem. Zum Vergleich: Der Homo erectus streifte rund zwei Millionen Jahre durch Afrika und Asien und drang sogar bis nach Europa (Georgien) vor. Er existierte ungefähr 10-mal länger als der Homo sapiens bisher und behauptete sich damit lange Zeit erfolgreich in seiner Umwelt. Dennoch konnte er jene Phänomene nicht hervorbringen, weil sein Gehirn noch nicht hinreichend entwickelt war. Mit dem Homo sapiens brach folglich ein neuer Abschnitt in der Geschichte des Homo an. Diese Geschichte hatte bislang drei Kapitel, nun wird ein viertes geschrieben.

Gegenstand dieses Buches war der Übergang von der Altsteinzeit zum Agrarzeitalter, im Vordergrund aber stand der postulierte Übergang vom Industrie- zum Digitalzeitalter. Die Unterscheidung dieser globalen Zeitalter erfolgte einmal durch die Identifikation kategorial neuer Phänomene, d. h. von zivilisatorischen Errungenschaften, die im vorangegangenen Zeitalter nicht auftreten konnten. Zum anderen durch die Identifikation diverser Brüche: Bestimmte, zumeist als selbstverständlich wahrgenommene Kontinuitäten wurden nun unterbrochen und ersetzt. Diese Kontinuitäten konnten sich über Jahrhunderte oder gar Jahrtausende erhalten und wurden damit zu einem Charakteristikum des jeweiligen Zeitalters.

Ein Zeitalter wird letztlich durch die Summe seiner Differenzen zum Vorherigen charakterisiert und die Übergänge zwischen ihnen sind, so Historiker Osterhammel, „Häufigkeitsverdichtungen von Veränderungen".[1] Je dichter die Veränderungen, desto höher das Tempo des gesellschaftlichen Wandels. In der Frühphase des noch

---

1   Osterhammel, Jürgen (2011). Die Verwandlung der Welt. München, S. 115

jungen Digitalzeitalters sind bereits eine Reihe grundlegender Veränderungen in Erscheinung getreten und es zeichnet sich ab, dass verschiedene Brüche in den kommenden Jahrzehnten hinzukommen. Für das Digitalzeitalter wurden im Buch einige neue Phänomene und Brüche vorweggenommen, was einerseits spekulativ ist, andererseits jedoch rational zu begründen versucht wurde. Sofern sie auftreten, ist bei den Brüchen, die für das Digitalzeitalter vorweggenommen wurden, zu erwarten, dass sie im Laufe von mehreren Generationen ebenfalls neue und lang anhaltende Selbstverständlichkeiten werden – und das wird auch für weitere gelten, die hier nicht vorgedacht wurden.

Tab. 11.1 Übersicht der die globalen Zeitalter voneinander abgrenzenden Charakteristika

Globales Zeitalter	Kategorial neue Phänomene (im Vergleich zum jeweils vorangegangenen Zeitalter)	Brüche (in Natur, Kultur, Struktur, Lebensweise und im Vergleich zum jeweils vorangegangenen Zeitalter)
Agrarzeitalter	<ul><li>Ackerbau</li><li>künstliche Bewässerung</li><li>Domestizierung von Nutztieren</li><li>Viruserkrankungen</li><li>neue Transportmittel (z. B. Ochsenkarren, Kutschen)</li><li>Städte</li><li>neue Werkstoffe (z. B. Metall, Keramik)</li><li>Schrift, Bürokratie</li><li>Geld</li><li>Buch, Buchdruck</li></ul>	<ul><li>vom Nomadentum zur Sesshaftigkeit</li><li>vom Leben in der Natur zum Leben in künstlichen Zonen</li><li>von der sozialen Gleichheit zu hierarchischen Sozialstrukturen (aristokratischen Gesellschaftssystemen)</li></ul>
Industriezeitalter	<ul><li>Grüne Revolution</li><li>Maschinen</li><li>fossile Energieträger als primäre Energiequellen</li><li>Elektrifizierung</li><li>Massenproduktion in Fabriken</li><li>neue Transportmittel (z. B. Eisenbahn, Automobil, Flugzeug)</li><li>Telekommunikation</li><li>Hochhäuser, Kanalisation</li><li>Institutionalisierte Sportarten</li><li>Globale Umweltprobleme</li><li>Globalisierung</li><li>Entstehung einer Konsumentenklasse</li></ul>	<ul><li>von der Arbeit im Agrarsektor zur Arbeit im Produktions- und Dienstleistungssektor</li><li>von einer traditionalen Wirtschaft zu einer sozialistischen oder kapitalistischen Wirtschaft</li><li>von einer hierarchischen Sozialstruktur zum demokratischen Sozialstaat</li><li>Bildungsexpansion (in allen sozialen Schichten, beide Geschlechter)</li><li>neue Normalbiografie: (Aus-)Bildung – Arbeit – Rente</li></ul>

11 Schluss

Digital-	• smarte Maschinen, 3D-Drucker, Künstliche Intelligenz, Bots	• von der zentralisierten Produktion in Fabriken zur Demokratisierung der Produktionsmittel
zeitalter	• Entmaterialisierung von Konsumgütern	• Postkapitalismus (von einer konkurrenzorientierten Ökonomie zu einer kooperativen)
	• postfossile Energieträger als primäre Energiequellen	• von der Kultur des Besitzens zur Kultur des Teilens
	• digital vernetzte Computer (Internet), Menschen, Dinge und Maschinen (IoT)	• von der zentralisierten Stadtentwicklung zur demokratisierten (Urban Governance)
	• Universalübersetzer	
	• Cyborgs	
	• Neue Sesshaftigkeit als Massenphänomen	• vom Anbau von Lebensmitteln auf dem Land zum Anbau von Lebensmitteln ohne Land
	• Asteroid Mining	• Menschen leben auch in virtuellen Räumen
	• neue Werkstoffe	
	• Nanotechnologie	• Menschen leben auch außerhalb der Erde
	• lärmfreie Städte	• von natürlichen zur willentlich gesteuerten evolutionären Prozessen
		• neue Normalbiografie in Folge neuer Arbeitsverhältnisse und Langlebigkeit

Anmerkung: Brüche innerhalb dieser Abgrenzungen wurden oft durch das Auftauchen und die Verbreitung kategorial neuer Phänomene verursacht. Diese Auflistung beansprucht nicht vollständig zu sein, es mag weitere Charakteristika geben, die weder im Buch, noch in dieser Tabelle genannt wurde. Für die Unterscheidung der Zeitalter voneinander ist Vollständigkeit jedoch kein notwendiges Kriterium.

Während der Altsteinzeit lebten die Menschen inmitten der Natur und es war ihnen unmöglich, aus ihr herauszutreten. Sie waren von der Wildnis umzingelt und ihr auf Gedeih und Verderb ausgeliefert.

Die Agrarzeit war dagegen eine Zeit, in der terrestrische Ökosysteme umgewandelt wurden: Große Flächen wurden radikal, nämlich auf eine Pflanzensorte vereinfacht. Menschen lebten inmitten dieser künstlichen Landschaften außerhalb der Natur, waren aber Wetter, Klima und Stürmen noch genauso ausgeliefert wie die Jäger und Sammler.

In der Industriezeit vollzog sich zwar das Ende des Bauerntums, der Ausbau von Agrarflächen nahm weltweit jedoch zu. Während Landschaften also weiter vereinfacht wurden, lebten immer mehr Menschen in Städten – und diese wurden immer komplexer: Sie wuchsen in die Breite, in die Höhe und in die Tiefe, vereinten immer mehr Baustile und Transportmittel, fügten Märkten Supermärkte hinzu, trennten Wohnhäuser von Gebäuden, in denen ausschließlich gearbeitet wurde, brachten immer neue Subkulturen und Lebensstile hervor, ebenso eine immer aufwändigere

Infrastruktur für Verkehr, Trink- und Abwasser, Müllentsorgung, Energie, Strom und Funk. Lebten Menschen der Agrarzeit zwar bereits auf künstlichen, d. h. unnatürlichen Inseln, so lebten sie doch in einer organischen Welt: Sie lebten auf und vom Boden, sie lebten in Holzhäusern und mit Tieren. In der Industriezeit vollzog sich ein Bruch vom Organischen zum Anorganischen. Stadtmenschen waren nicht mehr im Boden verwurzelt, sie lebten zunächst innerhalb von Steinmauern, dann in Häusern aus Beton, sie arbeiteten in Häusern aus Stahl und Glas, sie gingen auf Asphalt. Lebte der Steinzeitmensch fast den ganzen Tag in der freien Natur, verbringen Stadtmenschen den größten Teil ihres Tages in geschlossenen Räumen.

Überdies wurde die Natur der Erde so grundlegend durch die Hand des Menschen umgestaltet, dass vom Menschen unberührte Wildnis, d. h. Natur im eigentlichen Sinne, kaum noch vorhanden ist, und wo es sie noch gibt, ist Natur vom Werk der Menschen umzingelt. Biome wurden zu Anthromen und das Holozän wird voraussichtlich durch das Anthropozän beendet werden. Dieser Prozess begann bereits im Agrarzeitalter. Mit der wachsenden Zahl der Menschen und ihren neuen technischen Möglichkeiten nahm die Umgestaltung des Planeten aber vor allem im 20. Jahrhundert ihren Lauf.

In der Digitalzeit wird sich das Leben noch mehr in künstliche Räume verlagern und die Entwicklung zum Anorganischen weiter gehen. Menschen werden einen Teil ihres Lebens in virtuellen Räumen verbringen, sie werden auf Raumschiffen und in Raumstationen leben. Sie werden Wetter, Klima und Stürme zu kontrollieren lernen. Die allmähliche Verlagerung der Lebensmittelproduktion in geschlossene Räume wird diesen Prozess forcieren, und kann auf diese Weise Wildnis bzw. Natur sogar wieder möglich machen. Denn je weniger Menschen Ökosysteme zur Befriedigung ihrer grundlegenden Bedürfnisse nutzen müssen, desto mehr können diese sich selbst überlassen werden. Die Digitaltechnologie gewährt Optionen, weniger Holz und Papier und Acker- und Weideflächen nutzen zu müssen. Sie trägt zur *Entstofflichung* von Produkten, Wohnungen, Städten und Landschaften in dem Sinne bei, dass physische Produkte digitalisiert werden, Wohnungen durch die Digitalisierung mit weniger Mobiliar und Papierprodukten auskommen, Städte durch den Digitalisierten Verkehr mit weniger Stromleitungen, Ampeln und Verkehrsschildern auskommen, Landschaften weiträumig Großkraftwerke, Strommasten und Windräder entnommen werden können, wenn Gebäude stromautark geworden sind.

Durch die auf der digitalen Vernetzung der Menschen basierenden Share Economy können Güter geteilt und ressourceneffizienter genutzt werden, durch Recycling und Asteroid Mining müssen Rohstoffe zunehmend weniger auf der Erde abgebaut und Ökosysteme geschädigt werden. Und gerade weil die Menschheit nummerisch zunimmt, bleibt ihr kaum eine Wahl: Sie muss, möchte sie planetare Grenzen

11 Schluss

nicht überschreiten, auf Innovationen zurückgreifen, um die Umwelt nicht weiter zu strapazieren. In der Medizin sind minimalinvasive Therapien das Ziel, da sie dem Patienten keinen Schaden zufügen. Das gleiche gilt für die gesellschaftliche Entwicklung: Gesellschaften entwickeln sich, greifen dazu aber nur noch minimalinvasiv in Ökosysteme ein. In finaler Konsequenz schafft es die Menschheit in der irdischen Natur zu leben, aber nicht von ihr. Sie wäre dann die erste Spezies der Erde, der dies gelingt, was ihre Sonderstellung auf der Erde einmal mehr hervorheben würde. Zugleich wäre dies ein erdgeschichtlich einzigartiger Bruch mit der bisherigen Lebensweise aller Organismen. Im (späten) Digitalzeitalter könnte dieser Bruch Wirklichkeit werden.

Im 21. Jahrhundert wird sich das Verhältnis zwischen *Mensch und Natur* in mehrfacher Hinsicht grundlegend verändern: Menschen entziehen sich dem Leben in der Natur noch weiter und verlagern einen Teil ihres Lebens in digitale Räume. Menschen greifen nicht nur in ihr Genom und in das Genom anderer Organismen ein – auch erschaffen sie synthetische Organismen, welche die Evolution auf natürliche Weise noch nicht hervorgebracht hat. Menschen können der Natur durch die neue Produktion von Nahrungsmitteln und durch die Entstofflichung physischer Produkte aber auch Raum zurückgeben.

Kann die Digitaltechnologie langfristig zur *ökologischen* Entlastung beitragen, gehen von ihr *ökonomische* und *soziale* Herausforderungen aus, die wahrscheinlich grundlegende Umwälzungen nach sich ziehen. Die Zweite Maschinenrevolution könnte eine zu große Anzahl an Menschen in prekäre Arbeitsverhältnisse drängen oder arbeitslos machen, als dass die Kontinuität der industriellen *Wirtschaftsweise* im Digitalzeitalter hinnehmbar wäre.

Diese Kontinuität scheint ohnehin an mehreren Fronten aufzubrechen: Sowohl in der Konsum- als auch in der Produktionssphäre zeigt sich eine Entwicklung, die sich von der einstigen Top-down-Ökonomie entfernt, in der Unternehmen im Alleingang Massenprodukte auf den Markt warfen und ihr Image durch Marketing kontrollieren konnten. Nunmehr haben Konsumenten an Macht hinzugewonnen, da sie Informationen durch Produkte teilen und sich gegenseitig beraten können; da sie in Netzwerken zur Peer- und Crowdproduktion zusammenschließen und so einen Bedeutungsverlust von Unternehmen antreiben. Anders als im Industriezeitalter ist erkennbar geworden, dass es zur Produktion vieler Dinge nicht mehr zwingend Unternehmen bedarf.

Neue Fabrikationsverfahren wie der 3D-Druck machen eine Reihe von Unternehmen überflüssig und wandeln die Wirtschaft von einer zentralisierten Top-down-Ökonomie, in der wenige Produzenten an vielen Konsumenten verdienten, zu einer demokratischen Bottom-up-Ökonomie, in der Bürger viele Dinge, die sie benötigen selbst herstellen können. Diese neue Wirtschaftsweise könnte richtungsweisend für eine kommende Gesellschaftsordnung sein, deren Fundament nicht mehr Lohnarbeit ist.

Neben der Entmaterialisierung des persönlichen Besitzes durch die Digitalisierung physischer Produkte lässt sich auch ein Bedeutungsverlust des persönlichen Besitzes durch Sharing-Angebote erkennen. Zunehmend wichtig wird nicht mehr der Besitz, sondern der Zugang zu den Dingen sein. Während sich der Zugang zu den Dingen im Industriezeitalter insofern demokratisierte, als die Preise vieler Produkte sanken und nunmehr auch von Angehörigen der Mittel- oder gar Unterschicht gekauft werden konnten, wandelt sich der Zugang durch die kollaborative Nutzung erneut: Man muss Dinge zunehmend weniger kaufen und besitzen, um sie nutzen können – und dies entspricht einer gesteigerten *Demokratisierung*. Zur weiteren Demokratisierung der Gesellschaft trägt eine effektivere Partizipation von Bürgern an der Entwicklung ihres Quartiers, ihrer Stadt und ihres Landkreises durch digitale Plattformen bei. Schließlich könnte auch die faktische, durch den Einfluss von ökonomischen Interessen geprägte Postdemokratie, zu ihren Wurzeln zurückfinden, wenn sich der Übergang zu einer postkapitalistischen Wirtschaftsordnung vollzogen haben wird.

Ferner lösen sich auch die Kategorien von Produzent und Konsument allmählich auf und die Weiterentwicklung des 3D-Drucks wird ihre Verschmelzung forcieren (was freilich nicht impliziert, dass jeder Bürger produzierend tätig werden müsste), während die Weiterentwicklung von generativen Algorithmen diese Verschmelzung wieder auflösen wird. Außerdem deutet sich an, dass sich auch die Bedeutung von Geschäften und Einkaufszonen durch 3D-Druck und Online-Shopping zunehmend auflöst.

Dazu ist eine Transformation von der Zentrealisierung zur *Dezentralisierung* zu erkennen. Dezentral ist nicht nur die Infrastruktur des Internet angelegt, auch die Strom- oder gar Energieversorgung wird dezentral, sobald sich jedes Gebäude damit selbst versorgen kann. Zentrale Großkraftwerke und Stromkonzerne werden redundant, ebenso viele Unternehmen, wenn viele Produkte in einem globalen Netzwerk oder durch offene, generative Algorithmen hervorgebracht werden. Mit zunehmender Dezentralisierung nimmt auch die gesellschaftliche Resilienz zu, da dezentrale Netzwerke schwerer zu treffen sind als zentrale Einrichtungen.

All dies weist darauf hin, am meisten gewiss die Automatisierung vieler Berufe, dass ein Umbruch zu einer postkapitalistischen Wirtschafts- und Gesellschaftsordnung eingesetzt hat. In dieser dürfte sich nach überstandener Systemkrise die menschliche *Lebensqualität* erhöhen, da der Zwang zur Erwerbsarbeit und die existenzielle Unsicherheit, die sich ohne Erwerbsarbeit einstellt, verschwunden sind. Die Lebensqualität im Digitalzeitalter wird sich auch verbessern, weil der Gestank von Abgasen und der Lärm von Verbrennungsmotoren und Flugzeugen verschwinden. Und sie verbessert sich, weil der medizinische Fortschritt allen Menschen eine längere, gesündere Lebensspanne ermöglicht, was impliziert, dass eine Reihe von Krankheiten kein Leid mehr verursachen wird. Schließlich wird sich die Lebensqualität auch verbessern, weil mehr Raum für Natur vorhanden sein wird, wenn kaum noch Holz benötigt und die Landwirtschaft von der Inanspruchnahme von Land entkoppelt wird.

Die Medizin schreitet auch durch den Übergang von standardisierten Therapiemaßnahmen zu individualisierten voran, der durch Big Data möglich wird. Zusammen mit dem Ende der standardisierten Massenproduktion und dem Aufkommen individualisierter Produkte, erhöht sich die *Granularität* im Digitalzeitalter. Die künftig zehn Milliarden Menschen umfassende Massengesellschaft wird paradoxerweise individueller als jede vorangegangene Gesellschaft sein.

All die beschriebenen Veränderungen werden weitere und auch *kulturelle* Veränderungen anstoßen. Aus der abnehmenden Bedeutung von Besitz und der ökologischen Notwendigkeit, die Ressourceneffizienz erhöhen zu müssen, folgt eine Kultur des Teilens, die mit der vorangegangenen Kultur des Besitzens bricht. Ferner wird die allmähliche Herausbildung einer global Community und globalen Kultur durch die Digitalisierung forciert, durch Social Media und Netzwerke (für die Peer Production) und durch Universalübersetzer. Schließlich werden im Digitalzeitalter nur jene Religionen Überzeugungskraft behalten, wenn sie einen überzeugenden Weg gefunden haben, Genetic Engineering und die menschliche Schöpfung künstlicher Lebensformen mit ihrem Weltbild und Normensystem zu verbinden. Dazu müssen sie sich zur Erschaffung von Künstlichen Intelligenzen positionieren, die ab einer bestimmten Komplexität sogar ein Bewusstsein von sich selbst entwickeln könnten. Auch zur wachsenden Übernatürlichkeit des Menschen durch biologische und technologische Eingriffe, zur zunehmenden Autarkie menschlicher Gesellschaften von der Natur, zur Manipulation von Atomen (Nanotechnologie), zur Ethik von Algorithmen, zum alltäglichen Leben in virtuellen Welten und gewiss auch zur Entdeckung außerirdischer Lebensformen steht eine klerikale Positionierung an. Können Theologen keine argumentativ einleuchtenden Erklärungen oder Bewertungen zu diesen kategorial neuen Phänomenen entwickeln und sie in das jeweilige Weltbild ihrer Religion integrieren, verliert Religion womöglich weiter an Bedeutung oder sie verliert sich in fundamentalistische Gruppierungen. In jenen Tagen, in denen die großen Buchreligionen niedergeschrieben wurden, waren Algorithmen, Roboter, KIs, Nanotechnologie, Cyborgs, Transhumanismus, synthetische Biologie, Terra Forming und virtuelle Realitäten völlig unbekannt. Die Frage wird sein, was Theologen hierzu einfällt. Die Domäne der Religion könnte sich nach und nach auf die Frage reduzieren, was nach dem Leben sein wird. Doch verliert selbst diese Frage an Bedeutung, wenn die menschliche Lebensspanne immer länger wird.

Schon das Industriezeitalter war, anders als das Agrarzeitalter, nicht mehr durch das Deutungsmonopol der Religionen der Achsenzeit gekennzeichnet. Im Agrarzeitalter waren Mönche und Priester die Experten für fast alle Fragen zwischen Himmel und Erde. Neben ihnen gewann eine neue Expertenklasse, die Wissenschaftler, allmählich an Deutungskraft und sie gaben schließlich sogar das Weltbild vor. Im Digitalzeitalter könnte sich diese Verschiebung weiter fortsetzen. Konnten Theologen im Agrarzeitalter noch agieren (und Heilige Kriege ausrufen oder Andersdenkende brandmarken), werden sie im Digitalzeitalter zunehmend in eine defensive Rolle gedrängt, auf Veränderungen lediglich kommentierend zu reagieren.

Der Übergang zum Digitalzeitalter lässt sich vor diesem Hintergrund auch anders darstellen – und zwar durch die Verlängerung von Tabelle 11.2 (siehe Einleitung):

Tab. 11.2 Elementare Transformationen, die sich in Gesellschaften der jeweiligen Entwicklungsstufe vollzogen haben (oder sich wahrscheinlich vollziehen werden)

	Jäger/Sammler	Agrargesellschaften	Industriegesellschaften	Digitalgesellschaften
Sozialstruktur	nomadische Gemeinschaften, segmentär organisiert	Gesellschaften (Städte, Reiche), stratifikatorisch differenziert (in Schichten, Kasten, Klassen)	Gesellschaften (Nationen), funktional differenziert	Netzwerke
dominantes Weltbild	Magie	Religion	Religion, Wissenschaft	Wissenschaft
primäre Energiequelle	Holz (Feuer), menschliche Muskelkraft	tierische Muskelkraft, Wind, Wasser	fossile Energieträger, Atom (Spaltung)	erneuerbare Energieträger, Atom (Fusion)
primäre Informationsweitergabe	Sprache	Schrift	Funk (Radio, Fernsehen)	Computer
Technik	Faustkeile, Holzwaffen	Metallurgie, Mechanik	Dampfmaschinen, Elektronik	Roboter, Künstliche Intelligenz, Nano- und Biotech
Ökonomie	Subsistenzwirtschaft	Subsistenzwirtschaft	Sozialismus, Kapitalismus	Postkapitalismus
Raum (menschlicher Aktivitäten)	lokal	regional	global	intrastellar, virtuell
Lebensspanne	20 Jahre (Durchschnitt)	30 Jahre (Durchschnitt)	70 Jahre (Durchschnitt)	100+ Jahre (Durchschnitt)

11 Schluss

Ganz sicher wurden in diesem Buch einige der in den nächsten Jahrzehnten in Erscheinung tretenden kategorial neuen Phänomene nicht vorausgedacht. Aber sie unterstützen nur die These dieses Buches, dass die Gesellschaft in ein neues Zeitalter eingetreten ist.

Was bedeutet das alles? Zeigt sich in dieser Entwicklung gesellschaftlicher Fortschritt? Anstatt den Verlauf der Geschichte pessimistisch oder optimistisch zu interpretieren, ist es angemessener, von einer *Dialektik des Fortschritts* zu sprechen: In den neuen Zeitabschnitten können neue Problemlagen auftreten. Dabei können, so Habermas, „die Probleme, die auf der neuen Entwicklungsstufe hinzukommen [...], sofern sie mit den alten überhaupt vergleichbar sind, an Intensität zunehmen."[2] Fortschritt heißt nicht, dass auf höheren Ebenen alles immer besser werden muss, sondern, dass auf jeder höheren Ebene Probleme gelöst und Möglichkeiten realisiert werden können, die auf den unteren Ebenen nicht gelöst und nicht realisiert werden konnten. Und die Dialektik weist auf neue Probleme hin, die durch die neuen Lösungen und Möglichkeiten auftauchen können.

So war der Übergang zur Landwirtschaft keine großartige Erfindung, die des Menschen Existenz vereinfacht hätte. Toynbee vergleicht diesen Schritt im scharfen Gegensatz dazu gar mit der Vertreibung aus dem Garten Eden.[3] Das ist zwar übertrieben, doch wurde in Kapitel 2.1 gezeigt, dass sich Jäger und Sammler nicht nur gesünder, sondern auch mit weniger mühevollem Arbeitsaufwand ernährten als die Bauern noch Jahrtausende nach ihnen.

Auch die im Anschluss an den Westfälischen Frieden proklamierte Idee der Nation war etwas qualitativ Neues in der Geschichte und ein Fortschritt. Es brauchte Zeit, um die Menschen davon zu überzeugen, dass sie Ihre Identität nicht allein an ihre Familie, ihre Zunft oder soziale Klasse oder an ihre Religion, sondern auch an das abstrakte Konzept der Nation binden können.[4] Einmal etabliert ermöglichte die nationale Gesinnung dann, dass miteinander anonym in einer Nation Zusammenlebende füreinander solidarisch wurden. Die Kehrseite dessen zeigt sich wiederum in einem übersteigerten Nationalismus, der eine Ursache für zwei Weltkriege und ca. 70 Millionen Tote war und noch heute Opfer fordert.

Nachteile wird folglich auch die Digitale Revolution im Gepäck haben. Einer der unangenehmsten Nachteile ist die Verschlechterung der Sicherheitslage und der Verlust der Privatsphäre. „Aktuelle Trends lassen vermuten", so Klaus Schwab, Präsident des World Economic Forum, „dass sich die Fähigkeit, auf sehr breiter

---

2 Habermas, Jürgen (1976). Zur Rekonstruktion des historischen Materialismus. Frankfurt/M., S. 180
3 Toynbee, Arnold (1954). Der Gang der Weltgeschichte. Stuttgart, S. 66 f.
4 Anderson, Benedict (1988). Die Erfindung der Nation. Frankfurt/M.

Front Schaden zuzuführen – die früher Regierungen und sehr hochentwickelten Organisationen vorbehalten war –, rasch und stark demokratisiert. Von Waffen aus dem 3D-Drucker bis hin zur Gentechnik aus dem Kellerlabor – Instrumente der Zerstörung werden durch viele verschiedene neue Technologien breiter verfügbar."[5] Eine kleine Gruppe oder gar Einzelpersonen können mehr Opfer denn je verursachen. Diese Entwicklung wird eine weitere zwingend zur Folge haben: Die Zunahme der Überwachung in Städten und von Privatpersonen. Nicht zuletzt gewährt die Digitalisierung Kontroll- und Überwachungsoptionen, die die Privatsphäre eines Einzelnen vollkommen nivellieren können. Die Mehrheit wird unter dem Gefahrenpotenzial einer unsolidarischen Minderheit zu leiden haben – und doch gibt es vermutlich keine Alternative, so lange Amokläufer und Terroristen zugegen sind. Dies verweist wieder einmal auf die Wichtigkeit, in der (Schul-)Bildung auf die Entwicklung von Moral, Empathie und Verantwortung hinzuarbeiten. Denn letztlich bestimmen diese Kompetenzen den praktischen Umgang mit dem, was technologisch möglich ist. Die technologische Entwicklung müsste im Digitalzeitalter darum von moralischer Entwicklung flankiert werden.

Nicht zuletzt zeigt aber die Durchsetzung der Rationalität in einer Welt des Aberglaubens, die Bildungsexpansion, die Abschaffung von Sklaverei und Kinderarbeit und generell die Humanisierung der Arbeit, die Sozialgesetzgebung, zeigen Bürgerrechte für Frauen und Schwarze, die rechtliche Gleichstellung von homo- und heterosexuellen Paaren, die Umwelt- und Tierschutzbewegung und nicht zuletzt die Diskreditierung des Zigarettenkonsums und der Massentierhaltung sowie der Aufstieg der Open Source-Bewegung, *dass technologische Entwicklung nicht alles ist*. Ebenso wenig taugt technologischer Fortschritt zur Lösung aller Probleme. Manche Probleme können durch ihn gelöst werden, andere nicht, wiederum andere nur teilweise.

Die eben genannten Entwicklungen geben allerdings Anlass zur Hoffnung: Natürlich setzten sich diese kulturellen Bewegungen nie sogleich durch. Immer gab und gibt es Pioniere des Wandels, Zauderer, Zöglinge und Gegner. Zuweilen brauchten die Veränderungen Jahrhunderte, forderten viele Opfer oder drangen in manche Gesellschaften kaum vor. Und wo sie auf dem Vormarsch waren, konnten sich die alten Werte, Welt- und Menschenbilder stets in subkulturelle Nischen flüchten, dort verharren und hoffen, eine Gelegenheit zum Ausbruch zu erhalten. Im Großen und Ganzen und langfristig scheint sich jedoch die Vernunft durchzusetzen. Es gibt Rückschläge, und sie können, wie die etwa das Regime der Nazis demonstrierte, grausam sein. Der Trend der letzten Jahrtausende weist aber die Richtung: Die Menschheit lernt und müht sich zu ihrer Zivilisierung und ein

---

5   Schwab, Klaus (2016). Die Vierte Industrielle Revolution. München, S. 133

ansteigendes durchschnittliches Bildungsniveau verstärkt diesen Trend.[6] Der Sorge Nick Bostroms und anderer Zeitgenossen, die Künstliche Superintelligenz könnte eine ernsthafte Gefahr für die Menschheit werden, lässt sich darum entgegen: Nicht-Wissen schafft Zerstörung, nicht Wissen. Problematisch könnte darum nicht die künstliche Superintelligenz, sondern die künstliche Semiintelligenz werden.

Neben den vielen Veränderungen zeigen sich also auch zeitalterübergreifende Kontinuitäten. Von der Altsteinzeit bis ins frühe Digitalzeitalter zieht sich ein roter Faden, der auch im 21. Jahrhundert nicht abreißen wird: Die Menschen werden mehr, sie leben in größer werdenden Städten, sie werden im Durchschnitt gebildeter, friedlicher, sie reisen weiter und schneller, leben länger, materiell besser und in komplexer werdenden künstlichen Umwelten, sie emanzipieren sich zunehmend von der Natur und sie verbrauchen mehr Energie. Ihr Bewusstsein erweitert sich (von lokal zu stellar) und erfasst aufgrund ihrer längeren Lebensspanne einen immer größer werdenden Zeitraum.

---

6   Pinker, Steven (2011). Gewalt: Eine neue Geschichte der Menschheit. Frankfurt/M.; Rifkin, Jeremy (2010). Die empathische Zivilisation. Frankfurt/M.

Autoren

Looy, Alexander
studierte Nachhaltige Entwicklung in Bochum und arbeitet im Projektmanagement und der Geschäftsfeldentwicklung bei der digitalen Vertriebsberatung uppr GmbH. Er beschäftigt sich mit innovativen Ideen und neuen technologischen Entwicklungen. Seinen Fokus legt er dabei auf nachhaltige und digitale Geschäftsmodelle.

Moritz, Manuel
Dipl.-Ing., MBA, ist wissenschaftlicher Mitarbeiter und Doktorand am Lehrstuhl für Fertigungstechnik an der Helmut-Schmidt-Universität. Innerhalb der Arbeitsgruppe „Wertschöpfungssystematik" beschäftigt er sich mit den unterschiedlichen Ausprägungen kollaborativer Wertschöpfung und dabei insbesondere mit den Potenzialen und Herausforderungen in Open-Source-Ökosystemen.

Niehuis, Elena
studierte Kultur- und Wirtschaftswissenschaften an der Universität Bremen sowie Management in Nonprofit-Organisationen mit dem Schwerpunkt Entwicklungspolitik in Osnabrück. Derzeit ist sie wissenschaftliche Mitarbeiterin an der Hochschule Bochum im Projekt Nachhaltiger Konsum unter Genderperspektive. Interessensgebiete: Nachhaltige Entwicklung, Internationale Beziehungen, Konsumverhalten, Zivilgesellschaftliches Engagement.

Redlich, Tobias
Dr.-Ing., MBA, ist Oberingenieur am Lehrstuhl für Fertigungstechnik an der Helmut-Schmidt-Universität. Gegenstand seiner Forschung und Lehre sind u. a. die Einflüsse neuer Wertschöpfungsmuster wie Open Source Hardware oder Open Production auf den Wandel der industriellen Produktion.

Stengel, Oliver
Leitautor dieses Buches, studierte diverse Geistes- und Sozialwissenschaftliche Disziplinen in Heidelberg und Jena. Promotion in Soziologie. Wissenschaftlicher Mitarbeiter am Institut für Soziologie in Jena, am Wuppertal Institut und an der Hochschule Bochum, Lehrbeauftragter an der FH Münster. Interessengebiete: Nachhaltige Entwicklung, Digitale Transformation, Menschheit, Weltraum. Kontakt: o.stengel@gmx.de

Vowinkel, Bernd
geb. 1947, hat Nachrichtentechnik, Physik und Astronomie studiert und anschließend promoviert. Bis 2010 war er als Wissenschaftler am Physikalischen Institut der Universität Köln angestellt und hat sich in dieser Zeit überwiegend mit der Entwicklung von Mikrowellen-Empfangssystemen für die Radioastronomie, die Molekülspektroskopie, die Plasmaforschung und die Erderkundung befasst. Beim Satellitenprojekt „Herschel" war er in der Definitionsphase beteiligt. 2006 publizierte er „Maschinen mit Bewusstsein".

Wallaschkowski, Stephan
ist Koordinator für Nachhaltigkeitslehre und wissenschaftlicher Mitarbeiter im Forschungsprojekt „Nachhaltiger Konsum unter Genderperspektive" an der Hochschule Bochum. Zuvor hat er am Wuppertal Institut im Bereich „Nachhaltiges Produzieren und Konsumieren" gearbeitet. Er hat an der Universität Bochum BWL, VWL und Soziologie studiert. Seine Forschungsinteressen liegen im Bereich Nachhaltiger Konsum, Nachhaltigkeitsmarketing, Konsumverhalten und Ethik, Nachhaltigkeit und Gender sowie kollaborative Ökonomie.

Wulf, Stefanie
M.Sc., ist externe Doktorandin am Lehrstuhl für Fertigungstechnik an der Helmut-Schmidt-Universität . Im Rahmen Ihrer Forschung beschäftigt sie sich mit neuen und auf Offenheit beruhenden Wertschöpfungsstrategien industrieller Unternehmen.

The manufacturer's authorised representative in the EU is Springer Nature Customer Service Centre GmbH, Europaplatz 3, 69115 Heidelberg, Germany. If you have any concerns regarding our products, please contact ProductSafety@springernature.com

Printed and bound by CPI Group (UK) Ltd, Croydon, CR0 4YY
25/03/2026
02078216-0001